U0675915

天壹文化

以声音列文字·分觉人志画师

每一声回音 回音壁 都有共鸣

汉末之变

曹操发迹与董卓之死

刘三解 著

天地出版社 | TIANDI PRESS

图书在版编目（CIP）数据

汉末之变：曹操发迹与董卓之死 / 刘三解著.
成都：天地出版社，2025. 3. —— ISBN 978-7-5455
-8849-1

Ⅰ. K236.09

中国国家版本馆CIP数据核字第20251XF750号

HAN MO ZHI BIAN：CAO CAO FAJI YU DONG ZHUO ZHI SI

汉末之变：曹操发迹与董卓之死

出 品 人	陈小雨　杨　政
作　者	刘三解
责任编辑	王佳伟
责任校对	马志侠
封面设计	水玉银文化
责任印制	王学锋

出版发行	天地出版社
	（成都市锦江区三色路238号　邮政编码：610023）
	（北京市方庄芳群园3区3号　邮政编码：100078）
网　址	http://www.tiandiph.com
电子邮箱	tianditg@163.com
经　销	新华文轩出版传媒股份有限公司

印　刷	北京文昌阁彩色印刷有限责任公司
版　次	2025年3月第1版
印　次	2025年3月第1次印刷
开　本	880mm×1230mm　1/32
印　张	13.75
字　数	319千字
定　价	88.00元
书　号	ISBN 978-7-5455-8849-1

版权所有◆违者必究

咨询电话：(028) 86361282（总编室）
购书热线：(010) 67693207（营销中心）

如有印装错误，请与本社联系调换

总　序

东汉末年的桓灵时代，皇帝骄奢淫逸，大权归于近习，群奸秉权，危害忠良，贿赂公行，民心思乱；民谣中传唱的是"寒素清白浊如泥，高第良将怯如鸡"，大族墓穴中青砖上镌刻着"仓天乃死"的诅咒；塞外鲜卑年年入寇，内附匈奴杀官造反，数十万黄巾七州并起[1]，凉州叛军直指长安。内忧外患的苦痛，哪怕过去了三十八年[2]，世人仍是记忆犹新，诸葛亮在《出师表》中说："先帝在时，每与臣论此事，未尝不叹息痛恨于桓、灵也。"

中平六年（189年），汉灵帝驾崩。至此，自本初元年（146年）汉桓帝登基而始，长达四十三年的桓灵时代终于走到了尽头。这一年，袁绍四十四岁[3]，孙坚三十五岁[4]，曹操三十五岁，刘备二十九岁。

我们熟知的三国时代，源自《三国演义》一百二十回的小说叙事，上起汉灵帝中平元年（184年）黄巾起义，下讫西晋太康元年

---

1 《后汉书》志第十四《五行二》："是时，黄巾作恶，变乱天常，七州二十八郡同时俱发"。按：西晋史学家司马彪作《续汉书》八十三卷，后《后汉书》成书风行，《续汉书》逐步被淘汰，仅余律历、礼仪、祭祀、天文、五行、郡国、百官、舆服等八志，经南朝梁刘昭注补后附入《后汉书》。本书引文从中华书局1965年版《后汉书》目次，后不赘述。

2 汉灵帝驾崩于中平六年，诸葛亮作《出师表》于蜀汉建兴五年（227年）。

3 袁绍生于汉质帝本初元年，具体考证见本书上篇第一章《曹操真的是袁绍的童年小伙伴吗？》一节。

4 孙坚生于汉桓帝永寿元年（155年）。按：《三国志·吴书·孙破虏讨逆传》记孙坚死于初平三年（192年），裴松之据《汉纪》《吴历》认定孙坚当死于初平二年（191年），本传有误，另引《吴录》称："坚时年三十七。"据此反推，可知孙坚生年。

（280 年）渡江灭吴，共计九十六年时间。其实，自曹魏黄初三年（222 年）称臣于曹丕的孙权改年号为黄武，宣告孙吴独立开始，至炎兴元年（263 年）蜀汉灭亡，魏、蜀、吴三国鼎立的总时长不过四十一年。

刘备、关羽、张飞、曹操、袁绍、吕布、孙坚、孙策、周瑜，这些贡献诸多传奇故事的三国英雄，除了刘备死于蜀汉章武三年（223 年），算是踩了三国鼎立的边儿，其余人根本就没经历过三国。《三国演义》写到第八十五回，刘备"白帝城托孤"时，篇幅已经过了三分之二，要不是后面还有诸葛亮和司马懿斗法，《三国演义》真就没多少三国内容。待到"星落秋风五丈原"，之后的四十六年干脆压缩进了十五回的文字中，英雄的时代随着英雄的逝去，也草草落幕。

所以，三国英雄真正活跃的时代，其实是桓灵时代的汉末三十六年[1]。这是《三国演义》着墨最多的时代，也是人们自以为了解最深、谈兴最浓的时代。可若是回归历史上的三国，探究故事之外的真相，就会发现，不只是《三国演义》有"三分虚构"，就连存世的史书叙事，也有不少破绽。

一个典型案例是，袁宏《后汉纪》与范晔《后汉书》作为研究汉末历史的核心史料，在赵忠任车骑将军、凉州刺史耿鄙被叛军杀害和曹嵩任免太尉这三件"小事"的时间记录上多有抵牾，最多者竟然差了一整年。尽管后世的《资治通鉴》在叙述这段史事时，初

---

[1] 汉末乱世，起自汉灵帝中平元年黄巾起义，至汉献帝延康元年（220 年）汉魏禅代，计三十六年。

步协调了时间矛盾，但仍旧不尽如人意，更是没有解释问题出现的原因。

那么，问题出在哪里呢？这涉及曹操早年一段相当不光彩的经历，具体细节暂不透露，书中自有详述。

其实，类似的情况并不鲜见，在陈寿所作的《三国志》里，同传之文字也不无矛盾之处。比如《三国志》中提及曹操逃出洛阳，躲过了抓捕，"卓遂杀太后及弘农王"[1]，之后，曹操于中平六年（189年）十二月在陈留郡己吾县起兵。

可董卓鸩杀弘农王刘辩的时间甚明，在初平元年正月十二（190年3月6日）[2]。陈留太守张邈与其弟广陵太守张超举兵的时间，则明确在"董卓杀帝，图危社稷"[3]之后，在《三国志》中也提到了"太祖与邈首举义兵"[4]。可见，曹操举兵的时间，只能在初平元年正月之后，若他真的在前一年十二月于陈留郡举旗讨董，莫非这一个多月的时间，都是在讨伐自己的老朋友张邈吗？

当然不可能。

很明显，陈寿的文字只是为了塑造曹操"首义"的名头，可假的终归是假的，细节多了，谎言一定会露馅。不过，这却怨不得陈寿的史德，他的作品与裴松之注释加起来不到七十万字，是三国历史研究的基本史料，可它们的核心史源，与《后汉纪》《后汉书》

1《三国志》卷一《魏书·武帝纪》。

2《后汉书》卷九《孝献帝纪》，"初平元年春正月癸酉"条："癸酉，董卓杀弘农王。"按：《后汉纪》作"癸丑"，因该月无癸酉日，应以癸丑为确。

3《三国志》卷七《魏书·吕布张邈臧洪传》，"臧洪"条。

4《三国志》卷七《魏书·吕布张邈臧洪传》，"张邈"条。

一样，都出自汉魏官史。经历了汉末动乱、朝廷播迁，之前积攒了一百多年的档案、文书多有流失，之后，曹操又把持建安朝廷二十余年，继任的曹丕则干脆以魏代汉。资料缺失之下，汉末的历史犹如一张白纸，只能任由曹魏王朝书写天命禅让的神话。

而曹魏天命故事的基石就是"汉道陵迟……群凶肆逆"[1]之际，曹操"树神武之绩"[2]，最终"清定区夏"[3]。通俗地说，因为汉祚已衰，天下大乱，曹操替汉献帝平定天下，功劳大、德行高，理应由他儿子当皇帝。不过，这个故事看似合于情理，其正统性却连王莽都不如，因为结果有明显的瑕疵，中原固然已平定，但仍有吴、蜀拒命[4]。曹操自己都说，清定区夏的功业只完成了十分之九；魏文帝、魏明帝也没能一统中夏，试问天命威灵何在？

在此条件下，曹魏王朝的宣传只能强调过程之"奇"，也就是曹操创造的奇迹。故此，讨伐董卓的首义元勋，解救皇帝的孤勇者，堪比白起、韩信的军事家等头衔都戴在了曹操的头上，收降百万黄巾、首创屯田、奉天子以令不臣、官渡兵不满万大破十万等神话，更是纷至沓来。反倒是袁绍、袁术、刘备、吕布等人的经历、功绩

---

1 《三国志》卷二《魏书·文帝纪》："汉道陵迟，世失其序，降及朕躬，大乱兹昏，群凶肆逆，宇内颠覆。赖武王神武，拯兹难于四方，惟清区夏，以保绥我宗庙，岂予一人获义，俾九服实受其赐。"

2 《后汉纪》卷三十《孝献皇帝纪》："是以前王既树神武之绩，今王又光裕明德以应其期，是历数昭明，亦可知矣。"

3 《三国志》卷二《魏书·文帝纪》，裴松之注引《献帝传》："幸赖武王德膺符运，奋扬神武，芟夷凶暴，清定区夏，保乂皇家。"

4 《三国志》卷一《魏书·武帝纪》，裴松之注引《九州春秋》："往者天下大乱，上下失序，明公用武攘之，十平其九。今未承王命者，吴与蜀也，吴有长江之险，蜀有崇山之阻，难以威服，易以德怀。"

往往被刻意淡化，以至于他们的本传，动辄出现长达数年的记载空当，仿佛时间都被偷走了。

待到三国归晋之后，由于政权脱胎于曹魏，两代王朝权贵骨肉相连，司马氏作为曹魏正统的继承者、汉魏禅代的效仿者，书写历史依旧遵循了胜利者的立场。

在此基础上创作出的《三国演义》，保留了历史和文学，增加了善恶，淡化了政治，却对魏晋王朝的扭曲宣传照单全收，以胜利者的视角讲述一出"英雄造时势"的大戏，仿佛曹、刘、孙自始至终端坐在当世英雄合影的正中央，他们的敌人只是一块块磨刀石，轮番砥砺时代主角的英雄之气，最终成为他们登顶的垫脚石。

其实，无论是《三国演义》还是《三国志》，在讲述胜利者的故事时，往往是在一张群像合影中截取角落，放大特写，一旦补上了照片的环境背景，不难发现失真、扭曲的痕迹。而环境背景包括很多要素，比如时间、地理、人口、财政、官制、兵制等，只要将它们填充进合影画面，拉远观察的距离，我们熟悉的三国叙事，立时会变成一幅打乱顺序的拼图。

当我们把观察的距离拉到汉末三十六年整个三国英雄时代的尺度时，就会发现，在政治势力消长和权力中心转移的双重尺度下，可以很清晰地将这幅拼图分为三段：

第一段，汉祚陵夷，中平元年（184年）至建安五年（200年），共十六年；

第二段，英雄用武，建安五年至建安十三年（208年），共八年；

第三段，三足鼎立，建安十三年至延康元年（220年），共十二年。

第一个分界点，是建安五年（200年）爆发的官渡之战和衣带诏事件，围绕前者的刘备南奔、孙策遇刺和围绕后者的董承为首的朝中独立势力破灭，共同标志着曹操独霸建安朝廷格局的正式成型；第二个分界点，则是建安十三年（208年）发生的赤壁之战和曹操废三公、自任丞相，这意味着皇权威严对根基牢固的割据势力已经无法发挥作用。

我们再把观察的距离拉远到两汉的四百年。兴隆的前汉，倾颓的后汉，共用一面"汉"字大旗，借助对儒家世界观的改造和嵌入，刘汉王朝在天下人的眼中，早已与天命融为一体，正如冯渝杰新著的题目——"神器有命"[1]，可是汉帝国的神圣性格，实在扛不住天象灾异与昏乱政治的连环击打。伴随着君臣力量的消长、社会矛盾的尖锐、财政压力的加大，汉王朝的大一统终于在一系列救时之策的叠加中走向崩溃，天下进入新的大分裂时代。

这一合一离的演化进程，正是贯穿汉末三十六年的历史母题，魏、蜀、吴所建立的新秩序，恰恰是一系列变革后的结果，是容纳了众多救时之策的制度完全体。可是，三国史的旧有研究重溯源、轻流变，多以魏晋南北朝文献记录的制度回溯三国时代，对东汉制度向三国制度的发展流变挖掘有限，让我们对三国英雄合影的环境背景有雾里看花之感。

本书的写作初衷，正是通过对上述背景因素的考证、比对，让混乱拼图中的英雄"归位"，让其回归真实历史上的本位。为此，

---

1 冯渝杰：《神器有命：汉帝国的神圣性格及其崩解》，社会科学文献出版社，2024年。

本书一方面会对三国英雄经历的诸多重大事件进行考证、梳理，在事实层面正本清源；另一方面会对东汉制度向三国制度变化的过程有所关注，在系统层面把握源流，力图全景式地还原三国英雄时代的本来面目，探究东汉末年由大一统王朝走向分裂的根本原因。

不过，篇幅所限，这系列作品会从汉末三十六年的第一阶段"汉祚陵夷"讲起，结构上以人物为纲，共分三本书。

第一本，主角是初平三年（192年）之前的曹操和董卓，主题是"篡权者的真面目"，讲的是曹操和董卓这两个将天子、朝廷玩弄于股掌间的汉末权臣，面对汉末乱世的不同选择，以及大转折时代背景下，何进、王允、袁绍、袁术等豪杰之士的复杂面相。毫无底线、两面三刀的投机者固然可以左右逢源，忠于汉室、顺应天命的士大夫一样会制造人间炼狱。他们的忠奸贤愚，全都隐藏在史书的字缝里。

第二本，主角是兴平二年（195年）之前的吕布和刘备，主题是"失败者的墓志铭"，讲的是吕布和刘备这两位屡败屡战、四处奔走的乱世豪杰，在错综复杂的忠汉、反汉势力间游走的坎坷经历，串联起公孙瓒、黑山军、陶谦、刘虞、袁术等的隐秘勾连，解答"到底是英雄造时势，还是时势造英雄"的千年谜题。

第三本，主角是建安五年（200年）之前的曹操和袁绍，主题是"官渡之战的秘密"，全方位地解析这次决定汉王朝命运的决战。在史书叙事的遮蔽下，在前人研究的误导下，到底隐藏了哪些不为人知的秘密，包括挟天子以令诸侯、屯田制、十胜十败论、以少胜多等广为人知的话题，都将一一揭晓答案，并在胜利者书写的史书的字里行间，找到罕为人知的真相。

　　这三本书的故事讲完，汉室衰微背景下的英雄图景，已然全面铺开，曾经被打乱次序的拼图，也基本厘清了轮廓。至于这幅拼图究竟还原得如何，终究是见仁见智，只希望能对同好有所启发，以达抛砖引玉之效。

目　录

下篇
董卓：党人的理想之刃

引子　废帝！

　　汉昭宁元年八月癸酉（八月卅日，189年9月27日）[1]，帝都洛阳上西门外的显阳苑中，一场关系汉室存亡的会议正在召开。

　　会议的发起人叫董卓，字仲颖，陇西郡临洮县人，仅仅两天前，他还只是汉灵帝任命的并州牧，东汉政坛中勉强挤进前十的人物。如今，他已升任司空，成为洛阳朝廷事实上的"第二人"[2]，可他并不满足于这火箭式的升迁，直接向单席独坐的司隶校尉袁绍[3]抛出了一个石破天惊的议题：

　　废帝！[4]

　　面对这个帝王时代最敏感的政治问题，董卓、袁绍和其他与会

1《后汉纪》卷二十五《孝灵皇帝纪下》："癸酉，卓谓司隶校尉袁绍曰……"。按：此年为公元189年，汉灵帝中平六年，汉灵帝于四月十一驾崩，汉少帝于四月十三登基改元光熹，至八月廿八，汉少帝还宫，改元昭宁，又至九月初一，董卓废汉少帝，立汉献帝，改元永汉，闰十二月廿七，诏除光熹、昭宁、永汉三号，还复中平六年，故此，该日（八月卅日）当为昭宁元年。

2 是时，太傅、录尚书事袁隗，是为第一人。"三公"中，幽州牧刘虞居太尉在外，司徒丁宫已策免，职位空缺，司空刘弘为董卓讽免、代替，故董卓为"第二人"。

3《太平御览》卷二百五十《职官部四十八》，"司隶校尉"条引应劭《汉官仪》："司隶校尉，纠皇太子、三公以下，及旁州郡国无不统。陛坐见诸卿皆独席。"

4《太平御览》卷九十二《帝王部十七》，"废帝弘农王"条引《英雄记》："董卓欲废帝，谓袁绍曰……"。

者的反应无疑将袒露出他们最真实的利益关系和政治光谱，这些信息也是读懂汉末三国字缝中真相的钥匙。

面对董卓的提议，袁绍是什么态度呢？

《三国志·袁绍传》《后汉书·袁绍传》《后汉纪》《英雄记》《献帝春秋》等分别记录了董袁二人的这次言语交锋，但在语句、语序、因果上各有异同。为了便于理解，下面会将史书记载分解成独立的信息点，重新排序：

董卓：皇上年幼蒙昧，立陈留王为帝是不是更好些？（《后汉纪》《献帝春秋》《后汉书》）[1]

袁绍：皇上还很年轻，没有犯下危害天下的过失，若你违背礼法，废嫡立庶，恐怕公议不安。（《后汉纪》《献帝春秋》《后汉书》）[2]

董卓：有的人小时候聪明，长大了就糊涂，谁知道他又会怎样？（《献帝春秋》）[3]

每每想起灵帝来，就让人心生怨毒。（《后汉纪》《献帝春秋》

---

[1]《后汉纪》卷二十五《孝灵皇帝纪下》："今当立'董侯'，不知能胜'史侯'否？"《三国志》卷六《魏书·董二袁刘传》裴松之注引《献帝春秋》："皇帝冲暗，非万乘之主。陈留王犹胜，今欲立之。"《后汉书》卷七十四上《袁绍刘表列传上》："董侯似可，今当立之。"

[2]《后汉纪》卷二十五《孝灵皇帝纪下》："今上未有不善害于天下，若明公违礼，任意废嫡立庶……"；《三国志》卷六《魏书·董二袁刘传》裴松之注引《献帝春秋》："今帝虽幼冲，未有不善宣闻天下，公欲废嫡立庶……"；《后汉书》卷七十四上《袁绍刘表列传上》："今上富于春秋，未有不善宣于天下。若公违礼任情，废嫡立庶，恐众议未安。"

[3]《三国志》卷六《魏书·董二袁刘传》，裴松之注引《献帝春秋》："人有少智，大或痴，亦知复何如。"

《后汉书》）[1]

如果新君还是这样（《后汉纪》《献帝春秋》）[2]，刘氏一族也就不值得留种了（《后汉纪》《英雄记》）[3]。

袁绍：汉朝君临天下四百年，广布恩泽，百姓拥戴，恐怕天下人不会认可你的提议。（《英雄记》《献帝春秋》）[4]

董卓：竖子！天下事还不是我说了算，我要做的事，谁敢不听？（《英雄记》《献帝春秋》《后汉纪》《后汉书》）[5]

袁绍：（假装认可）这是国之大事，还是先和太傅（袁隗）商量

---

1 《后汉纪》卷二十五《孝灵皇帝纪下》："每念灵帝，使人愤毒。"《三国志》卷六《魏书·董二袁刘传》裴松之注引《献帝春秋》："卿不见灵帝乎？念此令人愤毒！"《后汉书》卷七十四上《袁绍刘表列传上》："每念灵帝，令人愤毒。"

2 《后汉纪》卷二十五《孝灵皇帝纪下》："为当且尔"；《三国志》卷六《魏书·董二袁刘传》裴松之注引《献帝春秋》："为当且尔。"

3 《后汉纪》卷二十五《孝灵皇帝纪下》："刘氏种不足复遗。"《太平御览》卷九十二《帝王部十七》，"废帝弘农王"条引《英雄记》："谓袁绍曰：'刘氏之种，不足复遗。'"

4 《太平御览》卷九十二《帝王部十七》，"废帝弘农王"条引《英雄记》："袁绍曰：'汉家君天下四百许年，恩泽深渥，兆民戴之，恐众不从公议。'"《三国志》卷六《魏书·董二袁刘传》裴松之注引《献帝春秋》："绍曰：'汉家君天下四百许年，恩泽深渥，兆民戴之来久……恐众不从公议也。'"

5 《太平御览》卷九十二《帝王部十七》，"废帝弘农王"条引《英雄记》："卓曰：'天下之事，岂不在我？我今为之，谁敢不从！'"《三国志》卷六《魏书·董二袁刘传》裴松之注引《献帝春秋》："卓谓绍曰：'竖子！天下事岂不决我？我今为之，谁敢不从？'"《后汉纪》卷二十五《孝灵皇帝纪下》："卓叱绍曰：'竖子！天下事岂不在我？我欲为之，谁敢不从！'"《后汉书》卷七十四上《袁绍刘表列传上》："卓案剑叱绍曰：'竖子敢然！天下之事，岂不在我？我欲为之，谁敢不从！'"

商量吧。(《三国志》《后汉书》)¹

　　董卓：那么，刘氏一族也就真的不值得留种了。(《三国志》《后汉书》)²

　　你以为我董卓的刀不锋利吗？(《献帝春秋》)³

　　袁绍：天下英雄豪杰，可不止你董卓一个！(《英雄记》《后汉纪》《献帝春秋》《后汉书》)⁴

　　言罢，袁绍对董卓横刀长揖，转身离去。

　　细读这段对话，可以看出，董卓一直掌握着对话的主动权，袁绍则以众议、人心来反对，直白地说，找挡箭牌。甚至在董卓叱骂"竖子"之后，袁绍还有一个"伪许"的退让，把球踢给了自家的叔叔——执政太傅袁隗。

　　要知道，董卓曾是袁隗的"故吏"⁵，依照东汉的"二重君主观"⁶，

---

1 《三国志》卷六《魏书·董二袁刘传》："是时绍叔父隗为太傅，绍伪许之，曰：'此大事，出当与太傅议。'"《后汉书》卷七十四上《袁绍刘表列传上》："绍诡对曰：'此国之大事，请出与太傅议之。'"

2 《三国志》卷六《魏书·董二袁刘传》："卓曰：'刘氏种不足复遗。'"《后汉书》卷七十四上《袁绍刘表列传上》："卓复言：'刘氏种不足复遗。'"

3 《三国志》卷六《魏书·董二袁刘传》，裴松之注引《献帝春秋》："尔谓董卓刀为不利乎！"

4 《太平御览》卷九十二《帝王部十七》，"废帝弘农王"条引《英雄记》："绍曰：'天下健者，不唯董公！绍请立观之。'"《后汉纪》卷第二十五《后汉孝灵皇帝纪下》："绍横刀长揖曰：'天下健者岂唯董公！'"《三国志》卷六《魏书·董二袁刘传》裴松之注引《献帝春秋》："绍曰：'天下健者，岂唯董公？'"《后汉书》卷七十四上《袁绍刘表列传上》："绍勃然曰：'天下健者，岂惟董公！'"

5 《三国志》卷六《魏书·董二袁刘传》，裴松之注引《吴书》："并州刺史段颎荐卓公府，司徒袁隗辟为掾。"

6 钱穆：《国史大纲》(上)，商务印书馆，2013年。

"故吏"哪怕位列三公，职务在"故主"之上，也应该对"故主"表示尊重。没想到的是，董卓根本无所顾忌，反而重申了威胁，言下之意是天下之主他都不放在眼里，"故主"又算什么？

话说到这个份上，于公于私，袁绍都提不出任何借口，要么支持废帝，要么当场决裂，所以，他的选择是"横刀长揖"。依照东汉制度，司隶校尉是手持天子节，纠察朝廷自皇太子以下百僚不法的重臣，面对三公可以"无敬"。[1] 意思是，司隶校尉面对三公可以不用下级对上级的礼敬。而"长揖"是一种拱手高举，继而落下的礼节，多用于平辈之间，袁绍此举，看似符合朝廷的礼制，但拱手时横握佩刀，则明显是对董卓武力威胁的回敬。可见，作为累世公卿的汝南袁氏子弟，袁绍就算是翻脸，也比喊打喊杀的董卓更讲身段，更含蓄。

不过，董卓对袁绍的处置，也不莽撞，看在汝南袁氏的面上，容忍他离去。对此，史书中多有记录，可对接下来的会议进程，却是惜字如金。仅见于《后汉纪》："卓以废帝议示太傅袁隗，隗报如议。"[2]

两汉时，朝廷的"议"是一项重要的政治活动。凡有大事，依涉及面决定参与集议的大臣范围，召集大臣到场后，集体讨论支持或反对，议决后，再以奏疏的形式将结果提交皇帝或执政。奏疏由主持集议的大臣领衔，参与集议的大臣列名其后，展示此结论出自

---

[1] 《后汉书》志第二十七《百官四》，"司隶校尉"条，李贤注引蔡质《汉仪》曰："初除，谒大将军、三公，通谒持板揖。公仪、朝贺无敬。"

[2] 《后汉纪》卷二十五《孝灵皇帝纪下》。

"众议"的程序合法，再以皇帝的名义"制曰可"之后下发，成为具有法律效力的诏书，发往各郡、各诸侯国。这个议决的程序，大体可称为"集议制"。[1]

董卓上报给袁隗的"议"，就是显阳苑会议上的小范围议决的意见，类似于今天的"提案"，要真正具备法律效力，还需要经过更高级别权力的批准。皇帝执政则皇帝审批，太后称制则太后审批。

问题是，这个成议是要废黜汉少帝，不可能由他自己，或是他的生母何太后来批准，这属于完全超出正常政治程序的特例，只能到历史上找方略。

董卓为袁隗找的先例，是西汉大将军霍光废昌邑王刘贺。

西汉昭帝元平元年（前74年），大将军霍光与他的亲信故吏、大司农田延年密议，讨论了废黜昌邑王刘贺的可能性，在得到田延年的明确支持后，给他加官"给事中"，使他得以入宫中议事，确定由他往来奔走，充当打手。之后，霍光又邀请车骑将军张安世加入，因大将军、车骑将军均为内朝首脑，且是政治同盟，分掌长安兵权，他们二人确认合作，意味着执政内朝达成了共识。

定议之后，霍、张二人召丞相、御史（大夫）、将军、列侯、中二千石、大夫、博士于未央宫中会议。霍光提出，昌邑王行为昏乱，有可能会危害社稷，应该怎么办呢？群臣闻言，惊愕失色，没人敢发言。这时候，田延年站出来"离席案剑"，也就是做出要拔剑的姿势，他对着霍光，实则是威胁群臣道："今日之议，不得旋踵。群臣后应者，臣请剑斩之。"霍光假装谢罪，明确了自己主持废帝的态

---

1 秦涛：《律令时代的"议事以制"：汉代集议制研究》，中国法制出版社，2018年。

度，与会百官一齐叩头，表示全听霍光号令。紧跟着，霍光就率领与会者觐见太后，请求太后下诏，废黜皇帝。[1]

之所以说，董卓以此事为先例，在于显阳苑会议的第二天，汉昭宁元年九月初一（189年9月28日），百僚大会集议废帝，董卓高声言道："昔霍光定策，延年案剑。有敢沮大议，皆以军法从之。"[2]

话都说出来了，可见，董卓在显阳苑的会议，是将不在场的袁隗比拟前汉的霍光，而他自己则是"离席案剑"的田延年。只不过，此次的废帝之议，主从颠倒，由董卓这个"田延年"提出，将成议报给袁隗这个"霍光"看。

袁隗的态度看似被动，"报如议"，意为我同意，就这么办。可是废皇帝的大事，前代只有伊尹放太甲、霍光废昌邑的先例，袁隗认可就代表了主动参与，哪怕袁绍认可，也一样代表了袁隗的主动参与，在儒家伦理的框架下，他们汝南袁氏家族必将承担最大的道义责任。

正因如此，袁绍才不敢，也不能在显阳苑会议上表态，只能被动地找借口，化解董卓的攻势。他负不起这个可能令家族身败名裂的责任，毕竟霍光家族的殷鉴不远。待到董卓的言语间表现出他不甘于做田延年，而是要凭借手中的武力胁迫汝南袁氏来担当他宰割天下的门面，才真正刺激了袁绍，致使袁绍翻脸离去。

可袁隗作为汝南袁氏的当家人，为什么又与董卓合作呢？

这就涉及东汉与西汉制度的不同。东汉自光武中兴之后，即设

1《汉书》卷六十八《霍光金日磾传》。
2《后汉书》卷七十二《董卓列传》。

太尉、司徒、司空为"三公"，分管九卿，但三公不再拥有西汉丞相、御史大夫的执政实权，主要工作是组建僚属团队，为国选材。真正的治国权柄，已经转移到"三台"，即尚书台、谒者台和御史台，皇帝通过尚书收发文书，谒者往来奔走，御史纠察百官。值得注意的是，早在汉光武帝时代，已经杂用宦官来担当近侍的官职，参与政事。

待到东汉多位太后称制之后，大权操于宫闱，宦官在沟通宫省内外的过程中作用越来越大，就形成了宦官以"省中诏板"操控尚书台的权力格局。

简言之，太后、皇帝在省中（原称禁中，后避讳改称省中，特指皇帝的住处）[1]，通过宦官草拟"诏板"，再由宦官递送至省外的尚书台，由尚书草拟诏书。不过，正如前文中提到的程序，正式的诏书往往是由臣子上交奏疏，经皇帝批复后成文。故此，西汉权臣加"领尚书事"官衔，东汉章帝之后，权臣加"录尚书事"官衔，都意味着他们拥有"纳奏"的权力，即决定哪些奏章递交给皇帝审阅，哪些不用交给皇帝，还可以主动审阅尚书收到的奏章文书，并提出初步处理意见，供皇帝参考。

不过，在昭宁元年（189年）八月卅日这个时间点，东汉王朝的中枢权力彻底失衡了。

原本有两个人加"录尚书事"衔，一位是何太后的长兄、大将军何进，一位是太傅袁隗。可不久前，何进已经死在宦官手中；原本掌握"省中诏板"的中常侍张让、赵忠等人已经被集体诛杀；原

1《独断》卷上，"汉天子"条："汉天子，正号曰皇帝……所居曰禁中，后曰省中。"

本应该具有最终决定权的何太后和汉少帝，在回宫之后，失去了宦官的内外联络，等同于丧失了控制朝廷的能力。

东汉的"三公"早已被架空。哪怕没被架空，"三公"之首的太尉刘虞也远在幽州；司徒丁宫被罢免后，无人补缺；京中的"三公"原本只剩下一位，司空刘弘，也被董卓指示有司以长时间下雨为由罢免，并取而代之。

故此，在显阳苑会议时，太傅、录尚书事袁隗已经是唯一的执政者。哪怕司空董卓位列三公，也只有一个空衔，仅有的实在的，反倒是他一直不肯卸任的前将军号[1]和身后的兵马部曲。在此背景下，董卓威胁尽灭"刘氏种"，未必是真的；杀光"袁氏种"，却完全可能，大不了不要袁隗这个招牌，自己来做朝廷第一人。

从日后的历史发展来看，董卓确实有这个胆量，袁隗作为他的"故主"，当然明白这一点，避无可避之下，只能低头。

当然，低头的人绝不止袁隗一个，当董卓将成议送到袁隗面前，就说明了显阳苑会议的与会者，除了离席的袁绍之外，都已经签字认可。那么，与会者都有谁呢？

史书中没有记录这个名单，却有很多蛛丝马迹可循。

从董卓强迫袁绍表态和事后的封赏来看，与会者应该就是之前曾与袁绍并肩诛除宦官的何进、何苗旧部。比如，何进、何苗的部

---

1 《三国志》卷六《魏书·董二袁刘传》，"董卓"条，裴松之注引《灵帝纪》："中平五年，征卓为少府，敕以营吏士属左将军皇甫嵩，诣行在所。卓上言：'……辄且行前将军事……'六年，以卓为并州牧，又敕以吏兵属皇甫嵩……卓再违诏敕，会为何进所召。"按此，董卓中平六年犹以前将军号领部曲。

曲无所属，主动找董卓投效[1]，那么，史书所见的何进部曲将吴匡、张璋[2]，自然在列；执金吾丁原的部曲司马吕布杀死丁原，投效董卓[3]，吕布也应在其中；董卓之弟董旻前为奉车都尉，与何进部曲共杀何苗[4]，作为亲族，肯定也站在董卓一边。

　　这些名字，正好代表了洛阳城附近的大部兵权，如果再加上袁绍统帅的家兵百余人[5]、王匡招募来的五百徐州强弩[6]和鲍信招募来的千余泰山兵[7]，则虎贲郎[8]、羽林郎[9]、羽林左右骑[10]、缇骑[11]、持戟[12]、

1　《三国志》卷六《魏书·董二袁刘传》，"董卓"条："进、苗部属无所属，皆诣卓。"
2　《资治通鉴》卷五十九《汉纪五十一》，"中平六年八月戊辰"条："进部曲将吴匡、张璋在外。"
3　《后汉纪》卷二十五《孝灵皇帝纪下》："卓使原部曲司马吕布（杀原而）尽并其众。"
4　《资治通鉴》卷第五十九《汉纪五十一》，"中平六年八月戊辰"条："匡遂引兵与董卓弟奉车都尉旻攻杀苗。"
5　《后汉书》卷七十四上《袁绍刘表列传上》："臣独将家兵百余人，抽戈承明，竦剑翼室。"
6　《三国志》卷一《魏书·武帝纪，》裴松之注引《英雄记》："匡于徐州发强弩五百，西诣京师。"
7　《三国志》卷十二《魏书·崔毛徐何邢鲍司马传》，"鲍勋"条，裴松之注引《魏书》："遣归募兵，得千余人。"
8　《后汉书》卷一下《光武帝纪下》，李贤注引《汉官仪》："虎贲千五百人，戴鹖尾，属虎贲中郎将。"
9　《后汉书》志第二十五《百官二》注引蔡质《汉仪》："（羽林中郎将主）羽林郎百一十八人，无常员，府次虎贲府。"
10　《后汉书》卷五《孝安帝纪》，李贤注引《汉官仪》："羽林左监主羽林（左骑）八百人，右监主（羽林右骑）九百人。"
11　《后汉书》志第二十七《百官四》："（执金吾）缇骑二百人"。
12　《后汉书》志第二十七《百官四》注引《汉官》："执金吾缇骑二百人，（持戟）五百二十人。"

五校士[1]、宫省卫士[2]、城门兵[3]等朝廷经制武力之外的全部私兵，就全部在此了。

一同与会、人人过关地参与废帝的会议，无疑是最好的投名状，而不愿意参与的袁绍、王匡、鲍信三人，此后纷纷退出了洛阳，也恰恰说明了，留下的将领都认可废帝，并因此得到了董卓的封赏。其中最知名，也是最令人意想不到的，有两个人。

一个是虎贲中郎将袁术。

袁术在宫变发生后，先与何进部曲将吴匡一同进攻宫门，火焚南宫青琐门，此后，即不见于记载。但吴匡之后在朱雀阙下与董旻合作，挥军进攻与袁绍屯兵一处的车骑将军何苗。而袁绍则转而与泰山人王匡一同攻入北宫，斩杀了汉少帝信用的中常侍高望等二人。[4]这个过程，似可作为"小圈子"的参考：

虎贲中郎将袁术的职责是掌管宫、殿大门，与吴匡、张璋等何进部曲亲善；袁绍则以司隶校尉之尊，与何氏外戚中硕果仅存的车

1《后汉书》卷五《孝安帝纪》，李贤注引《汉官仪》："屯骑、越骑、步兵、射声各领士七百人。长水领士千三百六十七人也。"

2《汉官》，"卫尉"条："卫士六十人。南宫卫士员吏九十五人，卫士五百三十七人。北宫卫士员吏七十二人，卫士四百七十二人。右都候员吏二十二人，卫士（此为剑戟士）四百一十六人。左都候员吏二十八人，卫士（此为剑戟士）三百八十三人。南宫南屯司马员吏九人，卫士百二人。（北）宫门苍龙司马员吏六人，卫士四十人。玄武司马员吏二人，卫士三十八人。北屯司马员吏二人，卫士三十八人。北宫朱爵司马员吏四人，卫士百二十四人。东明司马员吏十三人，卫士百八十人。朔平司马员吏五人，卫士百一十七人。"

3《后汉书》志第二十七《百官四》："城门校尉一人……司马一人……城门每门候一人"（共十一人，平城门为宫门，设屯司马不置候）。

4《后汉书》卷七十四上《袁绍刘表列传上》，李贤注引《山阳公载记》："绍与王匡等并力入端门（北宫南门），于承明堂上格杀中常侍高望等二人。"

骑将军何苗合作。没想到，代表董卓势力的奉车都尉董旻介入了乱局。董旻担任的奉车都尉属于扈从皇帝出行的虚衔，没有兵权部曲，其兵马应该是望到城中起火，而挥军急进至洛阳城西的董卓部曲一部。[1] 此时统领虎贲郎的袁术，并没有与兄弟袁绍一同行动，则大概率是倒向了董卓。

这一推测，也可从事后的封赏得到印证，《三国志》袁术本传记载："董卓之将废帝，以术为后将军。"[2] 董卓迎少帝还宫是八月廿八日，显阳苑初议废帝是八月卅日，崇德殿大会群臣集议废帝为九月初一[3]，则"将"废帝的时间，只能在八月廿八日至卅日这三天之间。

要知道，袁隗任太傅之前，职务就是后将军。而且，董卓日后晋位太尉、相国、太师，他的亲弟弟董旻也只不过是个左将军，可他进京仅三天，就提拔袁术担任后将军，可见董卓对袁术的看重，要说二人没有勾连，实在说不过去。所以，这个拔擢的原因，只能是赏功，赏定策之功，赏支持之功。甚至我们可以推测，袁隗支持废帝，可能就有袁术站队的因素。

至于另一个与会者，隐藏得很深，却也露出了马脚。他就是曹操曹孟德。

《三国志·武帝纪》说："卓到，废帝为弘农王而立献帝，京都大乱。卓表太祖为骁骑校尉，欲与计事。太祖乃变易姓名，间行东

1《后汉书》卷七十二《董卓列传》："卓远见火起（此火当为袁术焚青琐门之火），引兵急进，未明到城西。"

2《三国志》卷六《魏书·董二袁刘传》。

3《后汉纪》卷二十五《孝灵皇帝纪下》。

归。"[1]时间表述相当模糊，从董卓到达（即八月廿七日），至废帝（即九月一日）之间，京都大乱的时间只有追杀宦官的廿七、廿八日，废帝之后，洛阳已经恢复了平定。

再次大乱，已经是董卓放纵士兵掳掠洛中富户的时候，也就是董卓"一旦专政，据有国家甲兵"[2]之时，即由司空升任太尉，领前将军事，加节传、斧钺、虎贲，更封郿侯之后的九月十二日（189年10月9日）[3]。而王沈《魏书》中说："太祖以卓终必覆败，遂不就拜，逃归乡里。"[4]这意味着，曹操是看到董卓倒行逆施之后，方才放弃了"骁骑校尉"的官职，逃回老家。这里的关窍是，"骁骑校尉"并非东汉的正规官职，而是将军所统的"领校"。

东汉将军领军出征多为临时职务，事罢则解任，只有大将军，前、后、左、右将军，度辽将军在非战时仍有设置，不过，京中的将军非出征并无自领的部曲。曹操原为西园八校尉之一，总统于上军校尉蹇硕，而蹇硕实则是代替自号"无上将军"[5]的汉灵帝统领部曲，故此，大将军何进也归蹇硕领属。[6]

蹇硕死后，部曲归于大将军何进，待到何进死后，其部曲又

1《三国志》卷一《魏书·武帝纪》。

2《资治通鉴》卷第五十九《汉纪五十一》，"中平六年十二月戊戌"条："董卓性残忍，一旦专政，据有国家甲兵、珍宝，威震天下，所愿无极。"

3《资治通鉴》卷第五十九《汉纪五十一》，"中平六年九月乙酉"条。

4《三国志》卷一《魏书·武帝纪》，裴松之注引王沈《魏书》。

5《后汉书》卷八《孝灵帝纪》，"中平五年冬十月甲子"条："帝自称'无上将军'，耀兵于平乐观。"

6《后汉书》卷六十九《窦何列传》，"何进"条："帝以蹇硕壮健而有武略，特亲任之，以为元帅，督司隶校尉以下，虽大将军亦领属焉。"

"尽归"董卓。那么，曹操能否幸免呢？

　　当然不可能。董卓"领前将军事"是以司空或太尉的本官，兼任前将军掌握部曲，同期还有一位新任的后将军袁术。他们统领的是"军"，而曹操正是"军"下的一"校"。从董卓"欲与计事"的记录来看，曹操大概率是前将军董卓的部属。也可见曹操与袁术的地位差距，一个是前将军部属，一个是后将军。两人又同属一个关系圈子，因此，当曹操躲避董卓出逃，向身在洛阳的卞夫人误传曹操身死噩耗的才会是袁术。[1]

　　不过，正是由于袁、曹二人的在列，才能解释史书为什么对显阳苑会议的现场反响讳莫如深，只有《英雄记》中保留了座中人的现场反应，"绍揖卓去，坐中惊愕"[2]。

　　这群人在袁绍横刀离去时，表情竟然是惊愕。

　　回想一下董卓的言论，先皇帝令人愤怒怨毒，现皇帝是个蠢材，虽然现在看着还好，长大了如果像汉灵帝，刘氏皇族也就没必要存在了……每句话都够大逆不道的。无怪乎胡三省注释《资治通鉴》到此处时，直指董卓暴露出了代汉自立的野心。[3]

　　董卓一句又一句发表反动言论的时候，座中人不惊愕，袁绍不想听了、拍案而起了，他们反倒惊愕了，暴露出了什么问题？

　　说明座中人对"刘氏种"早已失望，董卓只是把他们的心里话

1《三国志》卷五《魏书·后妃传》："及董卓为乱，太祖微服东出避难。袁术传太祖凶问。"

2《后汉书》卷七十四上《袁绍刘表列传上》，李贤注引《英雄记》。

3《资治通鉴》卷第五十九《汉纪五十一》，"中平六年八月辛未"条胡三省注："卓意欲废汉自立。"

说出来罢了。这个态度，放在袁术这个历史形象被定为"僭号叛逆"的人身上，无非多加一条罪状，可对于将人设打造为"清定区夏，保乂皇家"[1]的汉室忠臣曹操来说，参与废帝、附逆董卓就是巨大的政治污点。

无怪乎只有汉末王粲私撰的《英雄记》有所着墨，而基于官方史料修撰的《魏书》《三国志》《后汉纪》《后汉书》对此或只字不提，或含糊其词，实则为曹操讳。

谁能想象，在《三国演义》中献刀刺董、召集十八路诸侯讨伐国贼的曹操，在真实的历史上，曾经是董卓废帝之议的支持者？谁又能想象，诛杀僭号逆贼袁术的汉相曹操，曾经与袁术站在一个阵营之中？这还只是史书字缝中隐藏信息的冰山一角。

从汉灵帝中平元年（184年）到汉献帝初平四年（193年），东汉朝廷风雨飘摇，只剩一个名义上的中央发号施令，曹操、刘备、董卓、袁绍、孙坚、公孙瓒、袁术等一众豪杰才刚刚登场，可他们的形象，却被成王败寇的历史书写，扣上了一层层的脸谱，千百年后，经历了传播、流散、失真，再被各种作者依据个人偏好，编缀成篇，就变成了一个个自圆其说的故事文本，好似历史真是如此。

显阳苑会议的寥寥史笔中，已经有如此多的隐秘，你猜，隐藏在曹操、刘备、董卓、吕布等人脸谱下面的，会是怎样惊悚的真面目呢？

1《三国志》卷二《魏书·文帝纪》，裴松之注引《献帝传》："幸赖武王德膺符运，奋扬神武，芟夷凶暴，清定区夏，保乂皇家。"

上篇

曹操：
谎言包裹的枭雄

曹操其人

　　曹操，字孟德，豫州沛国谯县人，汉桓帝永寿元年（155年）出生，汉献帝建安二十五年（220年）去世，曹魏代汉后，被尊为太祖，谥号武皇帝。

　　曹操的祖父名曹腾，字季兴，早年入宫为宦者，官至大长秋，汉桓帝朝获封费亭侯。曹腾去世后，子曹嵩袭爵，历任司隶校尉、大司农、大鸿胪，汉灵帝时，官至太尉。曹魏建立后，曹腾被魏明帝追尊为高皇帝，曹嵩被魏文帝追尊为太皇帝。

　　看似满门公侯，可在时人眼里，曹操的家世却是八个字：乞丐携养，赘阉遗丑。[1]东晋孙盛在《魏氏春秋》中写道，曹操姿貌短小，接见匈奴使臣之前，担心自己威严不够，"自以形陋，不足雄远国"[2]。曹操小字"阿瞒"[3]，"瞒"字，《说文解字》的解释即"平目"，

---

[1]《后汉书》卷七十四上《袁绍刘表列传上》，"袁绍"条，陈琳作《为袁绍檄豫州》。

[2]《世说新语》第十四《容止》，"魏武将见匈奴使"条，另刘孝标注引《魏氏春秋》："武王姿貌短小，而神明英发。"

[3]《三国志》卷一《魏书·武帝纪》，裴松之注引《曹瞒传》："太祖一名吉利，小字阿瞒。"另见《三国志》卷十二《魏书·崔毛徐何邢鲍司马传》，裴松之注引《魏略》曰："攸自恃勋劳，时与太祖相戏，每在席，不自限齐，至呼太祖小字，曰：'某甲，卿不得我，不得冀州也。'"按："某甲"此处用于忌讳之代词，则曹操应有小字不虚。

也就是状若闭目的小眼睛；辅以"神明英发"的描述，就是眼睛小却有神。

　　用短小形容身姿，则可见曹操个头不高。秦汉以七尺为二十岁成年男性的标准身高，[1]汉尺一尺约为二十三点五厘米，曹操身高应低于一米六五。这一点，也能得到曹操高陵考古所见股骨的印证，据考古工作者鉴定，曹操身高应不足一米六，约汉尺六尺六寸，刚刚达到秦汉成年男性身高的及格线。[2]当然，这一发现存在争议，此处略备一说。

　　不过，曹操晚年体胖却是肯定的。据《江表传》记载，曹操征马超的时候，两人经常近距离喊话。马超力气大，想单手擒拿曹操，就估摸着曹操的体重，做成六斛的米袋，来回跑马，拖拽米袋，掂量轻重。[3]

　　斛是汉代的容积单位，一斛约等于今天的二十升。万国鼎先生实测四种黍的容积、重量，数据显示，二十毫升黍重十五克左右，[4]则一斛黍当重十五千克。六斛的米囊，约为九十千克。也就是说，曹操的体重在今天有一百八十斤，配上不到一米六五的身高，这身板相当敦实。

1　凌文超：《秦代傅籍标准新考——兼论自占年与年龄计算》，《文史》，2019年第3期。

2　潘伟斌、朱树奎：《河南安阳市西高穴曹操高陵》，《考古》，2010年第8期。

3　《太平御览》卷七百四《服用部六》，"囊"条引《江表传》："魏太祖与马超单马会语。超负其多力，尝置六斛米囊，东西走马，辄制（掣）米囊以量太祖轻重。太祖寻知之，曰：'几为狡虏所欺。'"

4　万国鼎：《秦汉度量衡亩考》，《农业遗产研究集刊》第二册，1958年；又载于河南省计量局主编《中国古代度量衡论文集》，中州古籍出版社，1990年。

　　当然，攻打马超的时候，已是建安十六年（211年），曹操五十七岁。十三年前的建安三年（198年），曹操四十四岁，擒获吕布后，吕布曾问他怎么瘦了。曹操说："你怎么认识我的？"吕布回答当年在洛阳温氏园见过。[1]这个时间，自然是在中平六年（189年）董卓进京后，当时曹操三十五岁，天下未经丧乱，曹操还是富贵公族子弟，怕是体重不轻，否则吕布不会找这么一句客套话。

　　由此可见，真实历史位面的曹操与我们想象的奸雄形象并不一样，他先天的家世、相貌，真可谓平平无奇，甚至有些负资产的意味。祖父毁伤身体做宦官，父亲背弃亲长做养子，都是不孝之举，[2]在以孝治天下的东汉时代，不可避免地受到广泛蔑视。至于相貌，不仅在汉代，下讫六朝、隋唐，身材高大、丰神俊朗也是士大夫仕途、风评的加分项。

　　可以想见，曹操一生中因为这些与生俱来的"原罪"，遭受过多少白眼，以至于他的性格相当敏感和极端，用《三国志》的话说，就是"太祖性忌"[3]。对于曾经给予过他认可的人，比如王儁[4]、

---

1 《三国志》卷七《魏书·吕布张邈臧洪传》，"吕布"条，裴松之注引《献帝春秋》："布问太祖：'明公何瘦？'太祖曰：'君何以识孤？'布曰：'昔在洛，会温氏园。'太祖曰：'然。孤忘之矣。所以瘦，恨不早相得故也。'"

2 宦官上辱其亲，中伤自体，下绝其后；做养子则背弃了《孝经》中规定的"养亲"基本义务。

3 《三国志》卷十二《魏书·崔毛徐何邢鲍司马传》，"崔琰"条。

4 《三国志》卷一《魏书·武帝纪》，裴松之注引皇甫谧《逸士传》："公之为布衣，特爱儁；儁亦称公有治世之具……以寿终于武陵，公闻而哀伤。及平荆州，自临江迎丧，改葬于江陵，表为先贤也。"

桥玄[1]、卫兹[2]和袁绍[3]，他都念兹在兹，在对方过世后亲自或遣人祭奠；对于旧日友人，稍有不恭，则是白刃不相饶，比如许攸[4]、娄圭[5]，史书上的说法是"以恃旧不虔见诛"；至于仇人，哪怕是身隔万里，对方已跪地求饶，一样要杀之而后快，比如边让、袁忠、桓邵[6]等人。

正因为曹操先天不足，又有"性忌"的毛病，在他和他的子孙治下，曹魏政权的历史和现实可谓全身都是敏感点。魏文帝黄初年间（220年—226年），王朝新立，"民间数有诽谤妖言，帝疾之，有妖言辄杀，而赏告者"[7]。高柔就劝谏曹丕，说这样不行，曹丕不听。后来告密之风愈演愈烈，曹丕才下诏反坐诬告，此风乃止。可见，汉魏禅代号称名正言顺，终究逃不过一个"篡"字。民间议论纷纷，曹丕的治理方式就是有奖举报，谁敢议论就杀谁。

高柔的劝谏看似奏效，民间的举报稍息，可官方的特务"校

1《后汉书》卷五十一《李陈庞陈桥列传》，"桥玄"条："初，曹操微时，人莫知者，尝往候玄，玄见而异焉，谓曰：'今天下将乱，安生民者其在君乎！'操常感其知己。及后经过玄墓，辄凄怆致祭。"

2《三国志》卷二十二《魏书·桓二陈徐卫卢传》，"卫臻"条："父兹，有大节……从讨董卓，战于荥阳而卒。太祖每涉郡境，辄遣使祠焉。"

3《三国志》卷一《魏书·武帝纪》："邺定。公临祀绍墓，哭之流涕；慰劳绍妻，还其家人宝物，赐杂缯絮，廪食之。"

4《三国志》卷十二《魏书·崔毛徐何邢鲍司马传》，"崔琰"条，裴松之注引《魏略》："（许）攸字子远，少与袁绍及太祖善……攸自恃勋劳，时与太祖相戏……遂见收之。"

5《三国志》卷十二《魏书·崔毛徐何邢鲍司马传》，"崔琰"条，裴松之注引《魏略》："娄圭字子伯，少与太祖有旧……太祖以为有腹诽意，遂收治之。"

6《三国志》卷一《魏书·武帝纪》，裴松之注引《曹瞒传》。

7《三国志》卷二十四《魏书·韩崔高孙王传》，"高柔"条。

事"刘慈等人却没闲着。曹丕在位总共不到六年，"举吏民奸罪以万数"[1]，而曹魏故地的人口一直到平蜀后，也只有四百四十三万两千八百八十一口[2]，此时（魏元帝景元四年，263年）距黄初元年（220年）已有四十三年，哪怕人口毫无增长，涉案率也达到了0.226%，合每一千口男女就有两个人被举报。

当然，这些案子肯定不只涉及犯忌言论，还包括其他罪名。但是，曹操设校事的目的是"使察群下"[3]，开始时是在军中肆虐，曹魏代汉后，校事的监视已经到了"上察宫庙，下摄众司"[4]的地步，简言之，主要纠察目标是将领、军官和朝臣等上层人士，其在总人口中本就只是少数，这个案件规模就相当可怕了。而且，行为犯罪需要证据，这才给了治书执法高柔清理轻罪改为罚款的机会；而言论犯罪则虚实难辨，更易构陷，结合曹丕的态度可知，因触犯忌讳丧命者应不在少数。

这种气氛一直延续到了曹魏中后期，《晋书》中说，魏人王沈"与荀顗、阮籍共撰《魏书》，多为时讳，未若陈寿之实录也"。所谓"时讳"就是当朝的忌讳，王沈等人所修的国史里就各种遮遮掩掩。万幸的是，曹魏国祚不长，当时的私家著述也很兴旺，很多零散的史料得以保存。

1《三国志》卷二十四《魏书·韩崔高孙王传》，"高柔"条。

2《通典》卷七《食货七》，"魏武据中原"条："魏氏唯有户六十六万三千四百二十三，口有四百四十三万二千八百八十一。"

3《三国志》卷二十四《魏书·韩崔高孙王传》，"高柔"条。

4《三国志》卷十四《魏书·程郭董刘蒋刘传》，"程晓"条。

不过，被涂脂抹粉过的史书，照样影响着后人对这段历史的认知。那么，曹操和曹魏皇室刻意用谎言掩藏起来的历史真相，到底有哪些呢？这些真相，为什么让他们觉得难以启齿？又和我们熟知的汉末三国故事有哪些不同呢？

第一章　难以启齿的家世

曹操的祖宗变了三次，图什么？

明末大儒顾炎武在《日知录》中提到，曹操家"夫以一代之君，而三易其祖，岂不可笑？"他列举了不同时期，曹操家族祖宗的变化。[1]

第一个时期是曹操发迹之前，以曹操祖父曹腾墓前石碑文为代表，自称曹氏家族出自西周的邾国，远的先祖是黄帝，近的先祖是汉相曹参。

第二个时期是曹操称王之后，以他自己撰写的家传和他儿子曹植的《武帝诔》为代表，宣称自己是周武王兄弟曹叔振铎的后人；近的先祖还是汉相曹参，没变。

第三个时期是景初年间，魏明帝在诏书中肯定了高堂隆提出的曹氏出自舜的观点，此后到魏晋禅代，曹魏官方均以舜为先祖。

不过在第三个时期，又掺杂着王沈《魏书》的记载，采信了曹腾碑的说法，沿用了曹氏出于邾国，传至汉相曹参的说辞。陈寿的

1《日知录》卷二十三。

《三国志》则摒弃了之前的争论，只说曹操是汉相曹参之后。

也就是说，在曹腾发迹之后，祖宗是汉相曹参属于家族共识，分歧点主要在三个时期对更远的先祖的确定上。值得注意的是，在高堂隆提出曹氏为舜后人的说法后，蒋济曾援引曹腾碑文驳斥高堂隆，"济亦未能定氏族所出"[1]，说明碑文上没有确凿的世系证据，甚至于当时仍可寻访的曹参后人，也无法提供更多的旁证。

这就意味着，自曹腾开始，对自家的先祖根本没数。既然没有正确答案，选哪个错误答案也没多大区别，主要看现实政治的需要。

第一个时期，曹腾封费亭侯，属于汉天子主持下的分封建国，那么，为汉藩辅的身份也要找一个与之匹配的祖先，恰好曹参是同姓，顺理成章地攀附到了。这时候，先祖的出处反倒没有那么重要，黄帝之裔，邾国曹侠，只是一个由头，并不是有理有据的考证结果。

到了第二个时期，曹操身为汉相，已经建立魏国，他曾对劝进的夏侯惇说："若天命在吾，吾为周文王矣。"[2]可见，他认为自己所处的时势与周文王类似。

按照当时儒家的理解，周文王生前已经受天命，可在他死后，周武王继位数年间，殷商帝辛都还是天下共主。周文王、周武王在天下归心的状态下，仍自居殷商臣下，故而曹操在《让县自明本志令》中说："《论语》云'三分天下有其二，以服事殷，周之德可谓

1《三国志》卷十四《魏书·程郭董刘蒋刘传》，"蒋济"条，裴松之注。
2《三国志》卷一《魏书·武帝纪》，裴松之注引《魏氏春秋》。

至德矣'，夫能以大事小也。"[1]

此时是建安十五年（210年）十二月，赤壁之战两年后，关中还没有平定，魏国也没建立，曹操就大谈周服侍殷商之德了。可见，曹操对周文王、周武王的历史相当向往，希望能够比附，这才有了他自称周文王儿子曹叔振铎后人的新故事。

这个故事，曹植写文章时沿用了，意味着获得了魏文帝曹丕的官方认可。因为建安二十五年（220年）正月，曹操薨逝时，关中、陇右已然平定，东汉十三州，只有益州、交州全部和扬州、荆州大部不在治下，"三分天下有其二"已经实现，曹丕这个"周武王"已经达成了"至德"，下一步，就是东进观兵，会合八百诸侯，完成天下一统了。

问题是，这最后一步，曹丕没能完成，而是通过禅让的方式接替了汉献帝。

刘汉皇室自称为尧后，[2]要比附尧舜禅让，当然是舜后比周文王之后更合理。而且，在儒家的评价体系之中，圣君也是分级的，尧、舜是"大道之行，天下为公"时代的圣君，大禹、商汤、周文王、周武王、周成王、周公旦则是"大道既隐，天下为家"时代的圣王，要解释汉魏易代，尧舜禅让绝对比汤武革命更有说服力，也更贴切。这才是魏明帝采纳高堂隆提议的真正原因。

简言之，在曹家祖孙的眼中，先祖是谁并不重要，关键是选哪个祖宗可以带来更大的政治利益。更不幸的是，这种对祖先、后人

1《三国志》卷一《魏书·武帝纪》，裴松之注引《魏武故事》。
2《汉书》卷一下《高帝纪下》。

的随意摆弄，本就是传代的家风。曹腾这个给家族子孙同时带来传家富贵和无尽屈辱的大宦官，就是这种家风下的一个牺牲品。

曹腾的父亲叫曹萌，字元伟，豫州沛国谯县人，身份是处士，意为身有才德却没有做过官的隐士。曹萌的名字有一桩公案，裴松之注《三国志》时引用的司马彪《续汉书》文字里，将"曹萌"写作"曹节"，可据清人梁章钜考据，唐代编纂的《艺文类聚》和北宋编纂的《太平御览》两部书中，摘录《续汉书》此段文字均作"曹萌"，由于"萌"和"节"的繁体字形相近，很可能是裴松之抄错了。

另有一证据是曹操有个女儿嫁给汉献帝做了皇后，名字就是曹节。[1]汉代有礼法"入门而问讳"，到别人家里，进门先问家讳，不能直呼尊长之名，曹操再藐视礼法，自己曾祖父总要尊重。所以，曹操的曾祖父应该就叫曹萌。

史书中关于曹萌的记载很少，只在司马彪《续汉书》中记录了一个小故事：

某日，曹萌邻居家丢了猪，就到曹萌家指认，说这头就是自家丢的，曹萌二话不说，就让邻居把猪牵走。不久后，邻居家的猪自己跑回来，邻居才知道误会了，十分惭愧，就把猪还给曹萌，过来道歉，曹萌笑着接受了，由此同乡们都赞叹尊重他。[2]

1《后汉书》卷十下《皇后纪下》，"献穆曹皇后讳节"条："及伏皇后被弒，明年，立节为皇后。"

2《三国志》卷一《魏书·武帝纪》，裴松之注引司马彪《续汉书》："腾父节，字元伟，素以仁厚称。邻人有亡豕者，与节豕相类，诣门认之，节不与争；后所亡家豕自还其家，豕主人大惭，送所认豕，并辞谢节，节笑而受之。由是乡党贵叹焉。"

这种好人好事，《后汉书》里有卓茂让马、刘宽解车让牛[1]，《吴书》里有刘虞让牛[2]。尤其是刘虞让牛，除了把猪换成牛，与曹萌故事如出一辙。可别人都名闻天下，就曹萌寂寂无闻，很可能根本没这回事，是曹家后人套故事模板给祖宗脸上贴金罢了。

曹萌育有四子，分别字伯兴、仲兴、叔兴和季兴。曹腾是老四季兴，其他三个哥哥分别叫什么名，没有对应记载。只知道其中一个叫曹褒，曾任颍川太守，他有个儿子叫曹炽，曾任侍中、长水校尉。曹炽的儿子叫曹仁、曹纯，跟随曹操征战四方。曹炽还有个弟弟叫曹胤，曾任谒者职务，去世时并无子嗣。

除了这几个可以确定亲缘关系的名字之外，考古发掘还证实，曹操宗族墓地里埋葬了一群高官亲戚，有吴郡太守曹鼎、永昌太守曹鸾、山阳太守曹勋、豫州刺史曹水等。

听起来是一个高官家族，可从墓地情况看，曹家人任职高官，都在曹腾入宫之后，也就是说，靠着小儿子身体残缺的牺牲，曹家人得以鸡犬升天。

那么，曹腾入宫是因为贫穷吗？

并不是。从曹萌家养猪的情况来看，曹家虽不是官宦之家，也不是贫民。西汉昭帝时，"夫一豕之肉，得中年之收，十五斗粟，当丁男半月之食"[3]。豕就是猪，一头猪的肉要十五斗粟来换，正好是中

1《后汉书》卷二十五《卓鲁魏刘列传》，"卓茂""刘宽"条。

2《三国志》卷八《魏书·二公孙陶四张传》，"公孙瓒"条，裴松之注引《吴书》："尝有失牛者，骨体毛色，与虞牛相似，因以为是，虞便推与之；后主自得本牛，乃还谢罪。"

3《盐铁论》卷六《散不足第二十九》。

等年景一亩地的收成，可供一个成年男子半月的食用。而且，曹腾的哥哥曹褒，能当上颍川太守，就算是有曹腾的关系，至少说明他读过书，曹家并不是赤贫之家。

可见，曹腾入宫并非走投无路，而是为了满足家族的改善性需求。曹氏家族虽然有些余财，但在地方上属于寒微门户，正常途径无法出头，偏偏儿子多，就想走捷径，把小儿子送进宫去，希望他发迹后反哺宗族。用《后汉书·宦者列传》中的话说，就是"其有更相援引，希附权强者，皆腐身熏子，以自炫达"。代价，就是小儿子的一生。

曹操的祖父是操纵废立的权阉？

汉代长安的未央宫、长乐宫，洛阳的南宫、北宫，实则是各自独立的，以宫墙围绕。宫墙包裹的区域里，分布着若干个殿，殿也有殿墙围成小院，设有殿门供出入，中央的很多衙署各自有自己的院落，围绕着作为皇帝办公区的殿。皇帝日常生活起居的地方，要和办公区分开，称为禁中或省中，设有禁门隔绝内外，由武装宦官掌管开闭和防守，由于门被涂成黄色，也称黄门、禁门、黄闼。普通男子要进这道门，必须阉割成为宦官。

曹腾入宫时还没有成年，被任命为黄门从官，这个职位归黄门令下辖的黄门从丞管辖，负责跟随皇帝出入。[1]具体时间缺载，不

---

1 《后汉书》志第二十六《百官三》："黄门令一人，六百石。（本注曰：宦者。主省中诸宦者。）丞、从丞各一人。（本注曰：宦者。从丞主出入从。）"按：《汉官》曰"员吏十八人"，可知令、丞之外，尚有从官。

过史书上说曹腾曾"用事省闼"三十余年，结合梁太后于建和元年（147年）七月廿二日下诏命曹腾离宫归国[1]，由此年前推三十一至三十九年，则他应于汉安帝永初、元初年间的108年至116年[2]入宫。直至永宁元年（120年），邓太后命黄门令选年少、温谨的"中黄门、从官"陪太子刘保读书，曹腾入选，可知曹腾当时仍不满二十岁，甚至不满十五岁。[3]

也就是说，曹腾入宫时至多十五岁（以116年入宫，120年十九岁计）。

而曹腾经历的这次选拔，也并不简单。所谓"中黄门"，也是个宦官职务，《三国演义》里还有"小黄门"。很多人认为，中比小大，其实不然，这个"中"是指示位置，即禁中、省中。中黄门归中黄门冗从仆射统领，无定员，主要职责有两个：皇帝在省中，则手持兵器，保卫黄门和省中安全；皇帝出行，则骑马跟随侍卫，属于宦官中的"武人"。[4]

"从官"则类似于宦官中的"文人"，包括省中各个职能部门官署的从官，比如掖庭令下属有"吏从官"一百六十七人，钩盾令下属有"吏从官"四十人。不过史书中缺载从官的秩级，所以，曹腾

---

1 《六艺之一录》卷四十一《石刻文字十七》，"中常侍费亭侯曹腾碑"条，引《隶释》："维建和元年七月廿二日己巳，皇太后曰：'其遣费亭侯之国，为汉藩辅，临君境内。'"

2 永初元年（107年）入宫，至建和元年，过四十年，元初四年（117年）入宫，少三十年，则曹腾入宫当在永初二年（108年）至元初三年（116年）之间。

3 据王子今在《秦汉社会史论考》书中论证，汉代"少年"的界定，十五或二十岁以下都是得到普遍认可的。

4 宋杰：《汉代宫禁的黄门官署与员吏考论》，《南都学坛》，2022年第2期。

入宫后的待遇级别我们不得而知。

整体来看，上述两个群体都属于低级宦官，加起来几百人是有的，曹腾能够脱颖而出，性格应该特别符合"温谨"的标准，俗称"老实人"。

曹腾到太子刘保身边时，刘保刚刚六岁。按理说跟随皇储，前途一片光明，不想，四年后，汉安帝刘祜竟然废黜了自己独子刘保的储位，改封为济阴王。不久后，汉安帝死去，阎皇后因为害怕刘保的报复，竟然舍皇子，改立济北惠王刘寿的儿子北乡侯刘懿为帝。

汉安帝刘祜为什么会如此愚蠢呢？

主要原因是，他本是清河孝王刘庆的儿子，由汉和帝的皇后邓绥扶立。邓太后在世时，汉安帝不敢与之对抗，太后一死，他就急不可待地诛灭恭谨守分的邓氏外戚；追封亲祖母宋贵人为皇后，宋氏家族被封四侯，十余人位列卿校；嫡母耿氏被尊为甘陵大贵人，其兄长耿宝封侯，控制羽林左军车骑；汉安帝的妻族，阎皇后的三兄弟，也被授以卿校，掌管禁兵，"于是内宠始盛"[1]。

作为外藩入继的帝王，汉安帝的生母左小娥是罪犯家属出身，妻子阎皇后的祖父和父亲也只是比二千石官。母族妻族势力薄弱，他只能通过扩充外戚范围的方式，稳固自己的皇位。尤其是汉安帝对邓氏家族的打击大失人心，使他只能大肆提拔亲信控制禁卫兵权。这种信任甚至蔓延到了乳母王圣身上，汉安帝封其为野王君，开乳母封爵之先河。

1《资治通鉴》卷第五十《汉纪四十二》，"建光元年夏四月"条。

不过，汉安帝没活多久，就暴死在出巡路上。阎皇后立北乡侯刘懿为帝，大权独揽，为了能够专政，开始拿汉安帝的"内宠"家族开刀，指使人揭发汉安帝的宗法舅舅大将军耿宝与中常侍樊丰、野王君王圣等人结党"大不道"，或杀或徙，扫荡得一干二净，只剩下阎氏兄弟担任大将军、卫尉、执金吾和城门校尉，执掌洛阳兵权。

可惜，少帝刘懿上台只二百多天就病死了，刘保的乳母宋娥与中黄门孙程等十九人联合发动政变，扶立年仅十一岁的济阴王刘保登基，是为汉顺帝。

前面提到了，中黄门是汉代宦官中的"武人"。孙程等十八人为中黄门，另有长乐太官丞王国与谋。这些人盟誓后，乘夜持兵器直入章台门，在省门下斩杀中常侍兼长乐太仆江京、黄门令刘安、钩盾令陈达，胁迫中常侍李闰迎立汉顺帝。李闰就范后，即召尚书令、仆射以下，随皇帝的御辇至南宫云台，接下来，就召见公卿百官，并派羽林、虎贲屯守南北宫各门。

要知道，阎太后和大将军阎显都在省中，玺绶也在他们手里，卫尉阎景还召来了屯兵，太后更开出了赏格，"能得济阴王者，封万户侯；得李闰者，五千户侯"。可臣子们已经站在汉顺帝一边，天一亮，忠于皇帝的势力就冲入省中，夺得印绶，派出侍御史收捕阎氏兄弟，迁太后于离宫，一场政变宣告胜利结束。[1]

要理解这次政变，就必须介绍宦官群体的构成，以地位论，有三层：

1《资治通鉴》卷第五十一《汉纪四十三》，"延光四年十一月"条。

上层，依次是太后宫的主管长乐（帝祖母宫则称长信）太仆、长乐卫尉、长乐少府[1]，皇后宫的主管大长秋，都是秩二千石的朝廷列卿[2]；在这之下的，则是比二千石的中常侍，专职在皇帝左右侍奉，应对顾问[3]。

中层，主要是省中各官署的主官，权力最重者为黄门令[4]，统管省中宦者的犯法事；其次是小黄门，职责是在皇帝左右，领受尚书的上下文书，并负责为皇帝跑腿，沟通内外；再次即为钩盾令和黄门冗从仆射，前者本职是管理皇家园林，统管园林中的皇帝私兵与武器，后者则统领宫中的武装宦官；其余如掖庭令、永巷令、祠祀令、御府令等各有职任，秩级多为六百石，少部分为四百石。

下层，主要是中黄门、从官等低级宦官，以及各官署的丞，等等。

需要补充的一点是，东汉由宦官担任的中常侍类似于士大夫担任的侍中，属于皇帝身边的顾问，也可兼任其他职务，比如曹腾就曾以中常侍兼大长秋。

孙程等人迎立汉顺帝的政变，主要参与者全是下层的低级宦官，用武力斩杀了与阎氏外戚合作的高层江京，实权中层刘安、陈

---

1 《后汉书》志第二十七《百官四》："本注曰：帝祖母称长信宫，故有长信少府，长乐（即帝母太后之宫）少府，位在长秋上，及职吏皆宦者，秩次如中宫。长乐又有卫尉，仆为太仆，皆二千石，在少府上。其崩则省，不常置。"

2 《后汉书》志第二十七《百官四》，刘昭注"张晏曰：'皇后卿。'"

3 《后汉书》志第二十六《百官三》："中常侍，千石。本注曰：宦者，无员。后增秩比二千石。掌侍左右，从入内宫，赞导内众事，顾问应对给事。"

4 《后汉书》志第二十六《百官三》："黄门令一人，六百石。本注曰：宦者。主省中诸宦者。"

达之后，逼迫中常侍李闰接管了与尚书台的联系，省中的皇权，就落到了政变集团的手里。哪怕阎太后仍在，阎氏外戚手中有兵，也不足以翻盘，反而被抢走了玺绶。

此次政变的过程近乎儿戏，却极具历史意义：

其一，太后、印绶、皇帝都不能单独代表皇权，"权势积为省内所服"的中常侍才是关键；

其二，无论有多少外兵，在不反皇帝的情况下，都不如武装宦官更能控制局势；

其三，宦官群体，已经有自己的主体意识，并善用武装力量，不再是纯粹的工具。

说得直白些，没有宦官支持的皇帝、太后，已经无法行使权力。在大部分中国人对高层政治的想象中，皇权是确定的，皇权意志可以为所欲为。可事实并非如此，权力运行最本质的规律是：权力出自下，而非来自上。只有下属基于惯例、恐惧、谄媚、贪婪而服从上级的指挥，上级才拥有权力，如果底下人不服从，上级的权力就是空荡荡的白纸。汉顺帝通过掌握中常侍李闰，直接召见朝臣，就给了底下人一个不服从阎太后法定权力的理由。

当阎太后只能命令剩下亲族、左右时，她手中原本号令天下的玺绶也就成了死物，胜负立分。

汉顺帝因帝位得自宦官，所以封十九宦官为侯，将大权交给宦官，更历史性地允许宦官养子承袭爵位。[1]这意味着，宦官的养子拥

1《后汉书》卷七十八《宦者列传》："（汉顺帝永建）四年，诏宦官养子悉听得为后，袭封爵，定著乎令。"

有了法定继承人的身份，可以独立建立宗族，不再需要朝廷的特殊恩典袭爵，也不再害怕其他拥有顺位继承权的家庭成员的觊觎。封侯的权阉家族，在政治上比肩的是开国勋贵家族。

而曹腾，早在汉顺帝当太子时就在身边伺候，得到了特别的关照，获得的饮食、赏赐都比别人多。[1]所以，汉顺帝登基后，不忘提拔曹腾，先让他当了小黄门，又提拔为中常侍。不过，很明显的是，在诛杀阎氏的政变中，曹腾没有出场，他虽然是汉顺帝的亲信，却远算不上政治红人。

阳嘉元年（132年），汉顺帝册立中宫，皇后梁妠的家族崛起，其父梁商于阳嘉四年（135年）升任大将军。梁商"慎弱无威断，颇溺于内竖"，意思是性格谨慎、软弱，与宦官的关系很好，甚至因为小黄门曹节在宫中权盛，就派儿子梁冀、梁不疑与他交友。

可非常奇怪的是，梁商的善意并没有得到回报。

永和二年（137年），汉顺帝的乳母山阳君宋娥，与曾经一起与谋政变扶立汉顺帝的宦官十九侯中的九人，一起诬陷中常侍曹腾、孟贲等人。事情败露后，九侯被遣就国，减租四分之一；宋娥则被夺爵，遣送回乡。

只过了两年，永和四年（139年），中常侍张逵、蘧政，内者令石光，尚方令傅福，黄门冗从仆射杜永，又一次联合诬陷梁商与中常侍曹腾、孟贲图谋废立皇帝。不想，汉顺帝回复："大将军父子是我所亲，曹腾、孟贲是我所爱，肯定没这事，是你们妒忌他们罢

1《三国志》卷一《魏书·武帝纪》，裴松之注引司马彪《续汉书》："太子特亲爱腾，饮食赏赐与众有异。"

了。"张逵仍不罢休，矫诏抓捕曹腾、孟贲，引来顺帝震怒，将一干人等斩杀，并牵连到外臣，[1] 如中常侍杨定、弘农太守张凤、安平相杨晧等人。

可见，在政治对手的眼中，梁商、曹腾、孟贲实属一党。奇怪的是，两次诬告案都涉及了曹腾和孟贲，诬告者却包含了汉顺帝的功勋亲信，和宫省宦官的多个重要部门头目。可见，这两次斗争是汉顺帝曾经的功勋亲信希望依托皇帝打击日益扩张的后族势力，却遭到了反噬。

也就是说，曹腾在汉顺帝在世时，肯定是帝党，却与梁氏家族关系紧密。至于之前的两次诬告事件，罪名并不重要，体现出的是汉顺帝提振皇权的意志，曹腾、孟贲就是他个人的代表，而外戚梁商，是他亲手提拔起来用以平衡省内功勋集团和宦官集团权力的外援。

第一次打击乳母宋娥和九侯，再加上自然死亡的几侯，政变功臣的势力基本扫清；第二次打击高级、中级宦官，扫荡了宫省内的实权派别。他所谓的倚重宦官，仍然是除旧布新，用自己的亲信掌握宫省，尤其要防备有人复制自己的成功经验。而这一举措，其实也为日后的梁氏专权创造了条件，至少曹腾这样的老实人，并不足以与梁氏抗衡。这也是权力斗争的常态，拆了东墙补西墙，西墙没倒东墙倒。

待到汉顺帝驾崩后，汉冲帝是其亲子，梁后作为嫡母，尊为太后，并无冲突。问题是，冲帝早夭，再次议立新帝，太尉李固与梁

1《后汉书》卷三十四《梁统列传》，"梁商"条。

冀参录尚书事，又有天下之望和梁太后的信任，提出了要立清河王刘蒜为帝，梁冀不同意，坚持要立八岁的刘缵为新帝。[1]最后，"皇太后与冀定策禁中"[2]，迎刘缵入南宫，是为汉质帝。

　　值得注意的是，在汉冲帝病危时，大将军梁冀早已征刘缵入京，他与太后定策，则是在汉冲帝驾崩之后。李固的争取也是在此时。清河王刘蒜则是在汉冲帝驾崩后，才被征赴京，准备议立为嗣，待到梁冀与太后定策后才归国。[3]这意味着梁太后对朝臣的态度多有尊重，至少在形式上，她是事后才追认梁冀的决定。[4]

　　待到梁冀毒杀汉质帝之后，太尉李固又拉着司徒胡广、司空赵戒一同写信给梁冀，以天灾不断威胁他，召开公卿大议，讨论立新帝的人选，明言"悠悠万事，唯此为大。国之兴衰，在此一举"[5]。梁冀于是召集三公、列卿、列侯大议新帝，李固、胡广、赵戒和大鸿胪杜乔都认为清河王刘蒜在德才名声上、宗法尊亲上最合适，而梁冀虽希望立自己的妹夫蠡吾侯刘志，却说不过大臣们。

　　当天夜里，中常侍曹腾等人找上门来，游说梁冀，言说梁家富贵已久，宾客众多，犯法的事也多了，清河王为人严明，立了他，

1《后汉书》卷六十三《李杜列传》，"李固"条："太后从之，即暮发丧。固以清河王蒜年长有德，欲立之，谓梁冀曰……冀不从，乃立乐安王子缵，年八岁，是为质帝。"

2《后汉书》卷六《孝顺孝冲孝质帝纪》，"质帝"条。

3《后汉书》卷五十五《章帝八王列传》，"清河孝王庆"条。

4《后汉书》卷六《孝顺孝冲孝质帝纪》，"质帝"条："冲帝不豫，大将军梁冀征帝到洛阳都亭。及冲帝崩，皇太后与冀定策禁中，丙辰，使冀持节，以王青盖车迎帝入南宫。"

5《后汉书》卷六十三《李杜列传》，"李固"条。

梁家就大祸临头了，不如立刘志，可以长保富贵。梁冀听后，第二天就强硬逼迫大臣们，公卿丧胆，只剩下李固和杜乔继续反对。梁冀于是游说太后，先罢免了李固，再定立刘志，是为汉桓帝。[1]对于曹腾的这个举动，史书中也有解释，说是曹腾曾经谒见清河王刘蒜，对方"不为礼"，宦官们于是都厌恶他。[2]也就是说，曹腾的个人好恶，影响了宦官们的群体好恶，决定了这次对梁冀的劝说。

后世史家明显认可了这种说法，《后汉书·宦者列传》开篇就说："自曹腾说梁冀，竟立昏弱。魏武因之，遂迁龟鼎。"[3]意思是，曹腾游说梁冀扶立了昏聩、软弱的汉桓帝，让汉家天下的衰落更甚，为他孙子曹操的崛起创造了条件，最终导致了汉魏易代。一种历史因果的宿命感，扑面而来。

可是，这是历史的真相吗？

中国史上唯一的宦官皇帝竟是替罪羊？

在曹腾的身后事上，有三件怪事。

第一件，官职。他的墓碑，宋元时犹存，碑文得以传世。《水经注》记载，曹腾墓碑"题云：汉故中常侍长乐太仆特进费亭侯曹君之碑，延熹三年立。"[4]南宋洪适《隶释》中则详细记录了该碑碑阴上的两道诏书，一道是建和元年（147年）七月廿二日梁太后诏曹腾

1《后汉书》卷六十三《李杜列传》，"李固"条。
2《后汉书》卷五十五《章帝八王列传》，"清河孝王庆"条。
3《后汉书》卷七十八《宦者列传》。
4《水经注》卷二十三，"濄水"条。

归国，另一道是曹腾死后，皇帝封赠曹腾的制书，时间不详。

不同时代记录的碑额，都有"故中常侍、长乐太仆、特进费亭侯"的官爵，可在曹魏官史王沈《魏书》中叙述曹魏皇室祭典时却说"大长秋、特进侯与高祖合祭"[1]。可见，在魏明帝尊曹腾为高皇帝之前，曹魏政权官方认可的曹腾职务是大长秋、特进侯。如前文所述，长乐太仆在汉魏时代都高于大长秋，为什么曹魏皇室就低不就高呢？

第二件，封爵。史书虽然一直在强调曹腾的劝说，却忽略了另一个重要人物，长乐太仆州辅。他与曹腾等七人，以拥立汉桓帝定策功，都被封为亭侯。曹腾封费亭侯，升任大长秋，加位特进，[2]之前仅为秩比二千石的中常侍，升官后，还在州辅之下，凭什么他领头劝说梁冀？况且，州辅为太后宫的首席属官，在太后称制的年月里，话语权远高于顺帝旧人曹腾，何以把曹腾推到前面？

更神奇的是，吉成侯州辅碑[3]的碑文中说，建和二年（148年）七月己巳诏，以立帝之功，封州辅为叶吉成侯。可据《资治通鉴》记载，建和元年（147年）七月，因定策之功封赏的还有梁冀，增一万三千户；梁不疑为颍阳侯，梁蒙为西平侯，梁胤为襄邑侯，胡广为安乐侯，赵戒为厨亭侯，袁汤为安国侯，中常侍刘广等封列侯。[4]可知，州辅应在这个"等"里面，则"二年"应为"元年"

1《三国志》卷二《魏书·文帝纪》，裴松之注引王沈《魏书》。

2《后汉书》卷七十八《宦者列传》："桓帝得立，腾与长乐太仆州辅等七人，以定策功，皆封亭侯，腾为费亭侯，迁大长秋，加位特进。"

3《六艺之一录》卷四十一《石刻文字十七》，"吉成侯州辅碑"条。

4《资治通鉴》卷第五十三《汉纪四十五》，"建和元年七月"条。

之误。

这就意味着，曹腾碑上的建和元年（147年）七月己巳诏，在给曹腾封侯的同时，将其赶出了宫省。反观州辅，在建和元年七月封叶吉成侯之后，继续担任永乐少府，至和平年间，梁太后还政于汉桓帝后去世，州辅转任大长秋，继续为梁太后的妹妹、汉桓帝的皇后梁女莹服务，直至永寿二年（157年）十二月丙子去世，一直都是宫省中的头面人物。

同为定策功臣，待遇差别为什么如此之大？

第三件，尊为皇帝。汉献帝延康元年（220年）五月初三，汉献帝下令，追尊魏王曹丕的祖父曹嵩为太王，曹嵩夫人丁氏为太王后。这是自曹操建魏国之后，朝廷首次为曹嵩上尊号，究竟出自汉献帝的意志，还是曹丕的授意，我们不得而知。

不过，几个月后的曹魏黄初元年（220年）十一月，曹丕完成汉魏禅代后，又一次追尊先祖，"追尊皇祖太王曰太皇帝，考武王曰武皇帝，尊王太后曰皇太后"[1]。此后，一直到黄初四年（223年），曹丕才建立宗庙制度，立太皇帝庙，神主为曹嵩，大长秋、特进侯曹腾与曹丕的高祖曹萌合祭，规定亲尽则毁。亲尽则毁，意思是与现任皇帝出五服之后，即行迁出。

待到魏明帝太和三年（229年）六月，"追尊高祖大长秋曰高皇帝，夫人吴氏曰高皇后"[2]。当年十一月，洛阳宗庙落成，魏明帝派出

1《三国志》卷二《魏书·文帝纪》，"黄初元年十一月癸酉"条。
2《三国志》卷三《魏书·明帝纪》，"太和三年六月戊申"条。

大臣到邺城迎"高皇帝、太皇帝、武帝、文帝神主"[1]。显然，到了曹叡这一辈，曹丕的高祖曹萌已然"亲尽"迁出，只留下了曹腾以下的几代。此时，曹腾才成为中国历史上独一无二的宦官皇帝。

既然宦官可以追尊为皇帝，为什么魏文帝曹丕没有做呢？

这三件怪事的背后，其实是贯穿曹魏数十年历史的一个重要问题，那就是政权合法性的故事讲述，究竟应该选择怎样的逻辑才更能自圆其说。所谓政权合法性，在中国古代的语境下，就是王朝的统治合乎道德，那么人接受王朝统治自然也合乎道德，不必一生背负"伐无道"与生存的二元选择，这是一个互相成就的故事。

当然，要搞清这个问题，先要还原真实历史上曹腾的角色，到底是不是能够操纵废立皇帝的权阉。

弃清河王刘蒜、立蠡吾侯刘志的故事关键点，其实是梁太后的态度，她到底知不知道梁冀毒杀汉质帝的阴谋？

如果知道，那么，她召入京中，准备与梁家妹妹结亲[2]的蠡吾侯刘志，就是梁氏兄妹密谋毒杀汉质帝之后的替代者，所谓公卿大议，就只是一块遮羞布；如果不知道，她就不涉及毒杀汉质帝，只是被跋扈将军梁冀蒙在了鼓里，追认既成事实。《后汉书》记载的倾向明显是第二种，即梁太后是无辜的。

问题是，立汉桓帝后，太尉杜乔曾上书劝谏，不要以定策功封赏梁氏族人和宦官，结果是"书奏，不省"[3]，此时"太后犹临朝

1《三国志》卷三《魏书·明帝纪》，"太和三年十一月"条。

2《后汉书》卷七《孝桓帝纪》，"本初元年"条："本初元年，梁太后征帝到夏门亭，将妻以女弟。"

3《资治通鉴》卷第五十三《汉纪四十五》，"建和元年七月"条。

政"[1]，充分说明了，罢免李固、策立桓帝、封赏外戚宦官，都出自梁太后的手笔。所谓"太后又溺于宦官，多所封宠"[2]，在《后汉书·宦者列传》确实有具体记录，可这个遮遮掩掩的定策封赏已经完全暴露出她自始至终都站在梁冀一边。

那么，嫁妹妹给蠡吾侯刘志，预备立刘志为皇帝，毒杀汉质帝，大概率是梁氏兄妹的合谋。之所以不立清河王刘蒜，理由也很简单，与北乡侯刘懿死后阎太后面对的局势一样，"前不用济阴王，今若立之，后必当怨"[3]。在汉冲帝死后，选择嗣君的时候，已经把最合适的清河王刘蒜排除过一次，真立成年的外藩当皇帝，则梁太后必须还政，梁氏家族也要防备报复，何苦来哉？

想明白这一点，再看所谓选择嗣君的大议，本质上是走程序，为梁太后分担责任。毕竟在她治下连续死了两个小皇帝，舆论压力太大。只是没想到，李固能够动员三公九卿一起拥立清河王刘蒜，这才有了当天夜里，曹腾等宦官上门面见梁冀的桥段。

其实，史书记载的曹腾言论，所谓的晓以利害，不需要他说，梁太后和梁冀都很清楚，关键是态度。毕竟孙程等十九个低级宦官，拉上一个中常侍李闰，就可以成功政变。代表梁太后的州辅、中常侍曹腾和另一个封侯的中常侍刘广，一起拜访梁冀，肯定出于梁太后的授意，代表的是宦官群体对梁氏决策的支持。有了更大的底气，梁冀才敢在第二天的大议上大发淫威、逼迫群臣，把李固和杜乔孤

1《后汉书》卷七《孝桓帝纪》，"本初元年"条。
2《后汉书》卷十下《皇后纪下》，"顺烈梁皇后"条。
3《后汉书》卷十下《皇后纪下》，"安思阎皇后"条。

立成少数派，最终通过了决议。

所以，《后汉书》的记载并没有错，只是片面叙述了事实，抬高了曹腾的重要性，刻意忽略了梁太后与梁冀的勾连，以维持梁太后公正贤明，却无法约束兄弟，屡屡被梁冀欺骗的人设。[1]当然，这个记载也不是《后汉书》捏造的，而是来自东汉的官方资料。

换句话说，曹腾其实是官方叙事里推出来的"替罪羊"，就他本人而言，既没资格代表梁太后的态度，也没资格代表宦官群体，反倒因为汉顺帝时代举贤任能，他和士大夫的关系很融洽，名声也不错。正因为他不是自己人，才最合适被出卖。

为什么这么说呢？

因为曹腾很可能就不是定策功臣。曹腾碑到宋代还残存的文字中并没有关于拥立之功的语句，当然，也可能恰好这一段，被时光磨灭了。

可如果我们带着问题，再看史书的记载，就会发现，除了《后汉书》，其他书中都没有说曹腾封费亭侯是因为拥立之功，反而在《续汉书》中写作：，"桓帝即位，以腾先帝旧臣，忠孝彰著，封费亭侯，加位特进。"[2]这里强调的是"先帝旧臣"和"忠孝彰著"，恰与曹腾碑残存文字中的"腾见克□□□□□□□□□先帝。能自奋

1《后汉书》卷十下《皇后纪下》，"顺烈梁皇后"条："太后夙夜勤劳，推心杖贤，委任太尉李固等，拔用忠良，务崇节俭。其贪叨罪戾，多见诛废。分兵讨伐，群寇消夷。故海内肃然，宗庙以宁。而兄大将军冀鸩杀质帝，专权暴滥，忌害忠良，数以邪说疑误太后，遂立桓帝而诛李固。太后又溺于宦官，多所封宠，以此天下失望。"

2《三国志》卷一《魏书·武帝纪》，裴松之注引司马彪《续汉书》。

拔于险阻之中，不陷乎群小害己之谮，遂亦□□□□□前后策谋□□进贤纳□"[1]相合。

这就意味着另一种可能，那就是曹腾是被梁太后和梁冀硬塞进"定策之功"的。他未必敢于反对梁太后的意志，很可能只是随宦官们一起参与了事件，却被梁太后和梁冀当作"宦官误国"的代表，编造了他和清河王刘蒜的私人恩怨，推到前排承担舆论的批判。

之所以选曹腾，在于他的身份相当特殊。

《三国志·武帝纪》中说"桓帝世，曹腾为中常侍大长秋，封费亭侯"[2]。《后汉书·宦者列传》中说"腾为费亭侯，迁大长秋，加位特进"[3]。《续汉书》中则是："顺帝即位，为小黄门，迁至中常侍、大长秋……桓帝即位，以腾先帝旧臣，忠孝彰著，封费亭侯，加位特进。"[4]曹魏官修史书王沈《魏书》叙述曹魏祭典时则提及"大长秋、特进侯与高祖合祭"[5]，本朝先祖的官职不可能搞错，则曹腾官至大长秋，应无异议。只是担任大长秋的时间和因果，记载不同。

那么，就存在三种可能，且代表了他与梁氏的不同关系：

其一是曹腾早在汉顺帝时代已经担任了中常侍、大长秋，他服

1《六艺之一录》卷四十一《石刻文字十七》，"中常侍费亭侯曹腾碑"条，引洪适《隶释》。

2《三国志》卷一《魏书·武帝纪》。

3《后汉书》卷七十八《宦者列传》。

4《三国志》卷一《魏书·武帝纪》，裴松之注引司马彪《续汉书》。

5《三国志》卷二《魏书·文帝纪》，裴松之注引王沈《魏书》。

侍的对象就是当时的梁皇后，也就是之后的梁太后。这可以解释，为什么梁商活着时，曹腾与梁商一起被人诬陷。

其二是曹腾在汉桓帝登基后，被升为大长秋，当时皇后中宫空缺，他只是获得了一个提升待遇的闲职，并在不久后被赶回了封国。

其三是二者兼有。在汉顺帝时代，曹腾作为亲信老人，得以担任大长秋，但只与梁商交好，却与梁皇后、梁冀不睦。待到梁商、汉顺帝相继死去，梁太后临朝，曹腾就被边缘化，只保留了中常侍的虚职，直至立桓帝时，被梁后利用，升官封侯，赶回封国。

哪种可能性更大呢？

应该是第三种情况，正好可以弥合上述多部史书记载中的矛盾，直白地说，都没撒谎，又都只说对了一部分。

站在梁氏的立场上，对汉顺帝旧臣曹腾用完即弃，封侯后立刻赶走，有两个好处：

其一，清理宫闱中梁氏之外的势力，避免孙程等宦官政变重演的可能；

其二，堵士大夫的嘴，告诉他们，梁太后之前被骗了，可皇帝已经拥立，不能换，那就处置一下"元凶"曹腾。

而曹腾"历事四帝，未尝有过"，"好进达贤能，终无所毁伤"，推荐人才"皆致位公卿，而不伐其善"[1]，说明他谨慎、心善、嘴严，由他担当"替罪羊"的角色，可以保密，这从制书中"守足退居，

---

[1] 《三国志》卷一《魏书·武帝纪》，裴松之注引司马彪《续汉书》。

约身自持"[1]的语句，可见端倪。

这个招数，在李固的身上，梁太后就用得很娴熟。下狱、定罪，都离不开她的首肯，可当李固的门生上诉之后，她又好像如梦初醒，赦免了李固。没想到李固出狱，京城百姓都喊万岁，梁冀害怕了，太后也一样害怕，所以，当梁冀再次上奏追究，梁太后又批准了诛杀李固。[2]其实，就是找人当替罪羊，自己不承担任何责任。

就这样，东汉的官方叙事，利用封侯后逐出朝廷的手段，陷害曹腾承担了不属于他的罪恶。

把一个几十年没犯过错，从不说人坏话的边缘化的老好人，变成了一个小肚鸡肠、拉帮结派、背后捅刀的权阉，形象完全反转。可为什么后世史书会采信这些明显矛盾的记录呢？

这就与曹腾的官职与被尊为皇帝的谜团有关了。

东汉末年所立的石碑碑额上，刻着长乐太仆这个官名，说明在当时是荣耀；可到了曹魏，却不再承认它，说明已经不再是荣耀，而是污点。这个变化恰恰说明了，长乐太仆这个职务承载了一些时代变化的意义。

曹腾碑碑文中说，"践阼之初，受爵于东土，厥功章然。腾守足退居，约身自持"[3]，意思是汉桓帝登基之初，曹腾受封侯爵，以表

1《六艺之一录》卷四十一《石刻文字十七》，"中常侍费亭侯曹腾碑"条，引洪适《隶释》。

2《后汉书》卷六十三《李杜列传》，"李固"条。

3《六艺之一录》卷四十一《石刻文字十七》，"中常侍费亭侯曹腾碑"条，引洪适《隶释》。

彰他的功绩，而曹腾退居乡里，安守本分，侧面说明了他在封侯之后，就离开了皇宫，没有复出。可见，长乐太仆并非实职。

而在曹腾死后，朝廷封赠的制书中，提及了追授的哀荣，"使兼谏议大□□□□□特进赠费亭侯印绶"[1]，缺字部分很可能有"长乐太仆"字样，只是时间久远，碑文残缺不可辨识，这也是石碑题名中长乐太仆的由来。毕竟这块碑从东汉末年就立在谯县，碑额上如果放一个曹腾没担任过的官职，只能招祸。

确定了事实之后，再看长乐太仆这个官职。长乐宫是太后宫，太后崩后就会罢省，哪怕是追赠的虚职，也不应该给一个不存在的官名。《水经注》上又说，曹腾碑立于延熹三年（160 年），自曹腾归国至此年间的长乐太后，只有梁太后一位，于和平元年（150 年）崩，也就是说，曹腾死于和平元年之前，所以，永寿元年（155 年）出生的曹操应该没见过这位祖父。

曹腾的死因，在制书中也有透露："遭母忧，孝行纯笃……毁性早薨。"[2]"毁性"典出《孝经·丧亲》，原话是"教民无以死伤生、毁不灭性，此圣人之政也"，意思是圣人治政，要教导百姓，亲长去世后可以哀痛，却不能伤害自己的身体和生命。此处的化用说明，曹腾在归国后的某年，因母亲去世，过度哀伤损害了身体，故而早逝。

这就意味着，曹腾并没有经历汉桓帝延熹二年（159 年）对梁

---

1 《六艺之一录》卷四十一《石刻文字十七》，"中常侍费亭侯曹腾碑"条，引洪适《隶释》。

2 《六艺之一录》卷四十一《石刻文字十七》，"中常侍费亭侯曹腾碑"条，引洪适《隶释》。

冀家族的清算。那么，这块石碑树立的时间，就非常耐人寻味了，正好是在梁冀被灭族的次年。

而且，曹腾碑与州辅碑虽然都是宦官封侯后立碑，却有一处明显不同。在吉成侯州辅碑的碑阴，有一长串官员士大夫的名单。这是东汉末年立碑的传统，门生故吏给老师、举主立碑后，会镌刻上自己的名字，有的还会列上集资的钱数。可州辅是个宦官，没有门生故吏，只是因为他死时，梁氏仍旧权势煊赫，就有人阿附于他。而曹腾碑则只刻了两封诏书，原因何在呢？

结合前文中的考证，大胆推测一下，立碑的时间和立碑的目的有明确的关联，那就是在梁太后崩逝后，汉桓帝的皇后梁女莹和大将军梁冀仍旧把持宫省，曹腾被陷害作替罪羊，以及死后的封赠，都出自梁氏之手。曹腾蒙受不白之冤，甚至他的早死，可能都与梁氏有关。

所以，在汉桓帝消灭梁氏家族的第二年。曹氏家族为了撇清与梁氏的关系，将两封诏书摆在了墓碑上。这块碑不是功德碑，而是剖白心迹的证据，所以没有门生故吏、乡里贤达列名。

碑上的皇太后诏书说明了，曹腾是被梁太后赶回封国的；制书则说明了，曹腾封侯并非定策之功，更没有与梁氏勾结合作。这个行为，哪怕传到汉桓帝耳朵里，也不会被理解为对他不满，反而是曹家人不贪天之功的表现。由于当时仍是汉桓帝统治下，曹家人不敢，也无必要公开解释曹腾不该迎立桓帝，而且，封赠官职名义上恩出皇帝，将长乐太仆的官名题于碑额上，也符合当时的政治需要。

等到汉桓帝死后，他是昏弱之君，令国势日衰，已经是尽人皆知的盖棺定论。论及汉末三国，甚至后世各代，桓灵二帝都是绝对的负面典型，亡国昏君的样板。这个背景下，无论是与梁冀的合作，还是定策迎立汉桓帝的传闻，都是臭不可闻的"黑历史"。

为了向天下人剖白，同时模糊曹腾曾为梁太后服务的宦官身份，在公开场合只提曹腾曾任大长秋。毕竟这个职务在西汉时还是"或用中人，或用士人"[1]，诛杀宦官之后，一直到曹魏，该职都由士大夫担任，如汉献帝兴平二年（195年）被李傕、郭汜乱兵杀死的大长秋苗祀[2]，曹魏的大长秋游述[3]等人。久而久之，天下人的群体记忆就被篡改了，或许能忘却曹腾的宦官身份。

而魏明帝追封曹腾为高皇帝，恰恰是相反的考虑。不同于生活在东汉时代的曹操和曹丕，魏明帝曹叡长于深宫之中，即位前，群臣多数都没见过他。[4]对于曾经困扰乃祖乃父的情感考虑，曹叡根本没有体会，反倒热衷于完备典制，[5]所以，他在即位后，就要求群臣议曹萌、曹腾的谥号。重臣刘晔劝说他："周天子之所以追迹先祖到后稷，因为后稷辅佐唐尧有功，本来就列名祀典。而西汉建立时，也不过尊高祖父为太上皇。比较周朝，曹魏的发迹实起自曹

---

1 《汉书》卷十九上《百官公卿表上》，"将行"条。

2 《后汉书》卷九《孝献帝纪》，"兴平二年十一月庚午"条。

3 赵明诚撰，金文明校证：《金石录校证》，广西师范大学出版社，2005年，第27页。

4 《三国志》卷三《魏书·明帝纪》，裴松之注引《魏晋世语》："帝与朝士素不接，即位之后，群下想闻风采。"

5 《三国志》卷三《魏书·明帝纪》，"景初元年六月丁未"条："有司奏：武皇帝拨乱反正，为魏太祖，乐用武始之舞。文皇帝应天受命，为魏高祖，乐用咸熙之舞。帝制作兴治，为魏烈祖，乐用章斌之舞。三祖之庙，万世不毁。其余四庙，亲尽迭毁，如周后稷、文、武庙桃之制。"

腾；参考汉朝，追谥到父亲也就到头了。"[1]所以，追谥到高皇帝曹腾就可以了。

按照谥法，"高"字匹配的是"功德盛大"，往往是开国皇帝才用此字。曹叡将曹腾捧到这个高度，无疑是强调曹腾作为家族发迹初代的重要性，更重要的是，将"魏室之承天序"，也就是"受天命"，提前到了曹腾。曹腾与曹嵩发迹，功隆于曹操、曹丕。[2]那么，曹腾定策立桓帝，后桓帝昏弱，为曹操帝王之业开基，自然是最盛大的"功德"。到景初元年（237年）更进一步，比隆周室的大变革，将曹魏的祖宗换成虞舜，并建天子七庙之制。

魏明帝的一系列举措，都是人为塑造政权合法性故事，相去不远的魏晋成书的王沈《魏书》、陈寿《三国志》、司马彪《续汉书》都深知其间的荒谬，没有跟进渲染曹腾在立桓帝事件中的重要角色；反倒是南朝人范晔所著的《后汉书》，笃信这套天命因果的逻辑，多处强调了曹腾的关键作用，狠狠地将无辜的老实人曹腾钉在了历史的耻辱柱上。

确认了这一切，一个令人费解的问题就浮出了水面：作为古人，魏明帝曹叡为什么对远祖、祖宗如此无所谓？编织这些谎言的

1《三国志》卷十四《魏书·程郭董刘蒋刘传》，"刘晔"条："周王所以上祖后稷者，以其佐唐有功，名在祀典故也。至于汉氏之初，追谥之义，不过其父。上比周室，则大魏发迹自高皇始；下论汉氏，则追谥之礼不及其祖。此诚往代之成法，当今之明义也。"

2《三国志》卷十四《魏书·程郭董刘蒋刘传》，"刘晔"条："诏曰：'……是以成汤、文、武，实造商、周，《诗》《书》之义，追尊稷、契，歌颂有娀、姜嫄之事，明盛德之源流，受命所由兴也。自我魏室之承天序，既发迹于高皇、太皇帝，而功隆于武皇、文皇帝。'"

时候，就没有一点心理负担吗？

因为他本来就坐在谎言编织成的皇座上。

曹操的父亲到底姓什么？

曹操的父亲名叫曹嵩，字巨高，是曹腾的养子，在曹腾死后承袭了费亭侯爵位，官至太尉。陈寿在《三国志》中写曹嵩时，用了"莫能审其生出本末"的说法，通俗地说就是"不知道怎么来的"。

这个不知道可就有意思了，各种说法纷至沓来。比如裴松之引东吴人所作《曹瞒传》和西晋人郭颁所写《魏晋世语》，都说曹嵩是夏侯氏之子，是夏侯惇的叔父，曹操与夏侯惇实为从父兄弟，也就是堂兄弟。[1]

自此之后，关于曹嵩是曹氏族内过继，还是夏侯氏之子的问题，笔仗打了一千多年，各有依据。

持夏侯氏说的，有这么几个理由：

第一，陈寿将夏侯惇、夏侯渊与曹仁、曹纯、曹洪合为一传，《三国志·诸夏侯曹传》，诸夏侯排在诸曹前面；

第二，《魏略》载孙权给浩周的信中说"昔君念之，以为可上连缀宗室若夏侯氏"[2]，据此可知夏侯氏为宗室并不是敌国传闻；

1《三国志》卷一《魏书·武帝纪》，裴松之注引吴人作《曹瞒传》及郭颁《魏晋世语》："嵩，夏侯氏之子，夏侯惇之叔父。太祖于惇为从父兄弟。"
2《三国志》卷四十七《吴书·吴主传》，裴松之注引《魏略》。

第三，王沈《魏书》记载，夏侯惇薨后，"王素服幸邺东城门发哀"，裴注又引孙盛的评语："在礼，天子哭同姓于宗庙门之外。哭于城门，失其所也。"[1]孙盛是东晋人，他视曹氏、夏侯氏为同姓，裴松之为南朝宋人，引用此条，表明他也倾向于这个观点。

持曹氏说的，理由则比较简单，是对夏侯氏说的反诘：夏侯惇之子夏侯楙娶了曹操之女清河公主，夏侯渊之子夏侯衡娶了曹操弟弟海阳哀侯之女，所谓曹嵩为夏侯氏之子，是敌国传闻，不足取信。

当然，这个理由也有人反驳，有两个方向，一个是用道理驳，认为这是曹操奸诈的表现，以此掩饰他家的出身丑闻；一个是举例子，《魏氏春秋》中记载陈矫本是刘氏子，出为舅家之嗣，而与本族刘氏结婚，徐宣每每非议他，甚至在廷议中指责他。曹操亲自保全陈矫，出面解决。[2]

根据列完了，接着分析一下动机。如果曹嵩是曹姓家族内过继，根本不需要隐晦，除非是真的缺载。不过，曹魏史书中连袁绍过继都有记录，何至于遗忘本朝先祖？若非刻意避讳，此种可能性基本可以忽略不计。

这就意味着，这个过继行为本身，有羞于启齿的地方。

那么，先来辨析一下上述的理由，说陈寿以《诸夏侯曹传》的

---

1 《三国志》卷二《魏书·文帝纪》，裴松之注引王沈《魏书》、孙盛语。

2 《三国志》卷二十二《魏书·桓二陈徐卫卢传》，"陈矫"条，裴注引《魏氏春秋》曰："矫本刘氏子，出嗣舅氏而婚于本族。徐宣每非之，庭议其阙。太祖惜矫才量，欲拥全之，乃下令曰：'丧乱已来，风教雕薄，谤议之言，难用褒贬。自建安五年已前，一切勿论。其以断前诽议者，以其罪罪之。'"

编排方式默认了夏侯氏、曹氏本为一家，那么，他为什么没有明确这一事实？难道说曹嵩原姓夏侯，会比"不知道"曹嵩怎么来的更加难堪？夏侯氏的记载很少，时代风评是否会让一个宦官之家更加羞耻，无从稽考，从常理来说，这个动机实难成立。

至于第二条根据，是孙权写信给浩周，复述的浩周的原话，其实可以切成两段，即"可上连缀宗室"，"若夏侯氏"。这话是有前言后语的，孙权说"今子当入侍，而未有妃耦"，意思是儿子将要入朝，没有婚配，"当垂宿念，为之先后，使获攀龙附骥"，意思是帮他想着这事，奔走一二，求与曹魏皇室联姻，故此说"攀龙附骥"。后面又说到了"奉行礼聘，成之在君"，这里的"聘"当然不是诸侯派出大夫问于其他诸侯，孙吴尚称臣于魏，又在虚与委蛇之间，所以，应为聘娶之意。

所谓"宗室"就是与皇帝有亲的同姓族人，又分有属籍和无属籍两种：前一种，是和皇帝同一个高祖父的亲族（五服或称五属内）；后一种是此外的同姓，也叫"亲尽"。两种宗室的特权待遇差距很大。同时，皇帝的母族、妻族，就是外戚家族，也叫外家，也要属籍，拥有类似的待遇差别，所谓"连缀宗室"，实则是缔结姻亲，乃至"世为婚姻"。

这一点，陈寿在《三国志·诸夏侯曹传》的"评曰"里已经说明了："夏侯、曹氏，世为婚姻，故惇、渊、仁、洪、休、尚、真等并以亲旧肺腑，贵重于时。"[1]"肺腑"二字，也作"肺附"，在西汉

1《三国志》卷九《魏书·诸夏侯曹传》，"评曰"条。

和东汉，都可以指宗室、外戚，并不特指同姓。[1]更重要的证据是，夏侯尚死后，王沈《魏书》所载的魏明帝诏书原文是"尚自少侍从，尽诚竭节，虽云异姓，其犹骨肉"[2]。夏侯尚是夏侯渊的从子，即侄子，说他是"异姓""犹骨肉"，意思是夏侯氏既不是同姓，也不是真正的骨肉。

综上所述，夏侯氏于曹氏为"外姓"，理据都很清楚，魏明帝的诏书表明了曹魏朝廷的立场。至于夏侯氏之所以能够"上连缀宗室"，陈寿也说得很清楚，靠的是与曹氏"世为婚姻"。故此，两姓之间联姻就不存在什么伦理问题，曹丕于邺城东门发哀悼念夏侯惇也没有任何非礼的地方，纯属孙盛惑于异论，自行发挥。

那么，可以肯定曹嵩不姓夏侯。

曹操将女儿清河公主嫁给了夏侯惇儿子夏侯楙，夏侯渊长子夏侯衡娶了曹操的侄女，夏侯渊的侄子夏侯尚娶了曹操族子曹真的女儿，两族联姻关系确实密切，可仍有一个明显的问题无法解释。

那就是，外戚必须是皇帝的母族、妻族。曹操虽未称帝，但被曹丕奉为太祖武皇帝，是曹魏立国始祖。他的妻族很清楚，前妻是丁氏，在长子曹昂死后，两人离绝；继妻是卞氏，也就是曹丕生母武宣卞皇后。而曹丕的妻子是甄夫人，未能立后；合法的皇后只有文德郭皇后，即郭女王一人。

---

1 王尔春：《汉代外戚与"异姓""肺附""骨肉"关系辨正》，《南都学坛》，2023年第5期。

2 《三国志》卷九《魏书·诸夏侯曹传》，"夏侯尚"条，裴松之注引王沈《魏书》。

夏侯氏的身份地位，当然是在曹操、曹丕时代确定的，可曹氏父子的母族、妻族，都与夏侯氏无关。那么，夏侯氏的外戚地位，或者说"连缀宗室"的"肺腑"身份，怎么来的呢？

要解答这个问题，其实先得看一下"诸曹"。

汉代人的称谓见于贾谊的《新书》，同一个父亲的称"兄弟"，同一个祖父的称"从父兄弟"，同一个曾祖的称"从祖兄弟"，同一个高祖的称"从曾祖兄弟"，同一个天祖的称"族兄弟"。[1]曹洪、曹仁、曹纯的祖父与曹操祖父曹腾是亲兄弟，他们三人与曹操都是"从祖兄弟"。曹休、曹真则是"族子"，也就是说他们父亲的祖父与曹操祖父曹腾是亲兄弟，到他俩这儿，就是"族子"，和曹操的儿子曹丕是"族兄弟"。在东汉人的观念里，宗、族是有区分的，五服以内的同姓叫同族；五服以外、同一个祖先的同姓叫同宗。同族比同宗更亲。

可见，跟随曹操征战的诸曹的祖父、曾祖正是曹腾的三个哥哥之一，史书中写曹仁、曹纯、曹洪是曹操的"从兄弟"应为"从祖兄弟"的简称，按照南朝人颜之推《颜氏家训》中的解释，实则是宗族内为表亲近的省称。[2]

---

[1]《新书》卷八，"六术"条："人之戚属，以六为法。人有六亲，六亲始曰父；父有二子，二子为昆弟；昆弟又有子，子从父而昆弟，故为从父昆弟；从父昆弟又有子，子从祖而昆弟，故为从祖昆弟，从祖昆弟又有子，子从曾祖而昆弟，故为从曾祖昆弟；从曾祖昆弟又有子，子为族兄弟，备于六，此之谓六亲。"

[2]《颜氏家训》卷二《风操》："凡宗亲世数，有从父，有从祖，有族祖。江南风俗，自兹已往，高秩者，通呼为尊，同昭穆者，虽百世犹称兄弟；若对他人称之，皆云族人。河北士人，虽三二十世，犹呼为从伯从叔。"

不过，上述诸曹在曹丕建魏后，虽然以同姓为"亲旧肺腑"，封爵上却只在列侯层级。曹仁封陈侯；曹纯封高陵亭侯；曹洪封野王侯，后徙封都阳侯；曹休封安阳乡侯；曹真则封东乡侯。

反观曹操叔父之子曹绍，由曹操之子曹整继嗣，曹整于汉朝封郿侯，魏文帝黄初二年（221年）追封晋爵为公，由曹操之孙，彭城王曹据之子曹范继嗣，太和三年（227年）曹范进爵为成武公；[1]曹操弟弟曹玉，由曹操之子曹徽继嗣，曹徽黄初二年晋爵历城公，次年，即晋爵庐江王；[2]曹操弟弟曹彬，由曹操之子曹均继嗣，曹均黄初二年晋爵樊公，后未封王。[3]可见，曹操诸子和他的兄弟、叔父，在曹丕时代标配是封公，这也符合儒家的"亲亲之义"。

宗室封爵，曹丕效仿的应该是汉光武帝的先例。汉光武帝建武十三年（37年），将西汉留下的长沙王、真定王、河间王、中山王，降爵为侯，原因是服属既疏。不久后，他又将自己的叔叔赵王刘良、大哥刘缜的儿子齐王刘章、二哥刘仲的嗣子鲁王刘兴，降爵为

1《三国志》卷二十《魏书·武文世王公传》："郿戴公子整，奉从叔父郎中绍后。建安二十二年，封郿侯。二十三年薨。无子。黄初二年追进爵，谥曰戴公。以彭城王据子范奉整后。三年，封平氏侯。四年，徙封成武。太和三年，进爵为公。"按："从叔父"为父之从弟。

2《三国志》卷二十《魏书·武文世王公传》："东平灵王徽，奉叔公朗陵哀侯玉后。建安二十二年，封历城侯。黄初二年，进爵为公。三年，为庐江王。"

3《三国志》卷二十《魏书·武文世王公传》："樊安公均，奉叔父蓟恭公彬后。建安二十二年，封樊侯。二十四年薨。子抗嗣。黄初二年，追进公爵，谥曰安公。三年，徙封抗蓟公。"

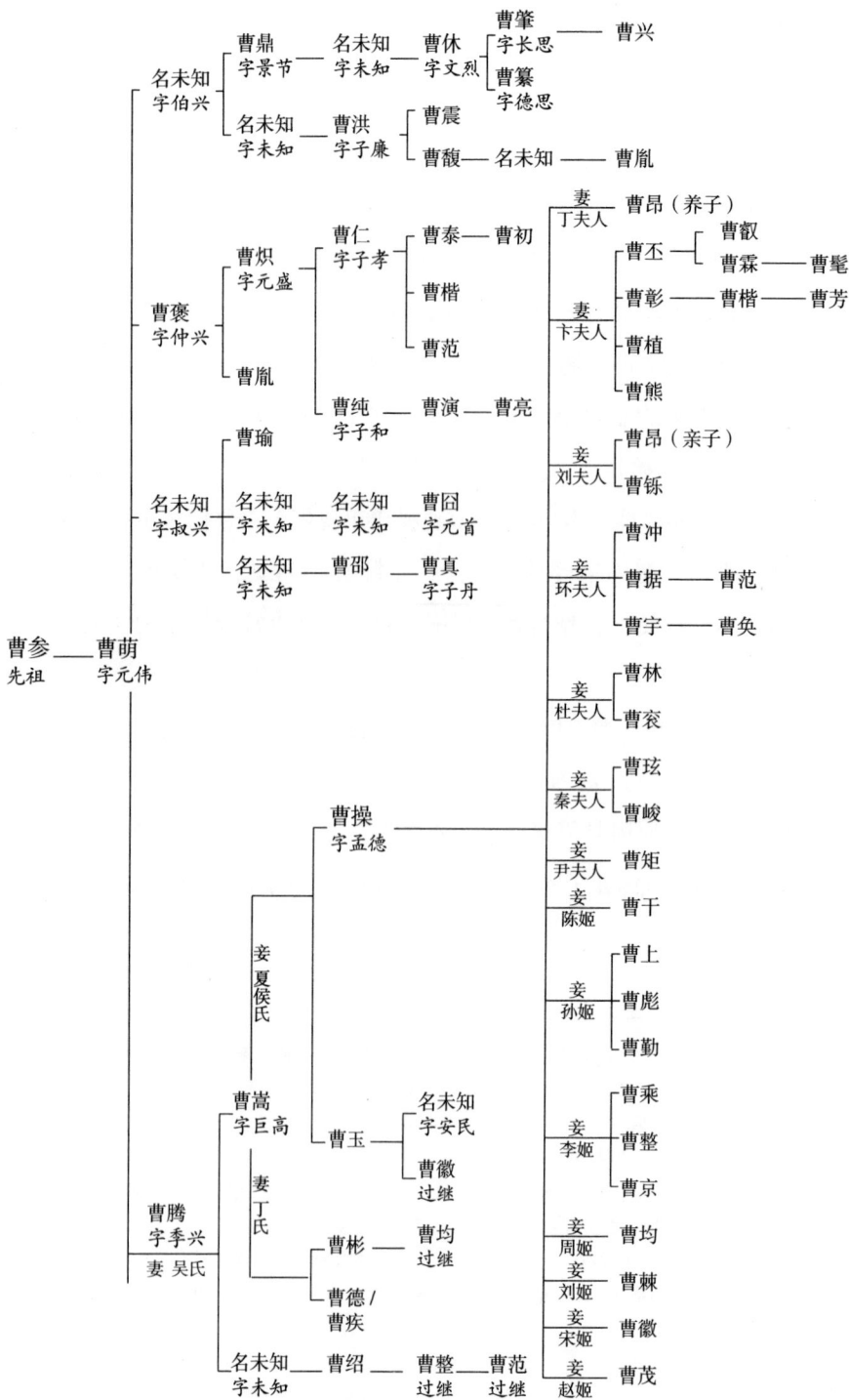

曹氏家族谱系简图

曹参（先祖）—— 曹萌（字元伟）

名未知（字伯兴）
- 曹鼎（字景节）—— 名未知（字未知）—— 曹休（字文烈）—— 曹肇（字长思）—— 曹兴；曹纂（字德思）
- 名未知（字未知）—— 曹洪（字子廉）—— 曹震；曹馥 —— 名未知 —— 曹胤

曹褒（字仲兴）
- 曹炽（字元盛）
  - 曹仁（字子孝）—— 曹泰 —— 曹初；曹楷；曹范
  - 曹纯（字子和）—— 曹演 —— 曹亮
- 曹胤

名未知（字叔兴）
- 曹瑜
- 名未知（字未知）—— 名未知（字未知）—— 曹冏（字元首）
- 名未知（字未知）—— 曹邵 —— 曹真（字子丹）

曹腾（字季兴）／妻 吴氏
- 曹嵩（字巨高）／妻 丁氏
  - 曹操（字孟德）／妾 夏侯氏
  - 曹玉 —— 名未知（字安民）；曹徽（过继）
  - 曹彬 —— 曹均（过继）
  - 曹德／曹疾
  - 名未知（字未知）—— 曹绍 —— 曹整（过继）—— 曹范（过继）

曹操（字孟德）后裔
- 妻 丁夫人 —— 曹昂（养子）
- 妻 卞夫人 —— 曹丕 —— 曹叡；曹霖 —— 曹髦；曹彰 —— 曹楷 —— 曹芳；曹植；曹熊
- 妾 刘夫人 —— 曹昂（亲子）；曹铄
- 妾 环夫人 —— 曹冲；曹据 —— 曹范；曹宇 —— 曹奂
- 妾 杜夫人 —— 曹林；曹衮
- 妾 秦夫人 —— 曹玹；曹峻
- 妾 尹夫人 —— 曹矩
- 妾 陈姬 —— 曹干
- 妾 孙姬 —— 曹上；曹彪；曹勤
- 妾 李姬 —— 曹乘；曹整；曹京
- 妾 周姬 —— 曹均
- 妾 刘姬 —— 曹棘
- 妾 宋姬 —— 曹徽
- 妾 赵姬 —— 曹茂

曹氏家族谱系简图

公。[1]此后，汉光武帝诸子均先封公，[2]至废郭后立阴丽华为皇后，才晋皇子十国公为王。[3]又过了两年，封赵、齐、鲁三公为王。[4]

也就是说，宗室封王、公，而疏属封侯。宗室的标准是什么？曹魏代汉后立宗庙时已经划定了，据王沈《魏书》中记载："辛酉……特立武皇帝庙，四时享祀，为魏太祖，万载不毁也。"[5]

曹魏立国即以曹操为太祖，以他为大宗始祖，按理宗室的范围当然是他和他的子孙。[6]但是，按照汉光武帝的先例，亲叔叔、亲兄弟也在宗室之列。从封爵情况来看，曹操之父曹嵩，至少有一个兄弟，即曹绍之父；曹彬、曹玉则是曹操的亲兄弟。其中，曹玉于曹魏宗法地位尤尊，后嗣独封王爵，应与其去世时年纪已长有关。而曹绍之父，即曹腾之子则是曹魏宗室的界限。

曹仁、曹纯、曹洪虽与曹操在宗法上有同一个曾祖父曹萌，却

1 《后汉书》卷一下《光武帝纪下》，"建武十三年二月"条："丙辰，诏曰：'长沙王兴、真定王得、河间王邵、中山王茂，皆袭爵为王，不应经义。其以兴为临湘侯，得为真定侯，邵为乐成侯，茂为单父侯。'其宗室及绝国封侯者凡一百三十七人。丁巳，降赵王良为赵公，太原王章为齐公，鲁王兴为鲁公。"

2 《后汉书》卷一下《光武帝纪下》，"建武十五年夏四月"条："丁巳，使大司空融告庙，封皇子辅为右翊公，英为楚公，阳为东海公，康为济南公，苍为东平公，延为淮阳公，荆为山阳公，衡为临淮公，焉为左翊公，京为琅邪公。"

3 《后汉书》卷一下《光武帝纪下》，"建武十七年冬十月辛巳"条："冬十月辛巳，废皇后郭氏为中山太后，立贵人阴氏为皇后。进右翊公辅为中山王，食常山郡。其余九国公，皆即旧封进爵为王。"

4 《后汉书》卷一下《光武帝纪下》，"建武十九年五月闰月戊申"条："进赵、齐、鲁三国公爵为王。"

5 《三国志》卷二《魏书·文帝纪》，裴松之注引王沈《魏书》。

6 鲁力：《曹魏爵级及授与情况探讨》，《武汉大学学报（人文科学版）》，2012年第4期。

不属于"宗室"，只是"同族"的"宗亲"，是与夏侯氏类似的"亲旧肺腑"，他们的封爵只是以功臣封列侯，故此，才和诸夏侯合传。简言之，并不是由于诸夏侯列入宗室而与诸曹同传，恰恰相反，是因为诸曹仅为宗亲，在亲贵程度上，还不如与曹操"世为婚姻"的诸夏侯，故而，才与"上连缀宗室"的夏侯氏同列，并排在他们之后。

更有意思的是，曹嵩虽是宦官养子，却有至少一个亲兄弟。这也与《曹瞒传》中记载的曹操以中风欺诈叔父的故事吻合。[1]那位想要收拾曹操的叔父，应该就是曹绍之父。如果说，曹嵩是从夏侯氏抱来的孩子，难道说，曹腾抱了不只一个？

当然不可能。在陈琳的《为袁绍檄豫州》中就提到，曹嵩的身世是"乞丐携养"。东汉时，还没有把乞丐作为一个职业的名词，乞和丐往往是分开做动词使用，有乞讨或是送出的意思，连在一起引申义为宦官乞求旁人，送孩子给自己。不过，"携"有"拎起"的意思，如扶老携幼、携带，这个主体不可能是要孩子的宦官曹腾，只能是带着孩子来到曹家的某人。

是谁呢？还带来了两个孩子？

答案很清楚，只能是曹腾的夫人吴氏，她也被曹魏尊为高皇后。

1《三国志》卷一《魏书·武帝纪》，裴松之注引《曹瞒传》："太祖少好飞鹰走狗，游荡无度，其叔父数言之于嵩。太祖患之，后逢叔父于路，乃阳败面喝口；叔父怪而问其故，太祖曰：'卒中恶风。'叔父以告嵩。嵩惊愕，呼太祖，太祖口貌如故。嵩问曰：'叔父言汝中风，已差乎？'太祖曰：'初不中风，但失爱于叔父，故见罔耳。'嵩乃疑焉。自后叔父有所告，嵩终不复信，太祖于是益得肆意矣。"

吴夫人作为宦官的妻子，当然不可能与之生育，却完全可能带子改嫁。这在曹操身上就有两个现成例子，一个是其姜室尹氏的儿子何晏，一个是其姜室杜氏的儿子秦朗。曹操甚至每每面对宾客自夸："世上还有像我一样疼爱继子的吗？"不过他的继子可没改姓曹，不但认祖归宗，连先辈的籍贯都记得清清楚楚。

可曹嵩为什么"莫能审其生出本末"呢？

要知道，东汉的法律和礼法对异姓养子并不反对。汉人秦嘉早亡，其妻徐淑乞养异姓子为嗣。后来秦嘉妻亡后，异姓养子回归本宗，但朝廷断"录淑所养子，还继秦氏之祀"[1]。东汉人吴商认为，异姓为后者为本生父母所服，丧服可同于女子出适，皆降一等。[2]也就是说，朝廷不支持异姓养子回归本宗，礼法却不反对养子为亲生父母服丧，像刘备收刘封为子，也没有被世人所讥。可见，曹嵩必有比为人养子更羞于启齿的来历。

《后汉书·宦者列传》中曾列举宦官养子的三个来源：同宗远亲，异姓过继，乃至于买奴婢当儿子。[3]如果曹嵩是曹氏同宗过继，比如曹腾三个哥哥的后人，曹魏立国之后，多少应该给本家一些优待，可惜并没有相关的信息。哪怕是异姓过继，也未必不能知其本末。恐怕曹嵩的身世，属于最恶劣的情况，就是宦官曹腾"买苍头为子"，就像《茶馆》里的庞太监一样，曹腾连夫人吴氏和两个儿子一起买来。

1《通典》卷六十九《礼二十九沿革二十九嘉礼十四》,《养兄弟子为后后自生子议》。
2《通典》卷六十九《礼二十九沿革二十九嘉礼十四》,《异姓为后议》。
3《后汉书》卷七十八《宦者列传》："又养其疏属，或乞嗣异姓，或买苍头为子，并以传国袭封。"

　　要知道，袁绍是婢妾生子，就被兄弟袁术贬低为"吾家奴"[1]，曹嵩的本生父母如果为奴婢身份，就是奴生子，依汉律该当为奴。哪怕他官至太尉，这也是家族的丑闻，自然难以启齿，知情人又岂会告诉史官呢？不如干脆以"莫能审其生出本末"模糊了事。

　　曹操父亲的出身是如此，曹操本人的出身也一样难堪。

曹操的母亲、叔叔和弟弟都是谁？

　　前文提到过，曹操的父祖追尊，全是在魏文帝、魏明帝时代。截至魏明帝太和年间，曹腾为高皇帝，夫人吴氏为高皇后；曹嵩为太皇帝，夫人丁氏为太王后；曹操为武皇帝，卞夫人为皇太后。这里面待遇最薄的是谁？

　　分明是曹嵩之妻丁夫人，夹在两代帝后之间，她只得过一次太王后的尊号，还是出自汉献帝的诏命，而曹丕、曹叡都忽视了她。这充分说明了，在曹操后人的眼中，丁夫人并不是曹操的生母，否则何至于连吴氏都追尊了，偏偏忽略她呢？

　　到这里，其实就可以回答之前提出的问题了，如果曹操、曹丕的母族、妻族，都与夏侯氏无关，夏侯氏何以成为曹魏"连缀宗室"的外戚之族？

　　答案就是，曹操的母族是夏侯氏，他的母亲是夏侯氏之女。

　　曹操嫁女给夏侯惇之子，嫁侄女给夏侯渊之子，夏侯渊侄子夏

1《后汉书》卷七十五《刘焉袁术吕布列传》，"袁术"条："术怒曰：'群竖不吾从，而从吾家奴乎！'又与公孙瓒书，云绍非袁氏子，绍闻大怒。"

侯尚娶曹真之女，这几桩婚姻，都是一代人。到了曹丕时代，并没有娶夏侯氏女，也没有下嫁公主。而"世为婚姻"明显是"累世"的意思，至少两代，只有曹操之父与夏侯氏结亲，才能满足"累世"的要求。

而曹操的生母夏侯氏，应该不是曹嵩正妻，至曹嵩死时，正妻必定是受汉献帝追尊的丁夫人。要么，夏侯氏先为正妻，早卒，丁氏为继室；要么，夏侯氏就是曹嵩的妾室、御婢。何者为是呢？

曹操曾在《善哉行》诗中写道："自惜身薄祜，夙贱罹孤苦。既无三徙教，不闻过庭语。"

前两句说的是，自己缺少福气，一直身份低贱而遭遇了亲人早逝的痛苦，又用了"孟母三迁"和"孔子教鲤"两个典故，是说没有母亲的教导，也听不到父亲的训谕。曹操之父曹嵩死于兴平元年（194年），此诗应作于之后，感慨父母双亡的痛苦。

可是，他祖父为特进侯，父亲官至太尉，"夙贱"殊不可解，只能理解为母家低贱，导致他的家庭地位不高。而曹嵩有妾的记载，见于被杀时，在外有乱兵的情况下，曹嵩穿墙打洞逃遁时，仍不忘先送其妾出去。因为妾体胖，卡住了，曹嵩只好躲到厕所里，结果他与妾双双被害。[1]看起来，两人的感情确实不错，曹嵩并没有因为妾室肥胖而嫌弃她。

那么，会不会这个妾就是曹操的母亲呢？我们只能想象了。但

---

1 《三国志》卷一《魏书·武帝纪》，裴松之注引《魏晋世语》："谦兵至，杀太祖弟德于门中。嵩惧，穿后垣，先出其妾，妾肥，不时得出；嵩逃于厕，与妾俱被害，阖门皆死。"

通过"夙贱"可以确认的是，曹操之母绝不是曹嵩的正妻，或为奴婢出身的妾室，或为御婢。在汉代，无论是礼法上还是律令上，都施行嫡长子继承制，有嫡子先立嫡子，无嫡子才立下妻子、偏妻子、孽子。后三种都属于庶子，具体所指学界争论很多，主要是从身份、著籍和居住地角度区分，比较一致的看法是孽子之母为奴婢身份。

比如《后汉书·王符传》中就提到："安定俗鄙庶孽，而符无外家，为乡人所贱。"[1]类似的还有袁绍，袁山松《后汉书》中说他"司空逢之孽子"[2]，连弟弟袁术都说他是家奴。也就是说，唯有"无外家"的奴婢之子，在当时的世风之下，才称之为"贱"。

如果夏侯氏为妾室，曹操完全可以仿效汉高祖刘邦的先例，进行追封。因为刘邦生母就是妾室，在父亲刘太公活着时，刘邦只能尊母为昭灵夫人，尊太公正妻为太上皇后，一直到高后七年（前181年），刘邦本人都死了约十五年后，昭灵夫人才被追尊为昭灵后。[3]

而曹操甚至不敢公开母亲的身份，他死后魏文帝、魏明帝也不好意思给予夏侯氏一定程度的哀荣，可见夏侯氏的出身应该比刘邦之母还低。所以，曹操只能提拔母族作为补偿，从史书记载看，夏侯氏与曹氏大宗的联姻几乎都出自曹操之手，曹丕、曹叡治政时已不再主动下嫁公主或迎娶夏侯氏之女，说明对夏侯氏的特殊血缘感

1《后汉书》卷四十九《王充王符仲长统列传》，"王符"条。
2《后汉书》卷七十四上《袁绍刘表列传上》，"袁绍"条，李贤注引袁山松《后汉书》。
3 刘三解：《汉瓦：西汉王朝洪业启示录》，北京科学技术出版社，2021年，第67页。

情，也只限于曹操。

那么，曹操的子孙们为什么忽略了夏侯氏呢？

答案很简单：政治利益。正如前文中魏明帝曹叡给曹腾的定性，封侯建国的费亭侯爵位是魏室发迹的起始，那么，继承的统绪就是王朝合法性的一部分。这一点，在曹嵩袭爵的过程中，毫无问题。曹腾没有选择把费亭侯爵位传给曹氏族人，而交给了吴夫人带来的养子曹嵩，在宗法传承上并无可指摘之处。

可曹操是长子，还是根据他的表字孟德的"孟"字推测的。史书所见，他应有两到四个兄弟，曹彬、曹玉、曹德[1]（曹疾[2]）。但从封爵来看，曹操、曹丕只安排了曹彬、曹玉的后嗣，而没有为曹德（曹疾）续后，为什么会这样呢？

曹彬在曹魏的受封，应与曹腾传下来的费亭侯继承有关。曹腾死后，曹嵩袭爵，而曹嵩死于兴平元年（194年），曹操至建安元年（196年）六月在与汝南、颍川黄巾的交战中获胜之后，才因功受封为费亭侯。[3]中间的两年时间，费亭侯爵位应有承袭，或许就在曹彬处，并在曹操返回豫州之后，由其主动让出爵位。曹彬的谥号为

---

1 《后汉书》卷四十八《杨李翟应霍爰徐列传》，"应劭"条："兴平元年，前太尉曹嵩及子德从琅邪入太山，劭遣兵迎之，未到，而徐州牧陶谦素怨嵩子操数击之，乃使轻骑追嵩、德，并杀之于郡界。"另见《三国志》卷一《魏书·武帝纪》，裴松之注引《魏晋世语》："嵩家以为劭迎，不设备。谦兵至，杀太祖弟德于门中。"

2 《后汉书》卷七十八《宦者列传》："及子操起兵，不肯相随，乃与少子疾避乱琅邪，为徐州刺史陶谦所杀。"

3 《三国志》卷一《魏书·武帝纪》，"建安元年"条："二月，太祖进军讨破之，斩辟、邵等，仪及其众皆降。天子拜太祖建德将军，夏六月，迁镇东将军，封费亭侯。"

"恭"，谥法曰："尊贤敬让曰恭。"进一步解释，就是"敬有德，让有功"。[1]恰好可以和费亭侯爵位的来去对应上。当然，这也只是猜测，略备一说。

反观曹操的另一个兄弟曹玉，他的爵位是朗陵哀侯，说明他应该活到了建安二十年（215年）九月之后，盖此时汉献帝方才授予了曹操自行封拜诸侯、守相的大权。[2]曹玉的谥号为"哀"，谥法曰："恭仁短折曰哀。"进一步解释，就是"体恭质仁，功未施"。[3]曹玉哪怕是曹嵩的遗腹子，于建安二十年后封侯时也早已成年，不能叫夭折了，至建安二十五年（220年），已身死绝嗣，要靠曹操安排续后，其间不过几年时间，可不就是"功未施"吗？

值得注意的是，朗陵哀侯曹玉与嫁女给夏侯渊之子的海阳哀侯（记载为曹操弟）谥号一致，而曹操为之续后者，也并无海阳哀侯其人，则两者应为一人。果如此，则曹玉在汉末乱世之中给予曹操的支持，和宗族所受的离乱之苦，确实值得曹魏王朝以王位相赠。

正因为曹嵩不止一个儿子，曹操还只是庶子，根本没有袭爵的可能，他家又是阉宦之家，至少在少年时代，他的功名前途，是肉眼可见的暗淡。

《三国志·武帝纪》对曹操少年时代的记载很简单，就一句："太祖少机警，有权数，而任侠放荡，不治行业，故世人未之奇

1《古今图书集成·经济汇编·礼仪典·谥法部汇考五》，引《史记正义·谥法解》。

2《三国志》卷一《魏书·武帝纪》，"建安二十年九月"条："天子命公承制封拜诸侯守相。"

3《古今图书集成·经济汇编·礼仪典·谥法部汇考五》，引《史记正义·谥法解》。

也。"[1]这个"少"的时间范围很大，很粗略，关于汉代"少年"的界定，十五或二十岁以下都是得到普遍认可的。当然，十五岁以上至二十岁的少年也被称为"成童"，需要入太学学习。[2]结合后面对于何颙、桥玄等人的记述，可知此句应为曹操十五岁之后入洛阳太学的经历总结。

真正发生在曹操童蒙时代的事情，应该只有南朝人刘昭在《幼童传》中记录的故事。曹操从小就智勇双全，十岁时在谯水中洗澡，碰到了蛟。一通奋战之后，蛟退走了，曹操也没跟人说起。后来，有人见到大蛇，慌张地跑，曹操大笑着自夸："我连蛟都敢打，你们还怕大蛇？"众人这才知道这事儿，人人惊奇不已。[3]不过，这事儿没有旁证，是曹操自己说的，陈寿和裴松之也没有收入书中，怕是真实性存疑。毕竟两汉推崇神童，十岁孩子能打败蛟，勇悍可比成年的周处了，如果当时有这个名声，曹操也就不会"世人未之奇"了。

事实上，幼年时代的曹操，不但没什么特殊之处，和他父亲的互动也很有限。史书上不但没有父慈子孝，就连类似刘太公对刘邦的教训都没有。可见，父子感情比较淡薄，这可能与曹操小时候在谯县老家，而曹嵩长期在外为官有关系。这也导致了曹嵩对曹操的

---

1 《三国志》卷一《魏书·武帝纪》。
2 《白虎通》卷四，"辟雍"条："七八十五，阴阳备，故十五成童志明，入太学，学经术。"
3 《太平御览》卷四百三十六《人事部七十七》引刘昭《幼童传》："魏太祖幼而知勇，年十岁，尝浴于谯水，有蛟来逼，自水奋蛟，蛟乃潜退。于是毕浴而还，弗之言也。后有人见大蛇，奔逐。太祖笑之曰：'吾为蛟所击而未惧，斯畏蛇而恐耶？'众问乃知，咸惊异焉。"

能力不怎么信任，这一点，从曹操起兵后曹嵩不肯相从，反而带着少子远赴徐州琅邪国避祸可见一斑。

曹嵩、曹操有限的父子互动，见于吴人所写的《曹瞒传》。曹操少年时喜欢飞鹰走狗，游荡无度，他的叔父多次在曹嵩面前告状。曹操很头疼，就耍了个手段，假装中风。叔父找到曹嵩说曹操中风之后，曹操当着父亲的面反倒说没这回事，只是叔叔看不上自己，所以撒谎，由此破坏曹嵩对叔叔的信任，也就不怕告状了，得以任意妄为。这个故事看似合理，细节却不太经得起推敲。

曹操在路上遇到叔叔表演中风，曹嵩听到消息以后的反应是"呼太祖"，也就是把曹操叫来。此时曹操还没成年，得了中风这样的重病，他父亲一点不着急，只是"惊愕"，见到曹操没事儿，问的是："你病好些了？"待曹操告状之后，就开始怀疑弟弟骗自己，这和"质性敦慎"[1]的性格评价差太远了。人再老实，行事谨慎也不该偏听偏信，毕竟弟弟骗他总得有个动机吧？故事细节更是单薄，曹操叔父的名字，事件发生的地点、时间一概没有。

不过，前文中考证了，曹嵩确实有亲兄弟，而且可能不止一个。既然曹操真有这么一个亲叔叔，这个故事的真实性一下子提高了一大截，地点从参与人物上也可以推测，应该是在曹操到洛阳上太学之后，父子才在洛阳常见面，那么，时间肯定在曹操十五岁之后，到二十岁举孝廉[2]之前。

---

[1]《三国志》卷一《魏书·武帝纪》，裴松之注引《续汉书》曰："嵩字巨高。质性敦慎，所在忠孝。为司隶校尉，灵帝擢拜大司农、大鸿胪，代崔烈为太尉。"

[2]《三国志》卷一《魏书·武帝纪》："年二十，举孝廉为郎。"

基本要素补全后，再看曹嵩父子的互动，就显得非常生分，曹嵩对曹操身体的关心很敷衍，反倒对弟弟的欺骗更留意。也就是说，虽然曹嵩有"所在忠孝"的名声，却并不是个好父亲，或者说，在曹操少年时代，他对于这个出身低贱的长子，关怀有限。

正因为有放任自流的前提，各类史书中对曹操在洛阳上学时的经历，有各种神奇的记载。

一个陈寿没有记载，裴松之却引用了的故事是，曹操曾偷偷潜入大宦官张让的家中，被张让发觉后，他在院子里挥舞手戟抵挡围攻，成功跳墙逃跑。[1]这个故事出自东晋孙盛的《异同杂语》，应该和《幼童传》中"十岁退蛟"的故事类似，都出自后人的编造。因为这两个故事的着眼点类似，都是曹操的武勇，却没有前因后果。顺着曹魏王朝为曹操塑造的当世名将人设，东晋、南朝人更乐于把他想象成一个武力超群、胆大如斗的大侠，同时，又博览群书，熟读兵法，能打胜仗。这种变化和曹操本人的真实经历没多大关系，主要是魏晋兵民分离之后，士大夫们对于名将的理解愈发强调武勇和兵法。兵法很难描述，武艺高强却可以通过传奇故事体现，所以，曹操的形象越来越扭曲。

比如，南朝刘义庆的《世说新语》中就记载，曹操年少时，和袁绍一起做游侠，看有人家办婚礼，就潜入园中，半夜大叫："有贼！"洞房里的人都出来了，曹操进去拔刀胁迫新娘，与袁绍一起

1《三国志》卷一《魏书·武帝纪》，裴松之注引孙盛《异同杂语》："太祖尝私入中常侍张让室，让觉之；乃舞手戟于庭，逾垣而出。才武绝人，莫之能害。博览群书，特好兵法，抄集诸家兵法，名曰《接要》，又注《孙武》十三篇，皆传于世。"

逃跑，迷路了，袁绍掉到荆棘丛中出不来，曹操大喊："小偷在这里！"袁绍着急了，挣扎着跳出来，两人得以幸免无事。[1]另一条，则更加无厘头。袁绍年少时，派人投剑刺床上的曹操，第一剑刺低了，曹操预料到第二剑一定会高，就贴在床上躲了过去。[2]

　　这俩故事都没头没尾，甚至对袁绍的智力还带着嘲弄，明显在附会俩人最后的命运，还是魏晋之后，大幅裁剪后的史书中袁、曹二人的形象，基本可以理解为小说家言，想象之语。（具体的考证，后文详述。）

　　如果我们把这些真实性很低的故事排除掉，就会发现，曹操十五岁之前的少年时代就是空白，好像他的人生是在十五岁到洛阳之后才开始。其实，这才是历史的本来面目。毕竟一个豪门孽子，生母微贱，嫡母丁氏应该出自沛国丁氏一族，在桓灵时代，甚至比沛国曹氏更加显赫，曹操在老家想要飞鹰走马也会受到管束。

　　而且，曹操本人的正妻就是丁氏女，又有多个沛国丁氏的朋友，比如曹操作《追称丁幼阳令》，提到本县丁幼阳与自己交好。[3]"幼阳"之义与"冲"通，其人应该就是与曹操相交莫逆的丁冲，其子丁仪、丁廙又与曹植交好，为曹植羽翼，在曹丕即位后被处死。另外还有一位乡里旧人，就是丁斐，他也深得曹操的信任，

1《世说新语》第二十七《假谲》："魏武少时，尝与袁绍好为游侠，观人新婚，因潜入主人园中，夜叫呼云：'有偷儿贼！'青庐中人皆出观，魏武乃入，抽刃劫新妇，与绍还出，失道，坠枳棘中，绍不能得动，复大叫云：'偷儿在此！'绍遑迫自掷出，遂以俱免。"

2《世说新语》第二十七《假谲》："袁绍年少时，曾遣人夜以剑掷魏武，少下，不着。魏武揆之，其后来必高，因帖卧床上。剑至果高。"

3《太平御览》卷七三九《疾病部二》，"狂"条，引《魏武帝令》。

其子丁谧是曹爽的死党，被司马懿夷三族。

也就是说，曹操本人与丁氏一族的关系比较融洽，还想将女儿嫁给丁仪，曹丕作梗才嫁给了夏侯惇的儿子夏侯楙。可见，在曹操眼里，丁冲一家和夏侯惇的亲近程度接近，甚至犹有过之。这也可以理解，因为站在曹操的角度，沛国丁氏既是嫡母之族，也是妻族。

真正动手报复丁氏的是魏文帝曹丕，也不能排除他是因为对曹操原配丁夫人的旧恨，而迁怒于祖母丁夫人。不过，这个说法不能解释，夏侯氏与曹氏大宗只有一代的通婚，怎么能算世为婚姻。

所以，曹操之所以不敢承认自己的生母，曹丕、曹叡也没有予以补救，根本原因在于曹操本人的嫡庶身份涉及费亭侯爵位的承袭。而曹操建魏国前后，一直在比附周室，自比为周文王，将汉室比作殷商，那么，他起码先得是累世诸侯，才能把故事讲圆。曹丕认可这个故事，才沿袭了曹氏是曹叔振铎后裔的说法，加之对丁氏的厌恶，省去丁夫人不尊，也不影响曹操嫡子的身份，模糊处理，也没有发生冲突。到了曹叡时，更是将曹腾、曹嵩推到了发迹之祖的地位上，祖父曹操当然不能舍大宗而为孽子，也必须是合乎礼法的继承人，这才有后面的王朝基业。

要自圆其说，就不能多出个奴婢出身的亲母、亲祖母、亲曾祖母来横生枝节。

怎么办？只能再苦一苦夏侯氏老太太了。

当然，在曹魏的历史故事里，为曹操英明神武形象牺牲的，远不止他母亲一个。

曹操真的是袁绍的童年小伙伴吗？

　　袁绍，字本初，在人们的固有印象里，他和曹操是一起长大的小伙伴，属于同龄人，差不了几岁，但在史书里完全没有袁绍年龄的记载。他和曹操的早年交往，也只有《世说新语》里两个没头没尾的小故事，以及《三国志·袁绍传》里说的"太祖少与交焉"[1]，《魏略》中的"攸字子远，少与袁绍及太祖善"[2]。

　　需要注意的是，这里说的是"太祖少"，也就是曹操不满二十岁或不满十五岁时，与袁绍交往，可没说袁绍也是"少时"。毕竟这句话前面先交代了背景，袁绍家族自高祖父袁安之后，四代人担任三公，势倾天下，袁绍本人姿貌出众，举止有威仪，又能放低姿态结交士人，所以，士大夫多归附他。[3]潜台词是曹操也是"附之"的一分子，他主动投靠袁绍，两人并不是平等交往。至于许攸的情况就更明晰了，他是少时与袁绍和曹操关系好，可没有说袁绍、曹操都是少时。

　　不仅如此，按照东汉末年士林的惯例，幼童九岁入小学。这个小学往往是宗族建立的族学，一直读到十四岁，学习六甲、九九、

---

1 《三国志》卷六《魏书·董二袁刘传》，"袁绍"条。
2 《三国志》卷十二《魏书·崔毛徐何邢鲍司马传》，裴松之注引《魏略》。
3 《三国志》卷六《魏书·董二袁刘传》，"袁绍"条："自安以下四世居三公位，由是势倾天下。绍有姿貌威容，能折节下士，士多附之，太祖少与交焉。"

《急就篇》、《三仓》，以及《孝经》和《论语》。[1]到了十五岁成为成童，就要分流。普通家庭要在族中入大学，家里是六百石以上高官的，要到洛阳入太学，洛阳的太学是国家学府。当然，成童的课程都变了，主要是学五经。[2]

由于汉质帝建立了制度，官秩六百石到大将军，子弟必须入洛阳太学，[3]那么，袁绍和曹操的十五岁，都必有这一遭。不过，在此之前，曹操应该在豫州沛国谯县的家族中学习，故而有《幼童传》中于谯水沐浴的说法，毕竟故事情节或许出自虚构，也得符合人物基本经历，否则不就直接穿帮了吗？

关于袁绍的记录，则可以成为曹操的反证。郑泰于初平元年（190年）劝谏董卓时曾说："袁本初公卿子弟，生处京师。"[4]这是作为关东诸侯无能的理由提出的，也能得到汉末人王粲所作《英雄记》的旁证："绍生而父死，二公爱之。"[5]也就是说，袁绍在袁成死后，得到了先后任三公的袁逢和袁隗的喜爱，这两人长期在洛阳中枢任职，将袁绍带在身边教养。

所以，史书中虽然没写袁绍的年龄，可种种细节也说明了，俩

1《齐民要术》卷三《杂说》："砚冰释，命幼童入小学，学篇章。（谓九岁以上，十四以下也。篇章，谓六甲、九九、《急就》、《三仓》之属。）……砚冰冻，命幼童读《孝经》《论语》篇章。"

2《齐民要术》卷三《杂说》："农事未起，命成童以上入大学，学五经。（谓十五以上至二十也。）"

3《后汉书》卷六《孝顺孝冲孝质帝纪》，"汉质帝本初元年夏四月庚辰"条："令郡国举明经，年五十以上、七十以下诣太学。自大将军至六百石，皆遣子受业。"

4《后汉书》卷七十《郑孔荀列传》，"郑太（泰）"条。

5《三国志》卷六《魏书·董二袁刘传》，"袁绍"条，裴松之注引《英雄记》。

袁良

袁昌

袁安

袁裳　　袁京　　袁敞

袁著　袁彭　　　袁汤　　　袁盱

袁贺　　袁平　袁成　　袁逢　　袁隗　未知　未知　未知

袁闳　袁忠　袁弘　　袁绍（嗣子，生父袁逢）　袁基　袁术　袁满来　袁懿达　袁仁达　袁遗　袁叙　袁胤

袁秘　袁谭　袁熙　袁尚　袁买　袁耀

袁谦

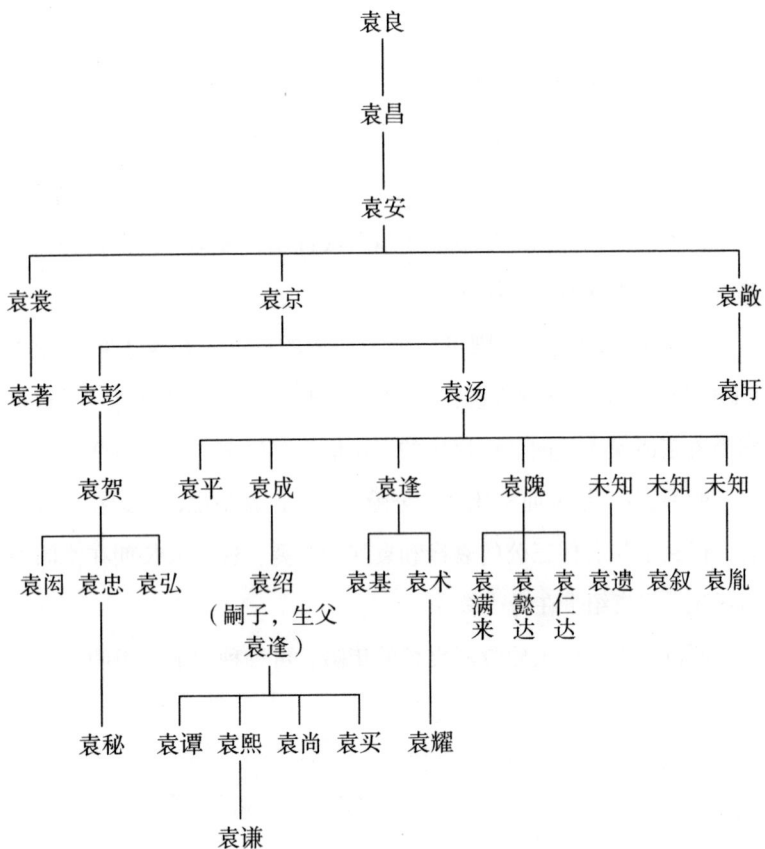

袁氏家族谱系简图

人的交往不可能在少年顽童时代，而是在曹操二十岁前，袁绍则在二十岁前或二十岁后，两可之间。

关于袁绍的身世，史书上记载有两种说法：一种说他是袁逢的庶子，过继给袁成为嗣；[1]一种说他就是袁成的亲儿子。[2]当然，在宗法上两者没啥区别。汉末人蔡邕所作的袁成碑碑文中说："呱呱孤嗣，含哀长恸。"与《英雄记》中说袁绍"生而父死"能够对上。[3]

袁成在朝为官时，人缘极好，自大将军梁冀以下都喜欢与他交往，并向他问计。梁冀任大将军长达十八年，袁成去世时间肯定落在其中，也就是说，袁绍出生时间的上限是汉顺帝永和六年（141年），不可能更早，这就确定了袁绍年龄的上限。出生之后，他就一直在京师中生活。郑泰把这个作为一项缺陷，也说明当时的士人主要是在家乡生活。

那么，十五岁之前的曹操在谯县，当然不可能和身在洛阳的袁绍成为小伙伴，两人的交往，只能是曹操十五岁到洛阳上太学之后，也就是汉灵帝建宁二年（169年）之后。

那么，他们的关系密切吗？

如果排除掉《世说新语》中不见于前代史书记载的几则轶事，曹操与袁绍的第一个可信的交集，记录在皇甫谧《逸士传》中。曹

---

1 《三国志》卷六《魏书·董二袁刘传》，"袁绍"条，裴松之注引王沈《魏书》曰："绍即逢之庶子，术异母兄也，出后成为子。"又见《后汉书》卷七十四上《袁绍刘表列传上》，"袁绍"条，李贤注引袁山松《后汉书》："绍，司空逢之孽子，出后伯父成。《魏书》亦同。"

2 《后汉书》卷七十四上《袁绍刘表列传上》，"袁绍"条："袁绍字本初，汝南汝阳人，司徒汤之孙。父成，五官中郎将。"

3 东汉立碑时间或与碑主去世时间相差甚远，两者无必然联系。

操为布衣时，与汝南名士王儁交好，而曹操二十岁即举孝廉，后为郎，授洛阳北部尉，可知其布衣时一定是在二十岁之前。两人一同参与了袁绍、袁术之母的归葬之礼，看到会葬者达三万人，曹操说，这两人必然是天下的乱魁。[1]

不过，在这个故事中，袁绍与曹操并无直接接触，并不能作为二人交往的证据。

在二人之间建立关联的，其实有两个人。一个是许攸，字子远，另一个是何颙，字伯求。许攸是南阳人，前文就提及了他少时与曹操、袁绍相交，史书中也有他与袁绍为奔走之友的记载；[2]何颙也是南阳人，对曹操有"异焉"的态度，[3]也列名袁绍的奔走之友。可见，袁绍、曹操、何颙、许攸，至少在某个时期，确实是一个社交圈子的人，但是关系比较间接。

曹操刚一进太学，就赶上了第二次党锢之祸。这虽然没有影响到袁绍和曹操，却直接牵涉到了何颙。何颙因为与陈蕃、李膺交好，被宦官陷害通缉，他只好改换姓名，逃离家乡南阳，在汝南郡躲藏，所到之处与豪杰交往，名声显达于豫州、荆州。袁绍仰慕他的

1《三国志》卷一《魏书·武帝纪》，裴松之注引皇甫谧《逸士传》："汝南王儁，字子文，少为范滂、许章所识，与南阳岑晊善。公之为布衣，特爱儁；儁亦称公有治世之具。及袁绍与弟术丧母，归葬汝南，儁与公会之，会者三万人。公于外密语儁曰：'天下将乱，为乱魁者必此二人也。欲济天下，为百姓请命，不先诛此二子，乱今作矣。'儁曰：'如卿之言，济天下者，舍卿复谁？'相对而笑。"

2《三国志》卷六《魏书·董二袁刘传》，"袁绍"条，裴松之注引《英雄记》："与张孟卓、何伯求、吴子卿、许子远、伍德瑜等皆为奔走之友。"

3《三国志》卷一《魏书·武帝纪》："惟梁国桥玄、南阳何颙异焉。"

名声，也私下与他交往，结为奔走之友。[1]

　　结合袁绍的经历，他年少时一直在洛阳生活，后出任郎官，弱冠授兖州东郡濮阳县县长，赶上母亲去世，才丁忧回豫州汝南郡汝阳县家乡，服母丧三年，又为袁成追服父丧三年，总计乡居服丧六年，之后才迁到洛阳隐居。[2]这充分说明了他与在汝南郡躲藏的何颙结识，就在服丧期间。

　　也就是说，何颙与袁绍的相识，是在建宁二年（169年）十月之后。当年，曹操年仅十五岁，而袁绍已经在丧期之内或服丧完毕，之前不但担任了郎官，还出任过濮阳县县长，这就不得不说另外一则轶事。袁绍卸任濮阳县县长，回汝南老家，因为是"公族豪侠"，故而"车徒甚盛"，将入郡界时，遣散了宾客，说："我这排场怎么能让许子将（许劭）看见呢。"于是只乘一辆车回了家。[3]

　　很明显，在袁绍卸任濮阳县县长时，已经是著名的公族豪侠了，有无数人巴结他，为了名声他才在善于臧否人物的许劭面前收敛一点。那么，他这时候多大呢？

　　袁绍出仕很早，少为郎，意味着不到二十岁就被授予了郎官，这在东汉并不奇怪。就袁绍的出身来看，最契合的先例是汉光武帝时的南阳人宋均。宋均的父亲宋伯曾任五官中郎将，故而以父任为

1《后汉书》卷六十七《党锢列传》，"何颙"条："何颙字伯求，南阳襄乡人也……及陈蕃、李膺之败，颙以与蕃、膺善，遂为宦官所陷，乃变姓名，亡匿汝南间。所至皆亲其豪桀，有声荆豫之域。袁绍慕之，私与往来，结为奔走之友。"
2《后汉书》卷七十四上《袁绍刘表列传上》，"袁绍"条："绍少为郎，除濮阳长，遭母忧去官。三年礼竟，追服幼孤，又行父服。服阕，徙居洛阳。"
3《后汉书》卷六十八《郭符许列传》，"许劭"条。

郎，[1]这也叫"任子制"。袁绍的父亲袁成也是同一职务，任子在情理之中。

不仅如此，在汉质帝本初元年（146年），要求官员子弟入太学的诏令中也提到了，官员子弟入太学后，"岁满课试"，意思是满一年可以参加考试，成绩前五名补郎中，六到十名可以任太子舍人。同时，各部门的属吏能够通经者，也就是熟悉一门经书学问的，在考试通过后，成绩高者，可以优先提拔。[2]袁绍家学渊源，自高祖父袁安起，就以研习《孟氏易》闻名海内，通一经对他来说，完全不是难事。

所以，袁绍不满二十岁就得授郎官，可授职县长、履任地方是在二十岁，即弱冠之年。[3]毕竟一县的长吏如未加冠，于礼不合，为官也难有威仪，前述宋均就是在二十几岁，才补任县长的。类似的先例还有西汉宣帝时的冯野王，他年少时就以父任为太子中庶子，十八岁时上书请愿，代理长安令。汉宣帝觉得他志向可嘉，问丞相魏相行不行，遭到反对，之后按劳绩次序，补任当阳县县长。[4]

1　《后汉书》卷四十一《第五钟离宋寒列传》，"宋均"条："宋均字叔庠，南阳安众人也。父伯，建武初为五官中郎将。均以父任为郎，时年十五，好经书，每休沐日，辄受业博士，通《诗》《礼》，善论难。至二十余，调补辰阳长。"

2　《后汉书》卷六《孝顺孝冲孝质帝纪》，"汉质帝本初元年夏四月庚辰"条："令郡国举明经，年五十以上、七十以下诣太学。自大将军至六百石，皆遣子受业，岁满课试，以高第五人补郎中，次五人太子舍人。又千石、六百石、四府掾属、三署郎、四姓小侯先能通经者，各令随家法，其高第者上名牒，当以次赏进。"

3　《三国志》卷六《魏书·董二袁刘传》，"袁绍"条，裴松之注引《英雄记》："幼使为郎，弱冠除濮阳长，有清名。"

4　《汉书》卷七十九《冯奉世传》："野王字君卿，受业博士，通《诗》。少以父任为太子中庶子。年十八，上书愿试守长安令。宣帝奇其志，问丞相魏相，相以为不可许。后以功次补当阳长。"

由此可知，哪怕建宁二年（169年）袁绍的服丧期刚开始，他也至少要比曹操大五岁。如果是六年服丧期即将结束，他就比曹操大至少十一岁。不过，无论哪一种情况，袁绍当时都已经是海内知名的豪杰，曹操还只是政治圈外看热闹的小孩子。

那么，我们能不能进一步精确袁绍与曹操的年龄差呢？

也是可以的。

皇甫谧《逸士传》中提到的袁绍、袁术之母去世之事，应与袁绍丁母忧无关联。袁基、袁术之嫡母，史有明载，初平元年（190年）死于董卓之手。由此可知，若此处记载无误，袁基、袁绍、袁术应为异母兄弟，而袁基为袁逢继嗣无疑，则袁术、袁绍均非嫡子。那么，袁绍之母，就与袁术称袁绍为"吾家奴"有关了。"（袁）绍母亲为婢使，绍实微贱，不可以为人后"[1]，那么，袁绍之母极可能是袁术之母的婢女，这才让袁术对袁绍有这么大的心理优势。

因此，袁绍与袁术一同奉棺归葬汝南，合乎礼法。但是，袁绍已经是袁成嗣子，在宗法上，其母是袁成之妻，袁基之母和袁术之母都已是袁绍的叔母，朝廷没有为叔母丁忧的规制。袁绍追服父丧，也只能为宗法之父袁成守孝。

也就是说，曹操看到的三万人会葬的情景，与袁绍服母丧是两件事，而且，一定在袁绍除服之后。

因为，从记载来看，袁绍所服的第二个丧期接近结束时，袁绍才与何颙达到合作的高潮，关系越来越深入。何颙的行迹是，一年

1《三国志》卷八《魏书·二公孙陶四张传》，"公孙瓒"条，裴松之注引《典略》。

中再三出入洛阳，找袁绍谋划，为党人家族解困。[1]也就是说，袁绍此时已经除服入京隐居。

按道理说，救助党人的活动，肯定是在党锢之后一两年内最为活跃。之后，党人家族逃散，就是零星的需求了。建宁二年（169年）十月对党人的大搜捕开始，这就意味着，建宁三年（170年）、四年（171年）左右，才是这个救助活动的高潮。当时，曹操是十六岁、十七岁，而袁绍除服，就至少要在二十岁的基础上加六年，也就是说，袁绍大曹操九岁，则袁绍生年就在汉质帝本初元年（146年）[2]。无独有偶，袁绍又字本初，则最大的可能是，袁绍比曹操大九岁。

两个人的年龄差比较大，加之袁绍本身就有威仪，曹操也就很难与他亲近，反倒是与同样年少的许攸关系更为亲昵。当然，许攸的狎昵行为，也导致了他最终被杀。[3]

所以，比曹操大九岁的袁绍与曹操的关系，从来不是童年玩伴，也不是生死之交，只是曹操早年崇拜过袁绍，又早早分道扬镳。

1《三国志》卷十《魏书·荀彧荀攸贾诩传》，"荀攸"条，裴松之注引张璠《汉纪》："是时天下士大夫多遇党难，颙常岁再三私入洛阳，从绍计议，为诸穷窘之士解释患祸。"

2 此论也见于罗三洋：《袁本初密码》，台海出版社，2017年，第43—46页。

3《三国志》卷十二《魏书·崔毛徐何邢鲍司马传》，"崔琰"条，裴松之注引《魏略》："攸字子远，少与袁绍及太祖善……攸自恃勋劳，时与太祖相戏，每在席，不自限齐，至呼太祖小字，曰：'某甲，卿不得我，不得冀州也。'太祖笑曰：'汝言是也。'然内嫌之。其后从行出邺东门，顾谓左右曰：'此家非得我，则不得出入此门也。'人有白者，遂见收之。"

第二章　肮脏的仕途经历

曹操仕途的起点，宦官儿子与宦官孙子

曹操十五岁那年到了洛阳。他刚一进太学，就赶上一件大事：汉灵帝建宁二年（169年）四月壬辰，一条青蛇爬到了皇帝的宝座上面，第二天，大风伴随着冰雹，吹倒了上百棵大树。这种反常的现象，有个专有名字，叫"灾异"，东汉朝野非常迷信这一套，认为"灾异"的降临是对皇帝的预警。所以，只有十三岁的汉灵帝下诏，让公卿以下的读书人各自上书议论，作出开言路的姿态。[1]

随之而来的，是在建宁元年（168年）镇压窦武、陈蕃最大的功臣，平羌名将张奂的上书，他竟然直接为二人喊冤，要求平反。汉灵帝觉得张奂说得很好，问于左右之后，却遭到了宦官们的集体阻击。[2] 同期还有郎中谢弼为窦武、陈蕃喊冤，事后也遭到了宦官的

---

1 《资治通鉴》卷第五十六《汉纪四十八》，"建宁二年夏四月壬辰"条："有青蛇见于御坐上……诏公卿以下各上封事。"

2 《后汉书》卷六十五《皇甫张段列传》，"张奂"条："明年夏，青蛇见于御坐轩前，又大风雨雹，霹雳拔树，诏使百僚各言灾应。奂上疏曰：……天子深纳奂言，以问诸黄门常侍，左右皆恶之，帝不得自从。"

报复。[1]

王沈《魏书》中记录了曹操曾为窦武、陈蕃喊冤，说是"其言甚切"，结果汉灵帝"不能用"。[2]好像曹操冒了极大风险一样，其实，夹杂在上述重臣的谏书之中，十五岁的曹操又没有名声，很难引起重视，直白地说，不值得打击报复。

在皇帝下诏开言路的背景下，宦官们明显保持了克制，张奂和谢弼为陈蕃、窦武喊冤，并没有立即招致打击报复。

直到次月，张奂由大司农升任九卿之首的太常，又与尚书刘猛、刁韪、卫良等人共同举荐王畅、李膺等陈蕃、窦武的支持者任三公，这才遭到了曹节等权阉的痛恨，招致下诏切责。张奂等人于是自投廷尉监狱，以示戴罪，数日方得出狱，各自罚了三个月俸禄赎罪。[3]

在曹节等人眼中，窦武、陈蕃已死，喊冤乃至平反都是小问题，但李膺、范滂、张俭等人与太学生的结党议论，是真正的心腹大患，尤其是朝臣之中还有他们的同情者，希望能够翻覆朝廷人

1《资治通鉴》卷第五十六《汉纪四十八》，"建宁二年夏四月壬辰"条："郎中东郡谢弼上封事曰：……左右恶其言，出为广陵府丞，去官，归家。曹节从子绍为东郡太守，以它罪收弼，掠死于狱。"

2《三国志》卷一《魏书·武帝纪》，裴松之注引王沈《魏书》："先是大将军窦武、太傅陈蕃谋诛阉官，反为所害。太祖上书陈武等正直而见陷害，奸邪盈朝，善人壅塞，其言甚切；灵帝不能用。"按：此处有言在先为"先是"，可知曹操为陈蕃、窦武喊冤并不在第一次免官之后，此后大兴党锢，再无上书的环境，故置此时，最为合理。

3《后汉书》卷六十五《皇甫张段列传》，"张奂"条："转奂太常，与尚书刘猛、刁韪、卫良同荐王畅、李膺可参三公之选，而曹节等弥疾其言，遂下诏切责之。奂等皆自囚廷尉，数日乃得出，并以三月俸赎罪。"

事，如果成功，必然会再次谋划诛灭宦官。所以，当年（169年）十月，宦官侯览、曹节掀起了新一轮对党人的镇压，被杀者百余人，地方上受牵连被杀死、流放、撤职、禁锢者又有六七百人，每个人身后都是一个家族。[1]

这个事件，没有影响到曹操，他给窦武、陈蕃鸣冤的上书，可能都没递给皇帝就石沉大海了，所以，他仍旧是寂寂无闻。

这个局面的打破，在于他主动结交了一位伯乐，一位风评恶劣的高官——桥玄。

桥玄虽然官做得很大，在灵帝朝，把太尉、司徒、司空全当了一遍，可他的名声很不好。早年做汉阳太守时，桥玄曾召本地名士姜岐为属吏，遭到拒绝，桥玄大怒，竟然威胁要把姜岐的母亲拉出去嫁人，姜岐仍不就范，引来全郡士大夫出面劝阻桥玄。尽管桥玄听劝罢手，时人却常拿这事来讥讽他。[2]

待到汉灵帝任用他为三公，桥玄觉得"力无所用"，几个月就辞职了。一年多之后，桥玄再任尚书令，和汉灵帝争辩人事任用，没争下来，又称病撂挑子。所以，《后汉书》对他的评价是"性刚急，无大体"。一直到他去世后，因为子弟宗亲没有一个担任大官

1《资治通鉴》卷第五十六《汉纪四十八》，"建宁二年冬十月"条："凡党人死者百余人，妻子皆徙边，天下豪桀及儒学有行义者，宦官一切指为党人；有怨隙者，因相陷害，睚眦之忿，滥入党中。州郡承旨，或有未尝交关，亦离祸毒，其死、徙、废、禁者又六七百人。"

2《后汉书》卷五十一《李陈庞陈桥列传》，"桥玄"条："郡人上邽姜岐，守道隐居，名闻西州。玄召以为吏，称疾不就。玄怒，来督邮尹益逼致之，曰：'岐若不至，趣嫁其母。'益固争不能得，遂晓譬岐。岐坚卧不起。郡内士大夫亦竞往谏，玄乃止。时颇以为讥。"

的，且家里没有产业，丧事不用殡礼，表现出的私德极佳，这才扭转了风评。[1]

桥玄一看到曹操，就表现出了他"谦俭下士"的一面，"见而异焉"。可能桥玄根本没想到会有太学生到自己家来，所以，才会有曹操在给桥玄的祭文中写的，"操以幼年，逮升堂室，特以顽质，见纳君子"。[2]退休三公不但接见了一个少年，还将他请进家中，登堂入室，郑重其事地接待了他，并给了他"今天下将乱，安生民者其在君乎！"[3]的勉励。这是《后汉书·桥玄传》里的文字。王沈《魏书》里对同一事件的记录，就太不靠谱了，竟然说桥太尉要托付妻儿，求十几岁的太学生曹操照顾。[4]怎么可能？

当然，桥玄确实喜欢曹操，给他指了一条明路，说："你现在没有名声，可以结交汝南名士许劭。"曹操就去见了许劭，"子将纳焉，由是知名"。[5]

可见，曹操是靠着桥玄的介绍，敲开了许劭的家门。要知道，开创了月旦评的许劭，本就是连袁绍都忌惮的人物，曹操能进门，就是半个名士，所以"由是知名"。言下之意，之前的曹操寂寂无

1《后汉书》卷五十一《李陈庞陈桥列传》，"桥玄"条："玄性刚急，无大体，然谦俭下士，子弟亲宗无在大官者。及卒，家无居业，丧无所殡，当时称之。"

2《后汉书》卷五十一《李陈庞陈桥列传》，"桥玄"条。

3《后汉书》卷五十一《李陈庞陈桥列传》，"桥玄"条。

4《三国志》卷一《魏书·武帝纪》，裴松之注引王沈《魏书》："太尉桥玄，世名知人，睹太祖而异之，曰：'吾见天下名士多矣，未有若君者也！君善自持。吾老矣！愿以妻子为托。'由是声名益重。"

5《三国志》卷一《魏书·武帝纪》，裴松之注引《魏晋世语》："玄谓太祖曰：'君未有名，可交许子将。'太祖乃造子将，子将纳焉，由是知名。"

闻，有的只是宦官之后的恶名。

曹操卑辞厚礼求评点，许子将很鄙视他的为人，本不想说，曹操竟然胁迫他必须说。许劭不得已，说了一句："君清平之奸贼，乱世之英雄。"曹操才高兴地离去。[1]

这句话还有一个版本，"子治世之能臣，乱世之奸雄"[2]。两句话意思是完全拧的，从语境和许劭的态度来看，应该前一句才是真的，后一句是以后人感受改写的。

之所以这么说，是因为曹操的身份原罪。许劭对族叔许训这种靠着谄媚宦官当上三公、封侯的人都不愿意搭理，怎么可能看得起"赘阉遗丑"曹操？

只不过，前有桥玄介绍，曹操进门前的姿态又摆得很低，许劭却不过面子才放他进门。没想到曹操求评受挫后，立刻换上另一副嘴脸，软的不行来硬的，摆明了是个无赖，怎么可能是"治世之能臣"呢？

所以，这句话就是在骂曹操是个奸贼。只不过，曹操和桥玄性格很像，对大形势的判断也差不多，都认为天下将乱，所以，得到乱世英雄的评价就很满意，他要的就是这个。

曹操的汝南之行，许子将应该是第一站，目的是打开名声，所

1《后汉书》卷六十八《郭符许列传》，"许劭"条："曹操微时，常卑辞厚礼，求为己目。劭鄙其人而不肯对，操乃伺隙胁劭，劭不得已，曰：'君清平之奸贼，乱世之英雄。'操大悦而去。"

2《三国志》卷一《魏书·武帝纪》，裴松之注引孙盛《异同杂语》："尝问许子将：'我何如人？'子将不答。固问之，子将曰：'子治世之能臣，乱世之奸雄。'太祖大笑。"

以，哪怕用流氓手段，也得让许子将给自己一个点评，甭管好的坏的，"由是知名"。

有了名声之后，才可以和本地的豪杰结交，比如汝南人王儁和在汝南逃亡的南阳人何颙。他们都和党锢有关，何颙本就是党人，王儁则是少年时被党人领袖范滂赏识，之后与南阳人岑晊交情很好。曹操与二人的关系也很有意思，王儁是"特爱儁"，是说曹操对他的态度，何颙则是"奇太祖"，是说何颙对曹操的态度，却没提曹操怎么看何颙。

王儁在官渡之战时曾劝谏刘表支持曹操，可见是用行动看好曹操。之后他死于武陵，享年六十四岁，事在曹操南征之前，则他至少大曹操十岁。何颙生年不详，为郭泰、贾彪晚辈，也应与王儁年龄相仿。王儁不以党人身份知名，说明他虽与党人交好，却不是党人，没遭到禁锢，而是察觉到天下将乱，主动隐居。曹操与王儁的结交，应该是对睿智老大哥的仰慕，也是经由他进入了党人社交圈，故而说"特爱"。

那么，何颙对曹操的"奇"也就毫不奇怪了。一群被宦官通缉追捕的党人中间，钻进来一个宦官孙子，还天天说就要天下大乱了，当然令人惊奇。

而且，何颙、袁绍、张邈、许攸等人的"奔走"，有两项核心任务：一个是解救被抓捕的党人；另一个是资助逃亡受困的党人家族。[1]这两

1《后汉书》卷六十七《党锢列传》，"何颙"条："是时党事起，天下多离其难，颙常私入洛阳，从绍计议。其穷困闭厄者，为求援救，以济其患。有被掩捕者，则广设权计，使得逃隐，全免者甚众。"

项任务都离不开钱，曹操以少年之身能够参与其中，极有可能是仗义疏财。

这恰恰与《三国志·武帝纪》中说他，"任侠放荡，不治行业"相吻合。所谓任侠放荡，指的是"相与信为任，同是非曰侠"[1]。侠还有轻财之意，通俗解释，就是同道中人的轻财互助，才是"任侠"。"放荡"和"不治行业"意思差不多：目无王法，行为放纵，忽视学业、德行。可见曹操在太学期间并没有好好学习，而是长期与何颙、袁绍、张邈等人的"任侠"小集团混在一起，还经常拿家里的钱凑份子，资助生活困难的党人。

不过，一个明显的事实是，曹操和王儁这样的旁观者，已经将自己置于袁绍、袁术兄弟的对立面。据皇甫谧《逸士传》，曹操与王儁一同参与了袁术之母的归葬之礼，看到会葬者达三万人，曹操说，这俩人必然是天下的乱魁。

袁绍结交何颙，本身就是对转入地下的党人社交圈的主动融入，这个圈子与朝中权贵的社交圈并不重合，自成一体。以财助人知名的党人八厨，有度尚、张邈、王考、刘儒、胡母班、秦周、蕃向、王章，除鲁国蕃向、东莱王章之外，其余六人籍贯均属兖州郡国。这些人形成了一个以财富资助党人的网络，不过老一辈的度尚、刘儒已经去世，仍在活跃的其实是张邈、胡母班等新生代，而他们又与袁绍、王匡等人为亲友。

与之并立的党人资助网络，在荆州、豫州交界的南阳郡、汝南

1《史记》卷一百《季布栾布列传》，"季布"条，《集解》引孟康："信交道曰任。"引如淳："相与信为任，同是非为侠。所谓'权行州里，力折公侯'者也。"

郡，由何颙、许攸等人奔走联络，权力和资源的主要来源则是洛阳
的袁绍宅邸。当然，袁术也在做类似的事，与兄长争名。曹操之所
以没有列名袁绍的"奔走之友"，恰恰说明他可能只是出钱，并没
有出力，年龄也确实太小，不足以参与这个地下关系网的运作。

不过袁术在洛阳的小圈子，很可能有曹操的一席之地。《后汉
书》上说袁术，"数与诸公子飞鹰走狗"[1]，恰恰与曹操的"少好飞鹰
走狗"重合。只是袁术作为日后僭号天子的叛臣，曹操与他的少年
情谊实在不宜著诸史册，只剩了一些蛛丝马迹。[2]

显而易见，对于曹操这样的官宦子弟而言，少年时代与党人群
体的交往，与其说是一种理想的感召，不如说是一种疏离的好奇
心，虽然得到了何颙的"奇"，却与士林养望不相干。相对而言，曹
操更感念与自己价值观接近的"刚急"老者桥玄，怀念带自己游访
四方的隐士王儁，对于真正的党人何颙，他反而没有表现出特别的
亲近。

说曹操反对宦官，完全是想象。哪怕他为了混圈子曾经有过表
态，恐怕也和他对许子将的要弄一样，只是手段罢了。

现实是，初入官场的曹操，根本就离不开宦官。曹操进入士林
的领路人是重臣桥玄，两个人有三个共同点：

其一，都有改变世道的大志向，却不拘泥于礼法；

其二，性格刚硬，目的性强，为达目的不择手段；

1《后汉书》卷七十五《刘焉袁术吕布列传》，"袁术"条。
2《三国志》卷五《魏书·后妃传》，"武宣卞皇后"条："及董卓为乱，太祖微服东
　出避难。袁术传太祖凶问。"

其三，名声不小，却主要是负面的名声。

正因如此，曹操的政治倾向从根上就和热衷于处士横议、羞于与阉寺为伍[1]的党人南辕北辙。他二十岁那年，被举为孝廉。孝廉是由地方官举荐的本地优秀人才，靠的就是名声和关系。就曹操本人而言，人际关系成分就过大了，所以，《三国志·武帝纪》只简单提了一句，羞于渲染。

因为汉顺帝阳嘉元年（132年），朝廷下诏，限定举孝廉需在四十岁以上，唯有"茂才异行"者才能不拘年龄限制。[2]这个法令其实也是推动"处士横议"的一大因素。所谓处士就是白身，普通读书人十五岁入太学，每年课试和三万太学生争十个名额，本就希望渺茫，获利的只能是朝廷权贵之子。回家乡，又要四十岁才能举孝廉，进入中央官吏序列。中间这二十五年干什么？干一年只有百石工资的州郡属吏？那也被州郡的豪门巨室所垄断，根本没有机会。

既然上进无路，哪有一群人在洛阳太学之中，品评公卿、互相标榜、传播名声来得轻松？故此，《后汉书·党锢列传》中才评价为"婞直之风，于斯行矣"，"婞"是刚愎、倔强的意思，用在此处，并非褒义。

曹操是权贵子弟，不是普通人，不需要千军万马过独木桥，他当然算不上"茂才异行"，奈何他上面有人。谁呢？

---

1 《后汉书》卷六十七《党锢列传》："逮桓灵之间，主荒政缪，国命委于阉寺，士子羞与为伍，故匹夫抗愤，处士横议，遂乃激扬名声，互相题拂，品核公卿，裁量执政，婞直之风，于斯行矣。"

2 《后汉书》卷六十一《左周黄列传》，"左雄"条："'请自今孝廉年不满四十，不得察举……若有茂才异行，自可不拘年齿。'帝从之，于是班下郡国。"

　　曹操户籍所在地的父母官是沛相（沛国之相，职同太守），他负责举荐沛国境内的孝廉。这个人具体是谁，史书没有明说，但是可以从蛛丝马迹里找。与曹操同时代，曾任沛相的有好几位，任期能和曹操举孝廉的年份对上的，只有一位，王吉。

　　王吉的养父叫王甫，是汉灵帝初年与曹节并列的权阉，两人一同合作发动政变，杀死了陈蕃、窦武，权倾朝野。王甫与养子沛相王吉，双双死于光和二年（179年）。[1]

　　王吉其人，列名《后汉书·酷吏列传》，他二十多岁就当上掌管一郡之地的沛相，可谓少年得志。王吉本人喜读书，好名声，又生性残忍，治理沛国期间，擅长断案察奸，却执法惨重。他上任后，要求郡内百姓主动举报官吏违法行为，哪怕几十年前曾经犯过小错，或是贪图点酒肉的，全部撤职，逐出官府。对于百姓也不手软，发现有生子不养，也就是杀婴的，就处死婴儿的父母。每次杀完人，他都会把尸体放在车上，拉到辖区各县示众，夏天尸体腐烂，就用绳子串起骨头，必须走遍全郡，方才罢休。王吉在任五年间，竟然诛杀了万余人。[2]

　　自光和二年前推五年，正是汉灵帝熹平三年（174年），曹操

1《后汉书》卷七十八《宦者列传》："光和二年，司隶校尉阳球奏诛王甫及子长乐少府萌、沛相吉，皆死狱中。"

2《后汉书》卷七十七《酷吏列传》，"王吉"条："王吉者，陈留浚仪人，中常侍甫之养子也。甫在《宦者传》。吉少好诵读书传，喜名声，而性残忍。以父秉权宠，年二十余，为沛相。晓达政事，能断察疑狱，发起奸伏，多出众议。课使郡内各举奸吏豪人诸常有微没酒肉为臧者，虽数十年犹加贬弃，注其名籍。专选剽悍吏，击断非法。若有生子不养，即斩其父母，合土棘埋之。凡杀人皆磔尸车上，随其罪目，宣示属县。夏月腐烂，则以绳连其骨，周遍一郡乃止，见者骇惧。视事五年，凡杀万余人。"

二十岁的时候。王吉是宦官儿子，曹操是宦官孙子，王吉是治乱用重典，杀死一万多人不眨眼，曹操的风评是"乱世之英雄"，可不就是王吉眼中的人才吗？

当然，曹操有这么一位举主，绝不是什么光彩的事情，尤其是在王甫、王吉被诛杀之后，肯定讳莫如深。而他被王甫之子王吉破格举荐，意味着他一辈子的"举主"都是王吉。如果王吉活着，按照当时的世风，曹操一直是王吉的"门生"，他不是宦官一党，谁是呢？

曹操的五色棒果真不畏权贵吗？

东汉制度，孝廉到京之后，还要经三公府考试，这一制度也是与孝廉的年龄限制一起颁布的，对儒生要考家法经学，文吏则要考笺奏公文，还要在皇宫的端门公示卷子。[1]听起来很公正，终究需要人来执行。

熹平三年（174年）任三公的有：太尉东海人陈耽，司徒汝南人袁隗，司空颍川人唐珍。

这之中，袁隗是中常侍袁赦的族亲；唐珍是中常侍唐衡的弟弟；只有陈耽和宦官没有瓜葛，以清正知名。不过，最后主持考试让曹操通过的，很可能是与宦官没交情的陈耽。因为据《后汉书》记载，汉灵帝光和五年（182年），陈耽曾与议郎曹操一同上书，痛斥太

---

[1]《后汉书》卷六十一《左周黄列传》，"左雄"条："皆先诣公府，诸生试家法，文吏课笺奏，副之端门。"

尉许馘、司空张济在宦官的指使下收受贿赂，对贪赃枉法的宦官子弟、宾客一概不问，反而将边缘小郡的好官二十六人列入了纠察名单。[1]如果陈耽和曹操没有相当亲密的关系，不可能以司徒之尊，让曹操这个宦官子弟列名其后。

　　当然，能够得到陈耽的认可，也说明曹操本人的经学水平相当不错，毕竟是之后以"能明古学"[2]的理由授职议郎的人物。这个古学，有专门的范围，即《古文尚书》《毛诗》《左传》《春秋穀梁传》，也就是古文经学的简称，与今文经学并列，在东汉是朝野的显学。

　　曹操能以此名义得到公卿举荐，很可能也出自陈耽之手。因为当时，即光和三年（180年）六月[3]的朝堂上，三公为刘宽、张济、杨赐，桥玄任太中大夫，而陈耽任九卿之首的太常。之后两年，才有了二人共同上书之事。

　　简言之，曹操踏入官场的敲门砖，得自宦官子弟，但通过三公府试，靠的是真学问。

　　按惯例，孝廉应入五官中郎将与左、右中郎将合称的三郎署为郎官；其中五十岁以上的入五官署，曹操肯定不在其列。郎官又从

---

1 《后汉书》卷五十七《杜栾刘李刘谢列传》，"刘陶"条："时司徒东海陈耽，亦以非罪与陶俱死。耽以忠正称，历位三司。光和五年，诏公卿以谣言举刺史、二千石为民蠹害者。时太尉许馘、司空张济承望内官，受取货赂，其宦者子弟宾客，虽贪污秽浊，皆不敢问，而虚纠边远小郡清修有惠化者二十六人。吏人诣阙陈诉，耽与议郎曹操上言：'公卿所举，率党其私，所谓放鸱枭而囚鸾凤。'其言忠切，帝以让馘、济，由是诸坐谣言征者悉拜议郎。宦官怨之，遂诬陷耽死狱中。"

2 《三国志》卷一《魏书·武帝纪》，裴松之注引王沈《魏书》："后以能明古学，复征拜议郎。"

3 《后汉书》卷八《孝灵帝纪》，"光和三年六月"条："诏公卿举能通《古文尚书》《毛诗》《左氏》《穀梁春秋》各一人，悉除议郎。"

高到低分四等，中郎、议郎、侍郎、郎中，刚入职的叫郎中，满一年称侍郎。曹操的记载却只说"郎"，没说等级，原因何在？

还是为尊者讳。

前文已经提到过，东汉制度惯例是四十岁举孝廉，只有"特殊人才"可以二十岁破格举荐，曹操享受的正是这个待遇，所以，史书里要强调。

之后的郎官工作，职责并不复杂，主要是殿中区域的值班、宿卫，乃及备皇帝顾问，类似于皇帝办公室的办事员。不过，东汉皇帝、太后的办公区已经转移到省中，三署郎官轻易也见不到皇帝，只剩下一些程序性工作。

可郎官在任期间的工作表现、工作能力，往往决定着他们一生的仕途。

东汉制度下，郎官是预备干部，之后派任的第一份工作，往往能够决定他们仕途的终点。据严耕望先生研究，孝廉三署郎出补地方官，惯例分三个层次：最高为大县令，秩级为千石或六百石；其次为小县长，这是按人口分的，不满万户的县令称长，秩级为五百石、四百石、三百石；最差的就是县丞、尉，秩级分为四百石、二百石。当然，也有出任公府掾的特例。[1]

这三个等级都可以平调一生，而升迁的惯例顺序则是县丞、尉迁县长，县长升县令，县令升迁可以回京为御史，出外为刺史，或是直升二千石太守。在这之后，更是不同的升迁路线，这里就不展

---

1 严耕望：《秦汉地方行政制度：中国地方行政制度史（甲部）》，北京联合出版公司，2020年，第335—344页。

开了，后续会分别讲解。

而曹操派任的洛阳北部尉虽然属于洛阳县，秩级高配，四百石，可终究是最差的一档。那么，曹操在郎官任上的时间，就成为他工作能力和表现的遮羞布，毕竟一个因"有茂才异行"而破格举荐的孝廉，上岗后表现极差，实在没法解释。

关于曹操这个职务的由来，还有两个相关的记载。一个是吴人所作《曹瞒传》说的，当时司马懿的父亲司马防任尚书右丞，举荐了曹操担任北部尉，曹操称王之后还专门请他到邺城揶揄他；[1]另一个是西晋人卫恒在书法著作《四体书势》里提到的，大书法家梁鹄当时负责尚书选部，曹操想当洛阳令，梁鹄却给了他一个洛阳北部尉，等到曹操灭刘表之后，梁鹄差点没吓死，把自己绑了到军门前请罪。[2]

两个记载都说得很清楚，任命曹操为洛阳北部尉是欺负人，两位事件的主角也绝不是对曹操委以重任，否则事后何必害怕？

当然，司马防任尚书右丞的可能性不大。河内司马氏并非公卿望族，他只比曹操大六岁，历任职务只有洛阳令、治书御史和京兆尹、骑都尉。依东汉惯例，尚书丞位卑权重，任满后应到地方担任

1《三国志》卷一《魏书·武帝纪》，裴松之注："《曹瞒传》曰：为尚书右丞司马建公所举。及公为王，召建公到邺，与欢饮，谓建公曰：'孤今日可复作尉否？'建公曰：'昔举大王时，适可作尉耳。'王大笑。建公名防，司马宣王之父。臣松之案司马彪《序传》，建公不为右丞，疑此不然，而王隐《晋书》云赵王篡位，欲尊祖为帝，博士马平议称京兆府君昔举魏武帝为北部尉，贼不犯界，如此则为有征。"

2《三国志》卷一《魏书·武帝纪》，裴松之引卫恒《四体书势·序》："鹄卒以攻书至选部尚书。于是公欲为洛阳令，鹄以为北部尉。鹄后依刘表。及荆州平，公募求鹄，鹄惧，自缚诣门，署军假司马，使在秘书，以勤书自效。"

州刺史。司马防明显没有走这条清贵序列，这个职务很可能是以讹传讹。更大的可能是，司马防是普通的尚书郎，在处理曹操的职务申请时，提出了自己的建议。

真正拥有决定权的是汉灵帝的宠臣梁鹄。他所在的选部，是尚书台的一个部门，之前叫吏部曹，汉灵帝改称选部曹，主官叫选部尚书。曹操很可能是找上门拉关系，请求授予高职洛阳令，做秩千石的美官。不想，梁鹄没把他放在眼里，听取司马防的建议，只派了一个洛阳北部尉。

司马防和梁鹄都是责任人，只不过一个是建议责任，一个是领导责任。

不过曹操也不气馁，上任后竖起五色棒，有犯禁的就打死。等了几个月，终于逮着汉灵帝身边的亲信小黄门蹇硕的叔叔夜行，杀了。很多人都把这个事看作曹操不畏权贵，尤其是对宦官群体不假颜色的事例，其实不然。

"夜行"是不是罪呢？崔寔《政论》中提到永宁年间诏书说："钟鸣漏尽，洛阳城中，不得有行者。"田豫上书中也说："年过七十而以居位，譬犹钟鸣漏尽而夜行不休，是罪人也。"可见，东汉和曹魏时，都有夜禁。敲钟之后的夜间，洛阳城要实施宵禁，行人活动就是犯罪，没有问题。

问题是，"夜行"罪不至死。《汉旧仪》中记载，京中宿卫郎官夜里分班呵行人，即问明身份。[1]汉武帝时名将李广被霸陵尉呵止的

---

[1]《史记》卷六《秦始皇本纪》，《索隐》引《汉旧仪》："宿卫郎官分五夜谁呵，呵夜行者谁也。"

经历也表明，"呵"是问身份，之后是止宿亭下，即控制行动，[1]没有死刑的说法。田豫的比喻，明显也到不了死刑，否则就成了年过七十还做官都该杀，那不成笑话了。

所以，曹操杀蹇硕的叔叔是用了法外重典，俗称滥用职权，而且也没有特指用五色棒棒杀，只是说"杀之"，也可能是拒捕被杀。结果，职务犯罪没有受到任何惩处，反而说，灵帝左右近臣都记恨曹操却没法伤他，只得一起举荐曹操担任顿丘县令。[2]

很多人认为这是排挤，其实不然。以东汉惯例，县丞、尉升迁多数是当小县长，小县长再升大县令，曹操则一步到位当了大县令。按照他劝诫曹植时说的，当时他才二十三岁，时间是汉灵帝熹平六年（177年）。[3]

这个时间减去几个月，就可以解答之前的疑问了，史书未记载曹操郎官等级就是为模糊他这段经历。曹操熹平三年（174年）入三郎署，熹平六年任顿丘令，之前打死蹇硕的叔叔，距离洛阳北部尉上任只有几个月。

这么一减，就知道曹操在郎署干了近三年时间，却得了个最下

1《史记》卷一百九《李将军列传》："尝夜从一骑出，从人田间饮。还至霸陵亭，霸陵尉醉，呵止广。广骑曰：'故李将军。'……止广宿亭下。"

2《三国志》卷一《魏书·武帝纪》，裴松之注引《曹瞒传》："太祖初入尉廨，缮治四门。造五色棒，县门左右各十余枚，有犯禁者，不避豪强，皆棒杀之。后数月，灵帝爱幸小黄门蹇硕叔父夜行，即杀之。京师敛迹，莫敢犯者。近习宠臣咸疾之，然不能伤，余是共称荐之，故迁为顿丘令。"

3《三国志》卷十九《魏书·任城陈萧王传》，"陈思王植"条："太祖征孙权，使植留守邺，戒之曰：'吾昔为顿邱（丘）令，年二十三。思此时所行，无悔于今。今汝年亦二十三矣，可不勉与！'"

等的出路，可见曹操的表现和风评该有多差。依他的身份，没资格自选出外任职的县份，却"欲为"洛阳令，说明曹操很可能动用了一些非常规的手段，比如贿赂或是说情，却败在了梁鹄手上。毕竟曹操有后台，梁鹄的后台更硬——就是汉灵帝本人。

说得直白些，就是曹操借助自己的权贵身份，通关系打关节，结果却被关系更硬的人看不起，拦在了半路。人家还理直气壮，比如司马防在他贵为魏王时，就还在说"昔举大王时，适可作尉耳"。

所以，他要跳回升官的快车道，就得把决定权交到自己人手上。他杀死蹇硕的叔叔，并不是不畏权贵，而是因为蹇硕任职小黄门，虽得汉灵帝的"爱幸"，却也只是个中级宦官，在宦官圈子里，排名并不高。而在汉灵帝即位后很长时间，由于中常侍王甫、曹节主持了对陈蕃、窦武的镇压，又对党人进行了多次打击，汉灵帝也只能屈从于他们的挟制。

在此条件下，曹操杀死蹇硕的叔叔，投喜好重典杀人的举主王吉所好。王吉又是王甫义子，在光和二年（179年）王甫父子被杀之前，在王甫集团的卵翼之下，当然"不能伤"了。

更何况，曹操家族还有另一个护身符，他们是汉灵帝宋皇后家族的姻亲。

汉灵帝熹平五年（176年），也就是在曹操任洛阳北部尉的那一年，永昌太守曹鸾上书提出：党人们都是好人，却长期遭到禁锢，既然当朝连谋反大罪都可以赦免，党人又有多大的罪，久久不能宽恕？现今水旱灾害频发，各种天象灾异纷至沓来，全都是因为这个，希望皇帝能够悔悟，"以副天心"。这就是拿老天爷来压汉灵帝了，所以，皇帝勃然大怒，把曹鸾抓进狱中，刑讯至死，并重申了对党人的禁锢令，延伸到了五服内的子弟。[1]

在曹操宗族墓地中，曾发现太守曹鸾之碑，则曹鸾极有可能是曹操的同族长辈。不过，曹鸾并不属于党人，对他的处置也没有涉及家属。选部尚书梁鹄出自待制鸿都门下，甚至居于汉灵帝要求画像的三十二位名士之列，这位书法家作为汉灵帝的心腹，极有可能是揣摩汉灵帝的心理，对曹操进行敲打。

当然，此事仅限于敲打。曹操仕途真正的挫折源自后台之间的冲突。

汉灵帝的宋皇后无宠，遭后宫谗毁。中常侍王甫曾将勃海王刘悝及王妃宋氏陷害致死，宋皇后是宋氏的亲侄女，王甫害怕宋皇后报复，就诬陷皇后在后宫作法诅咒。光和元年（178年），汉灵帝决定废后。之后，宋皇后郁郁而终，其父不其乡侯宋酆及其兄弟一同被杀。[2]

勃海王刘悝是汉桓帝的亲弟弟，汉灵帝的祖父与汉桓帝的父亲是亲兄弟。汉桓帝即位后，封弟弟刘悝为勃海王，后来刘悝被人弹劾意图谋反，遂被贬为瘿陶王。为求复国，刘悝许诺中常侍王甫

---

1 《资治通鉴》卷五十七《汉纪四十九》，"汉灵帝熹平五年五月闰月"条："永昌太守曹鸾上书曰：'夫党人者，或耆年渊德，或衣冠英贤，皆宜股肱王室，左右大猷者也；而久被禁锢，辱在涂泥。谋反大逆尚蒙赦宥，党人何罪，独不开恕乎！所以灾异屡见，水旱荐臻，皆由于斯。宜加沛然，以副天心。'帝省奏，大怒，即诏司隶、益州槛车收鸾，送槐里狱，掠杀之。于是诏州郡更考党人门生、故吏、父子、兄弟在位者，悉免官禁锢，爰及五属。"

2 《后汉书》卷十下《皇后纪下》，"灵帝宋皇后"条："后无宠而居正位，后宫幸姬众，共谮毁。初，中常侍王甫枉诛勃海王悝及妃宋氏，妃即后之姑也。甫恐后怨之，及与太中大夫程阿共构言皇后挟左道祝诅，帝信之。光和元年，遂策收玺绶。后自致暴室，以忧死。在位八年。父及兄弟并被诛。"

五千万钱贿赂。结果在汉桓帝去世时，遗诏为弟弟复国，刘悝觉得这事儿王甫没出力，赖账了。王甫气不过，就想报仇，发现中常侍郑飒、中黄门董腾和刘悝过从甚密，就在熹平元年（172年）陷害刘悝等人合谋造反，害死刘悝满门。[1]

这一事件看似与曹操无关，可他在顿丘县令任上，发生了从妹夫濦强侯宋奇被诛杀事件，曹操连坐免官。所谓从妹，即父亲兄弟的女儿，也就是曹操亲叔叔（曹绍之父）的女儿。

依汉律，"大逆不道"的连坐要牵连父母、妻子、兄弟，宋奇入罪，则其妻子曹氏同死，可曹操没理由连坐。就算是曹氏本人犯大逆罪，也只牵连到父母、兄弟，轮不到曹操这个堂兄弟，而且，家族连坐要砍头或流放，不只是免官这么简单。

那么，曹操因为什么"坐"免官呢？

只有一个可能，就是濦强侯宋奇曾举荐曹操出任职务。作为曹操的"举主"，在秦汉律法之中，有举主与被举荐者同贬的责任制。前文说到，曹操由洛阳北部尉升顿丘县令，出自汉灵帝"近习宠臣"的共同推荐，很可能就包括国舅宋奇，没想到，一年之后成了罪状。

1《后汉书》卷五十五《章帝八王列传》，"千乘贞王伉"条："延熹八年，悝谋为不道，有司请废之。帝不忍，乃贬为瘿陶王，食一县。悝后因中常侍王甫求复国，许谢钱五千万。帝临崩，遗诏复为勃海王。悝知非甫功，不肯还谢钱。甫怒，阴求其过。初，迎立灵帝，道路流言悝恨不得立，欲钞征书。而中常侍郑飒、中黄门董腾并任侠通剽轻，数与悝交通。王甫司察，以为有奸，密告司隶校尉段颎。熹平元年，遂收飒送北寺狱。使尚书令廉忠诬奏飒等谋迎立悝，大逆不道。遂诏冀州刺史收悝考实，又遣大鸿胪持节与宗正、廷尉之勃海，迫责悝。悝自杀。妃妾十一人，子女七十人，伎女二十四人，皆死狱中。"

其实，这个结果放在更大的政治背景来看，并不奇怪。在此之前的建宁四年（171年），曹节、王甫诬陷为窦太后喊冤、求情的黄门令董萌至死。次年，熹平元年（172年）五月，汉桓帝朝权倾朝野的宦官侯览以"专权骄奢"的罪名被免，自杀。一个月后，窦太后死于云台，曹节、王甫竟然要以贵人礼节下葬，遭到了汉灵帝的反对。之后，曹、王二人坚持不让窦太后与汉桓帝合葬，遭到满朝公卿的反对，太尉李咸和廷尉陈球反对尤其激烈。公卿达成共识后，曹节、王甫仍旧上疏争论，最终，汉灵帝采纳了公卿大臣们的意见。[1]

又过了四个月，曹节和王甫诬陷勃海王刘悝造反。[2]王甫因功封冠军侯，曹节增邑，加上先前的封邑共达七千六百户，两人的父兄弟子全部成为高官，"公卿列校、牧守令长，布满天下"。[3]这充分体现出宦官权力的膨胀，尤其是围绕着曹节、王甫一系宦官的权力爆发。他们不但对诸侯王、外戚、功臣列侯举起屠刀，还对宫中其他

---

[1]《资治通鉴》卷第五十七《汉纪四十九》，"汉灵帝熹平元年六月"条："癸巳，（窦太后）崩于云台。宦者积怨窦氏，以衣车载太后尸，置城南市舍数日。曹节、王甫欲用贵人礼殡。帝曰：'太后亲立朕躬，统承大业，岂宜以贵人终乎！'于是发丧成礼。节等欲别葬太后，而以冯贵人配祔。诏公卿大会朝堂，令中常侍赵忠监议……于是公卿以下皆从球议。曹节、王甫犹争……李咸复上疏曰：'……太后以陛下为子，陛下岂得不以太后为母！子无黜母，臣无贬君，宜合葬宣陵，一如旧制。'帝省奏，从之。"

[2]《资治通鉴》卷五十七《汉纪四十九》，"汉灵帝熹平元年冬十月"条："收飒送北寺狱，使尚书令廉忠诬奏'飒等谋迎立悝，大逆不道'，遂诏冀州刺史收悝考实，迫责悝，令自杀。"

[3]《后汉书》卷七十八《宦者列传》，"曹节"条："节遂与王甫等诬奏桓帝弟勃海王悝谋反，诛之。以功封者十二人。甫封冠军侯。节亦增邑四千六百户，并前七千六百户。父兄子弟皆为公卿列校、牧守令长，布满天下。"

的宦官势力发难，前后有中常侍、长乐太仆侯览死，中常侍郑飒、黄门令董萌死，宫省内的中高级宦官也不足以自保了。

了解了这个背景，再回看曹操在洛阳北部尉任上的作为，就可以理解，为什么他打死蹇硕的叔叔一点后果都没有。因为他虽然可能是曹鸾的同族，却绝对是王甫集团的外围成员，又是宋皇后娘家的姻亲，自然有人为他挡风遮雨。

可是，当王甫集团对宋氏外戚下手时，曹操的双重身份就成了催命符。毕竟疏不间亲，王吉只是举主，与宋奇同死的是曹操的堂妹。从斩草除根的角度，王甫集团也不会留他在朝中，这才有了连坐免官的切割。

万幸的是，在宋皇后死后，一群在省闼之中的中常侍、小黄门怜悯宋氏无辜受害，凑钱收殓了宋皇后和她父兄的尸体，安葬到宋家的祖坟之中。[1]宦官们也开始对王甫、曹节不满了。

仅仅一年后的光和二年（179年），王甫、王吉被司隶校尉阳球诛杀，尸体被扔到了洛阳的夏城门外。曹节慨叹道："我们宦官之间自可互相啃食，怎么能让狗来舔尸体的汁水呢？"[2]于是拉着一群中常侍，直入宫中，要求皇帝整治始作俑者——司隶校尉阳球，汉灵帝也批准了，将阳球调走。

曹节的言下之意是，宦官之间的斗争，不能被其他人利用，需要先攻外敌。阳球离任，曹节、朱瑀权势复盛，汉灵帝也解除了党

1《后汉书》卷十下《皇后纪下》，"灵帝宋皇后"条："诸常侍、小黄门在省闼者，皆怜宋氏无辜，共合钱物，收葬废后及勔父子，归宋氏旧茔皋门亭。"

2《后汉书》卷七十七《酷吏列传》，"阳球"条："时顺帝虞贵人葬，百官会丧还，曹节见磔甫尸道次，慨然抆泪曰：'我曹自可相食，何宜使犬舐其汁乎？'"

人从祖以下的亲族禁锢，允许其出仕为官。可见，汉灵帝正在一步步地剪除跋扈宦官，尽力恢复朝堂的平衡，王甫、王吉就是他砍下的第一刀。

至此，彻底没有了权贵后台庇佑的曹操，仕途被按下了暂停键。哪怕曹操在光和三年（180年）以"能明古学"再次授职议郎，光和五年（182年）还与司徒陈耽联名上书，本质上，都是在闲职上打发时间，毕竟仅这一封上疏中提到的人名，就有二十六人同时被拜为议郎，曹操的议郎身份也就愈发不值钱。

如果没有意外的话，当老一辈曹家人，如曹嵩、曹鼎、曹炽退出政治舞台，曹操这个破落户子弟，可能到死也就做个二千石太守。

偏偏这个时候意外就来了。

王芬之死，告密者曹孟德也

中平元年（184年），黄巾起义爆发，汉灵帝"诏公卿出马、弩，举列将子孙及吏民有明战阵之略者，诣公车"[1]。曹操的父亲曹嵩，至中平四年（187年）十一月才由大司农升任太尉，之前历任司隶校尉、大鸿胪。大鸿胪和大司农都位列九卿，他家当然需要出马、弩，这是战略物资，类似于今天的坦克和火炮。不是说家里有，是出钱购买。

后面说的"举"，是特殊时期的察举科目，主体仍是公卿举荐。

1《后汉书》卷八《孝灵帝纪》，"中平元年三月壬子"条。

将门子弟或是百姓中有能打仗的，都可以乘坐官府派出的官车，送往京师应举，经过考校之后，授予军职，领兵作战。

曹操家是九卿，又是巨富。不单是曹嵩任要职，曹洪的伯父曹鼎也做过尚书令，任河间相时还曾经贪赃千万，[1]曹操后来也声称自家不如曹洪家富裕。[2]曹纯和曹仁的父亲固然不是巨富，也留下了不少家资。[3]所以，曹氏家族完全可以自己出资，招募起一支不小的骑兵部队，曹操故而得以被任命为骑都尉，统兵支援颍川战场，协助皇甫嵩、朱儁击败颍川黄巾。

骑都尉，秩比二千石，本职是监羽林骑，也就是羽林左骑和羽林左骑的上级主管，但是，因为无定员，也可以作为中央派出地方独立统兵的军将，或者说使者。

当然，按照青海大通县上孙家寨汉简中记录的汉军军法，在将军所统的出征大军中，骑兵分左、右二骑都尉；步兵则分五部司马，部之上为校，统校军官为军尉，即校尉；校尉与骑都尉同级，统属于将军，步骑兵加起来为七部，就是一个作战单元。[4]可见，骑都尉所属也可以编入大军，联合作战。

至于对黄巾的作战中，曹操是跟随皇甫嵩赴冀州，还是在豫

1《后汉书》卷六十七《党锢列传》，"蔡衍"条："又劾奏河间相曹鼎臧罪千万。鼎者，中常侍腾之弟也。"按：此处与《三国志》记载抵触，应为曹洪之伯父，曹腾之侄。

2《三国志》卷九《魏书·诸夏侯曹传》，"曹洪"条，裴松之注引《魏略》："太祖曰：'我家赀那得如子廉耶！'"

3《三国志》卷九《魏书·诸夏侯曹传》，"曹纯"条，裴松之注引《英雄记》："承父业，富于财，僮仆人客以百数。"

4 大通上孙家寨汉简整理小组：《大通上孙家寨汉简释文》，《文物》，1981年第2期。

州、荆州作战，史无明载，只提到了曹操因功授济南相，秩二千石，这一年是中平元年（184年），曹操刚刚三十岁。

在济南相任上，曹操禁绝对城阳景王刘章的淫祀——不在国家规定范围内的神祇的祭祀，并全面清理阿附贵戚、贪赃枉法的属县长吏，境内总共十余县（《后汉书·郡国志》记为"十城"[1]），他上奏罢免了八个，结果是，境内秩序肃然。

看起来曹操真是一个执法严明的好官，不过，史书只写了事件，却没有标明时间和因果。

据王沈《魏书》记载，城阳景王刘章的祠本在城阳国，属于官祠，后来扩展到了青州各地，济南国尤其盛行，达到了六百多处，重点是"贾人或假二千石舆服导从作倡乐，奢侈日甚，民坐贫穷"[2]，夹在这段"禁神祠"的记录中，很令人费解。

正确的解释应该是，商人们会花钱举办祭祀活动，借二千石的车辆、导从，歌舞游乐，愈发奢侈，让百姓越来越贫穷。卢弼《三国志集解》中就说，这是后世迎神赛会之类的活动。当然，祭祀活动导致百姓贫穷，纯属欲加之罪。别的州郡不祭祀城阳景王，在朝廷和官吏联合盘剥下，百姓也快活不下去了，否则何至于起义不断？

不过，曹操下车伊始，就毁坏祠屋，禁止官民祭祀，正式行政后，更是禁绝奸邪鬼神之事，可谓雷厉风行。那么，六百多处祠屋，今天叫庙宇，里面"奢侈日甚"的财物，乃至于那些复制的二千石

1《后汉书》志第二十二《郡国四》。
2《三国志》卷一《魏书·武帝纪》，裴松之注引王沈《魏书》。

官规制的车马、服饰、从官、财物，都去哪儿了？

自然是没入官中，很可能曹操是在惩治本地贪官污吏的同时，取之于神棍，送之于官府。

一段时间后，朝廷征还曹操，改任东郡太守，曹操并未就职。原因在王沈《魏书》里说得很含糊："权臣专朝，贵戚横恣。太祖不能违道取容。数数干忤，恐为家祸。"[1]曹操自己作的《让县自明本志令》里则比较详细："故在济南，始除残去秽，平心选举，违迕诸常侍。以为强豪所忿，恐致家祸，故以病还。"[2]

曹操自己说得罪了"诸常侍"，理由大体是前文说到的事例，"残""秽"都可以形容贪渎长吏，多出来的是"平心选举"，即履行他二千石察举的职责，结果是"强豪所忿"，这里的强豪指代的明显不是宦官。在王沈《魏书》里，更是只字未提宦官，说的是"权臣""贵戚"，如果我们满足于笼统的结论，就是曹操在济南的施政，得罪了权贵。

可一个无法解释的事实是，曹操被朝廷征还之后，又被任命为东郡太守。东郡下辖十五县，人口达六十多万，相比济南国只大不小，按照汉灵帝卖官的标准，大郡还要多一千万钱，曹操这是被打击报复的样子吗？

所以，他可能确实在施政中没给中常侍面子，也确实得罪了权臣、贵戚，但这些人并没有陷害他。

那么，这里的权臣、贵戚可能是谁呢？

<hr />

1《三国志》卷一《魏书·武帝纪》，裴松之注引王沈《魏书》。

2《三国志》卷一《魏书·武帝纪》，裴松之注引《魏武故事》。

在中平二年（185年）至中平五年（188年）之间，朝中并没有说得出名字的权臣。外戚有皇后兄何进、何苗分别任大将军、车骑将军，主要事迹也只是选拔人才，扩充僚属；何皇后也只有后宫善妒的说法，并没有干预外朝的记载。实在看不出来能与济南相曹操有什么冲突点。

不过，汉灵帝朝可不止一家外戚，还有一位皇帝生母——孝仁皇后董氏，"及窦太后崩，始与朝政，使帝卖官求货，自纳金钱，盈满堂室"[1]。孝仁皇后董氏不但参政，而且爱钱。她敢于通过中常侍封谞收黄巾大方首领马元义的钱，给几万荆、扬流民的大迁徙开绿灯。

可曹操怎么得罪了董氏呢？

要点就在曹操任职的地方是济南国，是济南王刘康的封地。刘康本是河间安王刘利的儿子，后被汉灵帝选定，为他的亲生父亲孝仁皇（解渎亭侯）刘苌奉祀，等于刘康过继给刘苌和孝仁皇后董氏为嗣子。虽然在宗法上，汉灵帝已经变成了汉桓帝的儿子，与刘康不是兄弟，可关系远比其他诸侯王更亲密。

而且，汉灵帝与汉桓帝不同，特别恋旧，"又还河间买田宅，起第观。帝本侯家，宿贫，每叹桓帝不能作家居"[2]。汉灵帝是宗室列侯出身，食邑很少，却有很多礼仪开支，故而家贫，当上皇帝以后，竟然跑回老家买田宅、盖房子，还感叹汉桓帝不会过日子。更神奇的是，汉灵帝还想巡幸河间，故地重游一下，住一住自己新建

1《后汉书》卷十下《皇后纪下》，"孝仁皇后"条。

2《后汉书》卷七十八《宦者列传》。

的豪宅。

这几个因素合在一起，足够让汉灵帝关注济南王刘康的意见了。可刘康和曹操又可能有什么冲突呢？

这就得补充下背景。燕、齐之地自战国以来就是方术盛行的区域，城阳景王刘章在诛除诸吕的政变中有大功于刘氏，官民为他立祠，本不是淫祠。之所以扩散到城阳国之外，一方面是齐地百姓迷信，另一方面则是在当时人看来，它确实灵验。比如，汉光武帝的儿子刘京封琅邪王，都城莒县是西汉城阳国旧都，城中就有城阳景王祠，当地信仰很虔诚，以至于"神数下言，宫中多不便利"，意思是，巫师降神，多次以城阳景王的口吻说话，结果王宫中出了不少事。刘京吓得慌忙向汉章帝申请迁移国都到东海郡的开阳县，并用五个县换开阳、临沂两个县。可见，城阳景王信仰扩散到城阳国之外，绝非偶然，所以，一直到东晋十六国的南燕治下，临淄城中仍有城阳景王庙存世。[1]

这究竟是装神弄鬼，还是别的什么原因，我们不得而知，可这个"信"字，就连汉章帝都是理解的。有琅邪王刘京的先例在，曹操在济南国破毁祠屋，走就走了，济南王刘康却一直在封国讨生活，就算不怕鬼神，也要和本地豪强搞好关系。故此，刘康联络贵戚，可能是不知何时被杀的孝仁皇后之兄执金吾董宠，也可能是日后担任骠骑将军的孝仁皇后侄子董重，所以，曹操被人家走后宫渠道发力，"送客"了。

---

[1]《晋书》卷一百二十七《载记第二十七》，"慕容德"条："明年，德如齐城，登营丘……至汉城阳景王庙。"

　　至于时间，据曹操自己在《让县自明本志令》里说，同年举孝廉的人，现年五十岁（四十岁举孝廉，至此时刚十年），也没人说老，自己等上二十年（中平元年时曹操三十岁），天下清平，也不过和他们同岁。充分说明，曹操担任济南相，再到归家，时间很短。

　　不过，以上的情况都是史书上已经说明的，或是可能发生过但是史书没有明说的，只能解释曹操为什么从济南相的职务上"走"，却无法解释曹操之后为什么高升一步，从小国到大郡；又为什么不接受任命，反而跑回老家装病号。

　　要知道，曹操的父亲曹嵩时任九卿（历任大鸿胪、大司农），嫡母、正妻出身的沛国丁氏有丁宫任光禄勋，也是九卿，曹操本人也是二千石官，并不是任人揉捏的小角色。能让他恐惧"家祸"，得是多大的仇怨？至少前面说的那点事，并没有深仇大恨，完全不值得害他全家；反过来说，如果真的存在史书上漏记的与权贵的生死斗争，曹操自然没理由高升。

　　可见，曹操对这段经历的解释，本就自相矛盾，必有一边是错的。

　　到底什么错了呢？要解答这个问题，就得聊聊记载上的诸多疑点，以及史书中可能被篡改过的内容了。

　　中平二年（185年）十月，谏议大夫刘陶上书痛斥宦官误国，下狱而死，前司徒陈耽也因直言上书与刘陶同死。[1]前文曾经提到，曹操自举孝廉开始，就与陈耽有不解之缘，说是陈耽的门生也过得

1《后汉书》卷八《孝灵帝纪》，"中平二年十月庚寅"条："前司徒陈耽、谏议大夫刘陶坐直言，下狱死。"

去。可非常奇怪的是，与曹操关系如此密切的人物，死因在史书上却是含糊其词，毫无细节。这是第一个疑点。

第二个疑点和一件大事有关。据《三国志·武帝纪》记载，冀州刺史王芬和南阳人许攸、沛国人周旌等人联络各地豪杰，谋划废黜汉灵帝，另立合肥侯，告知了曹操，曹操回信予以拒绝，王芬等人的密谋也没能成功。此事最大的问题就是，没有记录时间。

《九州春秋》里补充说，党人领袖陈蕃的儿子陈逸与平原术士襄楷面见王芬，襄楷说："天象不利于宦官，黄门、常侍要被族灭了。"陈逸与宦官有破家血仇，闻之则喜，王芬则说："若是如此，我愿意动手操刀。"于是，与许攸等人合作谋划。

当时，汉灵帝想要北巡河间国的家族老宅，王芬等人就想借机下手，上书称黑山军劫掠郡县，求得组建军队的权力。可是赶上了北方有赤气，东西贯穿天际，朝廷的太史上书，"当有阴谋，不宜北行"[1]。汉灵帝于是取消了行程，下令王芬罢兵，不久后，征召王芬入京，王芬惧而自杀。还是没有写时间。

第三个疑点是这段记载中的天象。《后汉书·天文志》中也提及了"不利宦者"的天象："中平中夏，流星赤如火，长三丈，起河鼓，入天市，抵触宦者星，色白，长二三丈，后尾再屈，食顷乃灭，状似枉矢。"[2]可该卷中，其他天象的记录往往细致到年月，甚至具体到日，而不是笼统称为"中平年间的某年夏天"，这种模糊的记载方式，在六十七条天文记载和两条陨石记载中，只有三条。更

1《三国志》卷一《魏书·武帝纪》，裴松之注引《九州春秋》。
2《后汉书》志第十二《天文下》。

诡异的是，太史上言北方有赤气的异象，在《天文志》《五行志》中根本找不到。

第四个疑点则显而易见。太史举报的"当有阴谋，不宜北行"说法太过具体，如果占卜的准确性能到这个程度，那么，中国历史上应该就没有政变、叛乱了。可以肯定的是，这是知情者的隐晦示警。

可为什么知情者不公开举报呢？又有谁有这个力量，把天象的具体日期记载模糊掉呢？他又为什么这么做呢？

恐怕只有汉末把持朝廷多年，子孙又建立了曹魏的曹操，通过涂抹汉末朝廷的原始档案，才有可能做到。

至于他这么做的原因，也不复杂。曹操虽然以事情干不成为由，写信拒绝了王芬的提议，[1]却无法预料王芬事败之后会不会牵连到自己。于是，他通过朝中父亲的关系，隐晦地向汉灵帝示警，先期破坏计划，为自己留好后路的同时，又避免了公开举报遭士大夫唾弃。

这是不是过度联想呢？

当然不是。

在《三国志·武帝纪》中，将王芬谋反事件放在了曹操称病归乡之后，可从蛛丝马迹来看，此事极有可能发生在他济南相的任上。

襄楷其人卒年说明，他能够参与谋划的事件，不会太晚。《后汉书·襄楷传》中提到"中平中，与荀爽、郑玄俱以博士征，不至，

1《三国志》卷一《魏书·武帝纪》，裴松之注引王沈《魏书》。

卒于家"[1]。此次征召的时间，可以参见郑玄的经历。党禁解除后，大将军何进想征辟郑玄，州郡长官害怕何进权势，胁迫郑玄应辟，到了京城，郑玄不受朝服，一宿逃去，时年六十岁。[2]郑玄于建安五年（200年）六月去世，享年七十四岁，可知其六十岁时即中平三年（186年）。郑玄与襄楷同为名士，待遇应该差不多，郑玄是被逼到了京城，不受职；而襄楷是"不至"而非"不应"，应该是身体不佳，死在了家中。

可见，襄楷与王芬等人交流天象，必在中平三年之前。

而王芬本人的记载更是可以把时间继续前推。王芬发兵的理由是黑山军攻劫郡县，可在中平二年（185年）十月，灵帝左右构陷刘陶的理由就是："前张角事发，诏书示以威恩，自此以来，各各改悔。"[3]这与黑山军张燕和杨凤的经历恰好可以对应。

中平二年二月，黑山军张牛角等人起兵，在攻打巨鹿郡治所廮陶县时，张牛角受伤身死，部众交给了张燕。之后是河北各郡县"并受其害，朝廷不能讨"，张燕后来派使者到京师乞降，汉灵帝拜其为平难中郎将，"领河北诸山谷事"；[4]另一边，身在河内郡的杨凤也因为"灵帝不能讨"，被使者拜为黑山校尉，"领诸山贼"。[5]这两家共同的待遇就是"得举孝廉、计吏"，也就是享受内地郡国的待遇。

1《后汉书》卷三十下《郎顗襄楷列传下》，"襄楷"条。

2《后汉书》卷三十五《张曹郑列传》，"郑玄"条。

3《后汉书》卷五十七《杜栾刘李刘谢列传》，"刘陶"条。

4《后汉书》卷七十一《皇甫嵩朱儁列传》，"朱儁"条。

5《三国志》卷八《魏书·二公孙陶四张传》，"张燕"条，裴松之注引《九州春秋》。

可见，至迟于中平二年（185年）十月，张燕、杨凤已受招安，这也与刘陶上书时只涉及了三辅的边章之寇和侵扰河东的匈奴胡骑相吻合，并得到汉灵帝下敕冀州刺史罢兵的印证，如果黑山军之患不解，冀州仍有战乱，刺史自然绝无可能罢兵。

那么，王芬罢兵自杀，只能在中平二年十月前，他和曹操的通信，就落在中平二年二月至十月之间。《五行志》中天象又在夏季，即四、五、六月，时间范围又可以缩小到四月至十月之间，则大概率曹操仍在济南相任上，而刘陶、陈耽直言致死，自然在王芬自杀后。

要知道，刘陶作为汉灵帝赏识的直臣，任京兆尹欠了一千万的修宫钱，上任后称病不办公，汉灵帝都看在他才华的面上赦免罪责，任命为谏议大夫。可等到他上疏陈奏八事，汉灵帝就翻脸要他的命。至于陈耽，是曾任司徒的故三公，绝对的重臣耆老，怎么可能因为左右近臣几句挑唆，就让汉灵帝动了杀心呢？

其实，史书中没提王芬的反谋有没有暴露，他的惧而自杀，当然可能是心理素质不过硬，不过可能性较小；更大的可能是，他知道密谋已经泄露，为了不连累同道、家族，干脆自杀，一了百了。

而汉灵帝了解了王芬的"废帝"密谋，更加剧了对士大夫的不信任。在汉灵帝的眼里，是他解除了从汉桓帝时代延续下来的禁锢令，允许流放的党人家族返乡，并授以高官显职；可这群党人非但不感念天恩，还密谋废黜自己，这群忘恩负义之徒，只想着保天下、保国家，就没想过保皇帝。待到王芬一死，参与者无从查证，那么，谁在这个节骨眼上逼宫，汉灵帝就认定谁是王芬的同伙，刘陶和陈耽实则死于汉灵帝的迁怒。

因此，曹操等于间接害死了陈耽，这才在史书中讳言陈耽的事迹。而他在小国济南任相职只有几个月，就转任大郡东郡太守的原因也呼之欲出——举报王芬的酬功。

不过，由于曹操只与王芬通信，并不熟悉整个阴谋的参与范围，所以，在王芬死后，线索断了，汉灵帝没能兴起大狱，知情者有限，就给了曹操"表演"的机会。

也就是说，所谓"恐致家祸"，与"诸常侍""权臣""贵戚"毫无关系，而与东汉士大夫的风气有关，当时为父报仇、为师报仇、为友报仇蔚然成风，曹操如果坐实了举报天下名士王芬的恶名，党人士大夫杀他全家也不无可能。

所以，曹操辞任大郡太守之位，只要了一个六百石议郎的头衔，回谯县老家，在城外五十里修别墅、射猎、读书，摆出一副淡泊名位的姿态，就是为了洗清告密的嫌疑。毕竟卖友求荣可以理解，卖友之后安贫隐逸，就不太符合逻辑了。

正因为这个事件托名于太史上奏的天象示警（当时人真信），知情者仅限于曹操、曹嵩、太史、汉灵帝等有限的几个人，当时的士林顶多是对曹操等人有所怀疑，并没有形成共识，所以，在陈琳的《为袁绍檄豫州》里也没有提到曹操的这桩劣迹。

作为当事人，曹操虽然目的是自保，可也很心虚。所以，在当事人相继死去后，曹操开始抹除相关的原始档案，导致了陈耽、王芬，以至天文记载的模糊化；曹操还将个人经历记载的次序调换，让后人误以为他是在谯县时拒绝王芬提议，那么，自然他升任东郡太守就与王芬事件无关，从而彻底撇清自己与王芬之死的关系。

所以，真正促成曹操舍东郡太守而回乡闲居的，并不是他之前的政绩和立场，或是得罪了权贵，而是他在王芬谋反事件中的举报者角色。王芬联络豪杰时过于轻率、粗疏，不可能成事，可他又有大名于天下，所以，曹操举报王芬之后，也是战战兢兢，在老家蛰伏了两年，直到乱世真的来临。

典军校尉，曹操父亲一亿钱买太尉的赠品

《三国志·武帝纪》里说，金城郡人边章、韩遂杀死刺史、太守反叛，率领十余万人，天下骚动，于是朝廷征曹操为典军校尉。而曹操在《让县自明本志令》里则说，他是先被征为都尉，后升为典军校尉。

两者的区别是什么？

曹操自述里多了一个都尉的职务。

实际上，边章、韩遂反叛的时间很早，早在中平二年（185年）十一月，两人已经跟随北宫伯玉反叛。[1]而典军校尉是西园八校尉之一，初置时间在中平五年（188年）八月。[2]这也能得到乐资《山阳公载记》中记载的支持，曹操列名八校尉中的典军校尉。[3]两者之间差了三年时间。

---

1 《后汉书》卷八《孝灵帝纪》，"中平元年十一月"条："湟中义从胡北宫伯玉与先零羌叛，以金城人边章、韩遂为军帅，攻杀护羌校尉伶征、金城太守陈懿。"

2 《后汉书》卷八《孝灵帝纪》，"中平五年八月"条："初置西园八校尉。"

3 《后汉书》卷八《孝灵帝纪》，"中平五年八月"条，李贤注引乐资《山阳公载记》："小黄门蹇硕为上军校尉，虎贲中郎将袁绍为中军校尉，屯骑校尉鲍鸿为下军校尉，议郎曹操为典军校尉，赵融为助军左校尉，冯芳为助军右校尉，谏议大夫夏牟为左校尉，淳于琼为右校尉：凡八校尉，皆统于蹇硕。"

一般的说法是，陈寿《三国志》所指的凉州反叛事件，是《后汉书·孝灵帝纪》记载的中平四年（187年）的事。中平四年四月，凉州刺史耿鄙率领六郡兵围攻金城郡的韩遂叛军，结果军中内讧，凉州别驾与陇西太守李相如一起造反，杀死耿鄙，军司马马腾与汉阳人王国投靠叛军。韩遂、马腾拥戴王国为"合众将军"，十余万叛军齐攻汉阳郡，太守傅燮战死。至此，东汉朝廷彻底失去了对凉州的控制，叛军则攻入了三辅地区（京兆尹、左冯翊、右扶风），即以长安为中心的关中腹地。[1]曹操应该就是这之后被征为都尉、典军校尉，可为什么《三国志·武帝纪》要隐去都尉呢？这是第一个问题。第二个问题是，陈寿为什么没有进行确认，而是采用了一个时间跨度从中平二年（185年）直至中平五年（188年）的事件来进行模糊表述？

这里涉及一个非常严肃的问题，那就是凉州叛军杀死耿鄙，攻占汉阳郡的时间。史书中有两个记载，其一就是上述的中平四年四月，见于《后汉书·孝灵帝纪》；其二则是袁宏《后汉纪》中记录的中平五年五月。[2]两个记载差了整整一年。

更奇怪的是，在中平四年、五年之间，这种时间记载的不同，不止一件事，还包括：

一、赵忠为车骑将军。《后汉纪》作中平四年九月，无罢免时间；《后汉书》作中平三年（186年）二月，六月罢。

1《后汉书》卷八《孝灵帝纪》，"中平四年四月"条；另见《后汉书》卷五十八《虞傅盖臧列传》，"傅燮"条："中平四年，鄙率六郡兵讨金城贼王国、韩遂等。"

2《后汉纪》卷二十五《孝灵帝纪下》，"中平五年夏五月"条："夏五月，凉州刺史耿鄙击王国，败绩。"

二、曹嵩罢太尉。《后汉纪》作中平五年（188年）正月丁酉；《后汉书》作中平五年四月。

三、樊陵为太尉。《后汉纪》作中平五年三月；《后汉书》作中平五年五月。

四、射声校尉马日䃅为太尉。《后汉纪》作中平五年六月丙寅；《后汉书》作中平五年秋七月。

在上述五条时间记载龃龉之中，马日䃅一条没什么太大的问题，《后汉纪》置于六月丙寅条后，与七月相差不远。而其余四条，几乎是乾坤大挪移。

细究起来，樊陵一条，又与曹嵩罢太尉时间有关，若依《后汉书》之四月罢，则樊陵不可能于三月为太尉，自然也要推后至五月。可见，这条记载实则是为曹嵩的宦历合理性让路，故而变更。

那么，剩下的记载存在出入的三条分别是：（1）赵忠为车骑将军；（2）耿鄙之死；（3）曹嵩罢太尉。

我们先琢磨一下赵忠一条的问题。

《后汉书·孝灵帝纪》和《资治通鉴》都把赵忠任车骑将军置于汉灵帝中平三年（186年）二月[1]，而《后汉纪》中则作中平四年（187年）九月。从成书时间来看，《后汉纪》最先，《后汉书》次之，《资治通鉴》最后，则《后汉书》作者写作前，必然要辨别史料，才能否定《后汉纪》的记载。

我猜测，范晔否定《后汉纪》记载的依据，应该是中平四年三

1《后汉书》卷八《孝灵帝纪》，"中平三年二月"条："太尉张延罢。车骑将军张温为太尉，中常侍赵忠为车骑将军。"

月，汉灵帝任命了何苗任车骑将军，而汉灵帝死后，何苗仍为车骑将军，故中间不应该插入一个赵忠。

《后汉书》的另一个考虑，应与《后汉书·宦者列传》的记载有关，即汉灵帝修复玉堂殿，之后铸造四出文钱，之后紧跟着提到，"复以忠为车骑将军，百余日罢"[1]。把几个事件贴得很紧，似有因果。

可问题是，《后汉书》中说，中平三年（186年）二月张温由车骑将军升太尉，赵忠任车骑将军，意为赵忠接任；但《后汉书·董卓列传》中明确提到，"三公在外，始之于温，其冬，征温还京师"[2]，可知张温任三公之后，依旧在外领兵，一直到中平三年冬季，这中间自然没有赵忠接任的可能。

也就是说，《后汉书·孝灵帝纪》关于赵忠任车骑将军的时间记载，必然是错误的，反证了《后汉纪》记载的正确性，而《后汉书·宦者列传》中的"百余日罢"，应有其他的史源。因此，正确的情况是，赵忠中平四年（187年）九月任车骑将军，百余日后，即中平五年（188年）正月罢职。

其实，旁证在《后汉书·孝灵帝纪》里就有："秋九月丁酉，令天下系囚罪未决，入缣赎"，"是岁，卖关内侯，假金印紫绶，传世，入钱五百万"，以及"十一月……大司农曹嵩为太尉"。曹嵩买这个太尉花了一亿钱，[3]可之前的几个知名三公价格只有五百万、

1《后汉书》卷七十八《宦者列传》。

2《后汉书》卷七十二《董卓列传》。

3《后汉书》卷七十八《宦者列传》："嵩，灵帝时货赂中官及输西园钱一亿万，故位至太尉。"

一千万，他的名声不如人，也不至于涨价到这个地步。

可见，曹嵩的问题已经解释了一半；后一半，很快也会迎刃而解。

上述记载说明了此时的朝廷缺钱。这才卖爵、卖赎罪、贵卖三公，时间点也很清楚，就是在赵忠任车骑将军的百余日之内。而南宫的工程，自中平二年（185年）开始，"连年不成"[1]，延宕至中平三年（186年），至当年二月，已经重修玉堂殿，并铸铜人、铜钟及天禄、蛤蟆吐水于平门外，[2]修宫应已结束。

这说明，在供汉灵帝日常享受之余，这些聚敛的财富，一大用途应该就是车骑将军赵忠统领的大军的军费。这支大军的打击目标，在这个时间段里，应该有两个，一个是东方幽、冀二州的张纯、张举叛军，另一个是盘踞在金城郡的边章、韩遂叛军残部。

这时就面临第三个问题，到底耿鄙被杀、凉州叛军势力复炽是在什么时候？

如果按《后汉书》中所述，为中平四年（187年）四月，叛军势力席卷凉州，兵力达十余万之众，又推举王国为合众将军，挥师围攻汉阳郡，那么，为何一直到中平五年（188年）十一月，凉州叛军才举兵围困三辅交通枢纽陈仓？[3]中间的一年零七个月，凉州叛军在做什么？

不仅如此，在这个时间段内，官军一方的记载也消失了。无论

1《后汉书》卷二十五《孝灵皇帝纪下》，"中平二年二月己酉"条。

2《后汉书》卷八《孝灵帝纪》，"中平三年二月庚戌"条。

3《后汉书》卷八《孝灵帝纪》，"中平五年十一月"条："十一月，凉州贼王国围陈仓，右将军皇甫嵩救之。"

是驻军扶风的破虏将军董卓，还是张温所统的其余五军[1]败退的残部，在中平四年（187年）四月至中平五年（188年）十一月之间，都好像人间蒸发了一样。

这充分说明了，《后汉书·孝灵帝纪》中关于耿鄙被杀的记载有问题，真正合理的恰恰是《后汉纪》中所说的，中平五年五月耿鄙被杀。原因也很简单，中平二年（185年）春，凉州叛军攻入三辅地区，张温为车骑将军，统帅破虏将军董卓、荡寇将军周慎和参军孙坚等人与叛军在美阳决战，大败叛军，这个时间是在中平二年十一月。此后，边章、韩遂逃回了金城郡，而追击的官军也包围了金城郡。官军虽然经历了大败退，却陆续恢复了凉州的郡县统治，时间大体在中平三年（186年）初。

一直到中平三年冬，由于凉州叛军一直龟缩在金城郡，朝廷才将车骑将军张温征还京师。"太尉张温以寇贼未平罢"[2]，是中平四年四月，《后汉纪》中对应的事件是狄道人王国反叛。而《后汉书·孝灵帝纪》却错误地将王国的反叛联系到了耿鄙被杀事件上。

之所以说《后汉书》记载有误，盖因《典略》中记录马腾事迹时，叙述相当详细。其中提到，灵帝末年，由于凉州刺史耿鄙信任奸吏，当地百姓王国等人和氐、羌一起反叛，州郡中招募勇士，想要讨伐叛逆，马腾因而应募，州郡"异之"，命他为州军从事，后

1《三国志》卷六《魏书·董二袁刘传》，"董卓"条："时六军上陇西，五军败绩，卓独全众而还，屯住扶风。"按：董卓时为破虏将军，自为车骑将军张温所领之一军，可见，应还有五将军，有名字记载者唯荡寇将军周慎，及右扶风鲍鸿。

2《后汉纪》卷二十五《孝灵皇帝纪下》，"中平四年夏四月"条。

因领兵讨贼有功，升任军司马。[1]

　　而在《后汉书》的记述中，马腾反叛，是在军司马任上，与州中的别驾从事一起，发动了内讧，杀死了耿鄙，王国反叛也在同时，等于完全没有给马腾的讨贼、升迁留时间。可见，《后汉书》实则是把两件事混为了一说。

　　真相是，促成张温被免太尉的，是陇西郡狄道人王国与氐、羌的联合反叛，起初他们并没有与韩遂的残部合兵，分处于陇西郡和金城郡。而王国反叛，促成了马腾的应募，此后，马腾曾多次与贼兵作战，才能积功升任军司马，可知《后汉纪》的记载才是正确的。

　　正是中平四年（187年）四月起，州郡兵屡攻不克，才给了韩遂在金城郡喘息的时间，并于中平五年（188年）五月前，出兵救援陇西郡的王国，合兵十余万包围了陇西郡，逼迫陇西太守李相如一同造反，迎战前来讨伐的凉州刺史耿鄙。[2]此时，凉州的六郡兵突发内讧，中平五年五月，耿鄙被杀，几路叛军合兵一处，开始扫荡凉州各郡，傅燮被杀。

　　此时驻军三辅的，正是前车骑将军张温的六军残部，主力就是破虏将军董卓所部。王粲《英雄记》曾提到："卓数讨羌、胡，前后百余战。"[3]对照阅读史书中记录的董卓征战经历，远远达不到百余

1《三国志》卷三十六《蜀书·关张马黄赵传》，"马超"条，裴松之注引《典略》："灵帝末，凉州刺史耿鄙任信奸吏，民王国等及氐、羌反叛。州郡募发民中有勇力者，欲讨之，腾在募中。州郡异之，署为州从事，典领部众。讨贼有功，拜军司马。"

2《后汉书》卷五十八《虞傅盖臧列传》，"傅燮"条："鄙率六郡兵讨金城贼王国、韩遂等……行至狄道，果有反者。"按：狄道在陇西郡，可知，耿鄙大军目标实为陇西。

3《三国志》卷六《魏书·董二袁刘传》，"董卓"条，裴松之注引《英雄记》。

次。当然，史书中抓大放小，只提及了董卓参与的大战役，剩下那些不决定全局的小战斗，很可能就发生在中平五年（188年）五月至十一月间，因为董卓在中平五年十一月陈仓之战时，已由破虏将军升任前将军，[1]应该零星获得了一些战功。

也正是在中平五年八月，汉灵帝初置西园八校尉，曹操在列。

确定了上述时间记录中《后汉书·孝灵帝纪》的错误，再来看曹操的经历，就能发现谎言在哪里了。

曹操在《让县自明本志令》里也提到了："意遂更欲为国家讨贼立功，欲望封侯作征西将军，然后题墓道言'汉故征西将军曹侯之墓'，此其志也。"[2]这个说法指明了"征西"的作战方向。而西园八校尉设置之后，并没有引兵西向与凉州叛军战斗，主要在各地作战。比如下军校尉鲍鸿与葛陂黄巾交战，地在豫州汝南郡；上军别部司马赵瑾与巴郡板楯蛮交战，地在益州巴郡；[3]中军校尉（也作佐军校尉）袁绍东击徐、兖二州；[4]等等。

可见，曹操从军之后，很长一段时间，是以西方的战事为目标，这与西园三军的职能和经历并不匹配。

可如果把史书缺载而曹操自称的都尉职务加进去，整个问题就迎刃而解了。

从《山阳公载记》的记录看，任典军校尉前，曹操本官仍为议

---

1 《后汉书》卷七十二《董卓列传》："五年，围陈仓。乃拜卓前将军，与左将军皇甫嵩击破之。"

2 《三国志》卷一《魏书·武帝纪》，裴松之注引《魏武故事》。

3 《后汉纪》卷二十五《孝灵皇帝纪下》，"中平五年十一月"条。

4 《后汉书》卷六十九《窦何列传》，"何进"条："乃上遣袁绍东击徐兖二州兵。"

郎，那么，他担任的都尉就有名堂了。在东汉制度下，京兆虎牙都尉、属国都尉、长沙中部都尉，或是应对黄巾起义时设置的八关都尉，都属于朝廷正式编制的武官，秩比二千石，有这个任命，则曹操本官即应为二千石都尉（参见董卓宦历），而不能是议郎。

不过，还有一种都尉，那就是骑都尉，编制在光禄勋下，实际上与奉车都尉、驸马都尉一样，属于侍从武官，无定员，却可以独立领兵，或配属于将军，事后解任。

曹操被征担任的都尉，应该就是中平四年（187年）九月，车骑将军赵忠统领下的骑都尉。当时，凉州全境几乎平定，只剩下韩遂所部龟缩在金城郡，宋建在陇西郡的枹罕、河关割据，王国在陇西郡狄道与氐、羌反叛，赵忠的所谓大军，实则是要犁庭扫穴，彻底歼灭凉州叛军。曹操在《让县自明本志令》里的征西将军理想，应出于此，通俗地说，捡便宜去了。

问题是，朝廷经过之前平黄巾、修宫观、聚敛万金堂的折腾，财政已经捉襟见肘，于是以军兴的名义，卖爵位、卖赎罪，乃至于卖三公给曹嵩。从这个角度说，任命曹嵩的长子曹操为骑都尉进而收取军功封侯、拜将，很可能也是敛财的条件之一。

这么折腾了三个多月后，东方的张纯、张举起义愈演愈烈，并州的休屠各胡反叛，天下揭竿而起的越来越多。赵忠作为宦官出征，胜负难料，而且会造成朝廷腹心区域的兵力空虚。所以，在中平五年（188年）正月十五大赦天下后，[1]免除了曹嵩的太尉职务，以及赵忠的车骑将军职位，改用士大夫平定各地，如中平五年九月，命

1《后汉纪》卷二十五《孝灵皇帝纪下》，"中平五年正月丁酉"条。

中郎将孟益率骑都尉公孙瓒讨渔阳张纯；改刺史为州牧，平四方之乱等。

赵忠卸任车骑将军，曹嵩也从太尉职务下来，没上战场的曹操，自然回归了议郎的闲职。直到八个月后，汉灵帝置西园八校尉，曹操才得以出任典军校尉，相当于皇帝作出的补偿。毕竟曹嵩掏出的一亿钱，够买十个三公了，这样急朝廷之所急的臣子，真无愧于"所在忠孝"的评语。

所以，《后汉书·孝灵帝纪》中的中平三年（186年）、四年（187年）事件，之所以存在时间错乱的仅与凉州叛乱和曹嵩、赵忠有关，根子并不在曹嵩身上，而在曹操身上。他曾任赵忠部下的经历，父亲买官助军的经历，尤其是他得父荫的经历，与曹魏官史中描绘的曹操背叛宦官出身，忠于汉室，白手起家的人设抵触过甚，所以，不但要模糊事实记载，就连时间背景，能改也要改。

而《后汉书》的作者范晔，面对的史料记载多有抵牾，又有自己一套根深蒂固的历史理解，于是舍《后汉纪》的记录，而取曹魏官史叙事，并被日后的《资治通鉴》所沿用。

诛灭宦官，曹操与袁绍的破家血仇

曹操任职的西园军虽有八校尉，实则只有三军，[1]即上、中、下

---

1 《后汉纪》卷二十五《孝灵皇帝纪下》，"中平五年八月"条："秋八月，置西园三军及典军、助军。以小黄门蹇硕为上军校尉，虎贲中郎将袁绍为中军校尉，屯骑校尉鲍〔鸿〕（洪）为下军校尉，议郎曹操为典军校尉。"

三军。典军、助军、佐军校尉只是军中的辅助，典军校尉具体的执掌，见《魏略》中说丁斐："为典军校尉，总摄内外，每所陈说，多见从之。"[1]这个内外所指并不清楚，但不是独领部曲的将校却很明晰，又有进言的功绩，类似于参军事或军祭酒的职任。

那么，这个活儿他干得怎么样呢？

从史书记载上看，中平五年（188年）十月十六，汉灵帝命大将军何进发四方兵，于洛阳平乐观讲武、耀兵，步骑兵达数万人。汉灵帝自称"无上将军"，阅兵后，将兵马交付何进统领屯于观下，又命何进归上军校尉蹇硕这个元帅节制。[2]也就是说，西园八校尉接受双重领导，一条线是归现管的何进，一条线归代表汉灵帝的蹇硕，而这支军队，屯驻于京师西面的平乐观下。

对于这支军队的处置，汉灵帝与讨虏校尉盖勋有一段讨论。汉灵帝说："我已经部署大军在平乐观，用宫里的私房钱来犒赏将士，能不能平定天下的反乱？"盖勋的回复里有这么一句："今寇在远而设近陈。"意思是敌人在远方，把大军屯驻在京师，只能算是黩武。[3]这说明平乐观阅兵的主要目的，就是在洛阳新建一个重兵集团。

盖勋在这个讨论之后，还有出场，史书说他与宗正刘虞、佐军校尉袁绍"同典禁兵"[4]。这就很奇怪了，盖勋的职务是讨虏校尉，刘虞的职务是宗正，袁绍则是西园八校尉之一，都与禁军没什么关

1《三国志》卷九《魏书·诸夏侯曹传》，"曹爽"条，裴松之注引《魏略》。

2《后汉书》卷六十九《窦何列传》，"何进"条。

3《后汉书》卷五十八《虞傅盖臧列传》，"盖勋"条。

4《后汉书》卷五十八《虞傅盖臧列传》，"盖勋"条。

联。不过，袁绍的本官是虎贲中郎将，也就意味着，西园八校尉属于将军之下的"领校"，并不是朝廷的正式官职，类似于后世说的"差遣"。

这就意味着，曹操的本官仍然是六百石的议郎，并没有提升。这之后，西园军各部将校也多次被派往各地。

上军校尉蹇硕忌惮何进兵强，与诸常侍共同向汉灵帝进言，希望何进领兵出外，率军攻打凉州的边章、韩遂。汉灵帝听从了他们的建议，赐给何进戎车百乘、虎贲斧钺，也就是给予了专杀之权。何进洞悉了宦官的谋划，上书请求派出袁绍，发（击）徐州、兖州兵，等袁绍回来后再出发，以此拖延行期。[1]

这里又出现了一处记载上的冲突，在《后汉书·窦何列传》里提到的是"东击徐、兖二州兵"，而《后汉纪》中写作"东发徐、兖兵"，《资治通鉴》则作"收徐、兖二州兵"[2]。《资治通鉴》采纳了《后汉纪》的记载，可在时间上又有不同，《资治通鉴》作中平六年（189年）四月，《后汉纪》则为中平六年正月。

其实，何进为了筹备平乐观阅兵，已经"大发四方兵"，徐州、兖州兵应该也在四方之列，所以，袁绍的出外，应该是与军事行动直接相关的，"击"才是正确的。而他进攻的对象，应该就是复起的青、徐黄巾，同时，招募兵马。这个任务，袁绍只是一支，其他人也在执行类似的任务。

比如鲍信，王沈《魏书》中说，他由大将军何进征辟，拜为骑

1《后汉书》卷六十九《窦何列传》，"何进"条。

2《资治通鉴》卷第五十九《汉纪五十一》，"中平六年四月"条。

都尉，"遣归募兵，得千余人"[1]，鲍信是兖州泰山郡平阳人，募兵地就是兖州；毌丘毅，被大将军何进派遣到丹阳募兵，刘备随行，在下邳国遇叛军，募兵地丹阳郡属扬州；[2]张辽，曾是并州刺史丁原任命的州从事，受命领兵到洛阳，何进派他去河北募兵，得千余人，[3]募兵地是在冀州或幽州。

还有一路就是曹操，只是他的任务非常隐晦，见于《英雄记》："灵帝末年，备尝在京师，后与曹公俱还沛国，募召合众。会灵帝崩，天下大乱，备亦起军从讨董卓。"[4]

"灵帝末年"的时间约束，已经说明灵帝没有驾崩，自然不是讨伐董卓之时。刘备在京师与曹操一同回沛国老家募兵，实际上是把两人的目的合并了，但募兵地未必一致。曹操是回沛国募兵，他的募兵地就在豫州。简言之，曹刘两支队伍携行，自洛阳至沛国，才分道扬镳，刘备经彭城国至下邳郡，遇叛军，力战有功。

也就是说，何进至少派出了两个都尉，鲍信、毌丘毅，分别到兖州泰山郡、扬州丹阳郡募兵；又派出了中军校尉袁绍、典军校尉曹操，分别到徐、兖二州与豫州沛国募兵；还单独派出了无官职的张辽到冀州募兵。

这个部署的目的是什么？

---

1 《三国志》卷十二《魏书·崔毛徐何邢鲍司马传》，"鲍勋"条，裴松之注引王沈《魏书》。

2 《三国志》卷三十二《蜀书·先主传》："顷之，大将军何进遣都尉毌丘毅诣丹杨（阳）募兵，先主与俱行，至下邳遇贼，力战有功，除为下密丞。"

3 《三国志》卷十七《魏书·张乐于张徐传》，"张辽"条："汉末，并州刺史丁原以辽武力过人，召为从事，使将兵诣京都。何进遣诣河北募兵，得千余人。"

4 《三国志》卷三十二《蜀书·先主传》，裴松之注引《英雄记》。

是募兵围堵青、徐黄巾的流窜。据《后汉书·陶谦传》记载："会徐州黄巾起，以谦为徐州刺史，击黄巾，大破走之，境内晏然。"[1]说明陶谦没能歼灭徐州黄巾，只是打跑了。这部分黄巾的终极去向，在《后汉书·刘虞传》里有说，"青、徐士庶避黄巾之难归虞者百余万口"[2]。刘虞是徐州东海郡人，徐州黄巾也是他的同乡。刘虞任幽州牧是在中平五年（188年），在此之前，张纯和乌桓的联军已经南下，攻掠了幽、冀、青三州，促成了青徐黄巾的复起，给他们打开了北上的通道。要知道，据《后汉书·郡国志》记载，东汉鼎盛时，徐州约有二百七十九万口，青州有二百九十九万口，加起来是五百七十八万口，百余万口就是六分之一的人口逃往幽州。[3]

可在终极败走之前，徐州黄巾有一个被围堵的过程，以确保他们不至于弥散中原。这一点，在《曹操别传》里有一个故事，可以作为佐证：当时曹操被拜为典军校尉，回到了谯、沛，士兵一齐叛乱，袭击他。曹操脱身逃亡，跑到了平河亭长的官舍，自称曹济南处士。卧床休养脚伤八九天后，他对亭长说："曹济南虽然战败，生死尚不明。你如果能用牛车拉我过去，往返不过四五天，我会厚报你。"亭长于是用牛车送他，刚到谯县城外数十里的地方，就有很多骑兵在寻找曹操，曹操打开车帘，骑兵们大喜过望，亭长才醒悟

---

[1]《后汉书》卷七十三《刘虞公孙瓒陶谦列传》，"陶谦"条。

[2]《后汉书》卷七十三《刘虞公孙瓒陶谦列传》，"刘虞"条。

[3]《后汉书》志第二十一《郡国三》，"徐州"条；《后汉书》志第二十二《郡国四》，"青州"条。

这人就是曹操。[1]

曹操被拜为典军校尉，已经约束了时间，可见，这不是讨伐董卓时的事件，与龙亢募兵时兵马反乱并非一事。结合前述与刘备同行，回乡募兵的记载可知，曹操的兵马是在本地召集。可他逃亡所至的平河亭长舍到谯县，用牛车往返也需要四五天的时间，这还是曹操自己的说法，不排除故意少说路程，欺骗亭长的可能性。而且，赶路到谯县之外数十里，碰上了寻找他的骑兵，也说明了这一趟的距离很远。

这都意味着，曹操部下反叛，并不在谯县，是他出外行军后发生了士兵哗变。平河亭（或平河）地名所在，史无明载，可在与沛国龙亢县接壤的扬州九江郡有一个县，名为平阿，正在淮水与涡水合流的交通要冲，自淮水一路向东，就是徐州下邳国地界。

故此，史书中完全可能是传抄错误，误将平阿县写作了平河，只是此地距谯县约一百五十公里，牛车四五天确实难以往返。

结合刘备下邳遇叛军，可知曹操募兵后的进军方向，应该就是徐州与豫州、扬州的交界，围堵自下邳流出的黄巾残部。甚至根本就是刘备随毌丘毅刚到下邳国，就与徐州黄巾残部遭遇，曹操闻讯赶去增援。曹操军中充斥着新兵，甚至本就充斥着太平道信徒，因而还未接敌，已然哗变，反而围攻起了曹操。光杆司令曹操望风逃

1《太平御览》卷四百六十七《人事部一百八》，"喜"条，引《曹操别传》："拜操典军都尉，还谯、沛，士卒共叛，袭击之。操得脱身亡走，窜平河，亭长舍，称曹济南处士。卧养足创八九日，谓亭长曰：'曹济南虽败，存亡未可知。公幸能以车牛相送，往还四五日，吾厚报公。'亭长乃以车牛送操，未至谯，数十里骑求操者多，操开帷示之，皆大喜，始悟是操。"

窜，只能悄悄躲起来养伤。

综上所述，相关大事件的时间顺序是：中平五年（188年）十一月，凉州叛军十余万包围陈仓，战势炽烈，宦官游说汉灵帝派何进西征，何进为了拖延行期，声称要等袁绍等人募兵、阻击青徐黄巾蔓延之后才西行。所以，派出袁绍等人的时间应该是在中平六年（189年）正月，《资治通鉴》记载有误，《后汉纪》准确。此后，皇甫嵩、董卓于中平六年二月在陈仓大破凉州叛军，何进西行的必要性也就消失了。待到中平六年三月，张纯被杀，关东的大战也基本结束，何进、袁绍等人可以专心对付宦官。

不过，刘备和曹操的一胜一败，也狠狠打了曹操的脸，严重违背了曹操用兵如神的人设，故此，曹魏官史略去不提。不仅如此，这次战败，还给曹操、曹氏家族带来了巨大的灾难，更是让曹魏官史难以启齿。

中平六年四月十一日（189年5月13日），汉灵帝在嘉德殿驾崩，死前没有立太子。长子刘辩养在史道人家中，号称"史侯"；少子刘协养在董太后身边，号称"董侯"。汉灵帝觉得刘辩为人轻佻没有威仪，想要废长立幼没来得及实现，就把刘协托付给了亲信宦官蹇硕。

蹇硕认为自己受遗命，就想杀死大将军何进，改立刘协，没想到他的司马潘隐将谋划全盘告知何进。何进屯兵百郡邸，称病不入宫，十七岁的刘辩得以即位，尊何皇后为皇太后，由太后临朝听政，并改元为光熹，任命后将军袁隗为太傅，与大将军何进共同主持政务。

在中常侍们出卖蹇硕，又一同逼死董太后、骠骑将军董重之后，何进得以独揽大权，袁绍也通过何进的亲信宾客张津，劝说何进趁着专制朝政的机会，一举消灭宦官。然而，何太后和何氏家族的其他成员都反对诛灭宦官，何进本人则对汉灵帝初年大将军窦武与宦官开战失败的前车之鉴心有余悸。何进让袁绍招募千余人驻扎洛阳；又任命袁绍为司隶校尉、王允为河南尹，查处宦官不法事；同时，增派张杨和王匡募兵、调兵加强兵力；还密招前将军董卓、武猛都尉丁原、东郡太守桥瑁以诛杀宦官的名义，三面逼近京师，胁迫何太后就范。

后人常以结果论，认为陈琳等人反对招外兵入京的建议正确，何进则过于愚蠢。其实，在当时形势下，何太后和中常侍们已经受到震慑，宦官们一边召回在地方任职的子弟，一边退出办公的官署，交出权力。故而，何进才派出了种劭等人劝止董卓进京，同时，他进一步施加压力，敦促封侯的宦官还乡退休。[1]

不想，司隶校尉袁绍在一而再再而三请求何进诛灭宦官，何进再三不许之后，竟假传何进的命令，写信给各州郡长官，要求抓捕宦官的亲属。[2]这时候的曹操在哪儿呢？

汉灵帝于中平六年（189年）四月驾崩，宦官于八月诛杀何进。这个时间段里，史书记载都不见曹操的参与，这与《三国演义》中的场景大不相同。

与曹操同一批出去募兵的鲍信、张辽等人，以及后派出调兵的

---

[1]《资治通鉴》卷第五十九《汉纪五十一》"中平六年夏四月丙子朔"至"中平六年八月戊辰"条。

[2]《后汉书》卷六十九《窦何列传》，"何进"条："袁绍劝进便于此决之，至于再三。进不许。绍又为书告诸州郡，诈宣进意，使捕案中官亲属。"

王匡[1]，都是八月底才赶回洛阳，出发晚的张杨则没能赶回洛阳。史书中唯一一处与曹操有关的记载是他"闻"，也就是"听说"袁绍正在劝说何进全灭宦官时评价"吾见其败也"，他认为这事儿成不了。[2]可见，曹操此时并未与谋，而他的伙伴袁术、袁绍都受到何进的拉拢入伙。要么，他不足以进入密谋的核心层；要么，他就不在洛阳，而在家乡沛国谯县，直到董卓八月进京后，曹操才回到洛阳城中。哪个更准确呢？

应该是后者。因为曹真之父曹邵的经历，说明曹操当时遭遇了巨大的危机，事见《三国志·曹真传》："太祖起兵，真父邵募徒众，为州郡所杀。"[3]王沈《魏书》的记载更详细，说初平年间，曹操起义兵，曹邵招募人马，赶上豫州刺史黄琬要害曹操，曹操躲避而曹邵遇害。

问题是，黄琬于中平六年（189年）九月已由豫州牧升任司徒，不同史书中，日子记载虽有不同，月份甚明，何来初平年间为豫州刺史之说？而且，曹操讨伐董卓举义兵的地点，史有明载，是在兖州陈留郡己吾县，时间是中平六年十二月。[4]（这一时间的问题，后

1《三国志》卷一《魏书·武帝纪》，裴松之注引《英雄记》："进符使匡于徐州发强弩五百西诣京师。"按：王匡发徐州强弩，乃用何进兵符，并非募兵，与鲍信、张辽、张杨性质皆不同，故而速来。

2《三国志》卷一《魏书·武帝纪》，裴松之注引王沈《魏书》："太祖闻而笑之曰：'阉竖之官，古今宜有，但世主不当假之权宠，使至于此。既治其罪，当诛元恶，一狱吏足矣，何必纷纷召外将乎？欲尽诛之，事必宣露，吾见其败也。'"

3《三国志》卷九《魏书·诸夏侯曹传》，"曹真"条。

4《三国志》卷一《魏书·武帝纪》："太祖至陈留，散家财，合义兵，将以诛卓。冬十二月，始起兵于己吾，是岁中平六年也。"

文有详细讨论。）募兵的助力是陈留孝廉卫兹。[1]州郡杀害曹邵，主谋也不能是豫州、沛国的刺史、国相，而应是兖州刺史、陈留太守，而兖州刺史是刘岱、陈留太守是张邈，都是曹操一党。可见，王沈《魏书》又一次撒谎了。

其实类似的疑点还有好几处：袁绍的族人袁忠曾在初平年间任沛相，要依法惩治曹操，可曹操初平年间一直在外作战，袁忠哪来的机会？夏侯渊曾经替曹操顶罪，曹操又找关系帮他免了罪，这事发生在何时？曹操家是谯县的大族，仅曹洪家里就有家兵千余人，为什么讨伐董卓时不在谯县起兵，却跑到陈留郡散尽家财？

真相是，袁绍以何进的名义，要求各地地方官抓捕宦官家属、党羽，给了豫州牧黄琬、沛相袁忠以机会，对曹操和他的家族进行了严厉的打击。

黄琬和袁忠都以清正知名，绝非宦官的合作者，所以，对沛国曹氏早就不满。曹操募兵时部下叛乱，就是最好的罪名，故此，黄琬和袁忠联合抓捕曹操，要以法治之。曹嵩也不是在曹操起兵反董时才避乱琅邪，而是早早装上财产，带着幼子躲出豫州，避免被曹操牵连。

此次抓捕之中，曹邵被杀，夏侯渊顶罪，受到牵连的还有曹休和曹仁。曹休的经历记载最能说明问题，"天下乱，宗族各散去乡里"，可见在顶梁柱曹嵩家族逃亡之后，曹氏族人再难得到庇护，曹休只能和老母渡江到吴郡避难。曹仁年轻时就为非作歹，正是被

1《三国志》卷一《魏书·武帝纪》，裴松之注引《魏晋世语》："陈留孝廉卫兹以家财资太祖，使起兵，众有五千人。"

镇压的对象，这才出逃，带着一千多人周旋于淮、泗之间。[1]

曹操本人则在得到消息后快速逃亡，还带走了自己小家庭的财产，去向就是洛阳。可见《三国志·后妃传》的佐证，"后随太祖至洛……时太祖左右至洛者皆欲归"[2]。至于正妻丁夫人等人，则可以托庇于娘家沛国丁氏，幸免于难。

所以，在董卓进京后，曹操改名换姓、间行东归，后在陈留郡散家财、合义兵，讨伐董卓。曹氏谯县老家的根基几被扫荡殆尽，没有受到影响的只有两名现任官，一个是十八岁在洛阳任黄门侍郎的曹纯，一个是蕲春县县长曹洪。黄琬和袁忠作为地方官，只有上奏的权力，而不能直接毁灭他们的家门。

在此条件下，曹魏官史对曹操的战败和曹氏宗族的劫难只能语焉不详，多用模糊语句，将宗族星散的责任归咎于董卓乱政后的天下大乱，从而制造了上面提到的一系列疑团。其实，造成这一切的一个是袁绍，一个就是曹操，归根结底，还是曹操赘阉遗丑的家世。

可在诛除宦官成为时代共识的前提下，曹操和之后的曹魏政权，非但不能宣扬报仇雪恨，就连这次事件本身也只能语焉不详地含糊过去，反倒要让不在洛阳的曹操分润诛灭宦官的功勋，这才有了他看似先见之明的评论，"吾见其败也"。

1《三国志》卷九《魏书·诸夏侯曹传》，"曹休""曹仁"条。

2《三国志》卷五《魏书·后妃传》，"武宣卞皇后"条。

"宁我负人，毋人负我"的真相

关于曹操在董卓进京过程中扮演的角色，重要内容不多，旁枝末节太多，会放在董卓的故事里详解，这里直接跳过，只谈一谈曹操逃离洛阳后的经历。

曹操的逃亡之路并不顺利，经历了两关，一关是在成皋吕伯奢家，一关是在中牟县。

曹操带着几个人，骑着马路过了在河南尹成皋县的老朋友吕伯奢家，注意，吕伯奢并不是《三国演义》中说的曹嵩旧友。曹操自洛阳出行，所带"数骑"里面，应该还有时任黄门侍郎的从祖弟曹纯，当时刚满二十岁。[1]

到了吕伯奢家发生的事儿，在王沈《魏书》、郭颁《魏晋世语》和孙盛《异同杂语》三本书中记载各不相同。

其一是吕伯奢之子图谋曹操等人马匹和财物，曹操亲手杀死数人。[2]

其二是吕伯奢家五个儿子热情款待，曹操疑心有诈害自己，亲手持剑杀八人离去。[3]

---

1 《三国志》卷九《魏书·诸夏侯曹传》，"曹纯"条，裴松之注引《英雄记》："年十八，为黄门侍郎。二十，从太祖到襄邑募兵，遂常从征战。"

2 《三国志》卷一《魏书·武帝纪》，裴松之注引王沈《魏书》："从数骑过故人成皋吕伯奢；伯奢不在，其子与宾客共劫太祖，取马及物，太祖手刃击杀数人。"

3 《三国志》卷一《魏书·武帝纪》，裴松之注引《魏晋世语》："太祖过伯奢。伯奢出行，五子皆在，备宾主礼。太祖自以背卓命，疑其图己，手剑夜杀八人而去。"

其三是曹操听到餐具碰撞声响，以为吕家有心害自己，于是杀人离去。[1]

这三条史料看似各异，可如果理解为对一个事件三个视角的记录，就很合理。第一条是吕家人的动机，第二条是曹操的心理，第三条是事发的诱因。

结合起来，事件细节应如下：

曹操带曹纯等人来到吕伯奢家歇脚，吕伯奢不在家，只有五个儿子留守，他们对逃亡中的曹操非常热情，引发了曹操的猜疑。曹操心想，自己是被董卓追捕的人，吕伯奢的五个儿子却过于殷勤，不合常理，就提高了戒备。而吕伯奢之子之所以如此，是垂涎曹操等人的马匹、财物，想要谋财。

之所以图财到了如此地步，在于曹操一行人带着一笔巨大的财富。

汉灵帝光和四年（181年）正月，也就是曹操出逃前八年，朝廷下诏向天下"调马"，导致马价暴涨。"调"是汉代一种特殊的税收形式，最初是将郡国府库里多余的钱财，换成体积小、重量轻、货值高的商品，运往国都销售换钱，后来变成了一种按需摊派。比如宫中需要木头，就要求每个郡分摊多少根，再由太守以财产多寡摊派给地方的百姓，叫作"平赀"，征上钱来，再去买木头，送往洛阳或需求地。

"调马"就是点名要马。可农业区往往不产马，百姓家里也养

1《三国志》卷一《魏书·武帝纪》，裴松之注引孙盛《异同杂语》："太祖闻其食器声，以为图己，遂夜杀之。既而凄怆曰：'宁我负人，毋人负我！'遂行。"

不起马，豪强劣绅们囤积居奇，一匹马竟然卖到二百万钱。[1]要知道，东汉初年，天下大乱后的建武二十年（44年），名将马援因为好友杜林死了坐骑，让儿子送杜林一匹马，杜林还礼才给了五万钱。[2]人情往来当然得超过市价，这么比，马价比东汉初年涨了四十倍，东汉一斤黄金值一万钱，那么一匹马就值二百斤黄金。汉代一斤约合二百五十克，一匹马值五万克黄金，以一克黄金五百人民币的价格估算，一匹马相当于今天的两千五百万人民币。

跟随曹操的还有"数骑"，至少还有三匹马，加上他自己骑的，相当于把一亿人民币的财富摆在面前。曹操还是逃犯，吕伯奢的儿子们难免会动歪心思。

不想，吕伯奢之子与宾客部曲还没出手，仆人们搬弄餐具时碰撞之下发出了叮叮当当的声音。神经高度紧张的曹操误以为是刀剑碰撞，先下手为强，战况极其惨烈，曹操手持利剑，斩杀了八个人。

杀完人之后，曹操通过审讯，又发现了吕伯奢五个儿子的图谋。本来曹操因为神经过敏杀人，正愧疚呢，又揭破了阴谋，这才"凄怆"地说："宁我负人，毋人负我。"注意，不是洋洋自得，而是凄凉、悲怆地无奈道："我先下手杀人，总比后下手被人杀强吧？"

1《后汉书》卷八《孝灵帝纪》，"光和四年春正月"条："初置骒骥厩丞，领受郡国调马。豪右辜榷，马一匹至二百万。"

2《后汉书》卷二十七《宣张二王杜郭吴承郑赵列传》，"杜林"条，李贤注引《东观记》："林与马援同乡里，素相亲厚。援从南方还，时林马适死，援令子持马一匹遗林，曰：'朋友有车马之馈，可且以备乏。'林受之。居数月，林遣子奉书曰：'将军内施九族，外有宾客，望恩者多。林父子两人食列卿禄，常有盈，今送钱五万。'援受之，谓子曰：'人当以此为法，是杜伯山所以胜我也。'"

过了这一关，才到了中牟县。《三国演义》把曹操的行程搞反了，虎牢关在成皋县，中牟县在虎牢关以东，两县虽然都属河南尹管辖，距离却不近。所以，哪怕陈宫真是中牟县令，他也没法和曹操一起杀吕伯奢。更何况，陈宫是兖州东郡东武阳人，在曹操领东郡太守后，他才追随曹操。

其实，《三国志·武帝纪》的记载很清晰，曹操改名换姓过中牟县时，被亭长怀疑有问题，抓起来送到中牟县，当地正好有认识曹操的人，找领导说情，把他放了。郭颁《魏晋世语》则说，中牟县怀疑曹操是逃犯，就扣押在县中。当时，董卓已有文书发到县里，只有中牟县功曹知道被抓的这人就是曹操，觉得乱世刚刚降临，不应该抓捕英雄豪杰，就找县令把曹操放了。

后面这个故事戏剧性很强，却忽略了一个问题。什么呢？

司隶校尉袁绍出逃后，董卓原本还想通缉他，左右劝谏："不如赦之，拜一郡守，则绍喜于免罪，必无患矣。"董卓听从谏言，拜袁绍为勃海太守，封邟乡侯。[1]反观曹操，他出逃在袁绍之后，董卓只有把他当个威胁，才会通缉他。可董卓执政后，任命了韩馥、刘岱、孔伷（一作孔胄）、张咨、张邈等一群名士担任刺史、太守，也没轮到曹操，一点升官收买他的意思都没有，又何必通缉他呢？说到底，董卓根本没把曹操当回事。

可曹操是时代的主角，《三国志·武帝纪》不能像董卓一样忽视曹操，特意提到曹操到陈留郡募兵之前，董卓杀死了何太后和弘农王刘辩，强调曹操逃亡和起兵的正义性——为横死的何太后和汉少

1《三国志》卷六《魏书·董二袁刘传》，"袁绍"条。

帝复仇，毁家纾难的忠臣义士形象跃然纸上。

可是，就隔了几个字，陈寿明言曹操起兵时间是在中平六年（189年）十二月，说给何太后复仇没问题，因为她死于中平六年九月初三（189年9月30日）。[1]可弘农王刘辩，即汉少帝，死于初平元年正月十二（190年3月6日）。[2]此时，不止曹操已起兵逾月（因此年有闰十二月），关东诸侯也陆续起兵讨董，可见陈寿记载的自相矛盾。（此处另有玄机，后文会详细论证。）

其实，解析曹操逃离洛阳途中发生的意外，对于了解曹操的行迹，以及分析历史进程的意义并不大。因为无论是在洛阳的显阳苑会议，还是废立的决议过程中，曹操都是远离权力核心的边缘人。但是，史书对于这段历史的记载，却为我们展现了一个时代的配角如何通过给自己强行"加戏"，让自己站到了时代舞台的中央，好像他本来就应该在那里一样。

现实是，在董卓进京后，"批发"官位就两波。一波是针对他入京后收编的豪杰，比如袁术的后将军、曹操的骁骑校尉、吕布的骑都尉等；另一波是针对天下名士的任用，以黄琬、杨彪为三公，征召老牌名士荀爽、陈纪、韩融、申屠蟠为公卿，任命蔡邕为左中郎将，韩馥为冀州牧，刘岱为兖州刺史，孔伷为豫州刺史，张邈为陈留太守，张咨为南阳太守，孔融为北海国相，王匡为河内太守，还有一个安抚意义的，以袁绍为勃海太守。

1《后汉书》卷九《孝献帝纪》，"中平六年九月丙子"条："丙子，董卓杀皇太后何氏。"

2《后汉书》卷九《孝献帝纪》，"初平元年正月癸酉"条："癸酉，董卓杀弘农王。"按：《后汉纪》作"癸丑"，因该月无癸酉日，应以癸丑为确。

前一波明显是对投靠者的赏功，后一波则是对天下名士的拉拢。曹操列名前一批，而无缘后一批，一直到诸侯讨董列名时，他也只有"议郎"的官衔，一方面说明他确实是弃官出逃，另一方面也说明他不但没有入董卓的眼，就连主持选举的周毖、伍琼、郑泰和老相识何颙，都没把他当回事。

或许有人会说，那是因为曹操"弃官"惹怒了董卓。其实在东汉一朝，"弃官挂印"是非常常见的事，当法律、政令与官员本人的价值观发生冲突，官员挂印而去，往往还传为美谈。就算董卓这个人睚眦必报，不把惯例放在眼里，他对先跑的袁绍、王匡还能授予太守之职，为什么偏偏抓着后跑的曹操不放呢？

这个时刻，曹操没有任何特殊之处值得董卓对他另眼相待。因此，《三国演义》在铺陈这段故事的时候，只好设计了曹操献刀刺杀董卓的桥段，为之后逃亡还乡的险象环生作铺垫，而曹操起兵首义，诈作三公书信传檄诸侯，也成为他站在时代舞台中央最大的资本。

可历史上，这些事件根本不存在。

第三章 伪造的英雄义举

曹操是不是天下讨董的第一人？

真正触发诸侯讨董大戏的是另一个人，东郡太守桥瑁。

桥瑁，字元伟，是前太尉桥玄的族子，在任东郡太守之前是兖州刺史。《英雄记》对桥瑁政绩的评价是"甚有威惠"，[1]可见他不是混日子的刺史。

看到这儿，可能有人会奇怪，兖州刺史是一州的长官，东郡是兖州内的一郡，桥瑁改任东郡太守不是降职了吗？

当然不是。现代人理解州刺史、太守（相）、县令，常常比作省长、市长、县长，是上下级关系。其实，东汉法度下的地方官编制，只有郡、县两级，太守（相）、县令确实与市长、县长的行政级别类似，不同的是，东汉的县令由中央任免。

而州刺史，根本不是地方官，它是中央派出的监察官，最开始不但没有官署，连属官也是临时抽调各郡的掾史，类似于明朝初年

1《三国志》卷一《魏书·武帝纪》，裴松之注引《英雄记》："瑁字元伟，玄族子。先为兖州刺史，甚有威惠。"

的巡抚。它在制度上也不是太守的上级，以秩级来分，太守是二千石官，刺史只是六百石官。太守在郡内生杀予夺，权势极大；刺史在州内行使权力的根基，实则是上疏弹劾官员的职权。所以，州刺史真要做事，还要靠辖区内太守配合。

这当然不是上下级的姿态。不过，刺史虽然级别低，却是中央的清贵官，前途更光明，在朝中的话语权更重；而普通的太守，可能一辈子都无法进入中枢，位列公卿。所以，刺史与太守，是借朝廷的任免权震慑对方，而非法定的上下级关系；太守们如无必要，也不会与刺史对抗；刺史强在预期，太守胜在当下。所以，一州刺史改任大郡太守，肯定算是升迁，尤其是，桥瑁也算朝中有人。

前文提到过，在诛杀宦官之前，桥瑁曾受何进指示，屯兵成皋，威胁洛阳。成皋是河南尹的属县，与东郡之间隔着陈留郡，这个行为，严重违反了东汉有关制度。"二千石行不得出界，兵不得擅发。"[1]意思是，太守本人在任期内，依律不得出本郡之界，不得擅自动员兵马。这个制度，至汉末犹存，孙坚任长沙太守时，要跨境出兵，就受到主簿的谏阻，孙坚的回答是："太守无文德，以征伐为功，越界攻讨，以全异国。以此获罪，何愧海内乎？"[2]东汉人习惯以郡为国，越界救他郡，是为"全异国"，但仍不合律法，孙坚只是说自己无愧，不敢说自己无罪。

可桥瑁却敢于在和平时期越界带兵到京师左近，可见他与何进的私人关系应该相当亲密。

1《后汉书》卷七十七《酷吏列传》，"李章"条。

2《三国志》卷四十六《吴书·孙破虏讨逆传》，"孙坚"条，裴松之注引《吴录》。

不过，何进被杀后，桥瑁这支兵马就消失了。据记载，鲍信募兵千余人，回归洛阳途中，在成皋接到了何进的死讯，等赶到洛阳，董卓已经入京，于是鲍信劝谏袁绍袭击董卓，可袁绍害怕董卓，不敢动手，鲍信只好返回泰山老家。[1]这侧面说明了，桥瑁的屯兵并没有与鲍信一同入京。不久后，曹操变装出逃，途经成皋吕伯奢家，也没有投奔或提到桥瑁所部，说明这支军队已经撤走。

然而，桥瑁并没有罢休。按照《英雄记》中的说法，董卓执政后，举任御史中丞韩馥为冀州牧，当时袁绍已受任勃海太守，韩馥害怕他兴兵反叛，就派出了几位冀州从事领兵监视袁绍。直到东郡太守桥瑁伪造了"京师三公移书与州郡"。所谓"移书"，并不是《三国演义》中曹操所作的"矫诏"，而是一种官吏间往来的公文，以京师三公名义发出。依照自秦朝沿用的郡县公文递送制度，某郡收前郡公文之后，就需要在限期内誊抄若干份，递送给临近的郡、县，依次扩散。

"三公移书"之中，先是宣扬了董卓的罪恶，又说："见逼迫，无以自救，企望义兵，解国患难。"韩馥得到移书后，问计于冀州的从事属官："现在是该帮助袁氏呢？还是帮助董卓呢？"治中从事刘子惠说："兴兵是为国家，说什么袁氏、董氏？"韩馥闻言惭愧不已。刘子惠又进一步提出，出兵这事，不可以挑头为首，不如看看其他州，谁先起兵，冀州响应，毕竟冀州是强州，只要参与了，功劳必在他州之上。韩馥认可了他的建议，于是写信给袁绍，陈述了

董卓的罪恶，表态听任他起兵。[1]

这段记载其实隐藏了很多信息，大略有三条：

其一，桥瑁充分利用了东郡地理枢纽的优势，西界为兖州陈留郡，太守为董卓刚刚任命的张邈；北界为冀州魏郡、甘陵国，州牧是董卓刚刚任命的韩馥；南界为济阴郡、东平国、济北国，隶属于兖州，刺史是董卓刚任命的刘岱；东界则是青州平原国，刺史是焦和。以上众人均参与了讨董战争。

其二，诸侯并起的时间，在史书上记载很模糊，往往置于初平元年（190年），[2]而唯独曹操起兵列于中平六年（189年）十二月，[3]似乎曹操为首义。但是，桥瑁伪作书信至冀州时，仍无人兴兵，故而有冀州观望，韩馥致信袁绍听其起兵之事，则袁绍起兵必在韩馥之前，而袁、曹孰先孰后，也大有商榷的余地。

其三，桥瑁伪造的公文，并不是皇帝的诏书，而强调了"三公"，也就把位列上公的太傅袁隗排除在外；同时，强调了这是

1《三国志》卷一《魏书·武帝纪》，裴松之注引《英雄记》："馥字文节，颍川人。为御史中丞。董卓举为冀州牧。于时冀州民人殷盛，兵粮优足。袁绍之在勃海，馥恐其兴兵，遣数部从事守之，不得动摇。东郡太守桥瑁诈作京师三公移书与州郡，陈卓罪恶，云：'见逼迫，无以自救，企望义兵，解国患难。'馥得移，请诸从事问曰：'今当助袁氏邪，助董卓邪？'治中从事刘子惠曰：'今兴兵为国，何谓袁、董！'馥自知言短而有惭色。子惠复言：'兵者凶事，不可为首；今宜往视他州，有发动者，然后和之。冀州于他州不为弱也，他人功未有在冀州之右者也。'馥然之。馥乃作书与绍，道卓之恶，听其举兵。"

2《后汉书》卷九《孝献帝纪》，"初平元年春正月"条："山东州郡起兵以讨董卓。"另见《后汉纪》卷二十六《孝献皇帝纪》，"初平元年春正月癸丑"条；另见《资治通鉴》卷第五十九《汉纪五十一》，"初平元年春正月"条。

3《三国志》卷一《魏书·武帝纪》。

"集体"行动，也就是说，并不是某一个人的要求，这就意味着，此时三公应该齐备。

综上所述，我们大体可以推知诸侯起兵的时间。

中平六年（189年）九月十二日，董卓自任太尉，九月廿三日，又添加了杨彪任司空、黄琬任司徒，[1]朝廷三公方才齐备。可董卓不可能自己反自己，时间上距离初平元年（190年）又太远，这个时间段应排除。直至十一月初一，董卓任相国，闰十二月廿七日，荀爽任司空，杨彪为司徒，黄琬为太尉，三公再次齐备。尽管《后汉书·孝献帝纪》将任三公时间置于十二月，然当月无戊戌日，闰十二月有戊戌日，故这段记载应脱漏了闰字。[2]

那么，有无可能杨彪、黄琬、荀爽并为三公的时间，确如《后汉纪》记载，实为中平六年十一月（十一月廿六日为戊戌日）？

答案是否定的。

因为荀爽自得征命，直至任司空的天数，史有明载。《后汉书·荀爽传》中说："爽自被征命及登台司，九十五日。"[3]《资治通鉴》中作："自被征命及登台司，凡九十三日。"[4]后者或为传抄中误以"五"为"三"，以闰十二月廿七日反推，则荀爽被征时间，应为十月廿一日或十月廿三日。

1《后汉书》卷九《孝献帝纪》，"中平六年九月"条记载不同：杨彪任司空于丙戌日（十三日），黄琬任司徒于甲午日（廿一日）。

2《后汉书》卷九《孝献帝纪》，"中平六年十一月癸酉"条、"中平六年十二月戊戌"条（当年十二月无戊戌日，应为闰十二月）；《后汉纪》卷二十五《孝灵皇帝纪》，"中平六年十一月"条，均作十一月，未言日期。

3《后汉书》卷六十二《荀韩钟陈列传》，"荀爽"条。

4《资治通鉴》卷第五十九《汉纪五十一》，"中平六年十二月"条。

若以十二月初一反推，则荀爽被征时间应为八月廿五日或八月廿七日。而八月廿八日，董卓刚刚迎奉少帝、陈留王还宫，这与《后汉书·荀爽传》中提到的"献帝即立，董卓辅政，复征之"[1]记载不合。

另见《后汉书·董卓列传》，吏部尚书周毖、侍中伍琼、尚书郑泰、长史何颙共同主持选举，"以处士荀爽为司空"。[2]而《后汉书·党锢列传》则明确说明，何颙以患病为由，拒绝了董卓相国长史的任命，[3]可见，此长史绝非相国长史。而且，在《三国志》中，有两处记录何颙为议郎[4]，由此可知，何颙的长史职务应为董卓太尉府长史[5]，十一月初一，董卓为相国后，何颙即因病辞任为议郎。

那么，荀爽被征的时间，就只能落在九月十二日至十一月初一之间，由此后推九十五天或九十三天，都不可能落在《后汉纪》记载的十一月之内，则此记载可以否定。也就是说，以荀爽任司空为标志的三公齐备时间，只能从中平六年（189年）闰十二月廿七日开始。

综上所述，结合桥瑁伪作三公移书的背景和时间，包括曹操在

1《后汉书》卷六十二《荀韩钟陈列传》，"荀爽"条。

2《后汉书》卷七十二《董卓列传》。

3《后汉书》卷六十七《党锢列传》，"何颙"条："及董卓秉政，逼颙以为长史，托疾不就。"

4《三国志》卷六《魏书·董二袁刘传》，"董卓"条："侍中周毖、城门校尉伍琼、议郎何颙等，皆名士也，卓信之。"另见《三国志》卷十《魏书·荀彧荀攸贾诩传》，"荀攸"条："卓徙都长安。攸与议郎郑泰、何颙、侍中种辑、越骑校尉伍琼等谋曰……"

5《后汉书》志第二十四《百官一》，"太尉"条下："长史一人，千石。本注曰：署诸曹事。"

内的所有诸侯的起兵时间，都绝无可能在中平六年（189年），而只能在初平元年（190年）。由此可知《三国志·武帝纪》伪造了曹操起兵的时间。

那么，曹操真正的起兵时间是什么时候呢？

前文中已经述及了《三国志·武帝纪》中记载的矛盾，即所谓曹操于中平六年十二月起兵，却要为初平元年正月十二日死去的汉少帝复仇，殊不可解，其实算是陈寿留下的一个隐藏信息，暗示了曹操起兵是在初平元年正月十二日之后。这个时间顺序，也与《后汉纪》中的记载吻合，董卓执政后的最大罪恶，当然是逼死何太后和鸩杀汉少帝，没有比这种行径更能激起诸侯们的义愤了。

《后汉书·孝献帝纪》将诸侯起兵置于董卓毒杀汉少帝之前，是受了曹操为诸侯首义先锋的故事影响，属于倒果为因。

其实，桥瑁诈作三公移书，已经隐匿了一个重要的朝臣领袖——太傅袁隗。能够让韩馥的态度从防备袁绍变为在袁氏与董氏之间取舍的触动点，绝不是袁绍这个小辈，而是代表汝南袁氏的袁隗。韩馥自称袁氏故吏，按照职务经历，他不可能是袁绍的故吏，只能是袁逢或袁隗的故吏。三公移书之中写到故主家族在朝中遭难，于情于理韩馥都不能不救，但也正是从情理出发，与袁隗一族的袁绍更有理由先发首倡，韩馥这才写信给袁绍，让他自己决定。

按照《后汉书·袁绍传》的记载，最初参与讨董起兵的诸侯共有十一家：勃海太守袁绍、后将军袁术、冀州牧韩馥、豫州刺史孔伷、兖州刺史刘岱、陈留太守张邈、广陵太守张超、河内太守王匡、山阳太守袁遗、东郡太守桥瑁、济北相鲍信；《三国志·武帝纪》中只有十家，少了广陵太守张超；《后汉纪》中则与《三国志·武帝纪》记载略同，只是多了个议郎曹操。

这群人里面，不是董卓任命的，只有广陵太守张超、东郡太守桥瑁、山阳太守袁遗、济北相鲍信和议郎曹操，其中张超、桥瑁、袁遗、曹操为延续旧职，鲍信的济北相则是曹操初平二年（191年）任东郡太守后表任。[1]唯一一个没有将军号，也没有地方官职位的，就是曹操。

因此，曹操虽有散家财、举义兵的说辞，可他真正得以募兵，靠的却是陈留孝廉卫兹的资助，卫兹出钱帮曹操招募了五千人，[2]自己也招募了三千人，[3]这才让曹操得以起兵。而卫兹曾"为车骑将军何苗所辟，司徒杨彪再加旌命"，[4]他曾是何苗属吏，何苗死后，他还乡又被中平六年（189年）闰十二月廿七日出任司徒的杨彪征辟，怎么可能在一个月前资助曹操起兵呢？若曹操、卫兹已然起兵，杨彪怎么可能再加旌命呢？

而且，卫兹是陈留郡襄邑人，曹操得他资助募兵，却在己吾县起事，原因何在？两县固然相邻，但二人合众达八千人，为什么要舍近求远呢？

答案就在《三国志·武帝纪》中。在曹操大战徐荣之前，陈留

1《三国志》卷十二《魏书·崔毛徐何邢鲍司马传》，"鲍勋"条，裴松之注引王沈《魏书》："太祖为东郡太守，表信为济北相。"

2《三国志》卷一《魏书·武帝纪》，裴松之注引《魏晋世语》："陈留孝廉卫兹以家财资太祖，使起兵，众有五千人。"

3《三国志》卷二十二《魏书·桓二陈徐卫卢传》，"卫臻"条，裴松之注引《先贤行状》："合兵三千人，从太祖入荥阳，力战终日，失利，身殁。"

4《三国志》卷二十二《魏书·桓二陈徐卫卢传》，"卫臻"条，裴松之注引《先贤行状》。

太守张邈"遣将卫兹"分兵跟随曹操。[1]可见，卫兹实为张邈部将。

议郎曹操固然在史书中浓墨重彩，好似一镇诸侯，却是后人的笔法。当时，曹操这个丧家之犬，已经失去了谯县的宗族支柱，到陈留郡的初衷绝不是为了起兵，而是要投奔老朋友张邈。[2]只是因缘际会，有了一个州郡并起的形势，他和张邈又是袁绍的旧相识，这才联合兴兵。

所以，曹操和卫兹的募兵，都是在张邈指示之下进行的，只不过，卫兹指定的募兵地是襄邑县，曹操指定的募兵地是己吾县。曹操财力不足，却官位更高，亲旧人才更多；卫兹有钱，却缺少底蕴。所以，卫兹赞助曹操后，曹操反倒比他兵多。

可说到底，曹操与卫兹的兵马，都算是张邈的部下。顶多曹操有个朝廷官职，张邈对其相对客气一些，可以视之为附庸，但曹、卫二人都称不上是独立势力。

所以，《三国志·张邈传》也羞答答地承认了，"董卓之乱，太祖与邈首举义兵"，言下之意，还是曹操与张邈一起首义。可在《三国志·臧洪传》里，又是另一番情景。董卓鸩杀少帝之后，时任广陵郡功曹的臧洪游说太守张超说："明府历世受恩，兄弟并据大郡……为天下倡先，义之大者也。"可见，少帝被杀消息都传到了广陵，臧洪还在提"为天下倡先"，张邈、张超要一起为国报恩，自然不存在曹操首义这回事。

听了臧洪的劝谏，张超才西至陈留郡，与兄长张邈一起谋划起

1《三国志》卷一《魏书·武帝纪》。
2《三国志》卷七《魏书·吕布张邈臧洪传》，"张邈"条："太祖、袁绍皆与邈友。"

兵，而张邈也一直想要起兵，这才在酸枣聚会。张邈和臧洪聊了聊，也非常惊异，于是将他引荐给了兖州刺史刘岱和豫州刺史孔伷，他们都和臧洪相处亲善。谈明白了，这才设置坛场，相约盟誓，这些州郡长官又互相谦让，公推臧洪为主盟者。臧洪于是歃血盟誓，明确提及"贼臣董卓乘衅纵害，祸加至尊"，又点了与盟者的名字：兖州刺史刘岱、豫州刺史孔伷、陈留太守张邈、东郡太守桥瑁、广陵太守张超等。

有曹操吗？并没有。

综上所述，曹操举兵讨董的时间，绝不可能在中平六年（189年）十二月，这个时间是《三国志》延续曹魏官史为曹操树立"忠汉"人设的错误记载。在真实的讨董战争历史中，桥瑁诈作三公移书的时间应在董卓鸩杀汉少帝之后，远至勃海郡的袁绍、广陵郡的张超都得到了消息；而联络起事的核心人物，应该是陈留太守张邈，他邀请了兖州刺史刘岱、豫州刺史孔伷到自己辖境内的酸枣会合"计事"，远在广陵的张超、臧洪也赶赴了会场，定计之后，才有酸枣会盟的大事件。

而此时的曹操、鲍信，甚至袁绍、袁遗、王匡等人根本没机会与会，都还在引兵前来的路上。尤其是曹操，他只是张邈的附庸，相当于是在张邈举义盟誓之后，他和卫兹才领着在襄邑、己吾县招募的兵马赶去酸枣集合。无论是倡议、首义还是会盟，他都不够资格。

故此，史书之中，才对诸侯起兵讨董的时间、过程语焉不详，为的就是给读者造成一个错觉：曹操才是兴兵讨董的第一人。其实，以常理判断即知真伪。如果历史真是如此，张邈还没举义时，曹操和卫兹在陈留郡先举义旗，难道是要反张邈吗？所以，曹操起兵，必在张邈定计之后，那么很自然的，他不可能拔到起兵讨董的头筹，甚至连盟誓都捞不着参加。

曹操，诸侯联军中的孤勇者？

酸枣会盟是诸侯讨董战争的标志事件，汇聚了多达十余万人的诸侯兵马，也是讨董联军中最大的重兵集团。按理说，这支军队应该起到举足轻重的作用，但是，大军一直驻扎在酸枣，"日置酒高会，不图进取"[1]，经过一番消耗之后，"诸军莫适先进，而食尽众散"[2]。

在这之中，独树一帜的只有曹操。按照《三国志·武帝纪》的说法，初平元年（190年）二月，董卓迫使献帝迁都长安，自己留在洛阳焚烧宫殿。当时袁绍屯河内，张邈、刘岱、桥瑁、袁遗屯酸枣，袁术屯南阳，孔伷屯颍川，韩馥在邺城，都看到董卓兵强，自袁绍以下的众人都不敢先进兵。曹操说："大军云集，你们有什么可疑虑的？如果董卓占据洛阳与联军对抗，还比较危险，可如今他焚烧宫室，劫迁天子，海内震动，不知所归，正是灭亡他的时机，可以一战定天下！"

于是，曹操引兵西进，将要占领成皋，张邈也派出部将卫兹分兵跟随曹操，行至荥阳汴水，遭遇了董卓部将徐荣，战败，士兵死

1《三国志》卷一《魏书·武帝纪》。
2《三国志》卷七《魏书·吕布张邈臧洪传》，"臧洪"条。

亡极多。曹操被流矢射伤，马也伤了，曹洪将马换给了曹操，曹操才得以乘夜脱逃。徐荣见曹操兵少却整日力战，觉得酸枣不易攻打，也引兵退去。

前文中提到了，曹操在陈留募兵，得五千人，卫兹另有三千人，加起来也就八千人，相对于酸枣十几万大军，确实是小部队出击，展示出了大无畏的精神。这段记载，陈寿应是转录自曹魏史官的妙笔。曹操在诸军畏惧之际，独自攻打董卓，尽管战败，但他的力战让徐荣认识到酸枣不易攻打，最终成了挽救盟友的孤勇者，曹操真是大仁、大勇、大义兼备。

问题是，它是假的。据王沈《魏书》中记载，此战之中，鲍信受伤，鲍韬战死，可见鲍氏兄弟是与曹操一同进兵，而鲍信自泰山郡招募的兵马多达两万，另有骑兵七百，辎重车辆五千余。[1]两万与八千，谁才是此战的主力呢？

曹操、卫兹、鲍信、鲍韬合兵达两万八千人，可《三国志·武帝纪》对主力军鲍信部无一字着墨，所谓"兵少力战"之说更是颠倒黑白。而董卓派陈郡太守胡轸为都督出征，中郎将吕布为骑督，步骑兵总共五千人。徐荣只是中郎将，与吕布同级，按照《后汉书·董卓列传》的记载："卓先遣将徐荣、李蒙四出虏掠。"[2]可知徐荣的任务并非主力决战，而是掳掠。这不难理解，董卓为了迁都已经焚毁了洛阳周边二百里的范围，并不具备供应重兵集团的财力、

1 《三国志》卷十二《魏书·崔毛徐何邢鲍司马传》，"鲍勋"条，裴松之注引王沈《魏书》："信乃引军还乡里，收徒众二万，骑七百，辎重五千余乘……汴水之败，信被疮，韬在陈（阵）战亡。"

2 《后汉书》卷七十二《董卓列传》。

人力，故而采取了小部队四处游击掳掠的方式。这就意味着，徐荣的总兵力恐怕还不到五千人。

可见，曹操的兵并不少，力战解救盟友尤为可笑：徐荣本就是游击掳掠之军，怎么会强攻十几万人驻扎的酸枣呢？可见，《三国志·武帝纪》所依据的曹魏官史，为了美化曹操，不惜扭曲事实。反观《后汉纪》中的记载，也保留了曹操的豪言壮语，对战事的结果却只写了四个字"操兵大败"[1]，而《后汉书·董卓列传》和《三国志·董卓传》中干脆就没提这一战，却都提到了王匡在河阳津的战败，以及孙坚的南路进攻，侧面说明了汴水之战在讨董战争中分量相当之小。

至于酸枣诸军的"莫适先进"，也并没有那么简单。据《三国志·袁绍传》的记载，执金吾胡母班曾带着诏书宣谕袁绍罢兵，袁绍非但不听，还命令河内太守王匡杀掉胡母班。胡母班是党人"八厨"之一，与张邈齐名，又是王匡的妹夫，被王匡下狱之后，曾写信给王匡，就提到："自古以来，未有下土诸侯举兵向京师者。"[2]意思是，如果不是造反，地方官怎么能带兵攻打京城呢？可见，这也是当时士林的道义共识。

不过，这封信中还提到了，董卓死后马太傅与赵太仆宣谕关东之事，时间错乱，故而司马光已怀疑此非胡母班之书信原貌。

可无论如何，结合前文中提到的太守不得出境的禁令，在酸枣的各镇诸侯起兵，绝不是为了冲入洛阳用武力消灭董卓。毕竟汉献

1《后汉纪》卷二十六《孝献皇帝纪》，"初平元年三月戊午"条。
2《三国志》卷六《魏书·董二袁刘传》，"袁绍"条，裴松之注引谢承《后汉书》。

帝还在董卓手里当人质，联军哪怕打赢了，也会成为弑君的罪人。诸侯起兵更大的可能是向董卓施加压力，逼迫朝中生变。同样的思路，在冀州治中从事刘子惠给韩馥的进言中也能看到，起兵是为国家，强调这个就是要在政治上免责，行动上，则要不抢先、不落后，这才是正确的姿态。

可为什么曹操要冲在前面呢？

纯粹是身份使然。诸侯起兵时，曹操事实上依附于张邈，可多部史书中都提到，曹操接受了袁绍给予的"行奋武将军"的任命。[1]袁绍和曹操更是一起表鲍信为行破虏将军，鲍韬为裨将军。[2]可问题是，曹操的这个"行奋武将军"，一直与袁绍担任联军盟主并提，我们看臧洪在酸枣会盟时的誓词，却无一字提及袁绍为盟主，甚至没提袁绍的名字，至少说明，酸枣会盟时袁绍还不是盟主。

那么，袁绍何时成为盟主的呢？史书为什么要含糊其词呢？

《后汉书·袁绍传》中说："初平元年，绍遂以勃海起兵，与……陈留太守张邈……等同时俱起，众各数万，以讨卓为名。"注意，是"同时俱起"，之后，袁绍与河内太守王匡屯河内郡，孔伷屯颍川郡，韩馥屯邺城，余军都屯在酸枣，相约联盟，遥推袁绍为盟主。袁绍于是自号车骑将军，领司隶校尉。[3]这段记载，与《三国志·武帝纪》相近，却有细微的不同。

尽管两处记载都提到了同一群诸侯的"同时俱起"，但《三国

1《三国志》卷一《魏书·武帝纪》。

2《三国志》卷十二《魏书·崔毛徐何邢鲍司马传》，"鲍勋"条，裴松之注引王沈《魏书》："太祖与袁绍表信行破虏将军，韬裨将军。"

3《后汉书》卷七十四上《袁绍刘表列传上》。

志·武帝纪》把推袁绍为盟主放在了这之后，诸将分屯各地之前；《后汉书·袁绍传》则把推袁绍为盟主放在了诸将分屯各地之后，并省去了袁术的名字，"余军咸屯酸枣"肯定也不包括在南阳的袁术。

很明显，时间和人物上都存在矛盾。酸枣会盟的主盟者臧洪也完全没提遥推袁绍为盟主，只能说明在酸枣起兵的五位诸侯，确实是"同时俱起"。而袁绍、王匡等人很可能只是起兵，却并没有立刻建立组织，因为河内郡、山阳郡也在酸枣左近，可参与会盟的并没有王匡和同在兖州的袁遗，那么，"推袁绍为盟主"很可能时间要晚得多。

这说明《三国志·武帝纪》的叙述并不准确，起兵与推举盟主，应为先后关系。

事实上，《典略》中就记录了公孙瓒讨伐袁绍时所列的罪状，其中之一是："绍为勃海太守，默选戎马，当攻董卓，不告父兄，至使太傅门户，太仆母子，一旦而毙，不仁不孝。"[1]太傅是袁隗，袁绍亲叔叔；太仆是袁基，袁逢的嫡长子，其母是袁逢的正妻，也就是袁绍、袁术的嫡母。袁绍在勃海太守任上整顿兵马，要讨伐董卓，却不事先通知父（叔父）兄，使得在朝中的袁氏一门全部被杀。公孙瓒因而指责袁绍不仁不孝。

这与《后汉书·袁隗传》中的记载吻合："董卓忿绍、术背己，遂诛隗及术兄基等男女二十余人。"[2]指明了袁绍、袁术起兵在前，袁隗一门被杀在后，并且，当时袁绍还是勃海太守。

1《三国志》卷八《魏书·二公孙陶四张传》，"公孙瓒"条，裴松之注引《典略》。
2《后汉书》卷四十五《袁张韩周列传》，"袁隗"条。

可是，《后汉书·袁绍传》中关于此事的叙事逻辑变成了：

袁绍已被推为盟主。董卓听说袁绍起兵，杀死了袁氏一门。各地豪杰因为同情袁氏的家祸，都想为袁氏复仇，使得袁绍人望高涨，而冀州牧韩馥担心袁绍对付自己，就派从事看守袁绍大门，不许他发兵。直到桥瑁伪造三公移书，韩馥才听任袁绍举义。

这段记载的时间顺序明显错乱。桥瑁伪造三公移书，被放在袁隗被杀之后，即初平元年（190年）三月十八日[1]之后，此时关东诸侯已经起兵两个月了，当然不可能。前文中也曾提到韩馥派冀州从事看守袁绍的事实，以及起兵前的犹豫，充分说明了范晔将一堆正确信息排列出了错误的因果。

这里面，唯一在前文没有涉及的信息是："是时豪杰既多附绍，且感其家祸，人思为报，州郡蜂起，莫不以袁氏为名。"[2]也可以得到《三国志·孙坚传》中孙坚原话的印证："所以出身不顾，上为国家讨贼，下慰将军家门之私仇。"[3]充分说明，豪杰们"感其家祸，人思为报……以袁氏为名"也是事实。

结合袁氏一门被杀前，袁绍还是勃海太守的记载，说明远在勃海郡的袁绍，并没有自称行车骑将军、领司隶校尉，而是在家祸酿成之后，受河内太守王匡的邀请，到达司隶校尉部的地界才正式上任。

综上所述，袁绍被推为盟主，自称行车骑将军、领司隶校尉的

---

1 《后汉书》卷九《孝献帝纪》，"初平元年三月戊午"条："董卓杀太傅袁隗、太仆袁基，夷其族。"按：三月戊午日即三月十八日。

2 《后汉书》卷七十四上《袁绍刘表列传上》。

3 《三国志》卷四十六《吴书·孙破虏讨逆传》，"孙坚"条。

时间背景，应该是初平元年三月十八日后。因袁氏一门被杀，本在互相谦让、不愿担任盟主的酸枣会盟群雄，[1]以及原本与袁绍一党的王匡、族亲袁遗，因感念袁氏家祸，共同推举袁绍为盟主。正因如此，《三国志·张邈传》中才会出现："袁绍既为盟主，有骄矜色，邈正议责绍。"[2]试问，袁绍担任盟主，有骄傲神色不是很正常的吗？又不违背道德礼法，张邈凭什么指责袁绍？

原因很简单，袁绍的盟主是靠袁隗、袁基等几十口亲人的性命换来的。亲叔叔死了，亲哥哥死了，连婴儿都让董卓杀了，还弃尸荒野，切齿复仇还来不及，袁绍竟然骄傲起来了，这实在太不像样了。在东汉忠孝至上的舆论环境下，张邈对袁绍的指责，十有八九是因为这个，以至于袁绍恼羞成怒，要曹操杀死张邈，遭到曹操的拒绝。

当然，严格来说，这只是一个推测，证据也比较间接。但是，若以此为线索，重新考察曹操汴水之战的记载，就会得出一些有意思的结论。

《三国志·武帝纪》中写道，"二月，卓闻兵起，乃徙天子都长安。卓留屯洛阳，遂焚宫室"，然后才是，"绍等莫敢先进……（曹操）遂引兵西"。[3]因果先后甚明，那么，董卓焚烧宫室的时间，自然在曹操进兵之前。

而董卓焚烧宫室的时间，《后汉书·孝献帝纪》中有记载："（三

1《三国志》卷七《魏书·吕布张邈臧洪传》，"臧洪"条："乃设坛场，方共盟誓，诸州郡更相让，莫敢当。"

2《三国志》卷七《魏书·吕布张邈臧洪传》，"张邈"条。

3《三国志》卷一《魏书·武帝纪》。

月）己酉，董卓焚洛阳宫庙及人家。"事在初平元年（190年）三月初九日，而汉献帝已于三月初五到达长安，董卓应是得知天子车驾平安到达长安的消息后，才开始大规模焚毁洛阳城内宫殿、宗庙和周边民居。之后，更是下令司隶校尉宣璠收捕袁氏一门，姊妹婴孩以上，五十余人下狱被杀。[1]

也就是说，董卓到三月初九才开始焚烧洛阳，那曹操可能在二月出兵吗？当然不可能。《三国志·武帝纪》用了一招障眼法，用二月起头，将二月的天子迁都和三月的董卓焚烧洛阳连起来说，让读者误以为事件都发生在二月。其实陈寿也很狡猾，他的内心独白可能是："我也没说这些事都发生在二月啊？"所以，哪怕曹操真的是忠君爱国，董卓刚一点火，他就要发兵赴国难，也得在初平元年三月初九之后。

哪怕是按照《三国志·武帝纪》的官方话术，曹操的起兵时间是中平六年（189年）十二月，要捐躯赴国难，闰十二月、正月、二月，这三个整月的时间，他怎么不去呢？当然，前文中已经证伪了这个记载。可从真实历史上的曹操初平元年正月随张邈起兵开始，至此时，也有一个整月（二月）的时间，他的赤胆忠心又去哪儿了？

所以，曹操绝不是因为忠心、义愤出兵。那么，他为什么要这么做呢？

1《后汉书》卷七十四上《袁绍刘表列传上》，李贤注引《献帝春秋》："太傅袁隗，太仆袁基，术之母兄，卓使司隶宣璠尽口收之，母及姊妹婴孩以上五十余人下狱死。"

原因很简单，袁绍派的。汴水之战的实力主角，其实是鲍信、鲍韬两兄弟，说明袁绍先为盟主，自号车骑将军，任命曹操为行奋武将军，这才有了后面，曹操与袁绍共表鲍氏兄弟破虏将军、裨将军。在制度上，曹操和鲍信都是袁绍的下属将军，就像车骑将军张温讨伐凉州叛军时的节制荡寇将军周慎和破虏将军董卓一样。

简言之，曹操是在上级指挥下，西进成皋，他的目的也不是与董卓决战，而是去抢地盘。

因为在史书里藏着一个人。任峻，字伯达，河南尹中牟县人，他在"汉末扰乱，关东皆震"的时候，劝说中牟县令杨原，不要弃官逃走，而是代行河南尹的职权，发兵坚守。于是杨原任命任峻为主簿，任峻则为杨原表行河南尹事，关东的十余个县都听从他们的号令，自行发兵。[1]

在任峻与杨原的对话中，其实隐藏了不少信息。

其一是时间。"关东皆震"与"董卓首乱"结合在一起，又有"未有先发者"的说法，好像发生在诸侯起兵之前。实际上，能够让地处河南尹东界的中牟县令恐惧逃亡的，肯定不是董卓在洛阳乱政，或是杀死弘农王，而是近在咫尺的"扰乱"——酸枣的诸侯大军。

1《三国志》卷十六《魏书·任苏杜郑仓传》，"任峻"条："任峻字伯达，河南中牟人也。汉末扰乱，关东皆震。中牟令杨原愁恐，欲弃官走。峻说原曰：'董卓首乱，天下莫不侧目，然而未有先发者，非无其心也，势未敢耳。明府若能唱之，必有和者。'原曰：'为之奈何？'峻曰：'今关东有十余县，能胜兵者不减万人，若权行河南尹事，总而用之，无不济矣。'原从其计，以峻为主簿。峻乃为原表行尹事，使诸县坚守，遂发兵。"

所以，这里的"董卓首乱"，实际上是指迁都，以及焚烧洛阳周围二百里的宫庙民居；所谓的"未有先发者"与"唱""和"，所指的则是诸侯联军的动向，因为，在董卓迁都之后，夹在诸侯联军与洛阳之间的河南尹辖地，相当于被抛弃了，东、西都是敌人。

其二是地域。在"关东皆震"之后，任峻又提到了"今关东有十余县，能胜兵者不减万人"。一般古人说的关东，所指为函谷关以东，可东汉函谷关又是弘农郡与河南尹的分界点，也就是说，河南尹的二十一个县都在这个范围内，哪怕去掉国都所在的洛阳县，也有二十个县，与"十余县"抵触。所以，这个关所指应为洛阳八关，而横亘中牟与洛阳之间的，是成皋县的旋门关，关外正好是十个县：荥阳、卷、原武、阳武、中牟、开封、苑陵、京、密、新郑。

任峻之所以说"十余县"，是因为董卓焚烧洛阳城周边二百里[1]，应只到巩县、缑氏县，成皋不在范围内。曹操开赴成皋的军事行动，在《三国志·武帝纪》中写作"将据成皋"，而非攻打，说明，成皋县应该也是发兵坚守的状态，听从杨原的号令，却未有归属。

曹操去成皋，并不是慷慨赴死的孤勇者，而是去当接收大员了。

这一点，《三国志·任峻传》也说得很清楚，等到曹操自关东起兵，进入了中牟县界，"众不知所从"。可见，河南尹境内的各县对于诸侯联军并不亲近，还是任峻单独与同郡人张奋议定，带全郡投奔曹操。任峻还特意收拢了宗族、宾客数百人一起参军，曹操非常高兴，表任峻为骑都尉，还把自己的从妹嫁给了他，对

1《后汉书》卷七十二《董卓列传》："悉烧宫庙官府居家，二百里内无复孑遗。"

他相当信任。[1]

简言之，任峻推杨原自立坚守在前，曹操领兵西进在后，一路也没有作战，而是快速通过了听从杨原号令的几个县，在荥阳县的汴水边，遭遇了董卓部将徐荣。之前提到过，徐荣带领的是四处掳掠的游击部队，他跨越成皋县，到达以东的荥阳县，说明关东十县也是他的掳掠对象，双方是对立关系。

这一点，在《三国志·司马朗传》里也有佐证："后数月，关东诸州郡起兵，众数十万，皆集荥阳及河内。"[2]这其实与我们的一般印象大不相同，史书记载讨董联军驻军地分别在河内、酸枣、南阳和颍川，距离荥阳最近的酸枣大军一直屯驻不前，河内大军也没有南渡黄河，怎么会"皆集"荥阳呢？

道理很简单，史书上写酸枣大军无所作为，是因为"自古以来，未有下土诸侯举兵向京师者"；而车骑将军袁绍与后将军袁术二人，都有家仇要报，他们冲在前面，于情于理，都没有问题。所以，袁绍派出了曹操、鲍信、鲍韬西进，威胁洛阳东面，王匡屯兵河阳津，威胁洛阳北面；袁术也派出了孙坚北上，威胁洛阳南面，形成了三面包夹的态势。

这个现实的战略态势，却被《三国志·武帝纪》用来给曹操"加戏"。汴水战败后，曹操回到酸枣，看到诸侯们拥兵十余万，每天置酒高会，大怒之下，讲了自己的用兵规划，说得头头是道，结

1《三国志》卷十六《魏书·任苏杜郑仓传》，"任峻"条："会太祖起关东，入中牟界，众不知所从，峻独与同郡张奋议，举郡以归太祖。峻又别收宗族及宾客家兵数百人，愿从太祖。太祖大悦，表峻为骑都尉，妻以从妹，甚见亲信。"

2《三国志》卷十五《魏书·刘司马梁张温贾传》，"司马朗"条。

果，张邈等人"不能用"，让读史者不禁扼腕叹息。

为什么说是"加戏"？

可以细看他的策略，里面提到东、南、西、北各个方向进兵之后的决策是："皆高垒深壁，勿与战，益为疑兵，示天下形势，以顺诛逆，可立定也。"[1]翻译过来就是，屯兵不战，逼迫朝中内部生变。

这与诸侯大军屯兵威逼的形势并无不同，如果说曹操有什么可指责的，就是这一路十几万人要是一起前进，他就不会被徐荣打败。可人家也有苦衷，他们的行动，核心目的是壮声势。当朝廷派出胡母班、韩融等人以大义相责时，二人分赴河内和南阳，根本没有去酸枣，为什么？

你说，自古没有下土诸侯举兵向京师的，可人家光举兵，没向京师，道义无缺。

真正违制的，只有袁绍、袁术两支报家仇的队伍。曹操是袁绍的属将，张邈、刘岱等人可不是，人家本来就在"高垒深壁，勿与战"，所以，借曹操之口说出的这个军事计划，很可能是袁绍事先下达给同盟的完整部署。之前慑于董卓的兵力，没人敢进入河南尹地界，等到董卓焚烧宫殿民居，关东十几个县自守反叛，曹操认为有机可乘，且袁绍自称司隶校尉，河南尹也是他的辖区，曹操、鲍信作为袁绍的属将，当然可以进入境内，驻扎各县。

而张邈等人为了不犯法令，推托不从，张邈又觉得对不起朋友，就把部将卫兹增援给了曹操，也算是仁至义尽。曹操除非一点

1《三国志》卷一《魏书·武帝纪》。

脸面不要，否则没有任何立场指摘酸枣的各镇诸侯，因为带兵驻扎于此的兖州刺史刘岱、东郡太守桥瑁、山阳太守袁遗，都是兖州兵，人家不出州界，是遵守朝廷法度；广陵太守张超没有带兵；豫州刺史孔伷会盟完，驻军在本州的颍川郡，也说不着人家。

说得直白点，《三国志·武帝纪》纯粹是替曹操推卸责任，才写了这么一段慷慨陈词。

事实上，曹操战败后，很可能就没敢回酸枣，而是直奔谯县而去。据《三国志·曹洪传》记载，曹操在汴水之败中丢了马，追兵追得很紧，曹洪把马让给了曹操，曹操还客气了一下，曹洪说："天下可无洪，不可无君。"于是步行追随曹操到汴水边，水太深过不去，曹洪沿着河找到船，才和曹操一起渡河，"还奔谯"。[1]

从路线来说，曹操至中牟县，西进荥阳，应该是沿鸿沟水、汴水的南岸行军，汴水又在荥阳县北，敖仓附近。曹操乘夜渡汴水逃亡，是为了躲避徐荣的追击，所以，没有再渡河回归中牟，而是处在汴水、黄河、阴沟水、济水四条河的包围中。要回归酸枣，曹操需要渡阴沟水；要到中牟，则需要渡过阴沟水和鸿沟水；而回谯县，则很简单，沿着鸿沟水至陈留郡浚仪县，沿河一路南下至陈国扶乐县入涡水，经阳夏、武平、苦县，到谯县。看着地名不少，其实上了船，可以顺流而下，直达谯县。

结合这段记载可知，曹操连中牟都不敢回，夜遁逃窜，一直与

---

[1]《三国志》卷九《诸夏侯曹传》，"曹洪"条："太祖起义兵讨董卓，至荥阳，为卓将徐荣所败。太祖失马，贼追甚急，洪下，以马授太祖，太祖辞让，洪曰：'天下可无洪，不可无君。'遂步从到汴水，水深不得渡，洪循水得船，与太祖俱济，还奔谯。"

曹洪同行，也没有提到鲍信。而鲍信受伤后，去向不明，后来又继续活跃，结合司马朗说河内、荥阳有数十万大军驻扎，大概率是他收拢败兵，钉在了荥阳，而曹操的兵马损失殆尽，投资人卫兹也战死阵中，曹操实在没有脸面寄人篱下，这才"还奔谯"，谋求补充部队。

不过，曹操的这次战败，并不是全无收获，至少他凭借坚决执行袁绍指示的态度，重新获得了袁绍的赏识。

兵从哪里来？

汴水之败后的曹操，与从祖弟曹洪的关系更近了一层，毕竟对方喊出了"天下可无洪，不可无君"。就算两人没有血缘关系，雪中送炭也足以让曹操对曹洪另眼相看。事实上，在汴水之战前，没有曹洪跟随曹操起兵的记载，也没有他们早年相处的事迹，甚至没有在曹操初起时曹洪的军职记录。而曹洪本人，只当过蕲春县县长，家中固然是豪富，也没有受到黄琬、袁忠治罪的影响，可在乱世之中，他的本钱远不如曹操。

初平元年（190年）的曹操只有三十六岁，曾任济南相、典军校尉，当下还有朝廷授予的议郎职务，又跟随诸侯盟主袁绍，行奋武将军事，有生之年肯定可以位列公卿。曹操的生命对于天下的价值，当时或许看不出来，可对于曹氏宗族而言，却是一棵参天巨树，所以，曹洪的选择是理性的，毕竟大树底下好乘凉。

当然，如果将曹洪让马理解为对曹操有救命之恩，就有些夸张了。按照记载，徐荣"追甚急"，可曹洪下马后步行，也跟上了曹操，且没有被俘、受伤，说明并不是生死关头，与曹昂让马被害的情形并不一样。

所以，如果细读史书的记载就会发现一个奇怪的现象，在曹操的起家小团队之中，史书中记录了军职的，只有夏侯惇、夏侯渊和任峻、史涣，曹纯、曹洪、枣祗则什么都没有。

具体来说：

（1）夏侯惇，字元让，跟随曹操起兵，"常为裨将"。曹操行奋武将军，夏侯惇任司马，另外驻扎在兖州东郡白马县。[1]

（2）夏侯渊，字妙才，在曹操起兵后，任别部司马，骑都尉。[2]

（3）任峻，字伯达，在曹操兵进河南尹时，率宗族及宾客、家兵数百人投效，任骑都尉。

（4）史涣，字公刘，曹操初起时，"以客从"，行中军校尉。[3]

（5）枣祗，"始共举义兵，周旋征讨"。[4]

（6）曹纯，字子和，十八岁为黄门侍郎，二十岁就跟随曹操到襄邑募兵，之后跟随征战。[5]

（7）曹洪，字子廉，仅见汴水之战让马及扬州募兵事。

1《三国志》卷九《诸夏侯曹传》，"夏侯惇"条："太祖初起，惇常为裨将，从征伐。太祖行奋武将军，以惇为司马，别屯白马。"

2《三国志》卷九《诸夏侯曹传》，"夏侯渊"条："太祖起兵，以别部司马、骑都尉从。"

3《三国志》卷九《诸夏侯曹传》，"韩浩"条，裴松之注引王沈《魏书》："史涣字公刘。少任侠，有雄气。太祖初起，以客从，行中军校尉，从征伐，常监诸将，见亲信，转拜中领军。"

4《三国志》卷十六《魏书·任苏杜郑仓传》，"任峻"条，裴松之注引《魏武故事》。

5《三国志》卷九《诸夏侯曹传》，"曹纯"条，裴松之注引《英雄记》："年十八，为黄门侍郎。二十，从太祖到襄邑募兵，遂常从征战。"

先解释一下"裨将"，粗解就是"副将"的意思，但东汉又有"裨将军"之号，究竟何者为是呢？

据《通典》记载，凡是组织军队，五人为一烈（列），烈头主管；二烈为一火，十人，有火长主管；五火为一队，五十人，有队头主管；二队为一官，一百人，另立一官长主管；二官为一曲，二百人，另立一曲候主管；二曲为一部，四百人，另立一司马主管；二部为一校，八百人，另立一校尉主管；二校为一裨，一千六百人，设裨将军主管；二裨为一军，三千二百人，设正副将军主管。[1] 八百人一校尉的规模与东汉北军五校尉的统兵数接近，应为汉魏时代的制度，也就是说，此时的一个军应该有三千二百人，而裨将军，则是统兵一千六百人的将领。

在夏侯惇"常为裨将"之后，又提到"太祖行奋武将军，以惇为司马，别屯白马"。按《后汉书·百官志》说法，将军没有定员的属官，将军之下分部，不设校尉的部由军司马统领，秩级为比千石。

那么，曹操手下有校尉吗？有，史涣"行中军校尉"，也就是说，曹操之下，兵权至少两分：一部分是归属史涣统领的中军，一部分是军司马夏侯惇统领的各部。其中，夏侯惇又独领所部，驻扎在白马，他的兵力，可以确认来自张邈的支持，见《三国志·典韦

---

[1]《通典》卷一百四十八《兵一》："凡立军，一人曰独，二人曰比，三人曰参，比参曰伍，五人为烈（烈有头），二烈为火（十人，有长，立火子），五火为队（五十人，有头），二队为官（百人，立长），二官为曲（二百人，立候），二曲为部（四百人，立司马），二部为校（八百人，立尉），二校为裨（千六百人，立将军），二裨为军（三千二百人，有将军、副将军也）。"

传》。初平年间，张邈讨董，典韦应募参军，先归属于司马赵宠部下，后来归夏侯惇部。[1]

而夏侯渊，先任别部司马，后为骑都尉，说明他所统的兵力，既不属于史涣，也不属于夏侯惇，而是先单立一部，后单立一营。类似的，还有任峻，他为骑都尉，也是别领一营。

那么，曹操在己吾县起兵时招募的五千人，应该分成四个部分：

（1）曹操个人的部曲。所谓部曲，有两重意思，一重是主将私兵，一重是军事编制。此处所指为曹操的私兵，由史涣以"客"的身份代领，在曹操有将军号之后，变为曹操的中军，史涣任"行中军校尉"。

（2）奋武将军的部下。曹操是奋武将军，将军之下分部，不设校尉的，则军中由军司马统管各部。夏侯惇以裨将的身份，统一裨，即一千六百人，任奋武将军司马后，又在一裨基础上，成为全军副贰，领本部驻扎白马县；夏侯渊以别部司马的职务，单统一部，即四百人，在曹操有将军号后，升为骑都尉，统一校，即八百人。

（3）曹操的合作者。代表人物是曹洪、曹纯，虽是族亲，身份却是客将，并非下属，兵力不详。

（4）转投的兵马，曹操在任奋武将军之前，与陈留太守张邈交流过配属，如典韦划入了夏侯惇部，这种交流应该不是单向的。

1《三国志》卷十八《魏书·二李臧文吕许典二庞阎传》，"典韦"条："初平中，张邈举义兵，韦为士，属司马赵宠。牙门旗长大，人莫能胜，韦一手建之，宠异其才力。后属夏侯惇，数斩首有功，拜司马。"

简言之，史书可见的曹操所部主要将领，只有夏侯惇、夏侯渊和史涣。待到曹操任奋武将军之后，一军的编制应为三千二百人，余部一千八百人，曹操应该已经转交给了张邈。是时，夏侯惇为军司马，为统兵副手，与夏侯渊的"别部"都属于中军之外的兵力，合计二千四百人，则曹操命史涣所统的中军，刚好是一校，八百人。

这一点，可以得到曹操《让县自明本志令》自述的印证："是时合兵能多得耳，然常自损，不欲多之。"[1]

由于夏侯惇独自屯兵在白马，曹操亲统中军奔赴成皋，合夏侯渊所部，也只有一千六百人，加上任峻投效后任骑都尉，扩编宗族、宾客、家兵数百，新增一校，即八百人，加起来为二千四百人。当然，这里说的都是编制数字，实际部队很难满编，却正好符合了曹操自述的"故汴水之战数千"[2]的兵力数字。

这支部队，经过汴水之战，损失殆尽，曹操只能与曹洪南下募兵，随行者还有夏侯惇，也就是说，白马的一千六百人也追随曹操南下。曹操与曹洪之所以先到谯县，应该是曹洪主动掏出家产，领千余家兵押送财物，到扬州募兵。

值得注意的是，曹操的这次南下，得到了扬州州郡的大力支持。《三国志·武帝纪》中就说，扬州刺史陈温和丹阳太守周昕给了曹操四千多名士兵。[3]《会稽典录》更补充说，周昕在曹操起义兵之

1《三国志》卷一《魏书·武帝纪》，裴松之注引《魏武故事》。

2《三国志》卷一《魏书·武帝纪》，裴松之注引《魏武故事》。

3《三国志》卷一《魏书·武帝纪》："刺史陈温、丹杨（阳）太守周昕与兵四千余人。"

后，先后派出一万多士兵帮助曹操。[1]

陈温提供帮助的原因，《三国志·曹洪传》里有写，说的是"**扬州刺史陈温素与洪善**"，即陈温与曹洪个人关系好。所以，曹洪到扬州找陈温帮忙，"**得庐江上甲二千人，东到丹杨（阳）复得数千人**"[2]。

可周昕为什么帮忙，史书里没说。从前后派出一万多人的支援力度来看，远超曹洪的面子。这就不得不提一个人，周喁。《会稽典录》中说，曹操兴举义兵，派人邀请周喁，周喁就"**收合兵众，得二千人**"，跟随曹操征伐，并被任命为军师，这也是曹操的第一位军师，而丹阳太守周昕，正是周喁的哥哥。

史书所见的周昂、周昕、周喁三兄弟，记载混乱，经历上多有张冠李戴之处，但他们曾受袁绍的指派，任九江太守、豫州刺史，与袁术、孙坚相争，则是确凿无疑的事实。军师是将军麾下的正式官职，并不是摇羽毛扇子的参谋，而是"监军之职"。当然，不是拿把刀监视主将，在秦汉时代，监军的职能是"节量诸宜"，用现代的话讲，就是负责军中的日常管理。[3]可见，周喁其实是袁绍派驻奋武将军曹操部队的监军，这才有了之后，袁绍令周喁单独领兵与孙坚争豫州的契机；若周喁是曹操的私人属官，袁绍并没有这个权限。

也就是说，会稽周氏与曹操的合作，是在袁绍的指令下进行

1《三国志》卷五十一《吴书·宗室传》，裴松之注引《会稽典录》："曹公起义兵，昕前后遣兵万余人助公征伐。"

2《三国志》卷九《魏书·诸夏侯曹传》，"曹洪"条。

3《通典》卷二十九《职官十一》，"监军"条："晋避景帝讳，（军师）改为军司。凡诸军皆置之，以为常员，所以节量诸宜，亦监军之职也。"

的，无论是人事任命，还是州郡募兵，靠的都不是曹操的私人面子。

事实上，按照《三国志·武帝纪》的记载，陈温和周昕处来的募兵总数为四千人，曹洪在庐江招募了两千人，又到丹阳得兵数千，若周喁又带了两千人，就超总数了，那么，大概率丹阳的数千兵就是周喁的两千人。也就是说，曹洪带了一千多家兵去扬州，新募庐江兵两千人，接上了周喁的丹阳兵两千人，总共是五千多人，回归了沛国龙亢县，与曹操、夏侯惇会合。

这个时候，曹军包括夏侯惇所带的一千六百旧部，曹洪家兵一千余人，周喁所部两千人，庐江新兵两千人，加起来应该有六千六百余人。可曹操在《让县自明本志令》里说，自己募兵回来，"亦复不过三千人"，怎么还少了一半呢？

因为龙亢会师后，曹军发生了一个大变故。曹魏的官史《魏书》提到：曹操新募的士兵在龙亢叛乱，半夜焚烧曹操的营帐，曹操亲手用剑斩杀了数十人，叛兵望风披靡，曹操才得以杀出营门，最后，没有参与叛乱者仅有五百多人。[1]

这个故事有两个看点，一个是曹操的武力值，另一个是募兵的数字。

在《三国演义》的世界里，战争是两阵对圆，弓弩手射住阵脚，大开旗门，主将刀对刀、枪对枪的单挑战，所以，吕布、关羽、张飞、赵云等勇将的形象是用斩杀了多少人来铺垫的。可在真

1《三国志》卷一《魏书·武帝纪》，裴松之注引王沈《魏书》："兵谋叛，夜烧太祖帐，太祖手剑杀数十人，余皆披靡，乃得出营；其不叛者五百余人。"

实历史上，有斩杀大将战绩的寥寥无几，关羽万军丛中刺颜良，黄忠定军山斩夏侯渊，或许就是最亮眼的故事了，几乎也见不到杀敌数字。而曹操在吕伯奢家中"手剑夜杀八人"，在龙亢"手剑杀数十人"，是有数据支撑的，堪称这个时代的无双剑客。

至于募兵数字的问题，则要复杂一些。这段记载乍一看，好像是说，六千六百兵马只有五百余人没有叛乱，剩下的六千人都死了、跑了。加上《三国志·武帝纪》里说："至铚、建平，复收兵得千余人，进屯河内。"五百加一千是一千五百人。所以，不止一个通俗说史的作者写过，曹操在龙亢募兵之后，只带了一千五百人到河内郡投奔袁绍，之后又靠着这有限的力量讨伐于毒、白绕等黑山军十余万众，平定东郡，获得了人生中第一块地盘，以此凸显曹操用兵能力之强。

事实上，周喁任曹操的军师，之后受袁绍派遣攻打豫州孙坚，说明手里有本部兵马，但只剩五百人，他和曹操也没法分，且曹操自述有三千兵，不能凭想象消灭一半。不仅如此，夏侯惇、曹洪此时肯定在龙亢营中，夏侯渊、典韦、史涣、枣祗、任峻都可能在营中，他们的传记中没有任何平叛的记录，只能说明，这次叛乱很可能只是曹操本部中军发生的事件。

那么，曹操募兵回归时所领的三千人，除去在铚、建平招募的一千人，营中未叛的五百人，还有一千五百人，夏侯惇带来了一千六百人左右，已基本持平。而曹洪的家兵一千人本就是他个人的部曲，他本人也没有军职，不能算在曹操部下之内。也就是说，叛乱者应为四千新募扬州兵。

那么，曹操整个小集团就分为两部分：（1）奋武将军曹操之军，将校包括主将曹操、军师周喁、军司马夏侯惇、骑都尉夏侯渊和骑都尉任峻（很可能仍在中牟，因曹操常令他居守），兵力合计三千人左右；（2）客军曹洪的部曲，兵力有一千余人。两部相加为四千人左右。

曹操就是带领这四千多人北上河内郡与袁绍合兵。

刘虞称帝闹剧的真相

北上河内之后，曹操的事迹不显，《三国志·武帝纪》里记录兖州刺史刘岱与东郡太守桥瑁交恶后，杀了桥瑁，另派王肱为东郡太守。紧跟着，就提到了袁绍与韩馥谋划立大司马、幽州牧刘虞为皇帝，曹操拒绝了。[1]

这位刘虞是何许人呢？

刘虞，字伯安，东海郡郯县人，也是东海恭王刘强的后人。刘强是汉光武帝刘秀的长子，早在建武二年（26年）就被立为太子，他在生母郭圣通被废后主动请辞太子之位，受封东海王。

刘虞祖父叫刘嘉，曾任光禄勋，父亲刘舒曾任丹阳太守。刘虞本人能通五经，[2]举孝廉入仕，为官宽仁，历任幽州刺史、甘陵国相、尚书令、光禄勋、宗正等职务，又在汉灵帝恢复州牧制度后任幽州牧，受命平定张纯，因功升为太尉，封容丘侯。

刘虞自中平五年（188年）任幽州牧，一直到初平四年（193年）被公孙瓒杀害，前后五年时间，在幽州安抚百姓、劝课农桑，又

---

1 《三国志》卷一《武帝纪》。
2 《后汉书》卷七十三《刘虞公孙瓒陶谦列传》，"刘虞"条，李贤注引谢承《后汉书》。

在上谷郡开放与乌桓、鲜卑的边市，发展渔阳郡的盐铁贸易，令长期财政亏空，需要青州、冀州每年补贴两亿钱的幽州，得以自给自足，甚至吸引了青州、徐州多达百万口的百姓在幽州避乱，并安居乐业，可谓一代能臣。

董卓刚刚入京，就派使者任命刘虞为大司马，位在三公之上，也在大将军之上，可见董卓对刘虞的忌惮。至此，刘虞成为东汉朝廷在关东地区职位最高的重臣。待到初平元年（190年），诸侯并起之际，董卓又派使者征拜刘虞代替袁隗为太傅，使者因为道路阻隔而未能到达，也可以理解为刘虞拒不受命。

在提拔刘虞为大司马的同时，董卓还任命公孙瓒为奋武将军，封蓟侯，仍受幽州牧刘虞的节制。后来，大司马东曹掾魏攸就曾劝谏刘虞："今天下引领，以公为归，谋臣爪牙，不可无也。瓒文武才力足恃，虽有小恶，固宜容忍。"[1]也就是说，公孙瓒是刘虞的武力爪牙，他所统领的屯驻在右北平的一万步骑，[2]也是在刘虞的统帅下，不过由公孙瓒直接指挥，刘虞和公孙瓒是明确的上下级关系。

公孙瓒的一万步骑也是东汉中央军在关东地区最大的重兵集团。不仅如此，初平四年（193年），刘虞与公孙瓒反目时，曾亲率"诸屯兵众合十万人"[3]讨伐；之后，鲜于辅、阎柔南迎刘虞之子刘和，又"与袁绍将麹义合兵十万"[4]攻打公孙瓒。可见，仅幽州一地，

1《后汉书》卷七十三《刘虞公孙瓒陶谦列传》，"刘虞"条。
2《三国志》卷八《魏书·二公孙陶四张传》，"公孙瓒"条："虞上罢诸屯兵，但留瓒将步骑万人屯右北平。"
3《后汉书》卷七十三《刘虞公孙瓒陶谦列传》，"刘虞"条。
4《后汉书》卷七十三《刘虞公孙瓒陶谦列传》，"公孙瓒"条。

就可以在公孙瓒所部之外，动员出十万之众。

综上所述，当时的大河南北，官职最高、兵力最强的，根本不是行车骑将军袁绍、冀州牧韩馥，而是大司马刘虞。仅次于他的，则是自称辅汉大将军的陈王刘宠。刘宠是汉明帝儿子陈敬王刘羡的后人，擅长弩射，国中有强弩数千张，陈国一郡之地，人口多达一百五十四万，待义兵初起，陈王刘宠即出兵屯于阳夏，[1]"有众十余万"[2]。

仅南北两位刘姓宗室的二十多万兵马，就超过了诸侯并起所统义兵总和。这还不算已经入川的益州牧刘焉和兖州刺史刘岱、荆州刺史刘表，以及未来的扬州刺史刘繇。他们都是西汉诸侯王的后人，如刘岱、刘繇是亲兄弟，为汉高祖长子齐悼惠王刘肥的后人；刘焉、刘表同为汉景帝四子鲁恭王刘余的后人，当然，两人血缘和籍贯都差得很远，刘表是兖州山阳郡高平县人，刘焉则是荆州江夏郡竟陵县人。

不过，仅从实力对比来看，东汉末年的刘姓宗室绝对碾压一切异姓势力，哪怕是董卓、凉州叛军与袁氏兄弟、各路诸侯加在一起也不足以匹敌。如果历史只是算数游戏的话，东汉乱世应该也会像西汉末年乱世一样，由刘氏宗亲出面收拾残局，中兴汉室。

可历史为什么没往那儿走呢？

其实，初平二年（191年）春，就发生了关东诸侯拥立刘虞为帝的事件。尽管史书中的直接记载都将这一行动归咎于袁绍，但是，

---

1 《后汉书》卷五十《孝明八王列传》，"陈敬王羡"条："义兵起，宠率众屯阳夏，自称辅汉大将军。"

2 《资治通鉴》卷第六十二《汉纪五十四》，"建安二年夏五月"条："而陈独富强，邻郡人多归之，有众十余万。"

韦昭《吴书》详细记录了韩馥与袁绍两次致信袁术的内容，第一封提出争取袁术支持废立的书信，实则出自韩馥。信中提到，汉献帝并非灵帝亲子，应依周勃、灌婴废少帝，迎立代王的先例，废帝。而且，汉光武帝距长沙定王是五代，刘虞去东海恭王也是五代，汉光武帝以大司马领河北，刘虞以大司马领幽州牧，历史惊人相似。不仅如此，当时四星会箕尾，韩馥说谶语中说了，神人将在燕地分野出现；又有济阴郡的男子王定，得到了一颗玉印，上面刻着"虞为天子"；在幽州代郡，天有二日。这些都证明了，刘虞当为天子。[1]

在袁术以公义为辞拒绝后，袁绍才发出了第二封信，内容主要是谈家仇，意思是汉献帝虽然名为幼主，却不知道是不是汉灵帝的血脉，朝廷公卿以下又都媚事董卓，没法寄托希望，不如干脆堵住函谷关，让他们自取灭亡，在关东另立新主。况且，家仇就在眼前，难道还能对杀死全族的皇帝屈膝吗？[2]

---

[1]《三国志》卷八《魏书·二公孙陶四张传》，"公孙瓒"条，裴松之注引《吴书》："馥以书与袁术，云帝非孝灵子，欲依绛、灌诛废少主，迎立代王故事；称虞功德治行，华夏少二，当今公室枝属，皆莫能及。又云：'昔光武去定王五世，以大司马领河北，耿弇、冯异劝即尊号，卒代更始。今刘公自恭王枝别，其数亦五，以大司马领幽州牧，此其与光武同。'是时有四星会于箕尾，馥称谶云神人将在燕分。又言济阴男子王定得玉印，文曰'虞为天子'。又见两日出于代郡，谓虞当代立。"

[2]《三国志》卷六《魏书·董二袁刘传》，"袁术"条，裴松之注引《吴书》："时议者以灵帝失道，使天下叛乱，少帝幼弱，为贼臣所立，又不识母氏所出。幽州牧刘虞宿有德望，绍等欲立之以安当时，使人报术。术观汉室衰陵，阴怀异志，故外托公义以拒绍。绍复与术书曰：'前与韩文节共建永世之道，欲海内见再兴之主。今西名有幼君，无血脉之属，公卿以下皆媚事卓，安可复信！但当使兵往屯关要，皆自蹙死于西。东立圣君，太平可冀，如何有疑！又室家见戮，不念子胥，可复北面乎？违天不祥，愿详思之。'"

可见，首倡立刘虞者，实为冀州牧韩馥，勃海太守袁绍与谋，其他部分诸侯则未反对。史书记载中，明确表达了反对意见的，只有袁术和曹操。

那么，这个事件发生在什么时候呢？

万幸上面这段怪力乱神里有天象的记录，正好和《后汉书·孝献帝纪》中初平元年十一月十四日（190年12月28日）记录的"镇星、荧惑、太白合于尾"[1]的天象吻合。也就是说，韩馥的这封串联诸侯拥立刘虞的信，肯定是在初平元年十一月后发出的。遭到袁术拒绝后，袁绍又亲自给弟弟写信，提到了他与韩文节（韩馥）是一同建废帝之议，强调不是韩馥的个人意见，以劝说袁术支持废立。袁术的回复还是拒绝："懔懔赤心，志在灭卓，不识其他。"[2]意思是，我一片赤胆忠心，只想弄死董卓，别的啥也不想。

尽管为了凸显袁术的反贼身份，史书中脑补了他的目的，比如自己想当皇帝，所以忌惮国有长君等。可实际上，袁术的行为与《三国志·武帝纪》中塑造的曹操形象并无不同。

据记载，袁绍与韩馥谋立刘虞为帝，曹操拒绝了。注意，《三国志·武帝纪》里，袁绍排在了韩馥前面，在《后汉书·刘虞传》中，袁绍却排到了韩馥的后面。[3]抹黑袁绍形象，在《三国志》里算是很常规的操作，不算出奇。

1《后汉书》卷九《孝献帝纪》，"初平元年冬十一月庚戌"条。

2《三国志》卷六《魏书·董二袁刘传》，"袁术"条，裴松之注引《吴书》。

3《后汉书》卷七十三《刘虞公孙瓒陶谦列传》，"刘虞"条："二年，冀州刺史韩馥、勃海太守袁绍及山东诸将议，以朝廷幼冲，逼于董卓，远隔关塞，不知存否，以虞宗室长者，欲立为主。"

真正有意思的，还是《三国志》正文没有采信曹魏官史王沈《魏书》中更凸显曹操忠贞形象的记录，即曹操义正词严地答复袁绍："董卓的罪行，四海之内同感义愤，所以咱们举义兵才天下响应。而今天子幼弱，受到奸臣的挟制，自己也没有昌邑王刘贺那么多失德的罪行，要废掉他，天下怎么能够安定？"并撂下了一句狠话："诸君北面，我自西向！"[1]意思是，你们去投刘虞吧！我自己认长安的皇帝。

这段记载，连陈寿都不认。因为曹操此时是袁绍部将，根本不可能如此直白地羞辱袁绍，毕竟袁绍杀反对者时可从不手软。陈寿反而采信了另一个含蓄的故事：袁绍得到一枚玉印，在曹操坐着的时候，举向其肘，曹操"由是笑而恶焉"。这个故事出自王沈《魏书》，裴松之在注释里还补充了一句《三国志》里删去的话："吾不听汝也！"意思是，我才不听你的！

为什么说含蓄呢？

信息量都藏在文字里，需要了解历史典故来意会。先说玉印，按照汉代的制度，相国和诸侯王是金印绿绶，三公是金印紫绶，往下是银印青绶、铜印黑绶，臣子用金、银、铜，唯有皇帝、皇后可以用玉玺。袁绍得到的这枚玉印，应该就是前文中提到的，济阴郡男子王定的那枚，印文是"虞为天子"。

那么，袁绍为什么要把玉印举向其肘呢？

这番动作是有典故的，称之为"拟肘"。东汉有一位涿郡太守张丰喜爱方术，又常怀野心。有一个道士说他可为天子，还用五彩囊

1《三国志》卷一《魏书·武帝纪》，裴松之注引王沈《魏书》。

装了一块石头，系在他的手肘上，说里面就是天子玉玺。张丰信了，就去谋反，结果失败处斩，到临刑之时，他还执迷不悟，声称自己有天子玉玺在石头里包着，天命不该死。监斩官派人砸碎了石头给他看，他才醒悟被骗，脑袋也掉了。

过往解释"拟肘"，有说法是，袁绍在暗讽曹操想当皇帝。其实，结合场景来看，这分明是袁绍暗示曹操，这枚玉印就是糊弄刘虞的肘上石头，先给他拴上，顶着他出头罢了。

所以，曹操是大笑着说："我才不听你的。"因为袁绍也不是真心拥立刘虞，只是在集体意见的逼迫下，想利用一下对方，而曹操也并没有真的言辞反对，他只是没有强硬地表态，或者说，没资格表态罢了。此前推举刘虞称帝，出现符瑞的地点，已经暴露出不少信息。

比如济阴郡男子王定。济阴郡属兖州，此时的太守并没有记载，有人说是袁绍同族兄弟袁叙，这是张冠李戴了。袁叙为济阴太守在建安二年（197年）、建安三年（198年）左右，应为袁绍、曹操操纵许昌朝廷任命。之前的兴平年间有太守吴资，那么，很可能初平年间的济阴太守就是吴资。他曾参与张邈、张超、陈宫和吕布联合的反曹、反袁战争，说明不是袁绍一党，应与刘岱、张邈更亲近。也就是说，立刘虞的支持者里至少有韩馥、袁绍和刘岱，袁绍和刘岱又是姻亲，公孙瓒也与刘岱和亲，大体可以确认，这四个人在这个议题上是站在一起的。

而代郡的"天有二日"能够传出来，就更耐人寻味。代郡属幽州，与并州接壤，却不在公孙瓒势力范围内，反而有旁证与刘虞关系密切。

据《后汉书·刘虞传》记载，在刘虞被公孙瓒杀死后，代郡、广阳、上谷、右北平等四郡主动斩杀了公孙瓒任命的长史，参与了鲜于辅与刘和的联军，讨伐公孙瓒。[1]也就是说，代郡的符瑞，至少代表了当地世家、长史的态度，支持刘虞称帝。

在此条件下，袁绍的"拟肘"，其实已经表露了态度，就是姑妄言之，姑妄听之。《三国志》这段对比袁绍和曹操的记载，主要作用就是展示袁绍的不臣之心和曹操的耿耿忠心，自王沈《魏书》开始，所载内容不可尽信，核心信息其实藏在背后。

比如，袁绍为什么会劝曹操两次？

曹操的本官是六百石议郎，没有太守官职，也就没有地盘，手下只有四千兵马，奋武将军号也是袁绍表的，属于"擅相署置，不足贵也"[2]，和日后袁绍手下的沮授一个层次，都是属将的身份。他的支持和反对，凭什么重要，值得袁绍反复做工作？

原因在于，醉翁之意不在酒。曹操这个人的北面还是西向，根本不值钱，可另一个人的向背非常重要——后将军袁术。

前文中曾提及袁术与曹操的亲密关系，就是题眼。袁术反对刘虞称帝的态度相当坚决。在劝进表上排名第一的韩馥是袁氏故吏，他开口没起作用，排名第二的兄长袁绍才出马。袁绍当然知道袁术对自己的厌恶，勉为其难开口，当然不是为了搞砸，实在是迫不得已。那么，请与袁术交情好的曹操出马敲边鼓，就是题中之义。

1《后汉书》卷七十三《刘虞公孙瓒陶谦列传》，"公孙瓒"条。

2《三国志》卷七《魏书·吕布张邈臧洪传》，"吕布"条，裴松之注引《英雄记》："轻傲绍下诸将，以为擅相署置，不足贵也。"

想想曹操大笑着说"吾不听汝也！"像是政治表态吗？语境更像是袁绍求曹操私人沟通一下，曹操假装开玩笑："我可办不了！"既然是私人沟通，就不是开会，不可能当场翻脸，曹操的大笑也给袁绍留着面子。袁绍自然很明白这一点，俩人心照不宣地过去了。

那么，刘虞为什么没能当成皇帝呢？

史书记载了不少他坚决拒绝劝进的言行，甚至拿逃出长城，披发死于蛮荒作威胁，这才拦住了袁绍等人的不臣之心，忠汉之心可鉴天地。可这真的是全部的真相吗？

当然不是。

蔡邕在《幽冀二州刺史久缺疏》中曾提到："伏见幽州突骑，冀州强弩，为天下精兵，国家瞻仗。四方有事，军帅奋攻，未尝不辨于二州也。"[1]幽州突骑和冀州强弩是东汉的武力基础，汉光武帝起于河北，靠的就是二州的武力。

作为光武中兴的帝业根基，幽州突骑和冀州沃土的结合，可以轻松地扫平天下，这是东汉朝野的共识。袁绍很清楚这一点，曾与曹操讨论："若事不辑，则方面何所可据？"[2]"辑"指的是合适、和谐、安定，不是成功，就算讨董成功了，袁绍没捞着好处，这事都不算合适。所以，袁绍的计划是"吾南据河，北阻燕、代，兼戎狄之众，南向以争天下"，他对河北的兴趣是一贯的，就是想复制汉光武帝的成功经验。

冀州牧韩馥也明白这一点。韩馥一边供应着袁绍大军的粮草，

1《蔡中郎集》卷七《幽冀二州刺史久缺疏》。
2《三国志》卷一《魏书·武帝纪》。

一边派出冀州都督从事赵浮、程奂率强弩万张出征洛阳之北的河阳，冀州的富庶、强大可见一斑。可问题是，韩馥与袁绍关系很不融洽，起兵前派人监视他，起兵后还屡屡克扣袁绍的军粮，想要让他兵马离散。只不过，于私，韩馥作为袁氏的故吏，在袁氏一门被杀之后，必须为故主报家仇；于公，他却不愿意以州牧之尊，屈居于袁绍这个盟主之下。

所以，韩馥联合袁绍一同拥立刘虞，关东有了新皇帝，自然不需要诸侯盟主了，算是对袁绍的釜底抽薪。

对此，袁绍必须接招，而且要热情洋溢地参与，因为同盟张邈仅仅见他"有骄矜色"就谴责他，如果他表现出贪恋权位的姿态，诸侯同盟很可能瓦解，或者换一位盟主。更何况，袁绍与刘虞的关系，远比韩馥更亲近。

在《后汉书·盖勋传》中有记载，盖勋与宗正刘虞、佐军校尉袁绍在京师领禁兵时，汉灵帝仍然在世。盖勋对二人说："皇帝很聪明，只是被左右蒙蔽。我们如果能铲除奸佞，选拔英才，复兴汉室，功成身退，不也是一件快事吗？"刘虞和袁绍"亦素有谋，因相连结，未及发"[1]，盖勋被调任了京兆尹。这一段，在《后汉纪》中写作："虞、绍亦有宿谋，因共相结。"[2]

可见，在中平五年（188年），刘虞和袁绍已经联合，准备发动军事政变，诛杀宦官。故此，在董卓进京时，袁绍出逃的方向才是冀州。

1《后汉书》卷五十八《虞傅盖臧列传》，"盖勋"条。

2《后汉纪》卷二十五《孝灵皇帝纪下》，"中平五年十月甲子"条。

他要投奔的人有两个，一个是冀州安平人、西河太守崔钧[1]，一个就是幽州牧刘虞；而不是冀州牧韩馥。在袁绍出逃时，韩馥还没有上任。后来等袁绍到了冀州，董卓任命他为勃海太守，这才留在了勃海郡。

而袁绍推动刘虞称帝，也是典型的一石二鸟之计。如果成功了，以他和刘虞的关系、前盟主的身份，将会是关东朝廷的执政重臣；如果办不成，韩馥就算掉坑里了，因为牵头倡议废帝，本就是大罪，办不成，更是罪上加罪，袁绍当然可以带着盟友们兴师问罪。毕竟随着初平二年（191年）初孙坚的北上，袁术在南阳的兵力愈发雄厚，而袁绍部下的曹操、王匡先后战败，讨灭董卓之功，他是拿不到了，所以，袁绍的目标已经转移到夺占冀州上。

正是基于以上考虑，韩馥提议拥立刘虞时，袁绍才附和支持，又拉着公孙瓒、刘岱等人参与，相当于举幽州、冀州、兖州、司隶校尉四州之地拥立刘虞，再以此为基础，通过拉拢孙坚，控制豫州的袁术入伙。

可结果是，"虞终不敢当"[2]。为什么呢？

《后汉书·刘虞传》记载，初平二年，冀州刺史、勃海太守袁绍和山东诸将议决，要立刘虞为主，派出前任乐浪太守张岐等人带着议论的文书到幽州，请求给刘虞上尊号。这个流程相当正式，但刘虞的反应却是"固拒之"，坚决拒绝。

问题是，韩馥串联诸侯推举刘虞为帝的信件，应该在初平元年

1《后汉书》卷五十二《崔骃列传》，"崔钧"条："钧少交结英豪，有名称，为西河太守。献帝初，钧与袁绍俱起兵山东，董卓以收烈付郿狱，锢之，锒铛铁锁。"

2《三国志》卷一《魏书·武帝纪》。

（190年）十一月、十二月发出，到了初平二年（191年）春天才派人正式走程序，在换皇帝的三个征兆里，也有代郡的手笔，刘虞可能不知情吗？韩馥可能不私下与刘虞沟通吗？一介使者没有任何铺垫，跑到朝廷二号人物面前，说："来吧，你当皇帝吧！"这是不是太儿戏了？

接下来的发展，更奇怪："馥等又请虞领尚书事，承制封拜，复不听。遂收斩使人。"[1]在刘虞拒绝当皇帝之后，韩馥等人又派人请求刘虞"领尚书事""承制封拜"。

这两个概念，已经和称帝无关了，都是臣子的权力。

"领尚书事"就是代领尚书的权力。天下文书按制度要交尚书台，转报皇帝，重臣"领尚书事"一般是在皇帝没有能力亲政时，替皇帝批阅。

"承制封拜"则是掌管人事任命权。按规定，二千石以上的重臣人选，必须由天子决定，这是程序。承制，就是代表皇帝行使权力；封拜则表示任命，意思是想任某人为某官，可以直接刻章任命。汉制规定，前后太守交接，要带着新官印替换旧印，旧印要当场销毁，官印就是身份凭证，接了印就是正式官职了。简言之，重臣先行任命，朝廷事后追认。

这个权力，曹操一直到建安二十年（215年）九月，才由汉献帝以诏书的形式授予。[2]也就是说，在曹操"挟天子以令诸侯"二十

1《后汉书》卷七十三《刘虞公孙瓒陶谦列传》，"刘虞"条。
2《三国志》卷一《魏书·武帝纪》，"建安二十年九月"条："天子命公承制封拜诸侯守相。"

年后，才拿到这个大权，可见汉献帝把握得多紧，此权又有多重。

然而，刘虞得到消息的反应是：拒绝，还把使者给杀了。从礼法来讲，臣子推举皇帝属于"大逆"，应斩杀使者，可当时刘虞没杀人，等到韩馥等人退而求其次，反倒见血了。

根本原因是"态度"。

刘虞没有在第一次"请"的时候斩杀使者，可能是因为使者张岐既是退职二千石，又是甘陵人，刘虞之前曾两次任甘陵国相，二人可能是故交，没忍心下手。而第二次来的人叫毕瑜，故任县县长。《献帝起居注》记录曹操上书揭发袁绍逆行时曾说："刻作金玺，遣故任长毕瑜诣虞，为说命录之数。"

金玺比玉玺要低一等，曹操封魏公时，用的就是金玺。命录之数也不是谶纬、天命那一套。"命"，是周天子升迁大臣的一种诏书，也通"名"，而"录"在此就是"籍"的意思，简单地说，就是朝中大臣的名籍，对应的就是人事任命的权力。毕瑜级别不高，连籍贯都没留下，说的又是大事，头颅正好用来表忠心。

另外，也可以理解为刘虞为劝进者留出了"三请三让"的空间。《文心雕龙》中说，"汉末让表，以三为断"，意思是任命官职后，受官者会辞让，汉末的制度要求不要太多繁文缛节，最多让三次即可。任命官职是如此，做皇帝也一样，王莽的劝进、刘秀的劝进、曹丕的劝进，都有三请三让，结果，刘虞只等来了"一请"，山东诸将就退而求其次了，表明其劝进之心不诚。

对于刘虞来说，举幽、冀、兖、司隶四州之地为帝王，听着很美，可他自己的地盘只有幽州，幽州的精兵良马又多在公孙瓒的手上，看似是刘虞的武力"爪牙"，可刘虞控制公孙瓒靠的是朝廷的权威，一旦称帝，君臣关系的转化是否顺利，就要画个问号。不仅如此，他的儿子刘和仍在长安当侍中，一旦他称帝，袁隗、袁基的命运将会重演，没有继承人的皇位，实在没有多大意义。

反观冀州韩馥、司隶袁绍、兖州刘岱等人，各有地盘、兵马，拥立刘虞为帝，与其说是效仿立汉光武，不如说是效仿赤眉军立刘盆子。如果关西朝廷内部发生变化，忠臣诛杀董卓，人人都可以重新投靠汉献帝，封侯拜相，唯有刘虞这个关东伪帝，必然会被出卖，承担责任。

所以，刘虞也要观望一下众人的态度，结果一试就试出来了。既然大事难成，就必须向朝廷和天下表明态度，于是斩杀第二次来的使者，又派出属吏田畴、鲜于银辗转到长安去朝觐天子，表达要迎汉献帝东归的忠心态度。[1]

难道说，刘虞就不能是真正的忠贞之士吗？

其实，史书在用字时已经表露了态度，用的是"终不敢当"这几个字，"不敢"可不是"不想"。事实上，刘虞这个人一直以艰苦朴素、为官清廉著称，帽子破了也不换，只是打个补丁而已。连汉灵帝都知道他廉洁，免收了他的修宫钱。[2]可等到他被杀之后，公孙瓒的部下搜查他的内宅，发现刘虞的妻妾都穿着绸缎锦绣，妆容华丽，所以，时人都怀疑他作伪。[3]

1《后汉书》卷七十三《刘虞公孙瓒陶谦列传》，"刘虞"条。

2《三国志》卷八《魏书·二公孙陶四张传》，"公孙瓒"条，裴松之注引王沈《魏书》。

3《后汉书》卷七十三《刘虞公孙瓒陶谦列传》，"刘虞"条："初，虞以俭素为操，冠敝不改，乃就补其穿。及遇害，瓒兵搜其内，而妻妾服罗纨，盛绮饰，时人以此疑之。"

　　其实，这种人前一套，人后一套的做法，在东汉的官场中并不鲜见，很多名士最后都在富贵日子上漏了底色。毕竟物质享受属于人欲，完全以道德的力量压制，只有极少数人能够做到，刘虞也无非虚伪一些罢了。他作为刘氏皇族的一分子，真的没有当皇帝的念头？恐怕是不可能的。毕竟同为汉室宗亲的刘表和刘焉，哪怕没有称帝的机会，也曾经在礼仪上僭越天子，刘虞就算想过称帝，恢复天下太平，在现代人的立场看，也不算什么大逆不道的罪行，人之常情罢了。

　　真正恶劣的，其实是利用各方的欲望，将本就混乱的天下推向深渊的豪杰们。他们也由此断送了汉末天下短期内恢复安定的一个关键机会。

车骑将军袁绍的忠犬

　　《三国志·武帝纪》是曹操的本传，可对曹操前期经历的记载却极其简略。初平元年（190年），曹操在荥阳汴水被徐荣击败之后，就去了扬州募兵，之后遭遇兵变，进屯河内都没有写具体的时间。然后是他拒绝刘虞称帝，直到在濮阳打败黑山军白绕所部，被表为东郡太守，治东武阳县，才有确切的时间——初平二年（191年）七月。

　　前文中经过考证得知，议立刘虞的时间应该在初平二年十二月，由此算起，曹操有整整七个月的时间不见踪迹。如果按照《三国志》的叙事，那就需要前推至董卓焚毁洛阳，约一年半时间里，曹操事迹无从稽考。

当然，只凭史书字缝中的信息，我们也可以把曹操在这段时间的活动轮廓拼凑出个大概，只是，必须先排除掉曹魏官方宣传先入为主的影响。

前文中提到，曹操收编了任峻，而任峻与张奋是举郡投效，那么，以中牟为中心的十余县自然是在曹操的间接控制下，归属于他的上级老板、司隶校尉袁绍。曹操本人则在募兵后，率领四千多人，奔赴河内与袁绍会师。

在这之后，至少发生了两件大事，为本传所缺载：

其一，曹操杀王匡。见于谢承《后汉书》，胡母班的亲属对王匡相当愤恨，与曹操合作，一起杀死了王匡。

其二，周喁任豫州刺史，领兵偷袭孙坚。行奋武将军曹操的军师周喁，被袁绍任命为豫州刺史，带兵袭击孙坚的老窝鲁阳，与他争夺豫州，还在战斗中射死了公孙瓒的从弟公孙越，可见战事的激烈。

先说前一件事，王匡是董卓派任的河内太守，却站在了袁绍一边，初平元年（190年）屯兵河阳津，威逼洛阳北面，董卓派出疑兵假意在平阴县渡河，吸引王匡增援，又派出精锐自小平津渡黄河，迂回到王匡所部北方，大破王匡，"死者略尽"[1]。不过很奇怪的是，这一战事的发生时间竟成了一桩公案。

《三国志·董卓传》将其放在了董卓迁都之前，即初平元年二月前；[2]《后汉书·董卓列传》则记在了迁都之后，孙坚率兵与徐荣会

1《后汉书》卷七十二《董卓列传》。

2《三国志》卷六《魏书·董二袁刘传》。

战梁县之后，次年孙坚进军梁县阳人之前。[1]《资治通鉴》则称此事发生在初平元年（190年）冬。[2]

要确定哪个记载正确，唯有借助其他材料。蔡邕曾写过一份表章，名为《表贺录换误上章谢罪》，其中提到，当月的十八日，因相国董卓击败了故河内太守王匡，群臣到朝堂上贺，蔡邕上了一道贺表，写错了两个官员的信息，被朝廷丙辰日下发的诏书罚了一个月俸禄，再次上书谢罪。[3]

也就是说，贺董卓战胜的十八日，与丙辰日在一个月，且在丙辰日之前，那么，看一看初平元年哪个月符合条件，自然就能确认战争的时间。结果是，九月、十一月都符合，九月丙辰为十九日，十一月丙辰为二十日。这就确认了，《三国志·董卓传》的记载是错的，而董卓任相国在初平元年十一月初一，可知此事只能发生在十一月十八日。

王匡战败后，泰山兵死伤略尽，他转回了泰山老家募兵，又招募了精兵数千人，想与张邈合兵，结果被曹操和胡母班的亲属联合杀死。[4]

要知道，他战败的地方在河阳津（小平津），在孟津西边，驻

1《后汉书》卷七十二《董卓列传》。

2《资治通鉴》卷第五十九《汉纪五十一》，"初平元年冬"条。

3《蔡中郎集》卷八《表贺录换误上章谢罪》："今月十八日，臣以相国兵讨逆贼，故河内太守王匡等，屯陈破坏，斩获首级，诣朝堂上贺……丙辰诏书以一月俸赎罪。"

4《三国志》卷一《魏书·武帝纪》，裴松之注引谢承《后汉书》："匡少与蔡邕善。其年为卓军所败，走还泰山，收集劲勇得数千人，欲与张邈合。匡先杀执金吾胡母班。班亲属不胜愤怒，与太祖并势，共杀匡。"

扎在孟津的是从事韩浩。王沈《魏书》里说韩浩是被王匡任命为从事，屯驻在孟津，抵抗董卓。这个从事应为州部属官，郡里没有从事职务，任命他的应该是司隶校尉袁绍，只是隐去了这个因果。当然，王匡派他驻守孟津也不奇怪，因为他可能是司隶校尉任命的部郡国从事，每个郡国本就要派一人。所以，韩浩是以袁绍属官身份，受王匡之令屯驻孟津，这才有了董卓让韩浩舅舅招降遭拒。这个事儿，大概率是在王匡主力覆灭之后，韩浩保全了一部分部队死守孟津，避免了全军崩溃，董卓攻打不下，才想办法招降。故此，上级才会"壮之"，任命他为骑都尉。

当然，记载也确实有问题。原文说"袁术闻而壮之，以为骑都尉"，河内距离袁术太远了，韩浩不可能舍袁绍而就任袁术的官，"袁术"应为"袁绍"之误。在这之后，行奋武将军曹操的司马夏侯惇久闻韩浩大名，主动请见，结果是"大奇之"，就派他领兵跟随征伐。[1]这就有意思了，秩比二千石的骑都尉被秩千石的军司马赏识？这不合常理，应该省去了曹操请求袁绍将韩浩划归自己指挥序列的过程。这恰恰也说明了曹操杀死王匡的原因。

王匡在河内郡期间，对于袁绍可谓仁至义尽。据《三国志·常林传》记载，王匡起兵讨董之后，曾派出一群读书人在各个属县偷偷侦查官民的罪行，发现了，就把人抓起来，逼迫对方出钱粮赎罪，稍稍延迟就夷灭宗族。[2]可见，为了供应军队，王匡不惜涸泽而渔。

1《三国志》卷九《魏书·诸夏侯曹传》，"韩浩"条，裴松之注引王沈《魏书》。
2《三国志》卷二十三《魏书·和常杨杜赵裴传》，"常林"条。

可在王匡遵袁绍指令杀死胡母班等人之后，他的恶名昭彰，又打光了部曲，就连防区也被外来户曹操接管，直白地说，他被袁绍弃若敝履。愤懑之下，王匡回乡募兵，想回来争一争，并联络了张邈做外援，谋求合作。

问题是，在常林的故事里，还有一个人出现，就是王匡的同郡胡母彪。在常林诉说自己叔叔的冤屈之后，"彪即书责匡，匡原林叔父"[1]。一方面说明胡母彪就在河内郡，另一方面说明胡母彪在河内郡有很大的权柄，可以写信责备王匡，王匡还会听他的话，放还常林的叔父。

也就是说，与曹操合作杀死王匡的，极有可能是胡母彪等胡母班的同族。而曹操攻杀王匡，是为了维护袁绍小集团，阻止其叛逃。

说完王匡之死，就该说第二件事，周喁攻孙坚。

周喁任豫州刺史攻打孙坚的前因相当复杂，会在后文之中详细介绍。这里主要说一下该事件和曹操的关系。

孙坚在击败董卓，掩埋了被吕布盗掘的皇陵之后，收兵回归南阳郡鲁阳驻扎。之后，袁术又派孙坚出镇颍川郡阳城，遭到了周喁的进攻。于是，袁术令公孙瓒的从弟公孙越领兵增援孙坚，两军合力也没打赢，公孙越也在战场上中流矢而死。[2] 记录这一段的是《三国志·公孙瓒传》，其中"周喁"写作"周昂"，近人也有考证，"喁"与"昂"其实是一个字的传抄笔误，并不是两兄弟，而是一

1《三国志》卷二十三《魏书·和常杨杜赵裴传》，"常林"条。
2《三国志》卷八《魏书·二公孙陶四张传》，"公孙瓒"条："术遣孙坚屯阳城拒卓，绍使周昂夺其处。术遣越与坚攻昂，不胜，越为流矢所中死。"

个人。不过，关于战争胜负的记载，《会稽典录》中说的是，"屡战失利"[1]。

可见，周喁西进豫州，并不是一战定乾坤，而是各有胜负。前文中曾述及，丹阳太守周昕是周喁的哥哥，他曾在曹操起兵后，前后送兵万余人，这个时间只能在初平二年（191年）之前。因为初平三年（192年）时，徐州、扬州，甚至司隶的朱儁，都倒向了袁术，丹阳兵不可能通过。

考虑到这个时间和兵力，且送兵的对象明指曹操，而非周喁，侧面说明了受命与孙坚争豫州的军事统帅应该是曹操，袁绍命令他护送周喁到豫州上任，担任豫州刺史。

这一点，从路线上也能得到印证。因为《吴录》中说，周喁"来袭取"[2]豫州，说明并不是走豫州地界，一步步蚕食，而是自外州直奔颍川郡阳城。

阳城地在今河南登封，位于嵩山山区，北经辕辕关可达洛阳，向东可达密县，两面被河南尹的地盘包夹。密县正是任峻和张奋送给曹操的十余县之一，所以，以此为基地的出征，曹操这个领兵将军没有带大兵参与的可能性不大。

最重要的是，初平二年四月，孙坚击走董卓之后，袁绍集团已经逐步放弃河内郡，兵退延津。[3]这与韩馥的一个举动直接相关，那

1《三国志》卷四十六《吴书·孙破虏讨逆传》，"孙坚"条，裴松之注引《会稽典录》。

2《三国志》卷四十六《吴书·孙破虏讨逆传》，"孙坚"条，裴松之注引《吴录》。

3《三国志》卷六《董二袁刘传》，"袁绍"条："会卓西入关，绍还军延津。"

就是派出了从事赵浮、程涣统帅一万强弩兵屯孟津。[1]这支强悍的部队驻扎在孟津，一方面控制了袁绍军粮的水运枢纽，也是袁绍说韩馥"绝臣军粮，不得踵系"[2]的根由所在；另一方面，这支军队将袁绍与洛阳隔开，使得他在董卓仓皇西撤之际，无所作为。

所以，《英雄记》中说，兖州刺史刘岱曾写信给冀州治中从事刘子惠，提到董卓不足为患，在他死后，就要回师讨伐韩馥，"拥强兵，何凶逆，宁可得置！"[3]这个表态，吓坏了韩馥，起因应该就是对袁绍的围困。在袁绍出兵冀州之际，韩馥的属官们一次次劝谏韩馥，也总拿军粮为理由。要么说，袁绍是吃奶的孩童，断了奶立刻饿死；要么说，袁绍军无斗粮，各欲离散，旬日之间，就会土崩瓦解。

按理说，袁绍大军不应该这么惨，毕竟在河内郡有河南尹十余县的支持，还有兖州为后盾，没有理由全靠冀州的粮食供应。可当冀州兵卡住孟津的黄河航道，外来的支援就全部断绝了，而河内郡和河南尹东部各县，经过一年的战乱，百姓死者近半，根本供应不起袁绍的兵马。

按照《后汉书·郡国志》的记录，整个河内郡只有八十万余口，河南尹多一些，有一百万余口，[4]可绝大多数都在洛阳周边。《后汉

1《后汉书》卷七十四上《袁绍刘表列传上》："先是，馥从事赵浮、程涣将强弩万人屯孟津。"

2《后汉书》卷七十四上《袁绍刘表列传上》："会故冀州牧韩馥怀挟逆谋，欲专权势，绝臣军粮，不得踵系，至使猾虏肆毒，害及一门，尊卑大小，同日并戮。"

3《后汉书》卷七十四上《袁绍刘表列传上》，李贤注引《英雄记》。

4《后汉书》志第十九《郡国一》："（河南尹）永和五年……口百一万八百二十七；（河内郡）口八十万一千五百五十八。"

书·董卓列传》中说，董卓"尽徙洛阳人数百万口于长安"[1]，这个数量甚至超过了前面的总和，但考虑到东汉末年严重的隐匿户口和奴婢，在二百里内无复子遗的情况下，并非不可能。

这就意味着，袁绍的直辖区域不到百万人口，却要养十万大军一年，没有外来粮食的支援是活不下去的，而韩馥的举动，算是断了他的命脉。所以，当董卓西入长安后，袁绍就领兵东进延津，黄河对面就是兖州，相当于重建补给线。而这应该也是孙坚北上，连战连胜的同时，近在河内郡的袁绍大军没有取得任何战绩的原因所在。

因此，曹操被袁绍派出，与周喁合作出兵争夺豫州，是为了扩大河南尹东部十几个县的势力范围，形成一个背靠兖州的战略前哨，对袁术采取攻势防御，目的主要是拓地。之后为了稳住公孙瓒，把勃海郡都让出去，又任命臧洪为青州刺史，都是袁绍为了保障自己夺冀州过程中不会有外来势力干预。

待到初平二年（191年）七月，袁绍夺取冀州之后，整个战略就要调整，开始围绕冀州的基业展开。原本针对韩馥的几支矛头都指向了他，包括张杨、黑山军，于夫罗和公孙瓒，三支队伍的进攻时间不同，却造成了很大的军事压力。兖州刺史刘岱虽是其姻亲盟友，可从他在公孙瓒逼迫下久议不决的状态就可以看出，刘岱主动参战，支持袁绍的意愿很低。[2]所以，袁绍只能将属将曹操调回，放弃河南尹东部地区，集中兵力抵挡各方势力对邺城的进攻。

1《后汉书》卷七十二《董卓列传》。

2《三国志》卷十四《魏书·程郭董刘蒋刘传》，"程昱"条："是时岱与袁绍、公孙瓒和亲，绍令妻子居岱所，瓒亦遣从事范方将骑助岱。后绍与瓒有隙。瓒击破绍军，乃遣使语岱，令遣绍妻子，使与绍绝。别敕范方：'若岱不遣绍家，将骑还。吾定绍，将加兵于岱。'岱议连日不决。"

在此条件下，周喁这个豫州刺史进不能进，退不能退，成了弃子，独立领兵面对孙坚就开始连战连败，只好逃离豫州。这意味着袁绍失去了豫州。周喁投奔扬州九江郡，若他与周昂为一人，则周喁自此就任九江太守。此地是扬州的治所，重要性毋庸置疑，这才有了袁绍派堂兄山阳太守袁遗接任扬州刺史的后话。没想到，袁遗领兵直驱九江途中，被袁术击败，后在逃往沛国途中被士兵所杀，扬州还是丢给了袁术。[1]

整体来说，在这个阶段袁绍集团处于四面楚歌之中，而曹操也不得不被绑在船上一同浮沉，面对席卷整个中原的大乱局。只不过，在这个阶段，他根本没有资格搅动风云，而只是袁绍手中的一枚棋子罢了。所以，曹魏官方的宣传口径，对于曹操这个阶段的经历轻描淡写，连累整个时代的历史叙事都被删减，让我们错过了一场自长安的汉献帝，南阳的袁术，徐州的陶谦，幽州的刘虞、公孙瓒，到青州的刘备、孔融，全都卷入其中的超级大戏。

这场大戏的细节，我会与刘备的经历一起展开，这里先跳过曹操击败黑山军白绕后任东郡太守的部分，直接说一说青州黄巾入兖州。

曹操收降百万黄巾？假的！

初平三年（192年）夏四月，青州黄巾众百万入兖州。从地理

1《三国志》卷六《魏书·董二袁刘传》，"袁术"条，裴松之注引《英雄记》："袁绍遣袁遗领州，败散，奔沛国，为兵所杀。"

上看，从青州到兖州，有两条必经之路，一条经过济北国，对手是济北相鲍信；一条走泰山郡，对手是泰山太守应劭，应劭在初平二年（191年）就曾击败过三十万入境的黄巾军。[1]可以确定的是，此次黄巾军主力走的是济北国这条线。

这也是史书记载济北相鲍信劝谏兖州刺史刘岱的原因。由于鲍信不敢与黄巾开战，丢失了济北国，这才跑到东平国，与刘岱统帅的州兵主力会合，得以面对面沟通。[2]

值得注意的是，这次黄巾军入兖州与以往的几次大战都不相同。《三国志·武帝纪》中记载，鲍信劝谏刘岱时说："观贼众群辈相随，军无辎重，唯以钞略为资。"[3]先不论这群黄巾军是三十万人还是一百万人，竟然毫无辎重，全靠劫掠度日，这个状态就非常奇怪。

之前青州黄巾西进兖州泰山郡时，遭遇应劭的截击，被缴获的辎重车就有两千辆；待到北上冀州勃海郡，在东光战败后，青州黄巾丢弃的辎重车更是多达数万辆。[4]

此时的青州黄巾军，却是辎重尽失，原因何在？

说明此次青州黄巾军并不是有目的的作战，而是轻装亡命。数十万人冲入济北国后，并没有向西奔东郡，北渡黄河，而是南下杀

1《后汉书》卷四十八《杨李翟应霍爰徐列传》，"应劭"条："初平二年，黄巾三十万众入郡界。劭纠率文武连与贼战，前后斩首数千级，获生口老弱万余人，辎重二千两，贼皆退却，郡内以安。"

2《三国志》卷一《魏书·武帝纪》："青州黄巾众百万入兖州，杀任城相郑遂，转入东平。刘岱欲击之，鲍信谏曰……"

3《三国志》卷一《魏书·武帝纪》。

4《后汉书》卷七十三《刘虞公孙瓒陶谦列传》，"公孙瓒"条："贼弃其车重数万两，奔走度河。"

死了任城相郑遂，又转入东平国。令人奇怪的是，任城国辖区被山阳郡、东平国、鲁国紧密包裹，无论从济北国还是泰山郡入兖州，都不可能不经上述郡国进任城国，可从记载来看，青州黄巾一路没有发生大战，甚至没有攻城略地。

那么，唯一的解释就是，青州黄巾是作为盟友进入兖州求庇护的。突然这么说，肯定会迷糊，怎么青州黄巾还是盟友了？其实，在臧洪被袁绍包围后给陈琳的回信中就提到了："足下讥吾恃黑山以为救，独不念黄巾之合从邪。"[1]意思是，你笑话我苦守东郡靠黑山军救援，你们袁家不也和黄巾合作过吗？这个合作的背景，说来话长，还是放到日后和刘备一起展开。

青州黄巾的行动路线应该是自青州的平原国、济南国南下兖州济北国，进入东平国，前锋直指任城国，或是从东平国向西，或是从任城国向西，目标都是进入兖州腹地。

因为是轻装急进，又算是盟友，得以浩浩荡荡地涌入兖州，直到任城国才受阻。这是因为任城国境内有亢父之险，挡在黄巾西进兖州济阴郡和南下徐州的路上，无论黄巾最终的对手是刘岱还是陶谦，都必须突破亢父狭路。所以，青州黄巾攻杀了任城相郑遂，标志着其与袁绍、刘岱、曹操集团的联盟关系瓦解。

因为黄巾军拖家带口，大队人马行军速度缓慢，精锐突击到任城，后队仍旧在济北、东平，拉开了一字长蛇阵，并被汶水分割为南北两段。兖州刺史刘岱则在控制亢父险道之后，经水路北上大野泽，在东平国境内建立防线，力图遏制黄巾军的前进，将其阻击在

1《三国志》卷七《魏书·吕布张邈臧洪传》，"臧洪"条。

济水以东。

为了生存，黄巾军只好调转枪口，沿着汶水蚕食东平国的城邑，拓展战略纵深。待到刘岱统领州兵主力出击，黄巾军进一步收缩集结，与官军决战，一举斩杀了轻敌的刘岱。[1]

这个时候，双方都非常尴尬。对于袁绍联盟来说，兖州的一角由于刘岱死去而崩塌；对于青州黄巾来说，失去盟友的供应，数十万男女老幼面临缺粮的境地。正是这两方面的因素，给了曹操机会。群龙无首的兖州诸将，急需一个以袁绍为后盾的刺史站出来挡住黄巾军，这才有了陈宫推举曹操的大串联。

陈宫，字公台，东郡人，性情刚直。他年少时交游甚广，与海内知名之士都有结交，待到天下乱起，方才跟随曹操。[2]所以，他应该是曹操任东郡太守后投奔的。陈宫利用自己的人脉关系，游说兖州别驾从事和治中从事，也就是刺史属官中的一号、二号人物，共同迎接曹操为兖州牧。鲍信等人也支持这个提议，说明兖州的头面人物应该是聚集在东平国，达成共识后，才让陈宫和州吏万潜一同到东郡迎接曹操。

必须指出的是，所谓的拥戴只是形式，真正关键的是袁绍的认可。袁绍在给汉献帝的表章里说："臣时辄承制，窃比窦融，以议郎曹操权领兖州牧。"陈琳在《为袁绍檄豫州》中则说："幕府辄复分兵命锐，修完补辑，表行东郡太守、兖州刺史，被以虎文，授以偏

1《三国志》卷一《魏书·武帝纪》："岱不从，遂与战，果为所杀。"

2《三国志》卷七《魏书·吕布张邈臧洪传》，"吕布"条，裴松之注引《典略》："陈宫字公台，东郡人也。刚直烈壮，少与海内知名之士皆相连结。及天下乱，始随太祖。"

师，奖就威柄，冀获秦师一克之报。"

两条记载都说明了，曹操的兖州刺史职务出自袁绍的任命。没有袁绍的认可，陈宫就算是苏秦、张仪复生，也不可能帮曹操拿下兖州。袁绍的任命为什么如此重要呢？

这就涉及读三国史时一个重要的常识：什么是表某某官职。

很多人读三国史时想当然地认为，东汉末年天下大乱，朝廷官职早已无人在意，所谓表，就是上表意思一下，朝廷同意与否也无所谓。其实，这是对东汉社会的认识不足造成的误会。东汉地方官的代表是守相，中央派出官的代表是刺史、州牧，对于地方州郡的世家豪强来说，都是外来户。没有朝廷的权威加持，世家豪强完全没有理由支持官员，更别说任其割据一方了。

唯有合乎法度、顺应众心的官员，才能动员地方，发挥力量。所以，无论是关西朝廷，还是袁绍这个诸侯盟主，都要在朝廷法度的圈内走程序，这才有了表和授，乃至于领。

表是古代的一种上行文书，按照刘勰《文心雕龙》的解释："汉定礼仪，则有四品：一曰章，二曰奏，三曰表，四曰议。章以谢恩，奏以按劾，表以陈请，议以执异。"可见，表的主要功能是向皇帝陈述情形，提出请示。而皇帝认可、批准陈请，则需要下达诏书。

这就意味着，汉末时表某人任某官职，实际上是一种推荐程序，而任命官职则需要诏书的确认，一来一往，甚至三个来回，才算走完程序，也就是所谓的"汉末让表，以三为断"。那么，面对董卓把持幼主，朝廷肯定不会下达任命诏书的问题，这些官职任命如何处理呢？

《典略》里公孙瓒控诉袁绍的罪行之一，就是："矫命诏恩，刻金印玉玺，每下文书，皂囊施检，文曰：'诏书一封，邠乡侯印。'"同样的内容，在《后汉书·公孙瓒传》中文字略有不同，"矫刻金玉，以为印玺，每有所下，辄皂囊施检，文称诏书"，看似意思差不多，可细节上暗含玄机。

简单解释一下，汉代唯有皇帝、皇后可用玉玺，袁绍擅自刻玉玺和金印，玉玺自然是盖在公文上，金印则是授予高级官员的官印，确切地说，丞相、列侯、将军用金印，中二千石、二千石则用银印。袁绍没有任命丞相和封侯的记载，所刻金印当是授予将军，如曹操的行奋武将军、鲍信的行破虏将军、鲍韬的裨将军、韩馥的奋威将军、沮授的奋武将军等。这正是《英雄记》中提到吕布看不起袁绍部下诸将的原因，吕布认为，这些将军都是袁绍擅自任命的，没经过朝廷认可，不值钱。[1]

汉代的公文写在竹简上，重要者要用书囊包裹，比如皇帝玺书用青布囊，边郡发奔命书用赤白囊，宫中机密用绿囊，皂囊则专用于封装专呈皇帝的密奏，所谓"皂囊封板"，又称"封事"，意思是直通皇帝，旁人不得开封。

检，并不是检查的意思，而是一种木片，用于题署和封缄公文。当时是竹简、木牍公文，前者是将写字的细竹条串联成册，卷起来后用封板夹紧，再用系绳捆绑，外裹各色书囊（也称书衣），系绳的绳结用印泥封缄。这个印泥是真正的泥土，比如皇帝用武都紫泥，再盖上官印，就完成了泥封，除非暴力破拆，否则没法看到文

---

[1]《三国志》卷七《魏书·吕布张邈臧洪传》，"吕布"条，裴松之注引《英雄记》："轻傲绍下诸将，以为擅相署置，不足贵也。"

书中的内容。

袁绍在公文上的题署是，"诏书一封"，封印为"邟乡侯印"，与"文称诏书"的意思并不一样。真正的"文称诏书"的僭越之举，是以皇帝的名义下达命令，在文书上盖皇帝行玺。而袁绍并没有这么做，而是以点对点的"封事"发送文书给其他官员，确实属于矫诏，也就是冒称诏书，但封印又表明了由邟乡侯袁绍发出，说明这是盟友间的默契。所以，公孙瓒在后面也提及了王莽的先例，"昔新室之乱，渐以即真，今绍所施，拟而方之"，也就是说，袁绍的举动并不是确凿无疑的大逆不道，只是代行、摄行。

这一行动，还有先例。袁绍给汉献帝上书中曾说，"窃比窦融"。窦融东汉初年在河西五郡割据，就以承制的名义，自行授拜军职，后来也归义于汉光武帝。这里就涉及"领"的含义，据严耕望先生研究，领应为领校之简称，"'领校'犹史传中守相权命属吏守诸县长吏者，是亦暂署也"[1]。按：樊敏碑中有"汉故领校巴郡太守樊府君碑"字样，可见领校不止于诸县长吏，太守亦然，均为暂守官职，并非实授。在严先生的讨论上，再进一步，考诸汉末诸多记载，"领"职地方者，往往先有将军、校尉等军职，故此，"领"与"守""试"等暂守职责的区别，应是以军职暂署某地方官职。

曹操的领兖州刺史，也是如此。他首先是车骑将军袁绍下属的奋武将军，其次才是领东郡太守、领兖州刺史，所以，他并不是正式任命的兖州之主，仅仅是袁绍命令确认下的暂代。他的核心任务，

---

1 严耕望：《秦汉地方行政制度：中国地方行政制度史（甲部）》，北京联合出版公司，2020年，第390页。

就是掌握兖州兵，为袁绍守好侧背。

而曹操上任伊始，就迎来了人生中的第一个高光时刻，甚至被绝大多数的三国研究者视为曹操事业的奠基，那就是，击败百万青州黄巾，收降三十万兵，男女百万口，挑选精锐组成青州兵。

不过，这个故事的原始记录却相当诡异。

因为它没有细节。确切地说，只写了曹操怎么接兖州的，却没写战争的细节。比如，曹操带了多少兵，派了哪些将领，用了什么战术，又是在什么条件下，逼迫黄巾军投降的。不仅在曹操本传里没写，在《三国志》其他人物的传记里也没有，当然，《后汉书》《后汉纪》里都没有。更有意思的是，曹操收降的黄巾男女，被安置在哪里，挑选精锐组成的青州兵有多少人，将校是谁，全都没提。

这样一个辉煌胜利，没理由不大书特书，可惜，真没有。那么，我们先问最简单的问题，百万青州黄巾到底去哪儿了呢？

一般的说法是，一百三十万黄巾被曹操收编，拣选强壮者三十万人为兵，一百万口弱者屯田。问题是，如果曹操真的收编了三十余万青州兵，第一次出征徐州时，竟然担心自己打不过陶谦，向家里托付后事，说自己要是回不来，就去投奔陈留太守张邈，回归之后，还和张邈相对哭泣。[1]而史书所见的陶谦兵力不到两万人，仅三十万青州兵，就超过了讨董联军的总和，曹操为什么会有这样的担心呢？

1《三国志》卷七《魏书·吕布张邈臧洪传》，"张邈"条："太祖之征陶谦，敕家曰：'我若不还，往依孟卓。'后还，见邈，垂泣相对。其亲如此。"

更进一步说，吕布联合张邈、陈宫窃夺兖州，曹操的三十万青州兵竟然坐视一州只剩下三县，濮阳大战时，遭遇吕布的骑兵攻击，青州兵竟然先行溃散。[1] 可见，此处的青州兵不是全体的概念，而只是大军一部，先逃跑造成了阵型混乱。更神奇的是，在初平三年（192年）已经有三十万青州兵在手的曹操，到建安五年（200年）的官渡之战时，大营中竟然兵不满万，人都去哪儿了呢？

这个疑问，裴松之在注释《三国志》时已经提出来了[2]，可却一直没有得到后世学者的可信解释。因为史书中对曹操收编青州黄巾言之凿凿，争议无非是收编多少人的问题，如《三国志·武帝纪》称，"受降卒三十余万，男女百余万口"[3]；《后汉纪》称，"击黄巾破之，降者三十余万人"[4]；曹操在《让县自明本志令》里，自己承认的是"破降黄巾三十万众"[5]。

不过，如果我们跳出定见的束缚，参考后续的历史事实，就可以确认，曹操根本不可能控制百万黄巾的人力资源。

据《后汉书·郡国志》记载，东汉治世时，整个青州合计有三百七十万九千八百七十五口[6]，男女百万口加上三十万兵，就是

---

1 《三国志》卷一《魏书·武帝纪》："布出兵战，先以骑犯青州兵。青州兵奔，太祖陈乱。"

2 《三国志》卷一《魏书·武帝纪》，裴松之注："臣松之以为魏武初起兵，已有众五千，自后百战百胜，败者十二三而已矣。但一破黄巾，受降卒三十余万，余所吞并，不可悉纪；虽征战损伤，未应如此之少也。"

3 《三国志》卷一《魏书·武帝纪》。

4 《后汉纪》卷二十七《孝献皇帝纪》，"初平三年夏四月"条。

5 《三国志》卷一《魏书·武帝纪》，裴松之注引《魏武故事》。

6 《后汉书》志第二十二《郡国四》。

一百三十万口跑到了兖州曹操治下，全境百姓跑了百分之三十五。可能吗？

我们姑且采信这个可能性，再看青州黄巾在兖州的作战区域，包括东平、济北两个郡国，最终黄巾投降的地方，也只说在济北国。该地在《后汉书·郡国志》中的记录人口为二十三万五千八百九十七口，刘岱战死的东平国，口数为四十四万八千二百七十。[1]两郡国总计为六十八万四千一百六十七口。

哪怕算上任城国这个新近无主之地，再加上曹操的大本营东郡，前者有口十九万四千一百五十六，后者在东汉极盛时也只有六十万三千九百九十三口。[2]四郡国总计一百四十八万两千三百一十六口，刚刚和青州黄巾的数量持平。曹操把这群黄巾余众安置下去，控制得住吗？这是第一个疑点。

至于说兖州的其他郡国，泰山太守应劭与陶谦交好，先把黄巾打到了境外，济阴郡有太守吴资，陈留郡有太守张邈，山阳太守为袁遗（袁绍从兄）。吴资在吕布夺兖州时站在了曹操的对立面，张邈与曹操年少为友，袁遗则门第更高，三人能否短期内接受曹操入主兖州的现实，还是未知数，是否服从曹操的命令，更是存疑。

哪怕退一万步，将济阴郡、陈留郡和山阳郡的二百五十七万零三百九十五口计入。[3]兖州总口数为四百零五万两千七百一十一口，

---

1 《后汉书》志第二十一《郡国三》："东平国……口四十四万八千二百七十；济北国……口二十三万五千八百九十七。"

2 《后汉书》志第二十一《郡国三》："任城国……口十九万四千一百五十六；东郡……口六十万三千三百九十三。"

3 《后汉书》志第二十一《郡国三》。

黄巾军家口安置完毕，则占总口数的近百分之二十五（考虑到之前战争的流散，这个比例甚至会上升到百分之五十），也就意味着每三个兖州人身边会有一个青州黄巾，极端情况是一个兖州人面对一个青州黄巾，而兖州在此之后，再没有爆发过黄巾起义或骚动，合理吗？这是第二个疑点。

第三个疑点，也是最关键的问题是，根据《三国志·武帝纪》的记载，青州黄巾初平三年（192年）四月入兖州杀刘岱，至当年冬天才投降曹操。冬季收降一百三十万饥民，无法开荒耕种，至少要廪食供应到次年秋季才有收成，曹操手中有这么多的粮食吗？

当然不可能。哪怕在曹操入主兖州两年之后，吕布与他于濮阳对峙，也不过相持百日即双方粮尽，各自罢兵。[1]濮阳是东郡的中心，鄄城是曹操的治所，两个核心补给点各自供养万余兵马，也只够支持三个月。别说百万之众了，就连十万之众，曹操都养不起。

所以，曹操顶多在名义上收降黄巾余众之后，挑选部分健壮者为兵，让其余百姓自生自灭，绝不可能真的安置如此规模的降众。

所谓招降百万黄巾只是一个传奇故事罢了，现实毫无可操作性。就连曹操自己写的《让县自明本志令》，也只承认"破降黄巾三十万众"，没有吹嘘"百万之众"，这个"百万"的数字仅见于《三国志·武帝纪》，也就是陈寿的笔下。

陈寿当然知道曹操的原话，所以，写成了"受降卒三十余万，男女百余万口"，三十万众一下子增加到了一百三十万人。为什么他

1《三国志》卷一《魏书·武帝纪》："与布相守百余日。蝗虫起，百姓大饿，布粮食亦尽，各引去。"

要这么做呢?

因为前面提到了"青州黄巾众百万入兖州",曹操若只收降了三十万人,剩下的七十万人去哪了?怎么解释?必须解释,就只能画蛇添足。

其实,"众百万"这个说法,本身可能就出自曹魏官史的夸张,陈寿面对孤证,也不得不捏着鼻子圆这个谎,造成了更荒谬的结果。

事实上,史书上记载青州黄巾的兵力数,不止一处。比如,初平二年(191年),入泰山郡攻打应劭的,是三十万人;同年,参加东光之战的青、徐黄巾有三十万人;[1]被公孙瓒打掉十万人后,从冀州退回的青州黄巾二十万人攻打了北海孔融。[2]那么,之后涌入兖州,攻打刘岱的青州黄巾,顶多是二十万人中的一部,之后在北海等地扩编,并不奇怪,可突然间扩充到了一百三十万人,实在是匪夷所思。

值得注意的是,建安二年(197年)袁绍上书汉献帝提及,"黄巾十万焚烧青、兖"[3]。在建安十八年(213年)五月,汉献帝策命曹操为魏公的诏书里也说,"黄巾反易天常,侵我三州"[4],合青州、冀州、兖州,恰为三州。

1《后汉书》卷七十三《刘虞公孙瓒陶谦列传》,"公孙瓒"条:"初平二年,青、徐黄巾三十万众入勃海界。"

2《后汉书》卷七十《郑孔荀列传》,"孔融"条:"贼张饶等群辈二十万众从冀州还。"

3《后汉书》卷七十四上《袁绍刘表列传上》。

4《三国志》卷一《魏书·武帝纪》,"建安十八年五月丙申"条。

这充分说明了，青、徐黄巾在初平二年（191年）、初平三年（192年）转战青、冀、兖三州时，兵力一直在三十万以下，所谓百万之众，完全是夸张之词。

那么，假设张饶所率二十万黄巾残部又多裹挟了十万人，凑成三十万，被曹操逼降，则袁绍说的十万数字，就是对皇帝撒谎，毫无意义；反过来，如果二十万黄巾残部中的十万人攻入兖州，另有二十万在青州的黄巾老弱，一同被袁绍、曹操集团逼降，那么，两个就都没撒谎。

要知道，上述两个数字都出自当时的文件，一份是袁绍给汉献帝的上书，一份是曹操发出的令，都是正式的公文，形容词可以夸张，基本信息必须保持准确。蔡邕仅仅写错了两个官员的职务信息，就遭罚俸，袁、曹二人固然跋扈，也无谓因为文字被时人诟病。

所以，袁绍说的十万，曹操说的三十万，出现分歧的原因是统计口径不一。袁绍说的十万，是进攻兖州的兵力；而曹操说的三十万，则是在兖州、青州迫降的黄巾军总数，注意，包括了青州当地。

青州境内一直到建安末年，都活跃着大批的黄巾将帅。曹操在平定袁谭之后，曾任命何夔为长广郡太守，其治下的长广县有黄巾将帅管承，光他一部，就有徒众三千余家；牟平县有个叫从钱的，也有众数千；东牟人王营，有众三千余家。[1]仅长广郡内，就有一万家叛众。其他见于记载的，还有名叫郭祖的海贼，寇掠乐安、济

1《三国志》卷十二《魏书·崔毛徐何邢鲍司马传》，"何夔"条。

南，¹受挫之后，逃入泰山郡成为山贼。与他类似经历的还有几十个人，都被袁绍任命为中郎将，这也是袁谭处置黄巾军的办法，直接任命官职，收编。²待到建安十一年（206年），曹操平昌豨之后，济南、乐安黄巾徐和、司马俱等人还攻杀长吏反叛，需要夏侯渊率泰山、齐国、平原三郡郡兵合击，才大破之，平定诸县。³

可见，青州黄巾并没有在初平三年（192年）被曹操斩草除根，反倒在青州繁荣昌盛，存活时间比袁氏父子都长。无论是百万众，还是三十万、十万，都只是纸面上的数字，甚至可以说，跟曹操的关系就不大，他只是贪他人之功罢了。

为什么这么说呢？

因为，曹操的兖州平黄巾之战记载虽少，却也留下了不少蛛丝马迹，印证了曹操的功绩根本就是注水的。王沈《魏书》中说，曹操亲率步骑兵千余人，在战场上巡视，结果突然跑到了敌人营前，作战不利，战死了数百人，领兵撤退。黄巾军紧跟着进兵了，他们长期作战，而且屡屡获胜，士兵都非常精悍，而曹操的老兵少，新兵又没怎么训练过，全军都非常畏惧。曹操就顶盔贯甲，亲自巡视军营，严明赏罚，士兵由此重新振奋，找机会进攻，敌人稍稍退却。

黄巾军写信给曹操说："你原来在济南国当国相的时候，毁坏淫祠的神坛，信仰应该与中黄太乙的'大道'一样，现在反倒迷惑

1《三国志》卷十二《魏书·崔毛徐何邢鲍司马传》，"何夔"条。

2《三国志》卷十八《魏书·二李臧文吕许典二庞阎传》，"吕虔"条。

3《三国志》卷九《诸夏侯曹传》，"夏侯渊"条。

了。汉家的天命已尽，黄天当立，这是天运，你的才能不足以挽救。"曹操见到书信，大骂对方，又反复招降，设置奇兵、伏兵，昼夜会战，每战必有擒获，黄巾军于是退走了。[1]

另一处记载也出自王沈《魏书》，主要谈鲍信之死。曹操认为黄巾军打败刘岱之后已成骄兵，想在寿张县设奇兵打击他们，所以，先和鲍信一起到战场去查看。没想到，步兵没到，就与敌人遭遇，于是接战开打。鲍信殊死抵抗，救出曹操，使他逃离包围圈，鲍信由此战死，时年四十一岁。[2]

两条记载连在一起说明：鲍信死于曹操的胡闹。

曹操和鲍信率兵先"行战地"，说是去侦查，本意应该是突袭敌营，也就是"奇兵挑击"，因为曹操把对方想象成了骄兵，理应没防备。

没想到，曹操和鲍信在寿张县东的黄巾军营地外，遭遇了黄巾军，突袭没有了突然性，曹操和鲍信只好在步兵没跟上的情况下，率骑兵突击。按理说，曹操和鲍信应该能带着骑兵逃走，可曹操对自己的判断很自信，在失去进攻突然性的情况下，仍执拗地率领骑兵冲锋。

可黄巾军的战斗素质远高于曹操的新兵，包围了骑兵前部，这才有所谓"溃围"之说。这时候，曹操逃跑，鲍信殿后，落后的步

---

[1]《三国志》卷一《魏书·武帝纪》，裴松之注引王沈《魏书》。

[2]《三国志》卷十二《魏书·崔毛徐何邢鲍司马传》，"鲍勋"条，裴松之注引王沈《魏书》："太祖以贼恃胜而骄，欲设奇兵挑击之于寿张。先与信出行战地，后步军未至，而卒与贼遇，遂接战。信殊死战，以救太祖，太祖仅得溃围出，信遂没，时年四十一。"

兵虽然赶到救援，也没能突破黄巾军的包围，鲍信战死。

"死者数百"可不是个小数目。界桥之战中，麹义突击公孙瓒数万兵，才斩甲首千余。曹操和鲍信总共带了步骑千余，被杀数百人，伤者得有几倍，副将战死，主将仅以身免，以古代标准，就是全军覆灭。

看明白这段记载就知道，这分明是一场惨败，可仗打成这样，黄巾军凭什么投降曹操？

事实的真相是，曹操在鲍信死后，一直与黄巾军缠斗，只不过，破和降的结果与曹操的用兵毫无干系，而是来自外部因素的干扰，曹操捡了个便宜罢了。这个外部因素到底是什么呢？

答案就是，陶谦、公孙瓒等人联合围困。在《三国志·武帝纪》中有这么一段神奇的记录："袁术与绍有隙，术求援于公孙瓒，瓒使刘备屯高唐，单经屯平原，陶谦屯发干，以逼绍。太祖与绍会击，皆破之。"[1]

此事未列月份，置于初平三年（192年）冬曹操破降三十万黄巾之后，初平四年（193年）春之前，可见是初平三年年底发生的事件，刘备与单经都是公孙瓒部将，高唐和平原都在平原国境内。说神奇，是因为公孙瓒派遣了徐州刺史陶谦屯兵在发干县。

这里面涉及的人物关系就非常有趣了。

陶谦是徐州刺史，受公孙瓒派遣到发干县屯兵。发干县在黄河以北，东郡的最北端，在曹操、臧洪的东郡郡治东武阳之北，正西方与冀州魏郡的元城、馆陶两县隔大河故渎（黄河故道）相邻。

1《三国志》卷一《魏书·武帝纪》。

那么，陶谦是怎么来的呢？

从徐州到发干，有一个地方是绕不过去的，那就是东平国。也就是曹操说的，吕布不能趁着他出兵徐州占据东平国，断亢父、泰山之道。[1]这是南北两条路，一条在任城国，一条在泰山郡。陶谦要北上，就得反其道行之，无论选亢父道还是泰山道，都要过境东平国，才能抵达东郡。除非陶谦兜个大圈，在青州境内横穿，到平原国渡黄河，再去东郡。

这就引出了新的问题，陶谦为什么要千里迢迢地跑到东郡、魏郡交界？

围攻袁绍当然算是理由，可这支徐州兵连兖州都还没夺下，跑到冀州边界，是不是舍近求远了？而且，兖州各郡国怎么会放任徐州兵长驱直入，没有阻击呢？

唯一的答案就是，陶谦参与的战役，是以围歼青徐黄巾为名，发令者也不是公孙瓒这么一个奋武将军、蓟侯，要调动徐州刺史他还真不够格，能够指挥陶谦的只能是更高级别的权力。对青州黄巾的军事行动，应该是在一盘大棋之下的多方合作，具体是谁的手笔，先卖个关子，后文细说。

先说回战场，当曹操顶住了黄巾军对东平国的进攻后，黄巾军在未受大挫折的情况下退往济北国，不是因为曹操打得有多好，而是临近年底，徐州兵迁回北上，公孙瓒主力也在南下，黄巾军为避免被包围，主动收缩到济北国，曹操在哭祭鲍信之后，也追击而来。

1《三国志》卷一《魏书·武帝纪》："布一旦得一州，不能据东平，断亢父、泰山之道乘险要我。"

此时，陶谦所部无论是经东平国北上，还是经青州迂回，都已乘虚进入东郡，严重威胁了曹操老巢的侧背，曹操只能在名义逼降黄巾之后，撤回东郡，帮助上司袁绍守卫后方。这就意味着，曹操不可能有时间收降三十万黄巾军。

如果曹操确实收编安置了三十万人，光是吃饭问题就需要砸锅卖铁了，接下来对陶谦、刘备、单经的作战，他不可能有余力参加。

所以，史书讳言的整个战争过程，我们已经可以大致复原：

在陶谦、公孙瓒对青州施加的压力越来越大的情况下，黄巾军选择收缩至济北国。待曹操追击进入济北国后，由于兵力悬殊，曹操只能不断地骚扰对方，并没有多大的战果。但是，青州黄巾在狭窄的区域内缺少辎重，入冬后愈发难以补给。在内无粮草、外无援兵的形势之下，黄巾军选择向曹操投降，毕竟相比大肆屠杀黄巾的公孙瓒来说，曹操曾经是好说话的盟友，而真正制造出黄巾军投降局势的，也不是曹操，而是公孙瓒和陶谦，曹操只是狐假虎威。

问题是，曹操没有力量，也没有时间安置黄巾降众，于是只挑选了一部分精壮组成小规模的青州兵，而将大部分黄巾军赶回青州，送还青州刺史臧洪，至于臧洪能不能收拾烂摊子，就和曹操没关系了。

所以，三十万黄巾军，降了没有？降了。收编了吗？没有。

本篇小结

历史上，很多看起来犹如神迹的成功，背后并不是神祇的眷顾，而是权力制造的信息差。

曹操家族的历史，以及曹操本人早期的"创业神话"，正是这样一个充斥着谎言与粉饰的故事集合。如果对照曹操《让县自明本志令》的详略，以及上表中对袁绍罪状的揭露，就能发现，曹操本传的记载详略，与他本人定调的官方叙事非常接近，大概率是执行某种修饰目的的官样文章。这种情况，一直到初平三年（192年）曹操接手兖州，获得了逼降青州黄巾的"伟大胜利"之后，才有所改变，由记录年份、季节，逐步细致到了月份。

个中原因何在呢？

在初平三年之前，曹操的整个发迹经历非常不光彩，无论是宦官之后的身份，党附宦官义子获举荐的孝廉身份，任郎官三年的低选，还是任济南相可怜的政绩、任期，或是对党人名士王芬的出卖，如此种种，已经不是乏善可陈，而是劣迹斑斑了。所以，他"清平之奸贼"的形象，只能靠着污染原始信息来抹除。手段甚至能恶劣到对历史事件发生的时间下手，以此修饰出一个厌恶宦官、疾恶如仇的汉室忠臣的正面形象。

待到乱世降临，曹操对历史下手的方式变了。他开始颠倒主次，倒转时间，将自己推到诸侯讨董的"首义先锋"位置上，并模糊和抹除他作为张邈下属以及袁绍下属的被支配地位。可偏偏在这个阶段，曹操的功绩都是以袁绍下属的身份取得的，他就采取抹除事件细节、隐藏历史主角的方式，将自己推到前台的焦点上。

可是，诸多历史事件的细节只要披露，就会让曹操根本无法伪装成独立势力，也就连累了一群英雄豪杰，包括袁绍、公孙瓒、刘虞、刘备等人。在这期间的不少事迹，不但没有准确的时间记录，甚至连意义和作用都要被矮化，比如曾经与董卓大战的王匡和孙坚，尽管他们作战的意义要大得多，也必须给曹操的讨董"孤勇者"形象让路。因为这个阶段，曹操要修饰出的，是一个忠肝义胆、冲锋在前、败而不馁的英雄形象，最终，在收降百万青州黄巾的高光时刻，他完成了一镇诸侯的华丽蜕变。

之后的历史，就是他拥兵河济之间，东征西讨，还天下以太平的伟大征程。可这真的是历史的本来面目吗？这个问题，我会在之后的续篇中，为大家一一解答，敬请期待。

接下来，叙事的主线，会暂时由东转向西，聚焦在另一位家喻户晓的时代主角身上，补上这块汉末时代全景拼图的关键一块。

下篇

董卓：
党人的理想之刃

董卓其人

董卓，字仲颖，凉州陇西郡临洮县人。其父董君雅曾任颍川郡纶氏县尉，生了三个儿子，老大董擢，字孟高，老二董卓，老三董旻，字叔颖。[1]

董卓二十岁之前，曾经在羌人地界游历，与羌人豪帅都有结交，后来回乡耕种，羌人豪帅有来做客的，他都会带回家，宰杀耕牛宴请招待。当时耕牛是最重要的生产资料，羌人豪帅感念他的友谊，回去后拉了一千多头牲畜送给他，"由是以健侠知名"。[2]

"健侠"算是《后汉书》给董卓的一个公正评价，意思是刚勇仗义。健，在东汉的《说文解字》中解作"伉"，是正面的形容词。还有一个对董卓性格的描述，说他"性粗猛有谋"，与"健侠"相呼应。

董卓其人，骑射超群，能在马上左右开弓射箭。一般人都是左手持弓，右手控弦，方便的是向左射，右侧就成了盲区，而左右开弓可以弥补射击死角，且更方便向后射击。[3]射技高超的同时，董卓还膂力

---

1 《三国志》卷六《魏书·董二袁刘传》，"董卓"条，裴松之注引《英雄记》。
2 《后汉书》卷七十二《董卓列传》。
3 赵长征：《春秋车战》，文汇出版社，2023年。

惊人，常人难比，作战时会带两张弓，方便左右驰射。[1]"为羌胡所畏。"[2]

董卓的力气，在伍孚刺杀时也有表现。伍孚出刀刺董，《英雄记》中说，"卓多力，退却不中，即收孚"[3]，没有展示出具体细节；《后汉书·董卓列传》中补充了"卓自奋得免，急呼左右执杀之"[4]，意思是伍孚一手抓住董卓，一手持刀刺他，却被董卓挣脱。而伍孚这个人，谢承《后汉书》中说他"勇壮好义，力能兼人"，也是一个顶俩的大力士，却被董卓一把甩开，可见董卓的力气非常大。

不过，史书没有记载董卓的相貌，只是提到了他死时的体形："卓素充肥"，也就是体胖。胖到什么程度呢？

董卓被杀后，抛尸在长安市之中示众，当时，天气开始热了，尸体腐烂后，"脂流于地"，也就是脂肪开始液化，守卫的官吏找了一根灯芯放在董卓的肚脐里点燃，从夜里烧到天明，烧了好几天。[5]

说完了基本信息，简单提几句董卓的性格。史书中董卓的形象是比较脸谱化的，突出的就是暴戾。比如，击败孙坚之后，生擒颍川太守李旻，烹杀了；抓到义军的士兵，则是用布包裹全身，将其倒立在地上，用热油烫死。[6]

---

1 《三国志》卷六《魏书·董二袁刘传》，"董卓"条："卓有才武，旅力少比，双带两鞬，左右驰射。"

2 《后汉书》卷七十二《董卓列传》。

3 《三国志》卷六《魏书·董二袁刘传》，"董卓"条，裴松之注引《英雄记》。

4 《后汉书》卷七十二《董卓列传》。

5 《后汉书》卷七十二《董卓列传》："乃尸卓于市。天时始热，卓素充肥，脂流于地。守尸吏然火置卓脐中，光明达曙，如是积日。"

6 《后汉书》卷七十二《董卓列传》："破坚，生禽颍川太守李旻，亨之。卓所得义兵士卒，皆以布缠裹，倒立于地，热膏灌杀之。"

待到迁都长安之后，董卓准备到郿坞去，朝廷公卿以下都到长安横门外，为他送行，当时叫"祖道"。正好有几百名北地郡送来的俘虏，董卓就在横门外扎下帐篷，招待公卿饮宴。席间，董卓令人先割掉俘虏的舌头，之后，或是砍手脚，或是凿眼睛，或是镬煮。没死的人在桌案间匍匐挣扎，大臣们都吓得拿不住筷子、勺子，而董卓却"饮食自若"。[1]这段故事，《后汉纪》中补充了两个信息，其一是俘虏人数是三百多，其二是这些人来自诱降。

仅从这两个案例看，董卓性格中的残暴可见一斑。杀俘，在古代战争中并不少见，但是刻意虐杀，就有震慑观者的目的。也就是说，董卓是以虐杀为武器，恐吓义军和朝廷百官。更关键的是，北地俘虏还是"诱降"来的，这又带了一重欺骗，可见董卓的性格既残忍又狡诈。

不过，这只是董卓外在的形象，或者说，史书刻意突出的董卓形象。在浅表的描述背后，其实有着相当复杂的立场和事实，史书中只是一笔带过，需要我们进一步挖掘，甚至对于一些根深蒂固的成见，也有重新厘清的必要。

比如，董卓是否只是一个残忍、愚顽的武夫？

答案是否定的。史书中对董卓宦历的记录，强调了一头、一尾。董卓靠着担任州郡属吏起家，领兵作战，以武力知名；掌握兵权靠的是镇压凉州叛军，"掌戎十年"。可是，这中间却忽略了大量的信

1《三国志》卷六《魏书·董二袁刘传》，"董卓"条："尝至郿行坞，公卿已下祖道于横门外。卓豫施帐幔饮，诱降北地反者数百人，于坐中先断其舌，或斩手足，或凿眼，或镬煮之，未死，偃转杯案间，会者皆战栗亡失匕箸，而卓饮食自若。"

息，比如董卓曾经两入三公府为掾，一次是种暠之司徒府，一次是袁隗之司徒府，并且董卓也是以凉州籍位列三公的第二人。

入公府为掾，在东汉是毫无疑问的名士路线，官场的高速公路；三公职务更是贵重无比，不够资格是不可能成为候选人的，哪怕是汉灵帝偷卖三公，也是向确定的候选人索贿，而不是随便找个人任命。董卓刚刚入京，就被命为司空，恰恰说明，他当时的资望已经不低。

在这个背景下，他仍能参与何进诛除宦官的密谋，并公开上书给何太后，要求"逐君侧之恶""以清奸秽"，[1] 其实相当不易。因为他之前就位列九卿，在外为并州牧，距离三公之位只有一步之遥，而诛除宦官失败的窦武、陈蕃，殷鉴不远，此次何进的密谋也并不能保证成功。董卓的公开表态，与丁原伪装成黑山军还不一样，等于没有任何退路，不胜则死。

在何进死后，宦官被灭，董卓只率领三千步骑兵，在两天之内，就接管了何进、何苗的部曲，诱吕布杀丁原，吞并丁原部曲，将上万人的中央禁兵掌握在手中，一举控制了朝廷。整个行动的高效、周密，绝不是一句"运气好"可以解释的。

以上的一切，都需要高超的政治智慧和深厚的政治背景，而这一切，在史书中都付之阙如。

原因何在呢？

在入京之后，董卓高举"矫桓灵之政，擢用天下名士，以收众望"[2] 的大旗，短短三四个月间发动了四次政治斗争，基本实现了对

1《后汉书》卷七十二《董卓列传》。
2《资治通鉴》卷第五十九《汉纪五十一》，"中平六年十二月"条。

朝堂上桓灵遗毒的清理，以及对党人的吐故纳新，除了让他后悔的枉杀周珌、伍琼之外，也基本没有流血。对此，史书中的评价是，董卓"忍性矫情"[1]，意思是他是装的。

其实，当时东汉的统治已经臭气熏天，所谓"逮桓灵之间，主荒政缪，国命委于阉寺，士子羞与为伍，故匹夫抗愤，处士横议"[2]。只要是有识之士，都明白朝政的昏乱，所以，董卓才说出了"刘氏种不足复遗"和"每念灵帝，令人愤毒"的话。在元人胡三省的眼里，这就是董卓有篡逆之心的铁证。可前文中已经说了，听到董卓悖逆言论的士大夫有很多，没有人觉得惊诧、义愤，这本就是时人的共识。

所以，董卓认为自己"矫桓灵之政"和"擢用天下名士"是合乎天道的功业。当少年司马朗赞扬他"清除群秽，广举贤士"[3]，天下将要大治之后，董卓尤为满意，甚至免除了他私自逃亡的罪过。既然董卓认为自己是历史的正确，那么，反对他带领东汉王朝走向"至治"的人，当然是奸贼，是敌人，应该杀之而后快。

在这个阶段，董卓表现出了远超东汉普通官僚的军事、政治水准，性格中的暴戾一面也并没有肆意地释放，更重要的是，哪怕存世的史书无一例外地对他的功业和决策进行贬低，却没有任何记载提及董卓曾经有意代汉称帝，受禅台只存在于《三国演义》这样的小说之中。

这就意味着，如果我们按下董卓的手段不表，只考究他的目

1《后汉书》卷七十二《董卓列传》。

2《后汉书》卷六十七《党锢列传》。

3《三国志》卷十五《魏书·刘司马梁张温贾传》，"司马朗"条。

的，就会发现，他执政期间一直力图恢复汉室天下的统治，而他的政治同盟者，也一直是党人一脉，代表人物就是王允、荀爽等汉室的忠臣烈士。那么，董卓可能不是汉室的忠臣吗？

只是，站在魏晋时人的角度，他必须不是。

《三国志·董卓传》就代表了这个时期对董卓的普遍评价，那就是："董卓狼戾贼忍，暴虐不仁，自书契已来，殆未之有也。"而《后汉书·董卓列传》代表的则是南北朝时的看法，更多的是将董卓作为一个时代产物来评价，即"百六有会，《过》《剥》成灾。董卓滔天，干逆三才"。相距几百年，评价确实发生了变化，为什么？

董卓在关东诸侯起兵、迁都长安之后，对待朝堂内外敌人的手段，确实愈发血腥酷烈，族灭重臣、屠戮公卿、杀良冒功、虐杀俘虏，时有发生。比如，将反叛者颍川太守李旻烹杀，不走任何的司法程序，以非刑处死，哪怕他是秩二千石的朝廷大吏；又对公卿百官采用杀鸡儆猴的手段，让他们旁观酷刑虐杀。这都表明了董卓对朝廷法度的藐视，对程序正义的满不在乎，以及对暴力威胁效果的迷信。所以，说他残暴不仁，多行无礼必自及，完全正确。

可这并不是讳言，甚至抹除董卓政治背景、政治智慧，乃至于正面功绩的理由。真正的原因在于，经过解除党锢，何进对党人名士的征辟，尤其是董卓上台后拔擢党人、清洗桓灵遗毒之后，汉末群雄和地方官吏，大多是党人社交圈中的人物。其中一部分家族经历汉魏禅代、魏晋易代之后，仍然牢牢掌握着朝堂和士林的话语权，作为当年董卓控制的关西朝廷的对立面，这些家族的起家功业，几乎都和反叛有关。

如果不将董卓的个人行为与汉室剥离，就意味着魏晋士林的佼佞者们，尽是不忠不义之徒。故此，这个阶段的历史叙事，不仅曹魏皇室要改，上品高门也要改，社会精英达成了共识，对一系列重大历史事件含糊其词、移花接木，甚至一删了之。

简言之，并不是董卓其人有多么好，而是他的对立面更加不光彩，尤其不想"使作谤书，流于后世……复使吾党蒙其讪议"[1]。待到南北朝时，南渡高门式微，他们的祖先吊民伐罪的义举不再有宣传意义，董卓的横暴也就成了历史循环的一部分，他的一些隐藏信息也陆续浮出了水面，如他的政治资源、仕宦经历，以及政治目标等。

真正的董卓既不是一个粗蛮的武夫，也不是一心覆灭汉王朝的野心家。他把持皇帝，控制百官，成为汉室权威的代言人，都有符合当时政治秩序的合理性，入京后的多次政治斗争更是有清晰的政治蓝图，一波波的朝堂清洗都是为了一步步实现这个蓝图。

那么，董卓为什么会遭遇身死族灭的厄运？

因为董卓不明白"投鼠忌器"的道理。贾谊在三百多年前给汉文帝讲这个故事时，谈的就是皇权的威严不是凭空而来，而是靠着皇帝、公卿大臣、庶民百姓的共同呵护。皇帝的威严是靠公卿大臣、文武百官的恭敬衬托起来的，如果皇帝不顾及大臣的体面，让大臣在百姓面前威严扫地，久而久之，百姓也会把皇权的威严踩在脚下。[2]所以，掌握皇权的人，必须表现出尊重秩序、维护秩序的姿态。

可董卓没有这个意识，他当相国后，对宾客们说："我当相国，

1《后汉书》卷六十下《蔡邕列传下》。

2《汉书》卷四十八《贾谊传》："人主之尊譬如堂，群臣如陛，众庶如地。故陛九级上，廉远地，则堂高；陛亡级，廉近地，则堂卑。高者难攀，卑者易陵，理势然也。"

就是天下最尊贵的人。"[1]他"贵无上"了，天子摆哪里呢？更恶劣的是，他为了展示权力，就想"震威"，选中了侍御史扰龙宗，说他汇报工作的时候，没有解下佩剑，令人当场将他打死，一时间，京师震动。[2]要知道，侍御史是东汉朝中最清贵的官职之一，与尚书一样，由最优秀的士大夫出任，却被人像狗一样拖到一边殴打致死。

这种行为，落在大臣们的眼中，含义就是，什么孝廉茂才、清贵华选，在董卓眼里连条狗都不如。试问，士大夫奋斗一辈子连个体面点的死法都挣不到，谁会觉得有安全感？因此，当董卓肆无忌惮地把东汉王朝秩序仅剩的那层体面的包装纸剥掉，想看看自己权力的奖品时，他陡然发现，自己抱着的其实是一个导火索即将燃尽的炸弹。同归于尽的恐惧，让董卓的残暴变本加厉，甚至一步步升级，不断地搜索、恐吓和消灭潜在的敌人。

可董卓没想到的是，最后引燃这颗炸弹的，不是别人，而是他最信任的自己人——王允和吕布。王、吕二人都是自入京之初就跟随董卓的心腹，一个"朝政大小，悉委之"[3]，是朝堂的代表，一个"甚爱信之，誓为父子"[4]，是安全的担当，最后却要了他的命，何其荒诞！

这荒诞背后，又有哪些玄机呢？

---

1 《三国志》卷六《魏书·董二袁刘传》，"董卓"条，裴松之注引王沈《魏书》："卓所愿无极，语宾客曰：'我相，贵无上也。'"
2 《三国志》卷六《魏书·董二袁刘传》，"董卓"条，裴松之注引《英雄记》："卓欲震威，侍御史扰龙宗诣卓白事，不解剑，立挝杀之，京师震动。"
3 《后汉书》卷六十六《陈王列传》，"王允"条。
4 《三国志》卷七《魏书·吕布张邈臧洪传》，"吕布"条。

第一章 忠于汉室的代价

董卓的前半生：边荒之地的工具人

董卓仕途的起点，见于《吴书》记载，陇西太守召董卓为吏，职责是"监领盗贼"，具体的职务没有写。两汉有此职能的郡吏有门下督盗贼、门下贼曹、贼捕掾等。其中，门下督盗贼与门下贼曹分掌内外。门下督盗贼简称门下督或督盗贼，主要任务是侍从护卫太守；对地方盗贼的抓捕、审判，归属于门下贼曹。

贼捕掾在西汉宣帝时仍见京兆尹设置，[1]至西汉末年，贼捕掾已沦落为与亭长并称的小吏。[2]在长沙五一广场出土的东汉简牍中，可见（劝农）贼捕掾的分部设置，即在长沙郡临湘县中，设东、南、西、北、左、右廷掾部，与游徼、亭长固定组合，即分区管理治安和劝农工作。[3]

---

1 《汉书》卷七十六《赵尹韩张两王传》，"张敞"条："敞（张敞时任京兆尹）使贼捕掾絮舜有所案验。"

2 《后汉书》卷十一《刘玄刘盆子列传》，"刘玄"条："今公卿大位莫非戎陈，尚书显官皆出庸伍，资亭长、贼捕之用，而当辅佐纲维之任。"

3 徐畅：《东汉三国长沙临湘县的辖乡与分部——兼论县下分部的治理方式与县廷属吏构成》，《中国史研究》，2022年第4期。

此职，至西晋时在县中仍有设置。[1]

由此可知，董卓的第一份工作是陇西郡门下贼曹。之后，因为胡人出击抄掠，掳走人口，凉州刺史成就听说董卓能骑善射，就征辟董卓为州从事，正式职务为州兵马掾，或称州兵马从事。董卓上任后即率骑兵大破胡人，斩首俘虏数以千计。[2]

注意，这里说的"胡"，不是入塞的羌人，用字也是"出钞"，可见是降服的属国胡人或是南匈奴胡人，能够惊动凉州刺史的劫掠，当然不会是百八十人的盗贼，而是大规模的入侵。从《后汉书·南匈奴列传》的记载来看，董卓可能遭遇的匈奴、诸胡成规模寇掠凉州有三次：

其一是永和五年（140年）秋，南匈奴立句龙王车纽为单于，东引乌桓，西收羌人、诸胡数万人，寇掠并、凉、幽、冀四州；其二是永寿元年（155年），匈奴左薁鞬台耆、且渠伯德等复叛，寇钞美稷、安定，被安定属国都尉张奂击败；其三是延熹元年（158年），南单于诸部一齐反叛，与乌桓、鲜卑联合寇掠边境九郡，北中郎将张奂击破之，南匈奴降服。

已知董卓于延熹九年（166年）至永康元年（167年）间为护匈奴中郎将张奂之军司马，参与了平定凉州叛羌之战。[3]则永和五年之

---

1 《晋书》卷二十四《职官志》："县大者置令，小者置长。有主簿、录事史……都亭长、贼捕掾等员。"

2 《三国志》卷六《魏书·董二袁刘传》，"董卓"条，裴松之注引《吴书》："郡召卓为吏，使监领盗贼。胡尝出钞，多虏民人，凉州刺史成就辟卓为从事，使领兵骑讨捕，大破之，斩获千计。"

3 《后汉书》卷六十五《皇甫张段列传》，"张奂"条。

战太过久远，而永寿元年（155年）之战范围不大，可知，董卓被凉州刺史成就任命为州兵马从事应在延熹元年（158年）。

按照《吴书》的说法，在董卓大胜胡人之后，就被并州刺史段颎推荐到公府，司徒袁隗辟其为掾。[1]在时间上有很大的破绽。

段颎任并州刺史在汉桓帝延熹四年（161年）到延熹六年（163年）之间。[2]而袁隗一生中两任司徒，第一次在汉灵帝熹平元年（172年），次年被罢；第二次在汉灵帝光和五年（182年），中平二年（185年）免官。很明显，这两件事不可能有关联。

所以，段颎推荐在先，董卓入袁隗司徒府在后，是两件事。而段颎任并州刺史期间，朝廷的三公有种暠、许栩、刘宠、刘矩、杨秉等五人，其中，种暠自延熹四年二月至延熹六年二月任司徒，死在任上；许栩于延熹六年三月继任司徒；刘宠于延熹四年九月为司空，延熹六年十一月免；刘矩于延熹四年四月任太尉，延熹五年（162年）十一月免，杨秉继任。[3]

在五人之中，与凉州关系最紧密的就是种暠，他任凉州刺史当升迁时，当地百姓不放他离开，纷纷入朝叩阙请求种暠留任。梁太后为之啧啧称奇，没听说过刺史得民心到此等地步，于是破例允许他留任一年，再升他为凉州汉阳太守。羌胡百姓将他送到汉阳郡界，

1《三国志》卷六《魏书·董二袁刘传》，"董卓"条，裴松之注引《吴书》："并州刺史段颎荐卓公府，司徒袁隗辟为掾。"
2《后汉书》卷六十五《皇甫张段列传》，"段颎"条。
3《资治通鉴》卷第五十四《汉纪四十六》。

一路上反复道谢，以至于行程千里不得乘马车。[1]在种暠死讯传出后，并州、凉州的百姓都自发为他举行哀悼仪式，南匈奴更是举国伤痛惋惜，单于每次入朝洛阳时，望见种暠的坟墓，都哭泣祭祀。[2]

很明显，种暠是朝廷重臣之中，少有的对凉州、并州边地没有成见的人物。而且，在董卓进京的途中，何进派出阻止董卓的使者，正是种暠的孙子，种劭。当时，种劭以劳军的名义，要求董卓退兵，董卓怀疑有变，让士兵持兵器威胁种劭。种劭大怒，口称诏书大声呵斥，兵士尽皆披靡，上前质问责难董卓，董卓说不出话来，只好退兵夕阳亭。[3]可见，董卓对种劭的处置，绝对是心有忌惮，一方面是顾忌种氏在凉州人心中的余泽；另一方面，应该也与他曾为种暠故吏有关系。

注意，故吏并不是从任职算起，受到举荐就可以视为故吏。比如，司空袁逢在党禁解除后，举荀爽为"有道"，荀爽没有应举，可待到袁逢死后，荀爽为其服丧三年，就是以故吏的身份为主服丧，"当世往往化以为俗"[4]。

1《后汉书》卷五十六《张王种陈列传》，"种皓（暠）"条："以皓为凉州刺史，甚得百姓欢心。被征当迁，吏人诣阙请留之，太后叹曰：'未闻刺史得人心者是。'乃许之。皓复留一年，迁汉阳太守，戎夷男女送至汉阳界，皓与相揖谢，千里不得乘车。"

2《后汉书》卷五十六《张王种陈列传》，"种皓"条："并、凉边人咸为发哀。匈奴闻皓卒，举国伤惜。单于每入朝贺，望见坟墓，辄哭泣祭祀。"

3《后汉书》卷五十六《张王种陈列传》，"种邵"条："劭迎劳之，因譬令还军。卓疑有变，使其军士以兵胁劭。劭怒，称诏大呼叱之，军士皆披，遂前质卓。卓辞屈，乃还军夕阳亭。"

4《后汉书》卷六十二《荀韩钟陈列传》，"荀爽"条："党禁解，五府并辟，司空袁逢举有道，不应。及逢卒，爽制服三年，当世往往化以为俗。"

　　而从董卓的宦历来看，他受段颎举荐入公府，极有可能赶上了种暠病危，故而，没能受辟为掾吏。在种暠死后，董卓失去了依靠，只能以六郡良家子任羽林郎，当时，虽然还是汉桓帝执政，没有西园卖官，可汉桓帝延熹四年（161年），已经开卖关内侯、虎贲、羽林、缇骑营士、五大夫。[1]可知董卓的羽林郎大概率是出钱买的。

　　这个情况，也恰好可以和张奂与董卓交往中的一件事对上。据《后汉书·张奂传》记载，在张奂成为将帅之后，董卓仰慕他，让大哥董擢带着一百匹缣给张奂送礼，结果，张奂厌恶董卓为人，拒绝不受。[2]此事未记录时间，既然张奂成为"将帅"，则应该在他出任护匈奴中郎将之时，即延熹九年（166年）秋之后。

　　尽管张奂在此之前，曾于永寿元年（155年）至延熹二年（159年）之间任使匈奴中郎将，于延熹六年（163年）后任度辽将军，可以称"将"，却绝对算不上"帅"，因为这两个职位都是监护南匈奴的，并非出征统帅。

　　直至延熹九年秋，张奂拜护匈奴中郎将，以九卿秩督幽、并、凉三州及度辽、乌桓二营，兼察刺史、二千石能否，这才是真正的元帅之任。而前文已述及董卓任凉州兵马从事在延熹元年（158年）；受段颎推荐入公府，应该在延熹四年到延熹六年之间，时间上都不匹配。

　　而且，董卓"慕"张奂，说明两人没见过面，距离也远，才请

1《后汉书》卷七《孝桓帝纪》，"延熹四年秋七月"条："占卖关内侯、虎贲、羽林、缇骑营士、五大夫钱各有差。"

2《后汉书》卷六十五《皇甫张段列传》，"张奂"条："及为将帅，果有勋名。董卓慕之，使其兄遣缣百匹。奂恶卓为人，绝而不受。"

兄长代为致礼，再考虑到张奂"恶"董卓为人，说明他对董卓名声也有耳闻。而董卓早年并无劣迹，唯一可能的坏名声就是花钱买羽林郎，让洁身自好的张奂感到厌恶。可是，退还财物不接受，并不代表不用董卓，恰恰相反，由于朝廷话语权的问题，凉州人才堪将校的人物并不多见，董卓的主动结交，反倒让张奂认识了董卓，于是命他担任军司马，在永康元年（167年）与司马尹端一起攻打汉阳郡的叛羌，"大破之，斩其酋豪，首虏万余人"[1]。

可为什么凉州人的话语权小呢？

要知道，东汉末年有"凉州三明"，即皇甫规（字威明），张奂（字然明），段颎（字纪明），在并州和凉州，对羌人、氐人、南匈奴、屠各胡等各部或征战，或安抚，维持了北部边疆的稳定。后来还有皇甫规的侄子皇甫嵩，也是一代名将。

根本原因在于，凉州地当边境，羌汉杂处，事烦责任重，在东汉的政治版图上可有可无，前途广大的清贵士人都不爱去此地做官。尽管同为边州的并州、幽州、交州也差不多，可是，凉州尤其不受重视，甚至在朝廷上曾有过两次"弃凉州"之议。

早在汉安帝永初四年（110年），羌人叛乱蔓延并、凉二州，大将军邓骘提议放弃凉州，内迁郡县，集中力量解决北方问题。陈国人虞诩苦劝太尉李修才得以阻止。[2]待到汉灵帝中平四年（187年），由于边章、韩遂反叛，战事不休，后勤负担太重，司徒崔烈再次提

1《后汉书》卷六十五《皇甫张段列传》，"张奂"条。
2《后汉书》卷五十八《虞傅盖臧列传》，"虞诩"条："永初四年，羌胡反乱，残破并、凉，大将军邓骘以军役方费，事不相赡，欲弃凉州，并力北边，乃会公卿集议……议者咸同。诩闻之，乃说李修。"

出弃凉州的意见。汉灵帝有意接受，下诏公卿百官会议，遭到北地人傅燮的厉声斥责，要求斩杀崔烈。最终，灵帝驳回了崔烈的提议。[1]

可见，相对于并州这个洛阳的北边屏障，凉州在东汉中枢的眼中就是鸡肋，食之无味，弃之可惜。两次"弃凉州"的主要考虑都是战乱不断，后勤压力太大，不如扔掉，让朝廷财政喘口气；两次阻止"弃凉州"的说辞也都一模一样，因为当地民风悍勇，如果被胡虏或是豪杰占据，成为东进的基地，东汉王朝很有可能被灭。

无论是弃还是留，都没有考虑凉州这块土地的价值，以及当地百姓的福祉，相当悲哀。不过，虞诩的建议终究有利于凉州人，太尉李修被他说服后，集合四府商议，确定了一项制度，太傅、太尉、司徒、司空等四府，要征辟凉州豪杰为掾属，并任命当地出身的刺史、太守、县令、县丞、县尉等官员子弟为郎，"以安慰之"。[2]

董卓受段颎推荐入公府，应该就是受益于这一政策，而他的经历也表明了，这一政策的截止时间，应该就是延熹六年（163年）种暠去世。之后朝中再也没有对凉州有感情、有了解的三公强力推动该制度执行，这就导致了凉州士大夫在朝堂上的声音越来越弱。直到汉灵帝即位，董卓、皇甫嵩、盖勋、傅燮等人才得到了重视。

而凉州的大人物们，又要分一分类。

皇甫规，父亲皇甫旗为扶风都尉，祖父皇甫棱为度辽将军；皇

---

1 《后汉书》卷五十八《虞傅盖臧列传》，"傅燮"条："会西羌反，边章、韩遂作乱陇右，征发天下，役赋无已。司徒崔烈以为宜弃凉州。诏会公卿百官，烈坚执先议。燮厉言曰：'斩司徒，天下乃安。'……帝从燮议。"
2 《后汉书》卷五十八《虞傅盖臧列传》，"虞诩"条："修善其言，更集四府，皆从诩议。于是辟西州豪桀为掾属，拜牧守长吏子弟为郎，以安慰之。"

甫嵩，父亲皇甫节为雁门太守；张奂，父亲张惇为汉阳太守；[1]盖勋，家世二千石，祖父盖彪位列九卿，为大司农，父亲盖思齐为安定属国都尉。[2]这是一类，显宦之后。

另一类，是读书有道。比如傅燮，史书无父祖阀阅，却说他"少师事太尉刘宽，再举孝廉"[3]；段颎，父祖也无可称道者，但是"长乃折节好古学。初举孝廉"[4]。其实，前一类的显宦之后，也一样走过察举的程序，皇甫规"举贤良方正"、皇甫嵩"举孝廉、茂才"、张奂"举贤良"、盖勋"举孝廉"。

董卓呢？父亲是个县尉。也就是说，他的家世勉强可以享受永初四年（110年）确定的对凉州官员子弟的优待，毕竟县尉也是长吏，只是是最低档。但是别忘了，董卓是次子，所以，如果他不钻营，求段颎推荐，入公府这种好事肯定没他的份儿。

至于举孝廉，在东汉末年一样要看家世、名声、师承，学问倒在其次。董卓在游侠归来后，还要下田种地，说明他的家族并不富裕，经济条件的改善还是靠他收来的一千多头杂畜，用今天的话讲，就是"暴发户"。这种家世，根本摸不到郡内著姓的边，故此，董卓在社会阶层上，不但比皇甫规等人低，比段颎、傅燮还要低。

永初四年的安慰政策，主要优待的是现任官员子弟，尊长为

---

1 《后汉书》卷六十五《皇甫张段列传》，"皇甫规""张奂"条；《后汉书》卷七十一《皇甫嵩朱儁列传》，"皇甫嵩"条。

2 《后汉书》卷五十八《虞傅盖臧列传》，"盖勋"条，李贤注引《续汉书》、谢承《后汉书》。

3 《后汉书》卷五十八《虞傅盖臧列传》，"傅燮"条。

4 《后汉书》卷六十五《皇甫张段列传》，"段颎"条。

官，则子弟可以入朝，再外派为官，就在凉州形成了一个固化的世家群体，他们在经学传统和师承圈子上，无法和内郡比拟，却拥有一条汉王朝预留的入仕捷径，那就是"关西出将，关东出相"。这也是虞诩谏阻"弃凉州"的理由之一，"观其习兵壮勇，实过余州"[1]，凉州民风彪悍，"数与羌战，妇女犹戴戟操矛，挟弓负矢"[2]，因为能打，所以可以参军打仗。

问题是，东汉中央常备武力多出自汉光武帝的元从后人。所谓将帅，只是战争爆发时临时任命的统兵官；所谓将士，要么是主将的家兵转为部曲，要么是临时招募的乌合义从，战事结束就要交还兵权，解散大军。所以，当大规模战争结束后，凉州出身的将校，往往会被派往护羌、度辽等边疆营部，或在内郡辗转任太守。整个东汉传八世共十四帝，享国一百九十五年，第一位凉州籍三公是靠着党附宦官上台的段颎，第二位就是董卓了，他也是东汉历史上唯一一位相国、唯一一位太师。

可段、董二人实为异数，并不具有代表性，凉州人绝大多数时候根本没有话语权。这就形成了一个恶性循环，缺少三公五府的提拔，凉州察举的人才只能沉沦下僚，奋斗一生也主持不了官吏选举，久而久之，只有在打仗时会想起凉州将校，太平盛世则弃若敝屣。

了解了这些，应该就能理解，董卓在东汉王朝的制度背景下，一步步爬上权力巅峰的艰难。家乡是负担，家世是负担，读书是负

---

1 《后汉书》卷五十八《虞傅盖臧列传》，"虞诩"条。
2 《后汉书》卷七十《郑孔荀列传》，"郑太"条。

担，哪怕是武勋，加上他的籍贯，也是负担，可他又是如何一步步地负重前行，最终登顶的呢？他有什么不为人知的秘诀吗？

董卓凭什么不像一个凉州人？

凉州其实是个好地方，它地处丝绸之路要冲，西连西域，东接关中，商贸极其发达。据《后汉书·孔奋传》记载："时天下扰乱，唯河西独安，而姑臧称为富邑，通货羌胡，市日四合，每居县者，不盈数月辄致丰积。"[1]说的就是汉光武帝建武初年的情景，姑臧县是武威郡的治所，市场达到了一日四合，什么意思呢？

古代市场一日三合，早上叫朝市，中午叫大市，傍晚叫夕市，增加一合，就是夜市了，这在中原地区基本不被允许。偶尔出现的，比如桓谭《新论》中提到过，右扶风的漆县邬亭，当地人习俗是约定好时间，夜间赶集贸易，如果不遵守约定时间，会遭遇严重的灾祸。[2]这个夜市，在当时属于国家级的稀罕事，许慎在《说文解字》中解释"邬"时，也提到了这个特殊的乡俗。[3]由此可见，武威郡姑臧县商业活动的繁盛，其实已经远远超过了中原人的想象。因此，在姑臧做县令，只要几个月就能贪得盆满钵满。

这些财富，一部分得益于丝绸之路上往来贸易的粟特商人。早

1《后汉书》卷三十一《郭杜孔张廉王苏羊贾陆列传》，"孔奋"条。

2 桓谭：《新论·离事》："扶风漆县之邬亭，部言本太王所处，其民有会日，以相与夜市，如不为期，则有重灾咎。"

3 许慎：《说文解字》，"邬"字条："周太王国。在右扶风美阳。从邑分声。豳，美阳亭，即豳也。民俗以夜市，有豳山。从山从豩。豳。补巾切。"

在东汉初年，耿舒讥讽马援平五溪蛮的大军迟缓时，就打过比方，"伏波类西域贾胡，到一处辄止"[1]。可见，时人已经对贸易途中隔一段就建立聚落的中亚粟特人做派非常熟悉。这些聚落在东汉王朝设于西域的屯田、驻军庇护下，连点成线，构成了一条稳固的贸易路线，其盛况在《后汉书·西域传》中就有描述："商胡贩客，日款于塞下。"[2]

此外，混居于凉州的羌人，也多有良马和金银。比如张奂在担任安定属国都尉期间，有效地隔绝了匈奴与东羌势力，东羌豪帅纷纷向他送礼示好，一次性赠马二十匹，先零酋长更是给了金镶八枚。镶也称镶锅，在甘肃省博物馆中有实物，高四厘米以上，是汉代少数民族佩戴的耳坠，可见羌人手中黄金之多。张奂先收下礼物，后召集羌人，以酒酹地，说："使马如羊，不以入厩；使金如粟，不以入怀。"意思是，就算马像羊一样多，黄金像粟米一样多，我也不要一分一毫。

之后，张奂又把礼物送还原主。按照《后汉书》的说法是，羌人生性贪财，却又崇敬清廉的官吏，之前有八任属国都尉都是贪财好货之徒，羌人被盘剥得很痛苦，张奂能够廉洁自守，立刻受到羌人的推崇。[3]

这个例子，充分说明了凉州当地羌人的富裕。连续八位属国都尉都是贪婪之徒，可见当地的黄金、良马何其之多，引人贪欲，也

1《后汉书》卷二十四《马援列传》。
2《后汉书》卷八十八《西域传》，"论曰"条。
3《后汉书》卷六十五《皇甫张段列传》，"张奂"条："羌性贪而贵吏清，前有八都尉率好财货，为所患苦，及奂正身洁己，威化大行。"

充分说明了东汉中后期羌乱不息的根本原因。

东汉朝廷对归附的少数民族部落不要钱、不要粮，只要他们当兵从征，看起来负担很轻。可地方官往往贪暴，他们的私下盘剥往往施加在羌人豪帅的头上，这些人不但有黄金，还有强兵、良马，地方官要价超过他们的心理价位时，必然会举兵造反。所以，贪婪的地方官压榨羌人财物的结果只有一个，那就是叛乱。

那么，贪官们能做到什么地步呢？

皇甫规的经历可以给我们答案。汉桓帝延熹四年（161年），五十九岁的皇甫规主动请求领兵讨平叛羌，三公共举他为中郎将，持节监关西兵。皇甫规到凉州后，只打了一仗，东羌各部就自动请降。待中原与凉州的联系恢复后，皇甫规就上书弹劾了贪暴的安定太守孙俊，肆意杀害已降羌人的安定属国都尉李翕、督军御史张禀，以及倚仗朝中权贵，横行不法的凉州刺史郭闳、汉阳太守赵熹。待皇甫规处理完这些贪官酷吏，羌人叛军竟然立刻有十几万口投降。

羌乱看似平定了，可是，"凡此五臣，支党半国，其余墨绶，下至小吏，所连及者，复有百余"。这里面，支党半国不是说东汉王朝的国，而是凉州辖区内的州府属吏和郡国太守，有一半是上述五人党羽，而墨绶一般指县令，自此以下，还能牵连百余人。可见，到了汉桓帝时代，凉州官场已是塌方式腐败，无怪乎羌人、氐人、湟中义从胡此起彼伏地造反。

在朝野上下利益关联方的共同发力之下，皇甫规被弹劾用财物贿赂叛羌投降，是欺骗朝廷。结果，皇甫规虽未因此入罪，却因为拒绝宦官的索贿，有功不赏，被以"余寇不绝"的罪名处理，直到朝廷大赦，才得以归家。这个遭遇，与同样主张招抚羌人的张奂差不多。按照皇甫规上书中的解释，他自己平定羌人叛乱，只花费了一千万钱安置叛羌就恢复了安定，大约为朝廷节省了一亿钱的军费。[1]不过，他们两个人的招抚策略，在朝廷眼里属于劳而无功，因为羌胡往往降而复叛。

段颎对此的态度是坚决镇压加屠杀。"凡百八十战，斩三万八千六百余级，获牛马羊骡驴驼四十二万七千五百余头，费用四十四亿，军士死者四百余人。"[2]看似一劳永逸，四十四亿的花费也远少于永初年间十四年里二百四十亿、永和年间七年里八十余亿的军费支出，可是，朝廷派来的刺史、太守贪暴的问题无法根除，凉州的叛乱也将永无止息。

董卓的人生奇迹，就发生在这持续叛乱的背景之下。

汉桓帝永康元年（167年）冬，董卓跟随张奂讨伐叛羌，与尹端同为军司马，大破汉阳郡叛羌，斩首、俘虏万余人，凉、并、幽三州平定。论功行赏的时候，张奂的功劳本该封侯，可因为"不事宦官"，只赐钱二十万，任命一名家人为郎，张奂推辞不受，请求朝廷允许他迁徙户籍到弘农。[3]而董卓却得拜郎中，赐缣九千匹。缣是一种平纹丝织品，长四丈、宽二尺二寸为一匹，[4]按照敦煌汉简中的记录，东汉章帝时凉州敦煌郡一匹缣的价格是六百一十八

1《后汉书》卷六十五《皇甫张段列传》，"皇甫规"条。

2《后汉书》卷六十五《皇甫张段列传》，"段颎"条。

3《后汉书》卷六十五《皇甫张段列传》，"张奂"条。

4《汉书》卷二十四下《食货志下》："布、帛广二尺二寸为幅，长四丈为匹。"

钱。[1] 另据长沙五一广场出土的汉简记录，东汉和帝、安帝早期的荆州长沙郡临湘县，一匹缣价格八百二十钱；另有单买五尺缣值钱一百七十五，则一匹价格为一千四百钱，不知什么缘故差价如此之大。[2] 就按最少的算，六百一十八钱一匹，九千匹缣总值五百五十六万两千钱，是领军主将张奂所获赏赐的近二十八倍。

董卓在受赏之后，把所有赐缣都分给了部下，一点儿没留，还说了一句经典的话："为者则己，有者则士。"[3] 意思是立功受赏的是自己，创造功勋的却是兵士，可见他也有仗义疏财的性格特质和相当强的底层共情意识，理解募兵义从的诉求主要是财物的赏赐。

只看这个结果，张奂赏薄，董卓得到厚赏，二人似乎是走了两条路，一个"不事宦官"，另一个必然诡谀宦官了。其实不然。就像董卓虽然受过段颎的举荐，却和段颎不是一路人一样。董卓的仕途独辟蹊径，拿到军功后，非但没有跟随段颎平定东、西羌，参加波澜壮阔的平羌战争，反而转去做了文官。

建宁元年（168年），张奂振旅还朝，董卓受任郎中。前文中讲过规矩，不满一年称郎中，满一年称侍郎，所以，董卓任郎中不到一年，就升迁为并州雁门郡广武县令。这个职务，前文也讲过，属于大县县令，是郎官中的高选，意味着董卓经历过战争的洗礼之

---

1 李恩琪：《汉朝时幸存的一条缣价资料浅释》，《价格月刊》，1988年第8期；另见刘金华：《汉代西北边地物价考——以汉简为中心》，《中国社会经济史研究》，2008年第4期。

2 郭伟涛：《简牍所见东汉中后期长沙地区物价初探》，《出土文献研究》，2021年（年刊）。

3 《后汉书》卷七十二《董卓列传》。

后，终于进入了东汉官场的正常升迁路线。中间的财物贿赂代价我们不得而知，只看斩首数量，在凉州从事任上有千余级，平叛羌又有万余级，加起来一万一千多头颅，才换来了这么一个正常升迁的入场券。

此后，他又由广武县令升任益州蜀郡北部都尉，辖区在今天四川省的松潘、汶川、理县一带，主要管理的是大批内迁的蜀地羌人和氐人等少数民族。之后，转任西域戊己校尉，治所在高昌，地点在今天新疆吐鲁番市境内，职责是负责镇守西域。[1]之后，因犯罪被免职。[2]

董卓上述的宦历，没有时间的记录，却可以参考他入司徒袁隗府中为掾的时间。前文中提及，袁隗两任司徒，第一次在汉灵帝熹平元年（172年），次年被罢；第二次在汉灵帝光和五年（182年），中平二年（185年）免官。可以确定的是，董卓中平元年（184年）任东中郎将，受命对阵黄巾，之前曾任并州刺史、河东太守。这里面河东是司隶校尉部所辖，是东汉王畿的"三河"（河东、河内、河南）重镇，人口极多，一直是太守中的重职，士大夫不可能在此职未免官的情况下，入三公府为掾属。

所以，董卓入袁隗府中时间应该在袁隗第一次任司徒时，即熹平元年、熹平二年（173年），也是他坐事免西域戊己校尉之职后。这里要讲述一个重要的制度背景，就是"故吏"概念。在东汉，"故

1《三国志》卷六《魏书·董二袁刘传》，"董卓"条："迁广武令，蜀郡北部都尉，西域戊己校尉，免。"

2《后汉书》卷七十二《董卓列传》："稍迁西域戊己校尉，坐事免。"

吏"往往指曾经的属官，但在行政制度层面，"故吏"这个词还有一重含义，指代曾经的官吏，比如因疾病、服丧，或是罪责免职的官吏，只要没有被"废"或"禁锢"，都可以重新入仕，而且还是一种特殊的任官资格，不需要从头再来，反倒会有快捷通道。[1]

董卓之前任职的蜀郡北部都尉和西域戊己校尉都是秩比二千石官，他被袁隗征辟为司徒掾后，不需要再任郎官，而是直接由尚书台选举，授拜秩六百石的并州刺史，政绩卓著才能升迁为大郡太守。所以，董卓在并州刺史任上应该表现不错，这才升秩为二千石的河东太守。

也就是说，董卓可能在并州刺史、河东太守任上干了十一年（173年至184年），之前的几个地方职务，包括免职在家的时间，约有三四年（169年至172年或173年）。从建宁二年（169年）开始，到中平元年（184年），董卓就没担任过出征军职，这个时间长达十五年。当然，从他的自述来看，这期间他也有领兵，所谓"掌戎十年"，即从光和二年（179年）到中平六年（189年），按光和二年有鲜卑入寇并州，应该是并州刺史董卓领州兵、部曲抵御。

不过，无论如何，董卓十五年间所任职衔，除了西域戊己校尉，其余与凉州一点关系都没有。凉州高官惯例担任的本州属郡太守，以及镇压羌人的属国都尉、护羌校尉，镇压南匈奴的度辽将军、使匈奴中郎将等职位，他一个都没沾，而比他早出名的"凉州三明"几乎一辈子在这些职务上辗转。

董卓经历的反面，就是段颎统帅护羌营时担任军司马的田晏

1 李迎春：《汉代的"故吏"》，《历史教学（高校版）》，2008年第9期。

和夏育。田、夏二人一直跟随段颎平羌作战，手上沾满了凉州羌
人的鲜血，可辉煌的战功给他们换来的还是戍边的武职。比如，
熹平三年（174年）夏育任北地太守，北地郡属凉州，是典型的边
州边郡，太守必须习武事，能领兵，只不过任务变成了与更强悍
的鲜卑人作战，之后他上书请求攻打匈奴，又从太守调任了护乌
桓校尉；田晏任护羌校尉，熹平六年（177年）时，田晏因为犯法
当受刑被赦免，就想立功报效，于是贿赂中常侍王甫，请求北击
鲜卑，改任破鲜卑中郎将，[1]从没仗打的凉州边境转到了有仗打的并
州、幽州边境。

待到熹平六年，破鲜卑中郎将田晏与使匈奴中郎将臧旻、护乌
桓校尉夏育，分别自云中、雁门、高柳三路出击鲜卑檀石槐，[2]遭遇
大败，每路出动的一万骑兵，各自只带回了几十人，死者达七八
成，一次性葬送了并州、幽州北部边疆的三万精兵。

这次惨败对董卓的影响也很大，据他中平六年（189年）的自
述，"天恩误加，掌戎十年"，则他自光和二年（179年）开始领兵，
原因应该就是并州方向的营兵葬送殆尽，只能由并州刺史招募义
从，阻击鲜卑的入侵。当年十二月，鲜卑即寇掠幽州、并州，此后
连年入侵，直至光和五年（182年）冬才没有记录。董卓或于次年，

1《后汉书》卷九十《乌桓鲜卑列传》，"鲜卑"条："先是护羌校尉田晏坐事论刑被
　原，欲立功自效，乃请中常侍王甫求得为将，甫因此议遣兵与育并力讨贼。帝乃
　拜晏为破鲜卑中郎将。"
2《后汉书》卷八《孝灵帝纪》，"熹平六年八月"条："遣破鲜卑中郎将田晏出云中，
　使匈奴中郎将臧旻与南单于出雁门，护乌桓校尉夏育出高柳，并伐鲜卑，晏等
　大败。"

即光和六年（183年），因边功升任河东太守。

至于出击惨败的三位凉州主将，可没有好下场，全数下狱，出钱才赎为庶人。[1]直到中平元年（184年），被重新启用为护羌校尉的夏育，被叛羌围困在右扶风畜官，汉阳长史盖勋率军救援兵败，此后，夏育的生死不知。

这就是凉州将领的宿命，更高级的帅才，也不见得命运更好。汉桓帝延熹四年（161年）冬，平定羌乱，功当封侯的皇甫规，遭到了中常侍徐璜、左悺的敲诈，他们多次派出宾客询问皇甫规平乱的细节，皇甫规一直没有搭理。徐璜等人愤怒，以之前的案子陷害他入狱。皇甫规的属吏想要挪用公款为他求情，遭到他的坚决拒绝。之后，朝廷论罪皇甫规为"余寇不绝"，判处"输左校"，后来赶上大赦才得以归家。[2]

张奂的遭遇，前文已经说了，不再赘述。段颎则是一直党附宦官，甘为其爪牙，待到阳球诛杀宦官时，也与王甫父子一同入狱，以自杀告终。哪怕是后来的皇甫嵩，在平定黄巾之后，功震天下，中常侍张让也敢于私下向他要五千万钱的贿赂，皇甫嵩不给，被弹劾连战无功，花费太多，收了其左车骑将军的印绶，削户六千，改

1《后汉书》卷九十《乌桓鲜卑列传》，"鲜卑"条："遂遣夏育出高柳，田晏出云中，匈奴中郎将臧旻率南单于出雁门，各将万骑，三道出塞二千余里。檀石槐命三部大人各帅众逆战，育等大败，丧其节传辎重，各将数十骑奔还，死者十七八。三将槛车征下狱，赎为庶人。"

2《后汉书》卷六十五《皇甫张段列传》，"皇甫规"条："其年冬，征还拜议郎。论功当封。而中常侍徐璜、左悺欲从求货，数遣宾客就问功状，规终不答。璜等忿怒，陷以前事，下之于吏。官属欲赋敛请谢，规誓而不听，遂以余寇不绝，坐系廷尉，论输左校。……会赦，还家。"

封二千户的都乡侯。[1]另一位跟随皇甫嵩的凉州人傅燮，任护军司马，斩杀了黄巾三帅（卜巳、张伯、梁仲宁），[2]功勋实为诸将第一，理当封侯，结果因为中常侍赵忠厌恶他对宦官的态度，进了谗言，还是汉灵帝本人赏识傅燮，才得以不加罪，但也没得到封赏。[3]

凉州将帅非但不再是朝廷安慰的对象，反而成了宦官们敲诈的目标。

在此背景下，董卓远离战场十五年，反而快速升迁，无疑让他成了凉州豪杰中的异数，可是他凭什么能做到这一点呢？

要解答这个问题，就得回顾董卓仕途的关键转折点，到底在何时、何地，与何人有关。其实，时间点很清晰，就是建宁元年（168年），董卓因功授郎中；熹平元年（172年）或熹平二年（173年），董卓受辟为司徒掾。

值得注意的是，建宁元年正是汉灵帝登基之年；[4]而熹平元年则是窦太后去世之年，[5]自此年之后，一个重要人物登上了东汉的政治舞台——孝仁皇后董氏，用《后汉书·皇后纪》中的话说，是"及

1 《后汉书》卷七十一《皇甫嵩朱儁列传》，"皇甫嵩"条："又中常侍张让私求钱五千万，嵩不与，二人由此为憾，奏嵩连战无功，所费者多。其秋征还，收左车骑将军印绶，削户六千，更封都乡侯，二千户。"

2 《后汉书》卷五十八《虞傅盖臧列传》，"傅燮"条，李贤注引《续汉书》："燮军斩贼三帅卜巳、张伯、梁仲宁等，功高为封首。"

3 《后汉书》卷五十八《虞傅盖臧列传》，"傅燮"条："及破张角，燮功多当封，忠诉谮之，灵帝犹识燮言，得不加罪，竟亦不封。"

4 《后汉书》卷八《孝灵帝纪》，"建宁元年春正月"条："庚子，即皇帝位，年十二。改元建宁。"

5 《后汉书》卷八《孝灵帝纪》，"熹平元年六月"条："癸巳，皇太后窦氏崩。"

窦太后崩，始与朝政"[1]，也就意味着，董后开始干预朝政了。

值得注意的是，建宁二年（169年），汉灵帝即迎董后进京，并征召董后之兄董宠。为母上尊号的同时，汉灵帝拜舅舅董宠为执金吾，"后坐矫称永乐后属请，下狱死"[2]。也就是说，汉灵帝提拔董氏外戚，遭到了未知力量的狙击，甚至到了杀人的地步。

而在《后汉书·董卓列传》里明确提到，董卓进京后，之所以要废少帝立献帝，原因是："卓以王为贤，且为董太后所养，卓自以与太后同族，有废立意。"[3]董卓与董太后的关系，未见《三国志·董卓传》载，却是一个至关重要的信息。前文中介绍过，同族为五服之内，同宗为五服之外。董卓是董后五服的亲族，而董后是"蕃后"出身，原本只是解渎亭侯刘苌的夫人，从《后汉书·宦者列传》中说汉灵帝"本侯家，宿贫"[4]的情况来看，董后的母家应该也不是巨富世家，故而人才有限，想提拔外戚也没人可用。

故此，哪怕陇西郡与河间国老家相隔万里，可能早就断了来往，同族的董卓说起来还是比旁人更亲，所以会重点培养。这也恰恰可以解释，董卓在进京之后对"故主"袁隗不尊重的原因，俩人本来就没有君臣知遇，只是袁隗投董后所好，借花献佛的手段。董卓自然不会感激袁隗的政治投机。

考虑到汉灵帝登基时只有十二岁，时人早婚育，董后的年龄也

1《后汉书》卷十下《皇后纪下》，"孝仁董皇后"条。

2《后汉书》卷十下《皇后纪下》，"孝仁董皇后"条。

3《后汉书》卷七十二《董卓列传》。

4《后汉书》卷七十八《宦者列传》。

不会很大，董氏下一代的人才只有董重受任为五官中郎将。[1]董宠被杀之后，董氏一族缺少实力支撑，董卓又以武勋知名，正是支持董氏地位的首选。

正是出于这个原因，董后之侄董承[2]才在董卓军中，为中郎将牛辅部曲。[3]而董卓的亲弟弟董旻，也得以在洛阳担任奉车都尉。奉车都尉原本是为皇帝驾车的角色，但多由贵戚出任，如霍去病之子霍山、霍去病之弟霍光、汉光武帝之女婿窦固都曾任此职，与驸马都尉、骑都尉合称为"三都尉"。至西晋时，"晋武帝亦以皇室、外戚为三都尉而奉朝请焉"[4]。

可见，董卓家族实为董后外戚。了解了这一背景，再看他对汉灵帝的痛骂，以及对何氏一族的残酷，就可以理解了。他很可能与董后同辈，汉灵帝于他实为亲族晚辈，眼看着天下纷乱，实在是恨铁不成钢。至于何太后，罪名是"踧迫永乐宫，至令忧死，逆妇姑之礼"[5]。东汉时称儿媳为子妇，称婆母为姑，可见，董卓是用欺压婆婆的不孝大罪来处置何太后，又对何苗开棺戮尸，斩杀何后、何苗之母舞阳君，尸体扔在乡间不得收敛，无疑是在用最酷烈的手段为董后复仇。

所以，董卓的仕宦经历之所以与其他凉州豪杰不同，根子就在

1《后汉纪》卷二十三《孝灵皇帝纪上》，"建宁二年春二月"条："后兄子重为五官中郎将。"
2《三国志》卷三十二《蜀书·先主传》，裴松之注："董承，汉灵帝母董太后之侄，于献帝为丈人。盖古无丈人之名，故谓之舅也。"
3《后汉书》卷七十二《董卓列传》："又以故牛辅部曲董承为安集将军。"
4《通典》卷二十九《职官十一》，"三都尉"条。
5《后汉书》卷十下《皇后纪下》，"灵思何皇后"条。

于，他朝中有人。可是，朝里没人的人，该怎么办呢？这个问题，在中平元年（184年）有了答案。

黄巾四起，初衷真的是武装起义吗？

中平元年是一个神奇的年份。汉灵帝在光和七年度过了十一个月零五天之后，于十二月乙巳日[1]下诏改元为"中平"，这就让中平元年成为中国历史上非常特殊的，只实际使用了二十五天的纪年。之所以如此，全因这一年的年头，发生了一件大事。

"春正月，巨鹿人张角谋反。"[2]

"中平元年春二月，巨鹿人张角自称'黄天'。"[3]

张角起义，史称黄巾起义，战争持续了近一年，战乱波及七个州。自此之后，东汉王朝进入了遍地烽火的动乱状态。

可是，意义如此重大的历史转折点，存世的记载却相当有限，展露出的史实也存在诸多矛盾。那么，历史的真相到底是什么呢？

对这次起义细节最详细的记录，见于《后汉书·皇甫嵩传》：

在起义爆发前，京城的寺门、州郡的官府，已经反复出现了白土写就的"甲子"字样。直到某一天，一个叫马元义的首领，事先组织起了荆州、扬州地区的张角信徒数万人，约定好了在邺县起事的日期。不仅如此，马元义还反复来往洛阳，邀请中常侍

1　光和七年十二月初五（185年1月23日）。

2　《后汉纪》卷二十四《孝灵皇帝纪中》，"中平元年"条。（史书多以中平元年代替光和七年）

3　《后汉书》卷八《孝灵帝纪》，"中平元年"条。

封谞、徐奉担当内应，约定在三月五日同时举事。不想，张角的弟子济南国人唐周[1]突然上书告发，马元义因此被捕，在洛阳受车裂之刑。

　　之后，汉灵帝在洛阳诛杀了一千多太平道信徒，又派出使者到冀州抓捕张角。张角得知秘密泄露，"晨夜驰敕诸方"[2]，通知各地信徒一齐起事，三十六方"一时俱起"，头戴黄巾为标志，被时人称为"黄巾"或"蛾贼"[3]。而朝廷方面却是"州郡仓卒失据，二千石、长吏皆弃城遁走"[4]。

　　"二千石"与"长吏"是汉代的法律名词，前者特指太守、国相，后者则包括中央任命的县令、县长、县丞、县尉等秩禄二百石至千石[5]的地方官，与百石及以下的"少吏"[6]对称。把这段记载合起来看，各地的太平道信徒一集结，朝廷任命的地方官就拔腿逃跑了，信息传开之后，京师震动自然毫不奇怪。

　　更有意思的是，从二月张角起兵到三月壬子[7]卢植出征前，史书中都没有黄巾军攻城略地的记载，唯有一条相关信息，在《后汉

1《后汉纪》卷二十四《孝灵皇帝纪中》，"中平元年"条作"济阴人唐客"。

2《后汉书》卷七十一《皇甫嵩朱儁列传》，"皇甫嵩"条。

3《后汉书》卷七十一《皇甫嵩朱儁列传》，"皇甫嵩"条。

4《后汉纪》卷二十四《孝灵皇帝纪中》，"中平元年"条。

5《汉书》卷十九上《百官公卿表上》："县令、长，皆秦官，掌治其县。万户以上为令，秩千石至六百石。减万户为长，秩五百石至三百石。皆有丞、尉，秩四百石至二百石。是为长吏。"

6《汉书》卷十九上《百官公卿表上》："百石以下有斗食、佐史之秩，是为少吏。"

7《资治通鉴》卷第五十八《汉纪五十》，"中平元年三月"条。当日即三月初七日，184年4月5日。

书·灵帝纪》中："安平、甘陵人各执其王以应之。"[1] 本地百姓抓住安平王和甘陵王响应黄巾，之后，二王都幸免于难，安平王刘续被国人从黄巾手中赎回[2]，甘陵王刘忠也被释放[3]。

这还是与黄巾有关的"应"，另有借机而起的人物，比如张燕，"黄巾起，燕合聚少年为群盗，在山泽间转攻，还真定，众万余人"[4]。在山泽间转战，还要养活万余人的队伍，张燕的部众不可能不劫掠邑聚。至于焚烧官府，在中平二年（185年）所立的曹全碑中就有表现："妖贼张角，起兵幽冀……而县民郭家等复造逆乱，燔烧城寺，万民骚扰。"[5]

也就是说，黄巾军有没有做过这些事情，难以稽考，但"天下响应"之后，却有很多不属于黄巾的"群盗""县民"各自施行相关的恶行。这个因果关系，在《三国志·孙坚传》里就写得很清楚："三十六方一旦俱发，天下响应，燔烧郡县，杀害长吏。"[6]

黄巾先发，天下响应，种种乱象接踵而至，而黄巾军本部却异常安静，既没有建立政权，也没有攻城略地，或是抢掠地方，只是向冀州魏郡邺县运动。

1《后汉书》卷八《孝灵帝纪》，"中平元年春二月"条。

2《资治通鉴》卷第五十六，"中平元年九月"条。

3《后汉书》卷五十五《章帝八王列传》，"甘陵王"条："黄巾贼起，忠为国人所执，既而释之。"

4《三国志》卷八《魏书·二公孙陶四张传》，"张燕"条。

5 冯渝杰：《"致太平"思潮与黄巾初起动机考：兼及原始道教的辅汉情结与终末论说》，《学术月刊》，2018年第5期。

6《三国志》卷四十六《吴书·孙破虏讨逆传》，"孙坚"条。

史书上说，"张角起于赵、魏，黄巾乱于六州"[1]，赵为赵国，魏为魏郡，六州应为初起时的黄巾势力，后期逐步蔓延至七州[2]、八州[3]。那么，为什么黄巾军要如此卖力地到邺县集结呢？这个地方有什么特别的吗？

旧说的解释是，邺县是冀州刺史的治所，据此可以控制冀州。这就大错特错了，因为自汉光武帝在常山国鄗县即位，鄗县更名高邑[4]后，高邑一直是冀州刺史的治所，直到张角起义失败六年后的汉献帝初平元年（190年），冀州牧韩馥才为讨伐董卓屯兵邺县[5]，之后袁绍、曹操相继以此地为治所。[6]可见，黄巾起义时邺县根本不是冀州的政治中心。

邺县对黄巾之所以重要，只在于它的谐音。《搜神记》中记载："初起于邺，会于真定……起于邺者，天下始业也，会于真定也。"[7]自"邺"初起，取"业"的谐音，象征着天下大业的起始，到达常山国真定县，则取其真正安定的好彩头。

从邺城开始，到真定结束，跨越魏郡、巨鹿郡和常山国，是一个小循环，距离汉王朝的统治中心洛阳有数千里之遥，就算是冀州

1《后汉书》卷五十八《虞傅盖臧列传》，"傅燮"条。

2《后汉书》卷十四《五行二》。

3《后汉书》卷七十一《皇甫嵩朱儁列传》，"皇甫嵩"条。

4《后汉书》志第二十《郡国二》，"常山国"条："高邑故鄗，光武更名。刺史治。有千秋亭、五成陌，光武即位于此矣。"

5《后汉书》卷七十四上《袁绍刘表列传上》："以讨卓为名……（韩）馥屯邺。"

6《魏书》卷一百六上《地形志二上》载："冀州。后汉治高邑。袁绍、曹操为冀州，治邺。魏晋治信都。"

7《搜神记》卷六。

的治所常山国高邑县，也不在路线之内，无论是问鼎天下，还是割据河北，都完全不搭边。

这正是黄巾起义的第一个疑点，为什么起义军没有第一时间发动武装进攻，攻城略县或是抢占战略要地，乃至于进攻帝都洛阳；反而四处屯聚集结，并向着距离洛阳千里之外的冀州行进？

更有意思的是，尽管史书中对黄巾反叛的浩大声势着墨不少，可真正描述黄巾起事场景的记载只有一条，那就是晋人杨泉在《物理论》中所说的："黄巾被服纯黄，不将尺兵，肩长衣，翔行舒步，所至郡县无不从，是日天大黄也。"[1]意思是黄巾军的装束是全身"纯黄"，无怪乎《搜神记》中说晋朝黄色的道袍是由此而来。更重要的是，他们"不将尺兵"，就是手里不拿任何武器，肩上还披着类似今天披风一样的衣服，身体前倾、张开双臂，缓步迈进，经过的郡县到处是跟随他们的人。当天，天空也变成了黄色。

不拿任何兵器，宽袍大袖，前趋张臂，效法的无疑是鸟类飞行的姿态，后世道教又称成仙为"羽化"，道士也有别称为"羽人""羽士""羽客"，取变化飞升之意。后世道士所服的"鹤氅"先由真鹤羽毛编成，后演变为纺织品，形制如被巾，无领，无袖，呈长方形，穿着时以钮扣绾结于颈，[2]正与上述"肩长衣"的表述近似。

也就是说，这群黄巾信众的行动是效仿能够飞天的鸟类或"羽

---

1 《后汉书》志第十七《五行五》注引晋人杨泉《物理论》。

2 张承宗：《魏晋南北朝时期的宗教服饰》，《淮阴师范学院学报（哲学社会科学版）》，2005年第1期。

人""仙人"的和平巡游。在《太平经》描绘的仙班之中，除了各种模拟朝廷官员的神仙，还有"部领三十六万"[1]的仙人部曲。很明显，张角的"三十六方"就是由此设名，所以，甲子日这些行为怪异的黄巾徒众，模拟的正是他们想象的仙人姿态。

由于两汉时中国人的精神世界还没有清晰的儒道分野，都共享着类似的世界观[2]，上至帝王将相，中到士大夫，下到升斗小民，无不憧憬着"太平世"[3]的到来。而张角所传的《太平经》在"致太平"之外，还继承了之前民间流传的"甲申末世论"，宣称唯有行善行道的"种民"才能在大灾中幸存。[4]而下一个甲申年就是二十年之后（204年）。在此条件下，信奉张角道，跟随组织"行道"，就变成了一个迫在眉睫的自我拯救行为，所以，信徒们才会如此狂热。

这就是黄巾起义的第二个疑点，无论张角是用什么方法煽动起信徒百姓，可数十上百万的黄巾信徒，不拿兵器，该如何造反呢？哪怕是秦末的陈胜、吴广起义，获取兵器困难，也曾经斩木为兵，揭竿为旗，黄巾军"不将尺兵"，难道是要念咒念死敌人吗？

不仅如此，史书中对张角称号的记载，也是五花八门。有说

---

1 《太平经钞》甲部，"太平金阙帝晨后圣帝君师辅历纪岁次、平气去来、兆候贤圣、功行种民、定法本起"条。

2 冯渝杰：《大小传统理论的典范与失范：以汉末政治、宗教运动研究为中心》，《中国中古史研究》第6卷，中西书局，2018年，第307—326页。

3 东汉学者何休于《春秋公羊解诂》中明确总结出"三世说"，即：从"衰乱世"到"升平世"，再到"太平世"。

4 姜生：《原始道教之兴起与两汉社会秩序》，《中国社会科学》，2000年第6期。

"黄天"[1]的，有说"黄天泰平"[2]的，有说"大贤"[3]的，还有说"大贤良师"[4]的，比较统一的是起兵后张角称"天公将军"、张宝称"地公将军"、张梁称"人公将军"。既不称帝，也不称王，比起汉质帝时代称"黄帝"的九江人马勉和称"黑帝"的历阳人华孟，张角在"造反界"可谓低调得让人无法理解。

也就是说，张角在全国各地聚集了几十万人，既不攻城略地，也不直捣帝都，既不称王僭号，也不大封百官，甚至连兵器都不拿，反倒学着仙人的姿态，穿州过郡地游行，他们到底要干什么呢？

黄巾口号之谜

要搞清楚黄巾的诉求，就必须破解黄巾的口号：

"苍天已死，黄天当立。"[5]

"苍天已死黄天立。"[6]

一般文言文翻译多将"黄天"视作黄巾军的自比，而将"苍天"视为汉朝统治者的化身。但一个难以逾越的问题横亘其间，那就是汉代人眼中的"苍"色是绿色、青色[7]，按照五行五色的对应，

---

1 《后汉书》卷八《孝灵帝纪》，"中平元年"条。

2 《三国志》卷四十六《吴书·孙破虏讨逆传》，"孙坚"条。

3 《后汉书》卷五十四《杨震列传》。

4 《后汉书》卷七十一《皇甫嵩朱儁列传》，"皇甫嵩"条。

5 《后汉书》卷七十一《皇甫嵩朱儁列传》，"皇甫嵩"条。

6 《搜神记》卷六。

7 《说文解字》卷一"艸"部："苍（蒼），草色也。"

"青""黄"为青木、黄土。可按照"五行相生"和"五行相胜（克）"理论，木不能生土，土也不能胜木，逻辑不通。对此，前人提出了诸多解释，也是莫衷一是。[1]

然而，前人的解释有一个共同点，就是以"张角领导武装起义"为出发点。前文中已经——列举了黄巾起事之后的种种疑点，尤其是"不将尺兵"，完全符合《太平经》中希望统治者禁绝兵器的观念[2]，而其行动特征，更近似于一场大型巫术祭祀活动。

早在1985年，刘九生先生已经结合《太平经》和《素问》的文本，提出了黄巾口号实际上是一个通知全国信徒起事时间的"谜语"，并触及了《太平经》中宗教仪式的内核。[3]

《素问》虽是医书，却也收录了与天文时令有关的"五运主时"

---

1 参见卫丛姗：《二十世纪下半叶学界关于黄巾起义部分问题的考释综述》，《西部学刊》，2020年第11期。略论各家观点是：汤其领、万绳楠先生观点近似，认为黄巾军的经典《太平经》中讲"木死火不明"，"火不明则土生"，而东汉以"火德"自居，结合"黄天当立"，则是"火运"东汉将灭，"土运"黄天当兴，之所以不明言"赤天"，是为麻痹、惑乱敌人。雏飞先生则认为此处的"苍天"就是"水德"，黄巾军视汉朝为"水德"，土能克水。冯达文先生则认为木主君位，而土主臣位，二者势不两立，要打破天地、君臣的凝固化，带有辩证法的思想。"谶言说"指此口号来自流传已久的"甲子""黄代赤"的谶语，持此看法的前有贺昌群先生，后有朱子彦先生，朱子彦更进一步指出，不但黄巾口号与《太平经》无关，就连其起义也放弃了《太平经》，因为不能提供理论支持。"神灵说"则认为"苍天""黄天"是指具体的神灵，类似于口语中的"老天爷"，打破群众旧有的"苍天"神信仰，有助于强化忠诚度，并引曹操家族墓"仓天乃死"墓砖为据，持此观点的有熊德基、田昌五、刘昭瑞三先生。"改字说"的代表是吕思勉先生，他认为是当时奏报者避讳，改"赤"为"苍"，还是遵循"土克火"的五德相胜理论。

2 《太平经》卷五十九"断金兵法"。

3 刘九生：《黄巾口号之谜》，《陕西师大学报（哲学社会科学版）》，1985年第2期。

学说[1]，以"土王四季"为基本规律。简单解释，即"木火金水"各主"春夏秋冬"，自"四立（立春、立夏、立秋、立冬）"开始各主七十二天，"土"主当季剩余的十八天。如春天，就是"木气"主立春开始的七十二天，剩下的十八天则为"土气"所主，因为"土"为四季之王气。主宰上述规律的通称"五天五气"，"苍天"即"苍天之气"，"黄天"即"黔天之气"。因为天地之气所交之处，就是人的居处，故此，人体五脏也有五行之气流转，更会受到天地之气的影响，生理、病理都与此有关。

了解了原理，再看黄巾的口号，"苍天已死，黄天当立"，正是"木气"与"土气"交替。木主春季，立夏前十八天，正是季春三月，而"岁在甲子，天下大吉"中的"甲子"实际上是一语双关，既是甲子年，也是甲子日，即中平元年（184年）三月十九日，正好落在前述范围内。

那么，在这个时间点，张角到底要做什么呢？

答案就在《太平经》中收录的"王者无忧法"里："夫子乐其父，臣乐其君，地乐于天，天乐于道。然可致太平气，天气且一治，太上皇平（应为上皇太平）且一下。"[2]

这里的"乐"是"取悦"之意，子对父、臣对君，地对天，这是下对上的取悦，实现了这个取悦的过程，那么，上皇太平就可以

1《白虎通》卷三，"五行"条："木王所以七十二日何？土王四季，各十八日，合九十日为一时，王九十日。土所以王四季何？木非土不生，火非土不荣，金非土不成，水无土不高。土扶微助衰，历成其道，故五行更王，亦须土也。王四季，居中央不名时。"
2《太平经钞》癸部"王者无忧法"。

降临，这也是《太平经》中的最高理想，可以消除世间万物承负的所有"厄"。"厄"是各种灾殃病症的根源，类似于释家所言的"业力"。而以上所有环节中最关键的就是顺应天地之气地行"道"，因为"道"是天之心、天之头，帝王采纳使得"道"行于世，则"太平气"和"上皇太平"自然到来。[1]

"上皇太平"这个词被《太平经》赋予了诸多意义，但在历史文本概念下，让人不由得联想到史书记载的"自称黄天泰平"[2]。"泰"通"太"字，所谓"黄天泰平"，应该是"上皇太平"的讹误，将"黄天当立"的口号与迎接"上皇太平"的宗教理想混在了一起。

其实，张角自称"大贤良师"，也出自太平道的教义。

《太平经》中将道人、德人、仁人统称"三贤"，要求帝王以"道人"为师，行道治国[3]，而天、师、帝王是相互关联的："天不出文，师无由得知；师不明文，帝王无从得知治。"[4]

这一表述继承了汉代对孔子的神化策略，天造神书，借师传授帝王神书，帝王再依据神书治国，师是高于帝王的。"大贤"二字所指，正是"三贤"中居首的"道人"，则"大贤良师"四个字已经袒露了张角的诉求——像孔子一样，为王者师。

那么，如果帝王不接受这个师和神书又怎么办呢？

1《太平经钞》癸部"王者无忧法"："天地和合，帝王且行吾道，何咎之有？道者，天之心，天之首。心首已行，其肢体宁得不来从之哉？"

2《三国志》卷四十六《吴书·孙破虏讨逆传》。

3《太平经钞》辛部："故三统不和，三贤理之。故太平气至，万物皆理矣……今君乃以道人为师，取法于道。君乃法道，其臣德矣。民乃取法于臣，臣德则民仁矣。"

4《太平经钞》壬部。

道人当然无法控制、逼迫帝王行道，却可以反向控制天，因为《太平经》中提到"好行道者"可以得到"天地道气"的帮助，只要深思要意，就可以让"太平气"立刻来到。[1]这里的"深思"不是思考的意思，而是一种术法。刘九生先生早年在文章中已经指出《太平经》中的"悬像还神法"就是一种古老的"气功疗法"[2]，方法就是按照季节轮转，画一尺高、不同颜色的小孩儿像，画像数量也遵循"土王四季"的逻辑，"黄土"的童子要多两个，男人看男孩画像，女人看女孩画像，人看着高兴，魂神就回来了。[3]

深思、思守都与张角让病人叩头思过的治病方法一脉相承，重点是一个"思"字。一个人思过可以治病，如果是三十六万人呢？一个人思守可以应四季五行之气来"还神"，如果是三十六万人呢？

在太平道的信仰逻辑里，当然是效果倍增。

事实上，在《太平经》中就有一句"谶语"："潜龙勿用坎为纪"。它对应的就是帝王不接受传道之后的预言。

"潜龙勿用"本为六十四卦中乾卦的爻辞，在《太平经》中，潜龙代表甲子年、冬至日，意为"天地正始"，而"勿用"是指真人所出的天书不得君王所用。"坎为纪"则是转机出现的时间点，

---

1 《太平经钞》壬部："好行道者，天地道气出助之……深思其要意，则太平气立可致矣。"

2 刘九生：《黄巾口号之谜》，《陕西师大学报（哲学社会科学版）》，1985年第2期。

3 《太平经》乙部"悬像还神法"："夫神生于内，春，青童子十。夏，赤童子十。秋，白童子十。冬，黑童子十。四季，黄童子十二……男思男，女思女，皆以一尺为法。画使好，令人爱之。不能乐禁，即魂神速还。"

"坎"是六十四卦中的坎卦,"子为坎",甲与子各自代表阳和阴、天和地、纲和纪,两者结合的作用就是"致太平气"的重要条件"天地和合":"此可为有德上君治纲纪也,故言坎为纪也。"[1]

通俗地解释就是,甲子年三月甲子日,正是"天地和合"的好日子,可以立刻吸引来"太平气",也是汉灵帝这位有德上君接受《太平经》,治理天下纲纪,开启新纪元的好日子。这时,上皇太平会降临人间,消除一切厄,带来最大的乐,从而进入长久的太平盛世。

所以,张角各地信徒约定于邺城会聚出发,到真定结束,就是一次有"三十六方"数十万人参加的行道活动,要在天地和合的黄道吉日,用数十万人的虔诚深思换取天地道气的帮助,吸引"太平气"立刻到来,引导汉灵帝信行大道。这也是黄巾起义历史中诸多谜团的真正谜底。

汉灵帝为什么要屠杀忠于自己的太平道?

一个鲜为人知的事实是,汉灵帝不但不反感"太平道",甚至还有些喜欢。

《后汉书·襄楷传》记载,汉顺帝时有个琅邪人宫崇,曾经把他老师于吉在曲阳泉水旁得到的天赐神书《太平清领书》献给皇帝,被朝廷有关部门斥责"妖妄不经",扣下了。汉桓帝时,襄楷又

1《太平经》卷三十九《丙部之五》。

献了一次书，这位好神仙又祠老子的皇帝[1]不但没收，还因为襄楷用五行天象把自己重用宦官骂了一顿，判他下狱[2]。可等到汉灵帝即位后，反倒"以楷书为然"[3]，汉灵帝认可的，当然不只是痛骂汉桓帝的部分，自然也包括与《太平清领书》有关的五行灾异部分。

《太平清领书》就是《太平经》，如今存世的《太平经》内容可以追溯至东汉。这两个事实，不少前辈学者都论证过，就不赘述了。

要知道，张角传道已经有十几年的时间。从中平元年（184年）三月壬子汉灵帝下诏"大赦天下党人，还诸徙者，唯张角不赦"来看，张角应该也是遭禁锢的党人之一。这也能够解释，张角"遣弟子八人使于四方，以善道教化天下"[4]，而不是自己亲自出面传教的原因。作为党人被禁锢归乡里，还要受到监视，甚至承受后续的迫害，"时禁锢者多不能守静，或死或徙"[5]。

张角是冀州巨鹿郡人，汉灵帝原为解渎亭侯，封地在冀州河间国，两者在地理上相距不远。张角的信众扩张，肯定先从冀州近处开始，汉灵帝家族对于张角的双重身份，不可能没有耳闻，而汉灵帝本人其实不止一次表达过对党人的认可，这就意味着他很可能早就知道张角的教义核心是"辅汉"，而非"代汉"。

这一点，在朝野应该都不是秘密。张角的信众遍布青、徐、幽、

1　《后汉书》志第八《祭祀中》："桓帝即位十八年，好神仙事。延熹八年，初使中常侍之陈国苦县祠老子。九年，亲祠老子于濯龙。"

2　《后汉书》卷三十下《郎𫖮襄楷列传下》，"襄楷"条。

3　《后汉书》卷三十下《郎𫖮襄楷列传下》，"襄楷"条。

4　《后汉书》卷七十一《皇甫嵩朱儁列传》，"皇甫嵩"条。

5　《后汉书》卷六十五《皇甫张段列传》，"张奂"条。

冀、荆、扬、兖、豫八州，信徒都不远万里，抛家舍业地投奔他，路上死的人就数以万计。[1] 作为一个严格限制人口流动的古代王朝，汉朝大臣不是没有危机意识。

汉灵帝的老师、司徒杨赐早在光和四年（181年）[2] 就曾提出对策，要地方州郡对张角信徒"简别流民，各护归本郡"[3]，汉灵帝并未同意。到了光和六年（183年），侍御史刘陶又与奉车都尉乐松、议郎袁贡联名上书，指出张角想要谋反，请求汉灵帝悬赏抓捕，结果还是"帝殊不悟"[4]，根本就没当回事。

皇帝是这个态度，身边人的态度当然会跟着走。中常侍"（张）让等实多与张角交通"[5]，这个"等"里，当然包括勾结马元义事发的中常侍封谞、徐奉，张让的宾客与黄巾通信还曾被王允举报[6]，这些都是有直接证据与黄巾勾搭的阉宦。间接的，有被同伙出卖的已故中常侍王甫、侯览[7]，还有史书里明载，与封谞一起为董太后敛财的中常侍夏恽[8]，应该也很难置身事外。

要知道，中常侍虽然是阉宦，却是东汉中晚期真正的执政者，

1《资治通鉴》卷第五十八《汉纪五十》，"光和六年"条。

2 杨赐曾两任司徒，此议提出在刘陶任司徒掾时。刘陶后应以三府掾举侍御史，则事在杨赐第二任，即光和二年十二月至光和四年闰九月时，后奏议因杨赐去职留中不行，可知上于光和四年。

3《资治通鉴》卷第五十八《汉纪五十》，"光和六年"条。

4《后汉书》卷五十七《杜栾刘李谢列传》，"刘陶"条。

5《后汉书》卷七十八《宦者列传》，"张让"条。

6《后汉书》卷六十六《陈王列传》，"王允"条："于贼中得中常侍张让宾客书疏，与黄巾交通，允具发其奸，以状闻。"

7《后汉书》卷七十八《宦者列传》。

8《后汉书》卷十下《皇后纪下》，"孝仁董皇后"条，即汉灵帝生母董太后。

有名有姓与张角势力关系暧昧的就有六人，不知名的更是不计其数了。

朝廷中央是这个态度，州郡地方官自然上行下效。跟得紧的，就是"郡县不解其意，反言角以善道教化，为民所归"[1]，挑起大拇指夸张角教化百姓，所以受人拥护；跟得不紧的就装糊涂，不提这事，"州郡忌讳，不欲闻之，但更相告语，莫肯公文"[2]。所以，朝廷上下对于杨赐、刘陶等人的提醒，只会置若罔闻。

不过，对于汉灵帝这么一个贪财、好色、爱享受的皇帝来说，"大道"和"小儒"[3]都是为自己服务的，至于《太平经》讲的故事，他是信也可，不信也可。唯有一个底线不能破，那就是不能影响他的皇位。

结果，一次诬告的举报，彻底改变了历史的进程。

告密者济南人唐周，史书中说他是"上书告之"[4]，也就是写了一封揭发信。按《后汉书·皇甫嵩传》的行文，唐周所告，应为马元义在京城谋反，而《后汉纪》则明言为"上书告角"[5]。可这位唐周既没有官职，也不是名士，汉灵帝凭什么听他的？

因为唐周根据自己掌握的有限的信息，给汉灵帝编了一个十足的恐怖故事：中平元年（184年）正月[6]，张角等人在巨鹿密谋，派人

1《资治通鉴》卷第五十八《汉纪五十》，"光和六年"条。

2《资治通鉴》卷第五十八《汉纪五十》，"光和六年"条。

3《汉书》卷七十五《眭两夏侯京翼李传》，"夏侯胜"条。

4《后汉书》卷七十一《皇甫嵩朱儁列传》，"皇甫嵩"条。

5《后汉纪》卷二十四《孝灵皇帝纪中》，"中平元年春正月"条。

6《后汉书》卷五十七《杜栾刘李刘谢列传》，"刘陶"条光和六年的奏疏未显示当时张角已提出相关口号。

传出了四句口号："苍天已死，黄天当立，岁在甲子，天下大吉。"向天下信徒传递信息，约定在甲子年三月五日，同时起兵，届时会有数十万黄衣人聚集在洛阳城外，城里还有不计其数的信徒里应外合。证据，就是洛阳各个官署大门上的白色大字——甲子。

时间、地点、人物齐备，汉灵帝宁可信其有，这才把唐周的奏章传示三公、司隶校尉，而验证信息的最好办法，自然是抓一群旁证，所以，汉灵帝派出钩盾令周斌，统领三府（即三公府）掾属。钩盾令是少府属官，汉灵帝时由宦官出任，本职是管理皇家园林，统管园林中的武装，是纯粹的皇帝私兵，而三公掾属则是最高等级的"预备干部"，由他们一起抓捕宫省直卫[1]和百姓中的张角信徒，最后"诛杀千余人"。[2]从这个办案部署，完全可以看到汉灵帝的恐惧和精明，由于宫省直卫也拥有武装，他甚至不敢走正常的司法程序，经廷尉或是洛阳令来抓捕，而是用王朝最不可能反叛的力量对洛阳城内的底层人群进行清洗，优先保障自己的安全，同时派出使者去冀州抓捕张角这个罪魁祸首。

注意，是派使者，而不是派兵。至少说明，这时汉灵帝对于张角会武装起义，仍旧将信将疑，他也拿不准，唐周到底是不是诬告。

事实上，唐周确实是诬告，他告发的张角于三月五日起兵，就与《三国志·孙坚传》中记载的三月甲子[3]存在抵触。因为中平元年

---

1 宫省直卫，即南、北宫卫士，各司马门卫士，来源也是各地来服正卒之役的百姓。
2《后汉书》卷七十一《皇甫嵩朱儁列传》，"皇甫嵩"条。
3《三国志》卷四十六《吴书·孙破虏讨逆传》，"孙坚"条。

（184年）三月五日的干支是"庚戌"，三月十九日才是"甲子"。那么，是不是唐周胡说八道呢？

也不是。唐周虽自称是张角弟子，却没有"八使"[1]"大方"[2]的职务，对于深层次的密谋或许所知寥寥，但却完全可能得知某支黄巾队伍经过洛阳的时间节点，毕竟信徒的迁徙不是流寇，总会有行程的事先传达。

那么，结合"大方"马元义多次来往京师，与中常侍封谞、徐奉交往联络，可知马元义的原计划是，率领他辖下的荆、扬二州信徒，自南阳郡北上，经过洛阳所在的河南尹，北渡小平津进入河内郡，东进魏郡到达邺县，这是奔赴"三月甲子"之约行程最短的路线。如果能在小平津上船，经黄河水运到达漳水边的邺城，就更加便捷。

也就是说，来自荆州、扬州的数万太平道信徒，会在三月五日抵达洛阳城外，再走十四天，就可以赶上三月十九日的甲子日，在邺县集合。

在这个计划里，就没有里应外合夺取洛阳的时间，马元义到洛阳接触封谞、徐奉的目的是交买路钱。

东汉不像现代，人口可以自由流动，自西汉初年就颁布了《津关令》，出入关、渡河都要持符传，几万人的人口流动，还要通过京师附近关卡，北渡黄河，没有高层的特许根本办不到。哪怕是中常侍们，也不敢自作主张，所以，马元义必须找一个有足够分量的

---

1 《三国志》卷四十六《吴书·孙破虏讨逆传》，"孙坚"条。
2 《后汉书》卷七十一《皇甫嵩朱儁列传》，"皇甫嵩"条。

人物来为自己放行。

而封谞和另一位中常侍夏恽，在史书中最知名的事迹，其实是替汉灵帝的生母孝仁皇后收贿。孝仁皇后姓董，原本是解渎亭侯刘苌的夫人。儿子当了皇帝后，给她上尊号孝仁皇后，宫号为永乐，所以，史书也称她为"永乐后""永乐太后"或"董太后"。不过，必须指出的是，称她为太皇太后是不对的，汉灵帝给她上的尊号只有孝仁皇后，哪怕是汉灵帝死后，何皇后尊为太后，董氏仍旧只是孝仁皇后，并没有上"太皇太后"的尊号。[1]

这位孝仁皇后最大的特点就是爱财，甚至连汉灵帝西园卖官都是她鼓动的，史书的原话是："使帝卖官求货，自纳金钱，盈满堂室。"[2]可见，只要钱给够了，她什么都敢卖。

把这几条信息串在一起，就很清楚了，马元义往来京师，与封谞联系，应该是给孝仁皇后送"买路钱"；与洛阳太平道信徒的联系，则可能是为了筹款和联络。

问题是，唐周在太平道中的地位不高，当然不可能知道马元义和孝仁皇后的交易细节。他只能知道结果，那就是，马元义已经在太平道组织内通报，会有几万名张角信徒畅通无阻地通过洛阳周围的八关天险，于三月五日来到洛阳城下。之所以这么顺利，是因为太平道在城里有内线。

根据这些信息，唐周自行脑补了一套"反谋"呈给了皇帝，确

1《后汉书》卷十下《皇后纪下》，"孝仁董皇后"条："进与三公及弟车骑将军苗等奏：'孝仁皇后……蕃后故事不得留京师……请永乐太后迁宫本国。'奏可。"
2《后汉书》卷十下《皇后纪下》，"孝仁董皇后"条。

实揭开了一场大乱的序幕。可他捕风捉影的告发太过荒谬，所以，当一切水落石出之后，唐周这个人自然就消失在了历史长河之中，连一点封赏的信息都没见到。

其实，经历了中平元年（184年）二月的大搜捕之后，汉灵帝应该已经掌握了太平道更多的信息，基本能够确定张角的目的。所以，他并没有立刻展开军事部署，对黄巾进行讨伐，而是继续观望张角的态度。

一直到三月初三，汉灵帝才任命皇后的哥哥何进为大将军"率左右羽林、五营营士屯都亭"[1]，并设置八都尉镇守洛阳周边关津要隘，同日，"召群臣会议"，讨论对黄巾的态度。从史书零星记载来看，会上的争论相当激烈。

这次会议中，发言记录最详细的是北地太守皇甫嵩，他是绝对的鹰派，主张赦免党人，出中藏钱和西园厩马武装军队，发兵讨伐黄巾。附和他的是中常侍吕强，不但提出赦免党人，防止其参与叛乱，还要诛杀左右奸邪，清理地方上的贪腐州郡官。

汉灵帝本人倾向于这派，三月初七即下令采纳皇甫嵩意见，发天下精兵讨伐[2]。

另一派的观点就没有这么明显了，《后汉书·杨震列传》中说："赐被召会议诣省合，切谏忤旨，因以寇贼免。"[3]杨赐是汉灵帝的老师，数为三公，堪称国宝级重臣，却违逆汉灵帝的意志，反复劝

1《资治通鉴》卷第五十八《汉纪五十》，"中平元年三月"条。

2《资治通鉴》卷第五十八《汉纪五十》，"中平元年三月"条。

3《后汉书》卷五十四《杨震列传》。

谏，以至于被罢太尉。

结合汉灵帝坚决镇压的态度和杨赐之前给汉灵帝的上书可知，杨赐应该不认可出兵。在他看来，张角没有反汉的意图，只是由于政治腐败，才走到了这步；以辅汉为宗旨的组织借机聚集流民并不可怕，只需要廉能的地方官安置百姓，孤立后抓捕魁首，就可以避免大规模动荡。这种政见在当时属于谬论，在魏晋之后更是不合时宜，所以史书才隐讳了细节。

那么，到底是什么原因促成了汉灵帝的态度急转呢？

表面上的契机是南阳太守褚贡被杀，南阳是东汉"帝乡"，具有仅次于帝都的地位。《后汉书·孝灵帝纪》记"（三月）庚子，南阳黄巾张曼成攻杀太守褚贡"[1]，《资治通鉴》也予照录[2]。问题是，当年三月根本没有庚子日，二月廿五日和四月廿六日才是庚子日，结合张曼成杀太守屯宛下百余日[3]至六月的记载，以及"二""三"易误写的惯例，褚贡应死于二月廿五日。这个噩耗在几天内传到了洛阳，促成了汉灵帝的翻脸，双方的静默期至此结束了。

南阳郡地属荆州，张曼成所部应该正是马元义约定日期通过洛阳北渡的荆、扬黄巾主力，这是一支早已集结、等待北上的队伍。自南阳郡宛城至洛阳，需走古夏路，自宛城向北翻越伏牛山至鲁阳县，继而转向东北至梁县，北经阳人聚、广成关、伊阙关，可达洛阳。两地直线距离二百公里，且多山险阻，实际路程超过三百公里。

1《后汉书》卷八《孝灵帝纪》，"中平元年三月"条。
2《资治通鉴》卷第五十八《汉纪五十》，"中平元年三月"条。
3《后汉书》卷七十一《皇甫嵩朱儁列传》，"朱儁"条。

数万人马于二月廿五日出发，三月初五至洛阳，扶老携幼的情况下，十天走三百公里，绝无可能，所以，他们出发的时间应该要早得多。

问题是，南阳太守褚贡不可能让他们通过辖区，所以，出兵将数万太平道众堵在了南阳郡内。双方原本处在一种和平对峙的状态下，等待马元义在京师疏通的结果，结果等来的却是张角对各地徒众的召唤。此时，褚贡再主动出兵镇压，寡不敌众，丢了性命。在他死后，南阳郡治宛城在黄巾军的围攻下，还坚守了超过一百天，说明了褚贡不是城破被杀，而是各地太守中唯一一个主动出击的勇者。

褚贡之死，是马元义入京谈判失败的必然结果，数万黄巾不可能不北上，褚贡也不可能放他们到帝都城下，冲突不可避免。

所以，汉灵帝下定决心之后，在函谷、广成、伊阙、大谷、辕辕、旋门、小平津、孟津等洛阳周边关津设八关都尉统率驻军[1]。其中广成、伊阙、大谷三关正卡住南阳郡到洛阳的必经之路；辕辕关则是颍川郡至洛阳的捷径要冲；旋门关在成皋，一般认为即后世虎牢关之别名；函谷关自不必说，居关东、关西交通之要冲；小平津和孟津则是洛阳之北黄河渡口的名称。

设立八关都尉营兵并不等于出兵镇压黄巾，而是巩固洛阳防御的外部防线，洛阳城内部则命大将军何进屯都亭镇守京师。这个都亭依秦汉制度应在洛阳城西部的金市内，即市内的市亭，因悬挂旗帜，也称旗亭，有楼可以瞭望，市内又可驻扎兵马，这就形成了内

1《后汉书》卷八《孝灵帝纪》，李贤注。

外两重防御体系。

由于洛阳居于天下之中，当八关防线建成，各州黄巾立刻处于被分割的状态。三月初七，伴随赦免党人诏令的，还有对北中郎将卢植、左中郎将皇甫嵩、右中郎将朱儁的任命，大发州郡兵讨伐各地黄巾。

这之后，黄巾军的战果陡然增加。颍川黄巾波才击败朱儁，又将皇甫嵩包围在长社；汝南黄巾在邵陵击败太守赵谦；广阳黄巾杀幽州刺史郭勋及太守刘卫[1]；南阳黄巾在被新任太守秦颉击败，损失了神上使张曼成之后，推举赵弘为首领，兵马扩充到十余万人，一举占领了宛城。[2]这是黄巾军第一次占领郡治大城，也是唯一一次。

这一切都说明了，除了南阳张曼成部与褚贡早已交手，其余黄巾军各部，都是在汉灵帝转向全面镇压之后才开始武装反击。

在北线的主战场上，卢植的进展比较顺利，不但将张角、张梁所部驱逐出了魏郡，还一路追击到了巨鹿郡南部的广宗县，将张角等人包围，采取深沟高垒的战术予以围困。而另一支由张宝带领的黄巾军则北上巨鹿郡最北端的下曲阳，距离常山国真定县咫尺之遥但难有寸进。东线的东郡黄巾卜巳则一直据守仓亭，此地最大的价值就是黄河渡口。

综合以上信息，大体可以还原出黄巾军的布局态势，在魏郡邺县起事之后，张角、张梁率偏师和行动迟缓的妇孺辎重，缓慢退往广宗吸引卢植，主力由张宝率领北上真定，谋求完成原定的"行道

1《资治通鉴》卷第五十八《汉纪五十》，"中平元年夏四月"条。

2《后汉书》卷七十一《皇甫嵩朱儁列传》，"朱儁"条。

仪式"，被巨鹿太守郭典[1]阻击在下曲阳无法前进，而仓亭渡口的卜巳军的主要任务是保障青、徐、兖等方向的信众北渡支援本部。完全被分割的是荆州、豫州的黄巾军，其中，豫州的颍汝黄巾主要作战地域都在郡界边境的东、北方向，荆州的南阳黄巾则长期在宛城与南阳太守、荆州刺史纠缠，各自悬隔，毫无配合可言。

由于汉灵帝全面赦免了党人，又"诏公卿出马、弩，举列将子孙及吏民有明战阵之略者，诣公车"[2]。曹操就以公卿子弟应征，曹家是巨富，不仅曹嵩，曹洪、曹纯的父亲也饶有家资，于是组织起一支不小的骑兵队伍，曹操得以授职骑都尉，统兵支援颍川战场。类似的增援源源不断，官军的实力越来越强。

从卢植对张角本部的"斩获万余人"[3]，到颍川黄巾在长社被"斩首数万级"，汝南、陈国黄巾战败后"余贼降散"，豫州刺史王允等得以"受降数十万"[4]；皇甫嵩东进后生擒卜巳，"斩首七千余级"；朱儁在南阳"斩首万余级""复斩万余级"；此后，皇甫嵩代董卓攻广宗，"获首三万级"，又于下曲阳围歼张宝所部"首获十余万人"[5]；再加上"其余州郡所诛，一郡数千人"[6]，有记载的被杀者远超三十万。

荒诞的是，这场"不将尺兵"的宗教运动以"辅汉"起始，换来的却是惨绝人寰的屠杀和白骨垒成的京观。之后的武装斗争，与

1《后汉书》卷七十一《皇甫嵩朱儁列传》，"皇甫嵩"条。

2《后汉书》卷八《孝灵帝纪》，"中平元年三月壬子"条："诏公卿出马、弩，举列将子孙及吏民有明战阵之略者，诣公车。"

3《后汉书》卷六十四《吴延史卢赵列传》，"卢植"条。

4《后汉书》卷六十六《陈王列传》，"王允"条。

5《后汉书》卷七十一《皇甫嵩朱儁列传》。

6《资治通鉴》卷第五十八《汉纪五十》，"中平元年十一月"条。

其说是起义，不如说是理想之世并未如约到来后的绝望自杀，故此，才有《后汉书》中的一行血字："大破之，斩梁，获首三万级，赴河死者五万许人。"[1]

投河自杀的太平道信徒可能到死都想不明白，曾经的庇护者汉灵帝为什么要对自己痛下杀手。

其实，归根结底是政治角力。汉灵帝自己对太平道是庇护的，对母亲孝仁皇后、中常侍们与张角的交往应该也心里有数，毕竟孝仁皇后收钱后给马元义办事，想要获得通行许可，无论是亲自向皇帝打招呼也好，派代理人旁敲侧击也罢，总要求汉灵帝下令。

可是，哪怕在洛阳城外有数以百万计的黄巾军拥护他这个"有德上君"，在宫省之中仍是宦官一家独大，就连汉灵帝都要称张让为父，赵忠为母，[2]孝仁皇后也被宦官牵涉其中。如果宦官引数十万黄巾势力为外援，或是以孝仁皇后犯法为借口发难废立，他的皇位也就坐到头了。

所以，汉灵帝不但不能怀柔，还要镇压，血腥地镇压。这是他政治上的最优解，不但可以翻脸不认自己姑息养奸的责任，还可以借机对政敌发难。

这样的怪异表现不是孤例。当时有一个奇人，常被提起和嘲笑，他的名字叫向栩，河内朝歌人，从小就喜欢读《老子》，常作狂生之态，比如假装乞丐去要饭，或是带乞丐来家里聚餐，一路积累了不小的名声。入仕为官后他不改天性，任赵国相时不入署办公，以

1《后汉书》卷七十一《皇甫嵩朱儁列传》，"皇甫嵩"条。
2《后汉书》卷七十八《宦者列传》。

至于公堂都长了草，后来入朝担任侍中，做皇帝身边的清贵顾问官。在张角起事后，向栩明确反对汉灵帝讨伐黄巾，提出只要派人到黄河边上，向北诵读《孝经》则黄巾自然消灭。

这个办法经常被今人嘲笑，说向栩是要个性不分场合，其实他提《孝经》，只是讽刺宦官们净身入宫不孝，而桓灵二帝重用他们造成了政治黑暗。虽然如此，灵帝也没当回事，反倒是宦官首领张让记恨上了他，给他安了一个"疑与张角同心，欲为内应"[1]的罪名，将他下狱害死了。汉灵帝对此还是没反应，是因为他昏庸吗？试想一下，一个即位之初就对襄楷痛骂宦官政治"以为然"的皇帝真那么糊涂吗？

当然不是，灵帝有他的想法。

继派出钩盾令搜捕黄巾信徒之后，汉灵帝在"群臣会议"后又兴起了大狱，他下诏派廷尉、侍御史主持搜捕，目标明确为宫省左右。[2]省中原称禁中，后避讳改名为省，特指皇帝的住处，宫中则包括一大批侍从、顾问官，省中左右的代表是中常侍、小黄门、尚书，宫中左右的代表是侍中、侍御史、侍郎、虎贲郎、羽林郎等，前后"死者数千人"[3]。要知道，袁绍等人诛灭宦官，"无少长皆杀之"[4]也不过杀了两千多人。

1《后汉书》卷八十一《独行列传》，"向栩"条。

2《新书》卷八《官人》："王者官人有六等：一曰师，二曰友，三曰大臣，四曰左右，五曰侍御，六曰厮役。"至东汉权归内省，原属"厮役"的宦官地位已上升为"左右"。

3《后汉纪》卷二十四《孝灵皇帝纪中》，"中平元年三月"条。

4《资治通鉴》卷五十九《汉纪五十一》，"中平六年八月戊辰"条："绍遂闭北宫门，勒兵捕诸宦者，无少长皆杀之，凡二千余人，或有无须而误死者。"

　　宫省左右，包括侍中、黄门侍郎、尚书、侍郎、议郎、郎中、诸大夫、羽林郎、虎贲郎，总数也不到六千人。[1]汉灵帝的这次屠杀清洗，绝不只是为了惩治其与黄巾的勾结，而是有意识地削弱控制宫省的宦官力量，彻底扭转陈蕃、窦武在灵帝初年诛杀宦官失败后，宦官专权压制皇权的局面。[2]

　　所以，当汉灵帝愤怒地给十常侍传阅郎中张钧弹劾他们引发张角起事的奏书时，他们吓得只能免冠磕头，乞求自己去洛阳狱中服罪，家财捐作军粮，子弟送到部队打前锋。眼见中常侍态度端正，灵帝反倒替他们说话："这人有些疯魔了，难道十常侍就没一个好人？"[3]这就是典型的"一打一拉"的权术，而且对于张钧全面消灭、否定中常侍群体的政见，他不可能认同，毕竟既要防备宦官集团的绝境反扑，也要考虑朝堂上的制衡。

　　这轮清洗应该持续了很长时间，中常侍封谞没能逃过一劫，但他的同党夏恽却躲过了屠刀。汉灵帝还曾拿封谞、徐奉对中常侍们说事："你们常说党人要行不轨之事，把他们禁锢不许出仕，还诛杀了几个，现在党人为国出力，你们这些宦官反倒和张角暗通款曲，该不该杀？"中常侍们也聪明，都趴地上叩头解释："这都是已死的中常侍王甫、侯览干的！"灵帝才放过众人。[4]

1　以上官职皆有定员，总数不过数百人，唯羽林郎、虎贲郎最多，合计三千二百二十八人，则合宦官两千余人，其中又有卑官、厮役，则总数肯定不到六千人。

2　《后汉书》卷六十九《窦何列传》，"窦武"条："营府素畏服中官。"

3　《后汉书》卷七十八《宦者列传》，并见《后汉纪》卷二十四《后汉孝灵皇帝纪中》，"中平元年六月"条。

4　《后汉书》卷七十八《宦者列传》。

王甫、侯览都是桓帝朝的权阉，都被汉灵帝借大臣之手消灭，说他们生前与黄巾有勾结，未必是诬陷。可更重要的是，他们主持了对党人的打击，所以，十常侍的表态更多的是对汉灵帝赦免党人决策的服从，这才让灵帝满意。

很明显，灵帝封何进为大将军掌握京师兵权，并在赦免党人之后屠戮宫省，想的就是恢复东汉初年外戚、士大夫、宦官互相牵制的旧制，又不想何氏独大，才敲打十常侍不要用封谞牵连孝仁皇后，以保留董氏外戚的存在——平衡才是最重要的。至于向栩这种忠臣的死活，黄巾这种顺民的死活，灵帝不在乎，他的眼睛里只有自己的宝座，这是他的帝王之术。

王朝将亡，汉灵帝为什么不着急？

中平元年（184年）十一月，皇甫嵩任冀州牧，至中平二年（185年）二月调任长安，讨伐寇掠三辅的凉州叛军。[1]满打满算只有三个月左右，其间却发生了一件大事。

已遭罢免的冀州安平国信都县令、凉州汉阳郡人阎忠面见皇甫嵩，劝说他起兵反叛。因为皇甫嵩也是凉州人，这次对话，可以说是两个凉州人最私密，也是最重磅的议论。

这段对话的文字很多，在《后汉书·皇甫嵩传》和《九州春秋》中都占了很大篇幅，内容更是层层递进。阎忠先说，皇甫嵩走运

---

[1]《后汉书》卷八《孝灵帝纪》，"中平二年三月"条；另见《后汉纪》卷二十五《孝灵皇帝纪下》，"中平二年二月"条："羌胡寇三辅，车骑将军皇甫嵩征之。"

了，机会也到了，引起皇甫嵩的兴趣，紧跟着盛赞皇甫嵩胜黄巾的大功，提出反问："今身建不赏之功，体兼高人之德，而北面庸主，何以求安乎？"皇甫嵩还在装糊涂，回答说："我公忠体国，有什么不安的？"阎忠就以韩信举例，否定了皇甫嵩的说法，借机提出了自己的方案：

第一步，对百姓施恩吸引归附者，养兵马以震慑未服者。[1]

第二步，以冀州兵马为基础，联合七州镇压黄巾的大军，发布檄文昭告天下，准备出兵。[2]

第三步，自冀州出发，兵临河内，南下洛阳，诛杀宦官。[3]

第四步，消灭宦官之后，控制朝廷，天下归顺，然后祭告上天，改朝换代。[4]

阎忠更警告皇甫嵩，如果不听他的，就是逆历史潮流而动，不会有好下场，因为木头朽烂，无法雕刻，衰世降临，无法辅佐，而且，当今的世道是"竖宦群居，同恶如市，上命不行，权归近习"，意思是宦官们聚在一起作恶，皇帝说了不算，权力都被侧近的宦官把持。这群人众口铄金，皇甫嵩早晚要被谗毁。

---

1 《后汉书》卷七十一《皇甫嵩朱儁列传》，"皇甫嵩"条："崇恩以绥先附，振武以临后服。"

2 《后汉书》卷七十一《皇甫嵩朱儁列传》，"皇甫嵩"条："征冀方之士，动七州之众，羽檄先驰于前，大军响振于后。"

3 《后汉书》卷七十一《皇甫嵩朱儁列传》，"皇甫嵩"条："蹈流漳河，饮马孟津，诛阉官之罪，除群凶之积。"

4 《后汉书》卷七十一《皇甫嵩朱儁列传》，"皇甫嵩"条："功业已就，天下已顺，然后请呼上帝，示以天命，混齐六合，南面称制，移宝器于将兴，推亡汉于已坠。"

皇甫嵩是什么反应呢？

他没有勃然大怒，第一反应是"惧"，并对阎忠剖白了心迹：

第一，反叛的手段，在当前还有秩序的形势下，很难成功。[1]

第二，我能力赶不上韩信，未必能成功。[2]

第三，黄巾不过是小敌，没有秦朝和项羽的强大，为了打败他们而聚集的军队，没有凝聚力，很容易离散。况且，人心还忠于汉朝，上天不会护佑叛逆者。[3]

皇甫嵩认为，与其自己冒险失败，不如效忠汉朝，就算是被宦官谗毁，也不过是罢官还乡，还能留下不朽的名声。阎忠见说不动皇甫嵩，于是逃亡而去。

从阎忠和皇甫嵩的对话中可以看到，二人在"反汉必要性"的问题上，已有默契。皇甫嵩完全认可阎忠对朝廷局势的分析，天下人对于宦官专权积怨已久，消灭他们的功业甚至可以作为改朝换代的天命功勋。二人的主要分歧在于，反叛能不能成功。皇甫嵩的言下之意是，他也想反，但条件不具备，所以不敢反。事后，他也没有处置阎忠，而是放纵对方离去。

这次对话，发生在黄巾起义刚刚平息时，由于没有导出行动，算不上一个历史节点，但是，可以看出四点共识：

第一，宦官是天下积怨的中心；

1《后汉书》卷七十一《皇甫嵩朱儁列传》："非常之谋，不施于有常之埶（通'势'字）。"

2《后汉书》卷七十一《皇甫嵩朱儁列传》："创图大功，岂庸才所致。"

3《后汉书》卷七十一《皇甫嵩朱儁列传》："黄巾细孽，敌非秦、项，新结易散，难以济业。且人未忘主，天不祐逆。"

第二，汉灵帝是大权旁落的庸主；

第三，汉末已是衰世，贤臣有心辅佐也是螳臂当车；

第四，忠汉意识深入天下人心，等闲难以撼动。

这一切，车骑将军皇甫嵩看得到，一介县令阎忠看得到，汉灵帝看得到吗？

其实，他一样看得到。中平二年（185年）二月初十，洛阳南宫突发大火，烧了半个月才灭。汉灵帝下令，对天下田地增税，每亩十钱，以修宫室。[1] 这直接引发了黑山军的起义，张牛角等人多达十余股。这还是对百姓，对士大夫也随之而来一个新名目——助军修宫钱。

据《后汉书·宦者列传》记载，刺史、太守，以及茂才、孝廉的人事任命，必须缴纳助军修宫钱才能执行，得到任命后，先要到西园中定价，才能上任。有交不上钱的，只能自杀，有些想维持清名的士大夫，要求辞职也不被允许，反而被逼迫必须上任。[2]

其实，卖官鬻爵对东汉朝廷来说，不是什么新发明。早在汉安帝永初三年（109年），就卖过关内侯、虎贲、羽林郎、五大夫、官府吏、缇骑、营士；汉桓帝延熹四年（161年），又卖过关内侯、虎贲、羽林、缇骑、营士、五大夫；汉灵帝光和元年（178年），在孝仁皇后董氏的撺掇下，开西园卖官，卖的也主要是关内侯、虎贲、羽林。

---

1 《后汉书》卷八《孝灵帝纪》，"中平二年二月"条。

2 《后汉书》卷七十八《宦者列传》："刺史、二千石及茂才孝廉迁除，皆责助军修宫钱，大郡至二三千万，余各有差。当之官者，皆先至西园谐价，然后得去。有钱不毕者，或至自杀。其守清者，乞不之官，皆迫遣之。"

　　关内侯和五大夫是二十等军功爵的爵位，有身份承载的免徭役等权益，虎贲、羽林、缇骑、营士则是洛阳不同范围的禁卫军，也是非主流仕进的渠道。卖这些官爵，在太平年景，对朝廷运行也没什么影响，因为基本上是闲职。

　　而且比较之下，汉灵帝在光和元年（178年）的卖官范围比前代还小了点，可他搞了个创新，让左右宦官私下售卖公卿，价钱也不贵，三公一千万钱，九卿五百万钱。[1]以三公为例，光和到中平年间任三公的大臣，比如太尉段颎、司徒崔烈、太尉樊陵、司空张温都出过钱，从五百万到一千万不等。[2]

　　从这个价码来看，《山阳公载记》中记载的价目表，应该是中平二年（185年）后的，其中说，二千石的太守要交两千万钱，四百石官要交四百万钱。不仅如此，还能讲价，如果官员清名，以德行选官的，可以只交一半或三分之一。[3]当然，大郡会涨到三千万钱。

　　后来河内人司马直素有清名，受任巨鹿太守，就给减了三百万钱。他接了任命诏书之后说："为民父母，却要盘剥百姓来满足这个时代不合理的规矩，我不忍心！"他称病辞职，遭到拒绝。走到

1《后汉书》卷八《孝灵帝纪》，"光和元年"条："初开西邸卖官，自关内侯、虎贲、羽林，入钱各有差。私令左右卖公卿，公千万，卿五百万。"

2《三国志》卷六《魏书·董二袁刘传》，"董卓"条，裴松之注引《傅子》："灵帝时膀门卖官，于是太尉段颎、司徒崔烈、太尉樊陵、司空张温之徒，皆入钱上千万下五百万以买三公。"

3《后汉书》卷八《孝灵帝纪》，"光和元年"条，李贤注引《山阳公载记》："时卖官，二千石二千万，四百石四百万，其以德次应选者半之，或三分之一，于西园立库以贮之。"

孟津时，他写下遗书劝谏汉灵帝，吞药自杀。汉灵帝看到他的遗书，暂停了征收修宫钱。[1]

很明显，汉灵帝绝不是一个昏庸之辈。他喜好文学，自作《皇羲篇》五十章，又为早逝的王美人作《追德赋》《令仪颂》，还留下了《招商歌》一首；开鸿都门学，聚集书法名家、文学之士，甚至为其中佼佼者三十二人画像；立熹平石经，供儒生抄录。这些都说明汉灵帝的学问修养一点不差。

因此，他有足够的智力，理解自己面对的政治局面。比如，登基伊始，对于桓帝朝在野势力的代表，如窦太后、窦武、陈蕃和党人家族，他借助曹节、王甫等阉宦的力量予以镇压；对于桓帝朝既得利益势力的代表，如中常侍侯览、勃海王刘悝、宋皇后，他也靠着曹节、王甫等阉宦一一拔除；对于代表宦官勾连朝堂的王甫、袁赦（其中王甫与段颎捆绑，袁赦与袁逢、袁隗一体），他利用酷吏阳球和另一部分宦官，一举歼灭；待到黄巾起义爆发，借着清理太平道信徒的名义，他诛杀宫省左右数千人，震慑宦官子弟，使其纷纷弃州郡官职归家；他大赦党人，由外戚何进以大将军的名义大肆征辟党人名士，之后，他命何进弟弟何苗担任车骑将军以制衡何进，在何氏兄弟兵权在握之后，他又提拔了小黄门蹇硕和董氏外戚董重来制衡。

在对宦官的处置上，汉灵帝并没有一棍子打死。他将张让、赵忠称为父母，这是对曹节遗留势力的分化，也是有意识地扶持对党

1《后汉书》卷七十八《宦者列传》。

人立场中立的中常侍，因为张让对党人多所全宥；[1]赵忠在讨论窦太后葬仪时，也站在了太尉李咸、廷尉陈球一边。[2]这才有了汉灵帝斥责十常侍不该迫害党人时，宦官将责任推给死去的王甫、侯览的把戏。

可见，汉灵帝并不想让宦官专权，哪怕是吕强这种熟读经史，反复劝谏匡正自己的中常侍，当左右进谗言说吕强多次和党人会议，又读《汉书·霍光传》时，他下手也相当坚决。[3]他不想宦官与外朝的党人勾连，用逼迫的手段"致君尧舜"。因为他不想当尧舜，也知道自己当不成明君圣主。

自幼的贫困，让他对财富和美人无比渴望，在平衡之术无法维持表面的安宁后，他干脆破罐子破摔，甘当一个彻头彻尾的享乐主义者。无论是西邸卖官、导行费、修宫钱，还是造万金堂、修南宫玉堂、建裸游馆，越到他统治的后期，各地越动荡，他的享乐就越疯狂，通俗地说，得过且过。

比如，中平三年（186年），汉灵帝在西园中建裸游馆一千间后，特意让皮肤白皙的美人撑船，又在盛夏碧水之间覆没舟船，只为看美人的玉色。汉灵帝最爱于裸游馆避暑，曾作《招商歌》以招凉气，其中有两句是："惟日不足乐有余""千年万岁嘉难逾"。当

1《后汉书》卷六十二《荀韩钟陈列传》，"陈寔"条："时中常侍张让权倾天下。让父死，归葬颍川，虽一郡毕至，而名士无往者，让甚耻之，寔乃独吊焉。乃后复诛党人，让感寔，故多所全宥。"

2《后汉书》卷五十六《张王种陈列传》，"陈球"条："忠省球议，作色俯仰，蚩球曰：'陈廷尉建此议甚健！'"

3《后汉书》卷七十八《宦者列传》。

他在裸游馆彻夜宴饮之后，更是自己慨叹："使万岁如此，则上仙也！"[1]

所以，灵帝搞政治从来不是为了治理好天下，而是想自己的好日子更长一些。在此条件下，谁想让他做个明君圣主，他就会杀谁，无论是陈耽、刘陶，还是吕强，都是如此。

这一点，并不是秘密，甚至可以说是有识之士的共识，所有人都在期待汉灵帝时代的结束。只不过，有人是在消极地等，比如皇甫嵩，有人是在积极地推动，比如王芬、阎忠，以及另外一群凉州人。

1《拾遗记》卷六，"后汉"条。

第二章　一骑白马向东行

第一个打出"诛杀宦官"大旗的势力

史书和《三国演义》里的董卓形象，其实非常有意思。一个无知暴虐的武夫，只是靠着杀人放火抢劫，就掌握了汉王朝的权柄，完全省略了朝廷的程序、现实的功勋和理智的判断。

这个说法能不能自圆其说呢？当然能，就像我们看到某些人作出匪夷所思的决定时，只要给他定性成"疯了"，一切的荒诞就有了最简单的解释，这其实是一种思维的懒惰。如果我们对事实本身还有一丝丝的兴趣，就不会满足于此，而是会深入挖掘事件的背景和细节。

要搞清楚中平年间凉州人的选择，尤其需要这种不满足的好奇心。

汉桓帝之前的羌乱，皇甫规、段颎和张奂面对的主要是羌人的各个种落，也就是部落联盟，如先零、烧当、烧何、当煎、勒姐之类。而段颎统帅平定东西羌的军队，一部分是凉州本地的汉人募兵，另一部分就是湟中义从，所以，在他凯旋回朝时，统帅秦胡步骑五万余人。[1] 秦胡连称，一般是指胡化的汉人，或者说，区别于一般城居耕种生活方式的汉人；在这里，则类似于后世的"汉胡兵""汉蕃兵"，代指的是汉人与胡人的混合军队。

可是到了汉灵帝时代，凉州、并州乃至内地的反叛，参与者明显在向社会上层蔓延。比如张角的出身，有一条很容易被忽略的史料，那就是中常侍吕强建议灵帝赦免党人，理由是党锢时间很长，如果党人与黄巾合谋，那么后悔也晚了。汉灵帝畏惧之下，下诏大赦天下党人，召回流放迁徙的党人族人，但是，唯有张角不赦。[2]

可见，张角也是党人，或是党人家族的成员。其实从籍贯看，他是党人毫不奇怪。汉桓帝大肆抓捕钩党的缘起，就是帝师甘陵人周福和甘陵人河南尹房植两家的宾客各自结党标榜，攻击对方，形成甘陵国南、北部读书人的对抗，由此才有党人之议。张角的老家巨鹿郡在甘陵国旁边，师生、故吏或是姻亲关系，都可能挂上钩。

长期的牵连禁锢，终身不得入仕，相当于将士大夫家族的上进之路彻底堵死。不仅如此，《后汉书·张奂传》中还提到，"禁锢者多不能守静，或死或徙"[3]，意思是禁锢之后，想闭门读书过日子是很难的，大多数人都会被迫害，要么被杀，要么被徙。所谓徙，不是搬家，而是刑罚的一种，即牵连家属到边疆作刑徒。

比如蔡邕得罪宦官之后，就被判此刑，他在《上汉书十志疏》

1《后汉书》卷六十五《皇甫张段列传》，"段颎"条："三年春，征还京师，将秦胡步骑五万余人，及汗血千里马，生口万余人。"

2《后汉书》卷八《孝灵帝纪》，"中平元年三月壬子"条："壬子，大赦天下党人，还诸徙者，唯张角不赦。"

3《后汉书》卷六十五《皇甫张段列传》，"张奂"条。

（也称《戍边上章》）文中，抬头就是，"朔方髡钳徒臣邕稽首再拜上书皇帝陛下"。[1]这是非常典型的奏章格式，"髡钳徒"指身份，"髡"是剃掉鬓发、胡须，"钳"是铁质的项圈，"徒"即刑徒；"朔方"则是他和家属被发配的地点，朔方郡；"邕"是名字，称名不称姓氏；"臣"和"稽首再拜"则是公文格式，哪怕是三公也得称"臣"，"稽首再拜"是指行稽首礼后，又先后拜两次，行礼之后再说话，以示恭敬。类似的情绪更强的词还有"碎首"，即磕碎脑袋；"昧死"，就是冒着死罪的风险，上书给皇帝陛下。

蔡邕的遭遇，就是大多数党人的命运。禁锢不许出仕并不是结束，得罪了皇帝和宦官，总能被安上罪名来判死刑或是徒刑。汉灵帝之所以大赦党人徒者，因为这些家族往往是在边地守城塞、临战阵五年。原本百年不识兵戈的内郡士大夫已经有了军事经验，如果响应黄巾军，战争的烈度将会更强。

比如张角，他应该就是服刑完毕，或赶上大赦回乡的"徒者"。由于无法出仕，又不是天下名士，总得给自己找一条出路，甚至是给天下找一条出路。所以，张角对《太平清领书》的热衷，就是在投汉灵帝所好，以辅汉为名交通宦官，谋的还是有朝一日能混个编制，当上帝师。

不过，在张角起兵失败后，掀起狂飙的凉州叛军，已经不满足于编制了，因为他们本来就有编制。

中平元年（184年）年底的这场凉州叛乱，记载非常混乱，信息相左之处非常多，只能一点点厘清其中的因果关系。

1《蔡中郎集》卷二《上汉书十志疏》。

据《后汉书·孝灵帝纪》记载："（十一月）湟中义从胡北宫伯玉与先零羌叛，以金城人边章、韩遂为军帅，攻杀护羌校尉伶征、金城太守陈懿。"[1]《后汉纪》中则更简单："十二月，金城人边章、韩约反。"[2]在《后汉书·董卓列传》里，就是另一番景象了："其冬，北地先零羌及枹罕、河关群盗反叛，遂共立湟中义从胡北宫伯玉、李文侯为将军，杀护羌校尉泠征。伯玉等乃劫致金城人边章、韩遂，使专任军政，共杀金城太守陈懿，攻烧州郡。"[3]在《后汉书·盖勋传》里又提到："中平元年，北地羌胡与边章等寇乱陇右，刺史左昌因军兴断盗数千万。"[4]

出现的人物不少，先合并同类项。按照《献帝春秋》的记载，"凉州义从宋建、王国等反"，到金城郡郡治允吾县诈降，约见前新安县令边允和凉州从事韩约，俩人本不愿意出城，在金城太守陈懿劝说下，才出城到叛军营中，遭到了扣留。后来城中大乱，陈懿逃出，被叛军捕获，拉到护羌营斩杀。边允、韩约被释放。陇西太守与边允、韩约本有旧怨，发露布通缉边允、韩约，两人于是反叛，并改名边章、韩遂。[5]那么，韩约和韩遂就是一个人，则上述人名包括：

A组：湟中义从胡北宫伯玉、李文侯；B组：（北地）先零羌（羌胡），枹罕、河关群盗（凉州义从宋建、王国）；C组：金城人边章、

---

1 《后汉书》卷八《孝灵帝纪》，"中平元年十一月"条。

2 《后汉纪》卷二十四《孝灵皇帝纪中》，"中平元年十二月"条。

3 《后汉书》卷七十二《董卓列传》。

4 《后汉书》卷五十八《虞傅盖臧列传》，"盖勋"条。

5 《后汉书》卷七十二《董卓列传》，李贤注引《献帝春秋》。

韩遂；D组：护羌校尉泠征；E组：金城太守陈懿；F组：凉州刺史左昌。

确定了人名，再看史书中的先后因果：

（1）《后汉书·孝灵帝纪》：B+A—C—D+E

（2）《后汉纪》：C

（3）《后汉书·董卓列传》：B—A—D—C—E

（4）《献帝春秋》：B—C—E

（5）《后汉书·盖勋传》：B+C—F

哪个记载的因果关系最分明？明显是《后汉书·董卓列传》，而且除了《后汉书·孝灵帝纪》之外，其余史料的前后因果没有冲突。那么，我们只需要分析两者之间的差异，就大体能梳理清楚事件的真相了。

要解决这一问题，可以从地理入手。北地先零羌及枹罕、河关群起反叛。这个记录粗看没毛病，细琢磨就有问题了。北地郡在凉州最东部；而枹罕和河关两县，属于凉州陇西郡，处于整个凉州的中西部。两支力量隔着汉阳郡、安定郡，要合兵一处，需要把整个凉州打穿，初起兵时显然不具备这个条件。

所以，这两个反叛的地点，应该是各自孤立的，只是凉州叛乱的缘起。

不仅如此，湟中义从胡也与这两个地点不在一处。所谓湟中义从胡，族属上算大月氏人的别部，在大月氏人被匈奴冒顿单于驱逐出河西走廊后，留下的残部小月氏人，逐渐与祁连山中的羌人通婚，并在霍去病破匈奴后降汉，随汉军征战，总共有七个大种落，能出兵九千人。湟中义从胡的聚居区分为三部分：一部分在湟中，也就是青海湖以东的区域；一部分在金城郡令居县，即今天甘肃永登县与天祝县交界处，也是东汉护羌营的所在地；[1]还有一部分几百户人住在张掖郡。他们的整体名号就是"义从胡"，因为该部族长期为汉军提供兵员，有担任义从的传统。

从地理上看，金城郡令居县、金城郡治允吾县、陇西郡河关县正好是从北到南的一条直线，距离接近，而北地郡则在东方千里之外。

也就是说，北地先零羌不可能与湟中义从胡联合反叛，《后汉书·孝灵帝纪》完全没提及枹罕、河关群盗的存在，而是强调了边章、韩遂，可在《献帝春秋》里分明提到了诈降的执行者是枹罕、河关群盗的首领宋建和王国，这意味着《后汉书·孝灵帝纪》记载的反叛主体信息有严重的缺失。而《后汉书·董卓列传》中的人物，却可以得到《献帝春秋》的印证，时间顺序上也吻合，自然应该以《后汉书·董卓列传》的记载为准。

在北地先零羌之后，再看叛乱的参与者们，枹罕、河关群盗的首领宋建是凉州义从，湟中义从胡更不用说了，都是"义从"身份的雇佣兵，他们为什么造反？总得有个理由吧？

前文中凉州刺史左昌的行为，正好填补了这个空白。北地羌胡所指即上文中的北地先零羌，凉州刺史左昌在多处叛乱的情形下，竟然截留贪污了数千万钱的军费。这笔钱大概率是交给护羌营，招

---

[1]《后汉书》卷一下《光武帝纪下》，"建武九年"条，李贤注引《汉官仪》："以牛邯为护羌校尉，都在陇西令居县。"按：《后汉书》卷八十七《西羌传》载"建初元年……故度辽将军吴棠领护羌校尉，居安夷……（元初）二年春……参（护羌校尉庞参）始还居令居，通河西道。"

募"义从"出兵平叛的专款，不给钱，还要人跨越大半个凉州去镇压叛羌，汉人的凉州义从、胡人的湟中义从胡都不伺候了。

依常理来说，应该是枹罕、河关的汉人义从先反，组织性不强，所以相聚为群盗。令居的护羌校尉泠征在没钱的情况下，仍旧驱使湟中义从胡出征，逼反了这支强大的势力，推举北宫伯玉和李文侯为将军，杀死了上司泠征，占据护羌营。至此，东汉朝廷在凉州最大的一支常备军不复存在。

紧跟着，两支势力取得了联系，凉州义从主动推举湟中义从胡为将军，统帅所有叛军，并向金城郡治允吾县进发。出面诈降的是枹罕、河关群盗的首领宋建和王国，想要拉拢的人是边允、韩约，一个前大县县令，一个州从事，在州郡中地位相当高，故此，边、韩二人也被称为"凉州大人"，是地方上的头面人物。

两人被劫持后，城中大乱，太守陈懿逃亡不成，被王国等人带到护羌营杀死，也可见护羌营早已被叛军攻占，成为联军的大本营。至此，边、韩二人才被释放，却已经上了通缉名单，只能"共杀"金城太守陈懿，表达同生共死的决心。

其实，由于凉州地处险远，又赶上汉末乱世，朝廷西迁和东迁过程中，大量典籍和记录散失，就如《后汉书·应劭传》里说的，迁都许县之后，"旧章堙没，书记罕存"，连朝廷制度、百官典式都靠着应劭钩稽、重新确立。[1] 大量的官府文书遗失，导致不同的作者信息来源不同，以至于连人物都被张冠李戴。

比如，据《典略》记载，边章在反叛前任凉州督军从事，韩遂

1《后汉书》卷四十八《杨李翟应霍爰徐列传》，"应劭"条。

是凉州从事，而《献帝春秋》等书只说边章是凉州大人、故新安令，未提州从事之职；《献帝春秋》中说，凉州义从宋建、王国等反，求见边章、韩遂，而《后汉书》中则说，陇西郡狄道人王国于中平四年（187年）才反叛；《资治通鉴》中说，边章和北宫伯玉、李文侯均于中平三年（186年）在内讧中被韩遂杀死，《典略》却说边章在起兵后不久病死；《后汉纪》《典略》中将自称河首平汉王的宋建写作宋扬，其余诸书均作宋建；刘艾《灵帝纪》中称边章另一名字为边元，《献帝春秋》则称其原名为边允。

不过，细节虽有参差，事件本身却往往不是空穴来风，比如病死的叛军首领，实为阎忠，他劝皇甫嵩反叛遭拒，回凉州后被叛军们劫持推举为统领三十六部的车骑将军，几个月后病死。[1]

正因为信息不清，且凉州人在朝堂之上缺少话语权，凉州叛乱远不如发生在京畿肘腋的诛除宦官和诸侯讨董受人关注，其影响远远被低估了。

据《典略》记载，韩遂，字文约，和同郡人边章都是名扬西州的地方显达，边章当时任督军从事领州兵，而韩遂则带着任务到洛阳上计。所谓"上计"，是汉代地方的年终述职制度，刺史原本每年年底要回京，亲自向皇帝奏事，光武中兴后，改为由郡国计吏代为转呈奏事。按照规定，计吏到京后，先向司徒、司空上计，还要参加次年正月旦的朝贺大典，受皇帝接见，并回答皇帝提问。汉明帝时开始，还要求计吏在朝贺后，参加明堂祭祀与上陵礼，上陵礼

---

1 《三国志》卷十《魏书·荀彧荀攸贾诩传》，"贾诩"条，裴松之注引《英雄记》："凉州贼王国等起兵，共劫忠为主，统三十六部，号车骑将军。忠感慨发病而死。"

毕，才离京。[1]

韩遂到京之后，何进因为久仰他的盛名，特意接见了他。韩遂于是借机劝说何进诛杀所有宦官，何进不听，韩遂便请求回乡。要知道，依东汉制度，计吏面见皇帝后，可能会被授予郎官官职，韩遂却只求归乡。等回到老家金城郡，正好赶上了北宫伯玉、宋建等人造反，韩遂被叛军劫持，不得已造反，并被推为主帅。[2]

按照汉朝的制度，九月计断，十月自郡国出发至京师上计，需要参加次年正月的一系列礼仪活动，才能返回。按《后汉书·郡国志》，金城郡在洛阳西二千八百里，以汉制日行百里计，则需时二十八天，即十月底、十一月初至洛阳。韩遂所带的应该是光和六年（183年）的计簿，中平元年（184年）正月之后，与河南尹何进交游。从他游说何进诛灭宦官的建议来看，他在京师活动的时间应该跨越了中平元年三月初三（戊申），何进控制了京师强兵出镇都亭，也唯有此时才有兵权凭借，可以杀尽宦官。

遭到拒绝之后，韩遂才回到了金城郡家乡，并被刺史任命为州从事，而原本的督军从事边章，应该是受到了解职，只称故新安令。这样就解释了《典略》《献帝春秋》关于二人职务记载的矛盾，实为不同时间的不同职务。

---

1 侯旭东：《丞相、皇帝与郡国计吏：两汉上计制度变迁探微》，《中国史研究》，2014年第4期。

2 《三国志》卷一《魏书·武帝纪》，裴松之注引《典略》："遂字文约，始与同郡边章俱著名西州。章为督军从事。遂奉计诣京师，何进闻其名，特与相见，遂说进使诛诸阉人，进不从，乃求归。会凉州宋扬、北宫玉等反，举章、遂为主。章寻病卒，遂为扬等所持，不得已，遂阻兵为乱。"

　　前文已经提及，义从们是因为军费被凉州刺史左昌贪污而反叛，进一步说，这些义从很可能是督军从事边章的旧部，因为军费减少而被裁撤，边章也因此被免职。因为湟中义从胡推为将军的北宫伯玉与李文侯在起兵时，明确与凉州义从宋建有联合，之后，也听从边章、韩遂的指挥，但在数年后的火并中，边章、北宫伯玉、李文侯一起被韩遂杀害，[1] 而宋建则不再参与凉州叛军的统一行动，专心割据枹罕、河关。[2] 可见，在势力归属上，北宫伯玉、李文侯、宋建应该都是边章的旧部，而非韩遂一系。

　　叛乱刚开始的时候，汉阳郡长史盖勋劝说凉州刺史左昌不要染指军费，潜台词应该是请他出钱怀柔兵变。没想到左昌不但不听，还把盖勋派出到汉阳郡阿阳县领兵驻扎，希望他打败仗好治他的罪，没想到盖勋数有战功。也就是说，叛军初起，就已经打到了凉州中心的汉阳郡了。

　　在叛军攻打金城郡时，盖勋又劝左昌出兵救援，遭到拒绝，结果，边章等率兵穿过陇西郡，把左昌包围在了汉阳郡治冀县。左昌恐惧之下，向盖勋求救，与盖勋同驻阿阳的州从事辛曾、孔常怀疑文书真假，不愿意出兵，盖勋威胁二人，不去就砍了他们，才得以率兵救援，到了地方，盖勋讥讽边章等人犯了背叛之罪。叛军将领们都说："如果刺史能够早听你的话，派兵来逼迫我们，我们还能改过自新，现在罪行太重，没法投降了。"于是解围而去。

1《后汉书》卷七十二《董卓列传》："（中平三年）其冬，征温还京师，韩遂乃杀边章及伯玉、文侯，拥兵十余万，进围陇西。"
2《三国志》卷一《魏书·武帝纪》："初，陇西宋建自称河首平汉王，聚众枹罕，改元，置百官，三十余年。遣夏侯渊自兴国讨之。冬十月，屠枹罕，斩建，凉州平。"

可见"共杀"金城太守陈懿这一招，对于叛军将领们相当管用。人人都犯罪不说，还背了杀人的仇恨，就算朝廷大度，陈懿的族人也不会放过家仇，只能一直反叛下去。而他们的目标，并不是反抗贪官欺压，也不是抗议牢直不毕、廪赐断绝，而是要改变世道，换一个活法。

凉州的豪杰们都像皇甫嵩、阎忠一样醒悟了。哪怕何进主动向进京的韩遂伸橄榄枝，也根本没有意义。宦官群体不消灭，凉州人就是朝中贵人田里的韭菜，无论多高的官职，多大的功勋，贵人们想什么时候割，就什么时候割。故此，中平二年（185年）三月[1]，边章、韩遂、北宫伯玉等率兵数万骑攻入三辅地区，"托诛宦官为名"[2]，直接打出了诛杀宦官的旗号。

凉州人敲响汉室的丧钟

凉州乱起，被罢官的董卓因而复出，以中郎将职务担任左车骑将军皇甫嵩的副手。这个时间，按照《后汉纪》的记载，应该在中平二年二月，《后汉书·孝灵帝纪》中说的中平二年三月，则是"征之，不克"。

当年七月，皇甫嵩以征讨无功的理由被免职。八月，朝廷任命了司空张温为车骑将军，假节，执金吾袁滂为副。董卓则升任破虏将军，与荡寇将军周慎归属张温统帅，加上诸郡兵，合十余万步

---

1 《后汉书》卷八《孝灵帝纪》，"中平二年三月"条："北宫伯玉等寇三辅。"

2 《后汉书》卷七十二《董卓列传》。

骑，屯于美阳。

史书中将皇甫嵩被罢，归结为他不愿贿赂中常侍张让，以及曾没收中常侍赵忠的宅邸，从而得罪了权贵。其实，更深层次的原因是，皇甫嵩、董卓都是凉州人，他们面对的边章、韩遂也是西州名士，叛军又打出了诛杀宦官的旗号，安定皇甫氏从皇甫规到皇甫嵩，都与宦官不睦，如果皇甫嵩倒戈，宦官们根本无法抵挡。

张温虽然能力出众，却是花钱买的三公，[1]而且早年曾受曹腾的推荐，[2]弟弟张敞在大将军窦武诛杀宦官失败后，帮助藏匿他的孙子窦辅。[3]整体来看，张温是一个有能力的中立派，与宦官有交情，与党人也有关联。他的副手袁滂也一样，《后汉纪》对袁滂的评价是"滂独中立于朝"，靠的是从不说任何人的短处，也不站队。[4]可见，这个人事安排经过了深思熟虑。

在治军上，张温绝非庸手，出征前汉灵帝召见，他已经只行军礼，长揖不拜，[5]以示将在外君命有所不受之意。非常有意思的是，张温刚刚掌握兵权，之前屡屡征辟不至的蜀郡名士张玄就穿着麻布

---

1 《后汉书》卷五十二《崔骃列传》，"崔烈"条："是时段颎、樊陵、张温等虽有功勤名誉，然皆先输货财而后登公位。"

2 《三国志》卷一《魏书·武帝纪》，裴松之注引司马彪《续汉书》："好进达贤能，终无所毁伤。其所称荐，若陈留虞放、边韶、南阳延固、张温、弘农张奂、颍川堂谿典等。"

3 《后汉书》卷六十九《窦何列传》，"窦武"条："胡腾及令史南阳张敞共逃辅于零陵界，诈云已死……张敞者，太尉温之弟也。"

4 《后汉书》卷七十二《董卓列传》，李贤注引袁宏《后汉纪》："滂字公熙。纯素寡欲，终不言人短。当权宠之盛，或以同异致祸，滂独中立于朝，故爱憎不及焉。"

5 《太平御览》卷二百九十六《兵部二十七》，引谢承《后汉书》："张温以司空加车骑将军，征韩遂。丙辰，引温见于崇德殿，温以军礼，长揖不拜。"

衣服，绑着绳子当腰带，赶来游说他："现在天下盗贼蜂起，不就因为宦官常侍们专权无道吗？我听说这些高级宦官和公卿都会到平乐观为你送行，现在你手握大军，如果能在饯行宴会上，以军法抓捕有罪之人，一举杀掉，再回师入洛阳都亭，依次诛杀阉宦，'解天下之倒县，报海内之怨毒'，然后提拔忠诚正直的隐逸人才，则边章之类的反贼不过是在股掌之间罢了。"张温听他说完，"大震，不能对"，过了好一会儿才说："我不是不爱听你说的话，可我干不了啊！怎么办呢？"张玄叹息说："事行则为福，不行则为贼。今与公长辞矣。"说罢就要吃毒药自杀，张温急忙拦住："你出这个主意是对得起我的，我不能用你之计，是我有罪，你何必寻死。这话我就当没听见，算了吧！"[1]

简单总结一下，在史书记载中出现过的，曾劝说朝廷领兵的大将军、车骑将军造反的人，阎忠第一，韩遂第二，张玄第三；密谋发兵诛除宦官的，还有冀州刺史王芬、宗正刘虞、中军校尉袁绍、讨虏校尉盖勋等人。可见，出兵消灭宦官，在当时已经是时髦议题了，只是一直没有出头的重磅人物罢了。

待到张温出兵，边章、韩遂所部的势力已经越来越盛，敢于与官军主力在美阳决战了。[2]美阳县，属右扶风，地在今陕西扶风县境内，地处关中平原西部。

张温虽兵力占优，却屡战屡败，两军从八月一直对峙到了十一

1《后汉书》卷三十六《郑范陈贾张列传》，"张玄"条。

2《后汉书》卷七十二《董卓列传》："嵩以无功免归，而边章、韩遂等大盛。……章、遂亦进兵美阳。"

月，竟然有一颗流星坠入叛军营寨，军心浮动之下，边章、韩遂决定撤军回金城郡。[1]董卓听说后，大喜过望，第二天就和右扶风鲍鸿一起出兵攻打叛军营垒，大破之，斩首数千级。这个数字，对于孤军深入三辅的数万骑叛军而言，可谓元气大伤。边章和韩遂一路奔逃，穿过整个凉州，直跑到金城郡榆中县才站住脚。

　　说到这里，就得补充一下凉州叛军的行动背景。在攻打汉阳郡治冀县解围之后，边章、韩遂所部实际上是绕城不攻，发动凉州各地的叛羌，东进右扶风。所以，凉州的大部分郡县仍在朝廷派任的长吏手中，比如汉阳郡、陇西郡都在坚守，刺史也换了人，名为宋枭。

　　宋枭上任后，非但不想整军经武，反而认为凉州多叛的原因是学问不昌明，最好的办法是多抄《孝经》，让凉州人每家每户都熟读，就知道礼义了。盖勋就劝谏他，这招足以结怨一州，又让朝廷笑话。宋枭不听他的，上奏申请，朝廷觉得荒唐，把他免职了。当然，宋枭恐怕也不是真傻。朝廷给出的免职理由是"虚慢"，即不把本职工作当回事，净务虚。宋枭应该根本不想干这个刺史，才故意惹事去官。

　　此时，新任护羌校尉夏育，被叛军包围在右扶风畜官，盖勋组织州郡兵去救援，结果刚出冀县不远，就在狐槃被羌人击败。可见，叛军采取的是围点打援的战术，打了一场漂亮的伏击战。盖勋最后只收拢了一百多人，布阵拼命，身负三处伤，仍勉力坚守，要死在

1《后汉书》卷七十二《董卓列传》："温、卓与战，辄不利。十一月，夜有流星如火，光长十余丈，照章、遂营中，驴马尽鸣。贼以为不祥，欲归金城。"

阵前。最后还是句就种羌人的头领滇吾因为一直受盖勋厚待，带兵拦住了其他羌人，说："盖长史是贤人，你们杀他是逆天！"盖勋大骂："死反贼，你知道什么，赶紧杀了我！"

羌人对他的忠义勇武无不服气，不敢杀他，把他送回了汉阳。等到新来的刺史杨雍接任，就上表请求盖勋领汉阳太守。盖勋也确实对得起国家，当时饥荒严重，到了人吃人的地步，盖勋见调粮赈济来不及，就先把自家的粮食拿出来，救活了千余人。[1]

这段故事里，有几个信息值得展开细说：

第一，凉州叛军杀入三辅，按理说，陇道应该断绝，可朝廷征召、派任的三任刺史，左昌、宋枭、杨雍都顺利往来，说明叛军并没有彻底隔绝交通；但是，领兵的将校夏育就被围困在右扶风，没能进入凉州，说明叛军并不是控制不了交通，而是有意为之。

第二，夏育被包围，盖勋南下救援的过程中，可见凉州叛军精妙的指挥配合。边章、韩遂主力进入右扶风劫掠，包围夏育，给汉阳境内的羌胡创造围点打援的条件，而参与围攻盖勋郡兵的，明显是汉阳郡周边的羌人种落，也就是说，真羌人。

第三，边章、韩遂主力数万骑杀入三辅，并不是要直驱洛阳，或是兵逼长安，恰恰相反，他们的主力一直在关中平原西部活动，虽然打出了诛除宦官的旗号，目的却应该与汉阳郡境内发生的饥荒有关，他们是跳出外线，通过抢掠相对富庶的三辅地区来度过荒年。

第四，皇甫嵩和董卓之所以数月无功，原因也是类似的。他们

1《后汉书》卷五十八《虞傅盖臧列传》，"盖勋"条。

在建立防线，一方面防备叛军突入西汉皇帝的陵邑，另一方面逐步压缩叛军抢掠的空间范围。可是，这个举动落在朝中的宦官眼中，就有消极避战、心向叛军的嫌疑。

第五，凉州叛军势力暴涨的原因，并不是皇甫嵩被撤职，而是"秋七月，三辅螟"[1]。三辅地区发生了大面积的蝗灾，或许这些蝗虫本就由凉州而来，造成了持续的饥荒，促使大批百姓加入叛军。这也让凉州叛军军食不足，在秋季可以掠粮于野时，还能支撑，进入冬季就难以与朝廷近乎无限的后勤支持抗衡了。

在此条件下，叛军只经一败，就无力支撑。后方各郡县也在朝廷手中，叛军只能快速退回金城郡，依靠稳固的根据地，再次与官军相持。

追入凉州的张温拒绝听取董卓集中兵力歼灭边章、韩遂所部的意见，而是把追兵分为两支，一支由周慎率领，三万大军围攻榆中县城，地在今甘肃兰州；另一支则由董卓率领，三万人攻打先零羌。[2]以地理论，先零羌其实分布在北地郡、安定郡至汉阳郡的山区之中，山谷之间，可以轻松跨越陇山，完成机动。董卓于是派别部司马刘靖率四千步骑驻扎在安定郡，隔断东西，自己率领主力攻打汉阳郡的叛羌，主要是扫荡自三辅回归的羌人种落。

董卓也没想到，周慎把三万人都拿出来围攻榆中县，已经攻破了城池外墙，却被叛军在葵园截断了补给线，全军崩溃，丢弃辎重逃回三辅。羌胡兵大盛之际，集中数万兵力在汉阳郡望垣县之北包

1《后汉书》卷八《孝灵帝纪》，"中平二年秋七月"条。

2《后汉书》卷七十二《董卓列传》。

围了董卓，也截断了他的粮道。董卓于是假装在河里修堰捕鱼，却偷偷带兵在下游水浅处渡河。叛军追击过来时，河中堰被冲决，水位上涨，没法渡河了。董卓得以全师退还扶风，受封斄乡侯，按照他自己的说法，这是个都乡侯爵位。[1]

这次失败的损失相当巨大，六军出击，只有董卓一军完整撤回。不过，叛军的损失同样巨大，主力龟缩在金城郡，不再出击，朝廷在凉州大部分地区的统治得以恢复。

一直到中平三年（186年）冬，凉州叛军一直龟缩在金城郡，朝廷将车骑将军张温征还京师。军事压力骤减之后，韩遂杀死了边章和李文侯、北宫伯玉，完成了内部的军令统一，可金城一郡的力量，并不足以与整个凉州对抗。所以，《后汉书·董卓列传》中相关的记载还是要分开理解，即张温征还在前，韩遂杀同伴在后，但拥兵十余万围困陇西却并未立刻执行。

要知道，《后汉书·郡国志》中记金城郡十县，总计一万八千九百四十七口，陇西郡有两万九千六百三十七口，加起来近五万人，湟中义从胡总共也只有九千兵。经历过大战之后，仅凭金城郡一地，不可能快速恢复到十余万人的规模，所以，正如前文考证的那样，中平三年冬，韩遂清理了内部，花费了一年多的时间休养生息，等待时机。

机会很快就来了，中平四年（187年）四月，"太尉张温以寇贼未平罢"[2]，直接对应的事件，就是陇西郡狄道人王国与氐、羌联合反

1《三国志》卷四十六《吴书·孙破虏讨逆传》，裴松之注引《山阳公载记》。
2《后汉纪》卷二十五《孝灵皇帝纪下》，"中平四年夏四月"条。

叛。起初他们并没有与韩遂的残部合兵，两支叛军分处于陇西郡和金城郡。

为了镇压叛乱，凉州刺史招募了州兵，马腾就是其中之一。经历了长期的战斗，马腾已然升任军司马。可是中平四年四月起，州郡兵对两支叛军，屡攻不克。

韩遂经过一年多的休整，终于在中平五年（188 年）五月前出兵，联合陇西郡的王国，合兵十余万包围了陇西郡。准确地说，是韩遂主动联合了王国，一齐逼迫陇西太守李参造反。李参是太原人，字相如，他也是凉州第一位响应叛军的太守。李相如正是把边章、韩遂列入通缉名单，逼得他们没有回头路的人物，也是中平二年（185 年）导致公孙瓒带领乌桓突骑出征凉州的朝廷议论中，被应劭推崇为沉静有谋，必定能消灭叛乱的能臣。[1] 结果，他先反了！

之后，叛军联合迎战前来讨伐的凉州刺史耿鄙。[2] 此时，凉州的六郡兵突发内讧，耿鄙于中平五年五月被杀，几路叛军合兵一处，开始扫荡凉州各郡，傅燮被杀。

整个凉州的形势迎来了大反转，原因何在呢？

答案是叛军的主体成分变了。大量的羌人、氐人进入了叛军，不过，不是以种落为单位的羌人，而是凉州本地豪族控制下的，本已降服安置的羌人——这是东汉历次平羌战争的成果。

前文提到金城郡和陇西郡的口数不到五万，这就涉及一个重要

---

1 《后汉书》卷四十八《杨李翟应霍爰徐列传》，"应劭"条。

2 《后汉书》卷五十八《虞傅盖臧列传》，"傅燮"条："鄙率六郡兵讨金城贼王国、韩遂等……行至狄道，果有反者。"按：狄道在陇西郡，可知，耿鄙大军目标先为陇西。

的概念，史书所记的户数、口数，都只是政府可控的户籍人口数，无户籍的人口并不算在内。所以，金城、陇西的广大地域并不是没有人居住生活，只是不以编户齐民的身份生活。

要知道，平羌战争中段颎总计斩杀了六万多羌人，听起来很吓人，可汉顺帝时，仅西羌胜兵总数即达二十万，人口约有百万口，除去七十万口在陇西塞外，也有三十万口在凉州各郡生活；东羌则人口较少，也有三十万口，凉州境内的东西羌人合计可达六十万口，段颎所杀不过十分之一。其实，这还不是内附的羌人全部，益州蜀地的羌人内附甚至超过了凉州，仅东汉记录的几次大规模归汉人数就达到了八十余万口。[1]

由于凉州的汉人人口远少于羌人，东汉对羌人镇压和安置的主要手段是摧毁羌人的部落组织，一方面俘虏羌人为奴婢，另一方面拆散安置为小部。这些羌人，要么沦为地方豪强的奴仆，要么就成为作战的兵员。而史书可见的金城郡、陇西郡叛军中，并没有羌人种落大人的名字，反倒是汉阳郡的先零羌仍以种落的形式，由酋豪统领作战。

所以，韩遂杀掉湟中义从胡的代表——边章、北宫伯玉、李文侯之后，原本叛军中的羌胡话语权一扫而空，为凉州地方豪强的加入留出了空间，而他们凭借家族的大批羌胡奴仆，势力远超羌人种落。这也是陇西太守李参参与反叛的重要原因，毕竟士大夫们深知一点，羌人种落叛乱根本成不了气候，堂堂二千石又岂能屈居羌胡之下？

1　袁延胜：《东汉人口问题研究》，郑州大学博士学位论文，2003年。

在形势大变的情况下，凉州刺史耿鄙的愚蠢，彻底葬送了东汉王朝在凉州的统治。

耿鄙上任后，委任贪污犯程球为治中从事，受到凉州人的广泛厌恶。所以，耿鄙调集的六郡兵围攻陇西郡治狄道时，前锋战败，凉州别驾发难反叛，先杀程球，后杀耿鄙。要知道，别驾是刺史的首席属官，治中从事则仅次于别驾。别驾反叛，意义远非韩遂这个普通从事可比，毕竟从事可以有几十个，别驾就一个，往往由一州的名士担任。[1]

这位别驾杀死耿鄙后不见记载，同时反叛的还有扶风人马腾。马腾与韩遂一起拥戴王国为"合众将军"，担任叛军的主帅。叛军包围了汉阳郡治冀县，此时的汉阳太守是北地人傅燮。

原本的汉阳太守盖勋，在耿鄙接任凉州刺史之后，就知道这个人没有好下场，于是自免归家。[2]继任者应是南阳人范津，他原本是傅燮老家北地郡的太守，曾举其为孝廉，两人在汉阳太守任上，又办理了交接，"合符而去，乡邦荣之"[3]。傅燮接任之后，还有时间抚恤叛羌，设置四十余营的屯田。可见，耿鄙任凉州刺史的时间不短，经历了三位汉阳太守，也印证了前述考证的时间：耿鄙出兵只能在中平五年（188年），而不可能在中平四年（187年）。

等到叛军围困汉阳时，傅燮已经成了光杆司令。傅燮老家北地

1《后汉纪》卷二十五《孝灵皇帝纪下》，"中平五年夏五月"条："初，鄙合六郡兵，将欲讨国。汉阳太守傅燮谏之曰……鄙不从。临阵，前锋果败，鄙为别驾所害。"

2《后汉纪》卷二十五《孝灵皇帝纪下》，"中平五年十月甲子"条："初，汉阳太守盖勋，著绩西州，知耿鄙之必败也，自免归家。"

3《后汉书》卷五十八《虞傅盖臧列传》，"傅燮"条。

郡的数千胡骑也在攻城队列，他们感念傅燮的恩惠，在城外一齐磕头，请求护送傅燮回老家，傅燮只是让主簿杨会将自己的儿子傅干送走，自己则不惜一死。王国特意派出了前酒泉太守黄衍劝说傅燮投降，提到"而今汉家已经失去天下，你愿意投降吗？"傅燮拒绝后，临阵战死，汉阳郡陷落。[1]

这里有两条重要信息：其一，王国已经可以驱使故二千石级别的汉官做说客，可见叛军在凉州豪族中的号召力；其二，"天下非复汉有"的说法，表明了凉州豪杰的目标不再是劫掠财物，或是诛杀宦官，而是要倾覆汉家天下。

凉州叛军的政治目标，再次升级。

此时驻军三辅，挡在叛军前面的，正是前车骑将军张温的六军残部，主力就是破虏将军董卓所部。王粲《英雄记》曾提到："卓数讨羌、胡，前后百余战。"[2] 史书中记录的董卓征战经历远达不到百余次，当然，这也属于抓大放小，只提及了董卓参与的大战役。剩下那些不决定全局的小战斗，很可能就发生在中平五年五月至十一月间，因为董卓在中平五年十一月陈仓之战时，已由破虏将军升任前将军。[3]此前应该零星获得了一些战功。

反观凉州叛军，在占领汉阳郡之后，再次攻入三辅，并围攻交通枢纽陈仓八十多天，未能攻克。皇甫嵩趁机偷袭，斩首一万余级，可谓大胜。不料，凉州叛军并未像上次一样四散奔逃，反而更换

1《后汉书》卷五十八《虞傅盖臧列传》，"傅燮"条。

2《三国志》卷六《魏书·董二袁刘传》，"董卓"条，裴松之注引《英雄记》。

3《后汉书》卷七十二《董卓列传》："五年，围陈仓。乃拜卓前将军，与左将军皇甫嵩击破之。"

了头领，韩遂、马腾等人共废王国，改立前信都县令阎忠为车骑将军，统领三十六部叛军。

阎忠正是之前劝说皇甫嵩举兵造反、改朝换代的人物，他也是贾诩的伯乐。按照《后汉书·董卓列传》的说法，阎忠不久后即病死，凉州叛军开始相互攻伐，势力逐渐衰弱。[1]可这明显不符合事实，凉州叛军的势力在之后的几十年间，遍布关陇，以至于曹操西征也经历了一番苦战；哪怕在这之前，董卓、李傕、郭汜专政的时代，凉州叛军也是举足轻重的武装势力。

可是，在陈仓之战后，皇甫嵩继续驻军右扶风，董卓东进，双方再无交兵的记录，甚至董卓迁都长安前，还对公卿百官提到韩遂的降服，以及书信要求迁都长安，朝廷不听的话，就要引兵东向。

这些信息充分说明了一点，韩遂、马腾等人通过废王国、立阎忠，向凉州老乡皇甫嵩和董卓传递了一个重要的和平信息，那就是，他们的目标不是改朝换代，而是改变世道。凉州人在等待皇甫嵩、董卓等人刀刃向内，澄清朝堂，改变凉州人长期被关东人欺压的状态。

如果皇甫嵩、董卓不给个说法，那么，十余万凉州叛军就要给他们一个说法。所以，蹇硕等宦官才在汉灵帝驾崩前，一直撺掇着让大将军何进代替皇甫嵩领兵征讨凉州叛军，而何进则一直借故拖延，直到皇位换人，这才给了董卓天赐的良机。

1《后汉书》卷七十二《董卓列传》。

屠夫何进的愚蠢葬送了汉家天下？

何进，字遂高，南阳郡宛县人，屠户出身，父亲叫何真。何进家庭关系很复杂，其父何真先与原配生了何进，又娶了个后妻。后妻带来一个前夫家的儿子，原姓朱，改名为何苗。何真和后妻又生了两个女儿，大女儿是汉灵帝的皇后——灵思皇后何氏，[1]小女儿则是张让的儿媳。[2]

何皇后的相貌，史书没有记载，只是特意记录了她的身高是七尺一寸，汉尺约为二十三点五厘米，那么何皇后身高一米六七左右。现在听起来没什么，可前文已经说过，秦汉时，男子身高六尺六寸算及格，身高七尺为成年男性标准身高，何皇后比普通男子还高一寸，肯定算是鹤立鸡群了。

另据史书记载，何进的亲孙子何晏，容貌俊美，皮肤尤其白净。魏文帝曾怀疑何晏脸上擦粉了，就在夏天给他热汤饼吃，他吃了以后大汗淋漓，拿朱衣擦汗，脸色更白了。[3]可见，何氏的基因里，至少占"高"和"白"两项。

依东汉的制度，每年八月"算人"——也就是登记户口，同时

1《后汉书》卷六十九《窦何列传》，"何进"条；《三国志》卷六《魏书·董二袁刘传》，"董卓"条，裴松之注引《续汉书》；《后汉书》卷十下《皇后纪下》，"灵思何皇后"条。

2《后汉书》卷六十九《窦何列传》，"何进"条："张让子妇，太后之妹也。"

3《初学记》卷十九《人部下》，"美丈夫"条："《语林》曰：何平叔美姿仪而绝白，魏文帝疑其著粉。夏月与热汤饼，既啖，大汗出，随以朱衣自拭，色转皎然。"

会派出官员在洛阳乡间征求良家童女，即选取适龄女子进宫。此时，不只要看长相，还要看身份。可问题是，何家是屠户，属于操持贱业的商贾之列，按法律是不能算"良家子"的，何氏要入宫，一定要有些非常手段，确切地说是"以金帛赂遗主者"。[1]

而且，何家是南阳人，不是洛阳人，这迁户口，也得有一些手段。这些手段，何进和他爸爸何真大概率是没有的。《后汉书·皇后纪》里说何皇后"家本屠者"[2]，意味着他哥哥何进也是子承父业的屠户。不过，《后汉书·窦何列传》的"赞"中说"进自屠羊"[3]，他家是杀羊的，并不是杀猪的，这一点有些电视剧就搞错了。

何进的弟弟何苗也曾对他说，何家一家人从南阳来，"俱以贫贱"，靠着省内的宦官得以"贵富"。[4]可见，何氏一家到洛阳时并没有钱，应该是到洛阳依附了宦官，赚了钱，再贿赂选宫女的宦官，让何皇后得以进宫，又依附高阶宦官进献美女讨好汉灵帝，这才为何皇后创造了机会，最后母以子贵，又提拔了娘家。这个故事中的宦官史书也有写，就是中常侍郭胜。他是何进同郡人，有同乡之谊，"太后及进之贵幸，胜有力焉"[5]。

要知道，何皇后熹平五年（176 年）才生下皇子刘辩，获封贵

1《后汉书》卷十下《皇后纪下》，"灵思何皇后"条，李贤注："《风俗通》曰，汉以八月算人。后家以金帛赂遗主者以求入也。"

2《后汉书》卷十下《皇后纪下》，"灵思何皇后"条。

3《后汉书》卷六十九《窦何列传》，"赞曰"条。

4《后汉书》卷六十九《窦何列传》，"何进"条："苗谓进曰：'始共从南阳来，俱以贫贱，依省内以致贵富。国家之事，亦何容易！覆水不可收。宜深思之，且与省内和也。'"

5《后汉书》卷六十九《窦何列传》，"何进"条。

人。在此之前，她只是个宫女，没资格惠及家人。可恰恰在熹平五年（176年），何进却参与了一件大事。

这件大事的起因是天下大旱，河南郡平县有个处士，名叫苏腾，夜里梦见自己在骑马神仙的陪伴下，登上了首阳山，想来想去，苏腾就把自己做梦的内容上奏了朝廷。汉灵帝相当重视，因为首阳山相传是伯夷、叔齐饿死的地方，旁边就是黄河，汉顺帝时曾派人到此处求雨。所以，灵帝特意派三府属官担任请雨使者，与郡、县户曹掾吏一起登山祠祷，求了之后还挺灵，就在伯夷、叔齐庙前立了两块巨碑，由蔡邕题写[1]，署名是河南尹陈导、洛阳令徐循与处士平县苏腾、南阳何进等人立。[2]

这个事件可谓疑点颇多。

其一，苏腾是个处士，无官无职，做个梦就敢上奏皇帝。东汉确实有吏民上书的渠道，可汉灵帝为什么能看到？其二，立碑的四人，没有一个列名请雨使者，苏腾之外的三个人和这件事有什么关系？其三，蔡邕在熹平五年任议郎，校书东观，立碑的四人凭什么请动他撰写碑文？其四，就求雨来看，汉灵帝派出求雨使者"祷请名山，求获答应"，据李贤注引《东观汉记》"使中郎将堂谿典请

---

1 《后汉书》志第十三《五行一》，"灵帝熹平五年夏，旱"条，刘昭注："蔡邕作《伯夷叔齐碑》曰'熹平五年，天下大旱，祷请名山，求获答应。时处士平阳苏腾，字玄成，梦陟首阳，有神马之使在道。明觉而思之，以其梦陟状上闻。天子开三府请雨使者，与郡县户曹掾吏登山升祠。手书要曰："君况我圣主以洪泽之福。"天寻兴云，即降甘雨也。'"

2 《水经注》卷五《河水五》："上有夷齐之庙，前有二碑，并是后汉河南尹广陵陈导、洛阳令徐循与处士平苏腾、南阳何进等立，事见其碑。"

雨，因上言改之，名为嵩高山"[1]可知，求雨响应的重点应该是中岳嵩山，首阳山与之一北一南，风马牛不相及。

所以，事情的经过应该是何进通过宦官的关系，知道汉灵帝正在为天下大旱烦心。灵帝本人又和桓帝类似，对神仙之说感兴趣。何进认识平县处士苏腾，听说他做了灵异之梦，就通过自己熟悉的洛阳令和宦官双管齐下，洛阳令报到河南尹这里，走朝廷的程序，管理奏疏的宦官则把苏腾的上书报给了皇帝。

之所以这样，在于平县人苏腾如果通过平县令上奏，立碑的自然是平县令。大概率是平县令不当回事，何进把这个梦推上了台面。等报到汉灵帝案头，皇帝为了求雨当然会试试，诏书的批复就是为梦的真实性背书。等到真下雨，为儒家圣贤伯夷、叔齐立碑，再求蔡邕写碑文，他当然无法拒绝。

待石碑立起来，平县处士苏腾和南阳处士何进自然扬名了。在东汉的仕途中，名声是士大夫的硬通货，但苏腾梦中遇仙这种事，与道德修养无关，既不算孝，也不算廉，没多大价值。反倒是何进在整个过程中急人之难，属于儒家的朋友之义。党人"八厨"就是以财富助人知名，所以，何进的入手点在这里。

由于灵帝之前的几个孩子都夭折了，宋皇后也无宠无子，熹平五年（176年）出生的皇子刘辩就成了最合适的储君人选。这个年份也意味着，在何进参与这场政治秀时，他妹妹大概率已经怀有身孕。不久后的光和元年（178年），因王甫陷害，宋皇后被废黜。又过了两年，光和三年（180年），何贵人升格为何皇后。

1《后汉书》卷八《孝灵帝纪》，"熹平五年夏四月癸亥"条，李贤注。

可也正是在这一年，汉灵帝的王美人有孕。何皇后善妒，为了给儿子刘辩扫清竞争者，动辄暗害宫中的女子。光和四年（181年），刚刚产下儿子（即汉献帝刘协）的王美人，就被何皇后毒杀，引得汉灵帝大怒，意图废后。[1]还是张让等宦官凑了几千万钱的财物，才保下了何皇后。[2]值得注意的是，何皇后的妹妹是张让的儿媳。张让之子具体是亲子还是养子，史无明载。可是，在曹丕所作的《典论》中提到，张让有个养子叫张奉，任太医令，与人喝酒就喜欢脱衣服露出形体，以此为乐。[3]何皇后的妹妹可能嫁的就是他。

综上所述，何氏家族的发迹几乎全靠宦官提携。何皇后固然是母以子贵，可中常侍郭胜与何氏为旧恩，所以，他不支持蹇硕杀死何进的提议，引导宦官们出卖了蹇硕。而中常侍张让则与何氏是姻亲，关系不可谓不紧密，尤其是在汉灵帝死后，宦官们对何太后和太后之母舞阳君、哥哥车骑将军何苗一直贿赂逢迎，关系也相当紧密。

唯一的异类，其实是何进。

因为他还有另一重身份，汉灵帝帝师杨赐的门生。太尉杨赐碑碑文曰："门生大将军何进等，瞻仰洙泗公丧之礼。"[4]

杨赐出身于四世三公的弘农杨氏，他的祖上叫杨喜，靠着抢

---

1 《后汉书》卷十下《皇后纪下》，"灵思何皇后"条。
2 《后汉书》卷六十九《窦何列传》，"何进"条："先帝尝与太后不快，几至成败，我曹涕泣救解，各出家财千万为礼，和悦上意，但欲托卿门户耳。"
3 《太平御览》卷八百四十五《饮食部三》，"酒下"条："《典论》曰：孝灵末，百司湎酒，酒千文一斗。常侍张让子奉为太医令，与人饮，辄去衣露形，为戏乐也。"
4 《全后汉文》卷七十八。

到了项羽的部分尸体封赤泉侯；到了东汉，他祖父杨震，也是四世三公的第一人，留下了"杨震四知"的典故。杨震出外做官的路上，住在昌邑县，当地县令是他举荐的茂才王密，王密半夜带着十斤黄金上门，并说："夜深了，没人知道这事儿。"杨震回答："天知、神知、我知、你知，怎么说没人知道呢？"王密羞惭而去。杨震一生清廉自守，子孙也是疏食步行，所以他有"关西孔子"之称。

杨震的儿子杨秉之后也任三公，延续了杨震的家风，自称有三不惑，即酒、色、财皆不惑。杨赐是杨秉的儿子，在汉灵帝年幼时就担任侍讲，是灵帝的老师，在灵帝朝更是反复劝谏、匡正这个学生，却屡屡被贬黜。杨赐的儿子杨彪，后来也担任了三公之一的太尉。

杨家四代任三公，且德性不改，被孔融誉为"四世清德，海内所瞻"。[1] 相比之下，同样四世三公的汝南袁氏，到了袁逢、袁隗这一代，不但豪奢成性，还与宦官合作，名声大不如弘农杨氏。[2]

这也意味着，杨赐的家世、官职、名声，根本不需要贪慕一个屠户外戚的权势，何进得以入他的门墙，只能是学识、人品得到了他的认可，也就相当于大半个士林的认可。所以，何进大量征辟海内名士辅佐自己，仅史书记载有名字的，他征辟、任用和推举过的名士就有三十三人，日后成为汉末诸侯的有袁绍、袁术、刘表、孔

---

1 《后汉书》卷五十四《杨震列传》。

2 《后汉书》卷五十四《杨震列传》，李贤注引华峤《后汉书》："东京杨氏、袁氏，累世宰相，为汉名族。然袁氏车马衣服极为奢僭；能守家风，为世所贵，不及杨氏也。"

融、鲍信、王匡、张杨，名人有王允、陈琳、王朗、华歆、荀攸、张辽。

这只是史书列名的，没有详细记载的，如中平五年（188年）的一次征辟，与荀攸同批的有海内名士二十余人，还有拒绝辟举的隐士，如申屠蟠、张纮、陈寔、襄楷等人。不过，这些老牌名士拒绝何进征辟倒不是看不起他，前代清名素著的三公也请不动他们。

问题是，福兮祸之所倚，在何进与士大夫打得火热之后，汉灵帝已将其视为威胁。

汉灵帝一方面在兵权上入手，令董太后的侄子董重为骠骑将军领千余部曲；设西园八校尉之后，即令上军校尉蹇硕为元帅，统领大将军以下。这都是在兵权上的平衡，甚至可以说是分化。另一方面令何进的弟弟何苗为车骑将军。何苗也开始四处征辟士大夫，分何进之势。比如，车骑将军长史乐隐，他是刘备挚友牵招的老师，也是安平国观津县人；[1]曹操的投资人卫兹，"为车骑将军何苗所辟，司徒杨彪再加旌命"[2]，可见，他曾是何苗属吏；应劭，他举孝廉之后，曾被辟为车骑将军何苗掾。[3]

在平衡权力的同时，汉灵帝对于董太后养育的董侯刘协越来越

[1]《三国志》卷二十六《魏书·满田牵郭传》，"牵招"条："牵招字子经，安平观津人也。年十余岁，诣同县乐隐受学。后隐为车骑将军何苗长史，招随卒业。值京都乱，苗、隐见害。"

[2]《三国志》卷二十二《魏书·桓二陈徐卫卢传》，"卫臻"条，裴松之注引《先贤行状》。

[3]《后汉书》卷四十八《杨李翟应霍爰徐列传》，"应劭"条。

喜欢，而对"轻佻无威仪"的史侯刘辩越来越厌弃，"然皇后有宠，且进又居重权，故久不决"。这个不决，是对群臣请立太子的犹豫，这个态度已经表明了他并不想立刘辩。

在此条件下，汉灵帝和宦官不断催促何进领兵镇压凉州叛乱，又在中平六年（189年）征召董卓回京任少府，这其中明显有直接的联系。在汉灵帝看来，京中有董太后、骠骑将军董重的部曲，再让董卓任九卿，可以有效制衡何氏的势力，但是，这次征召遭到了董卓的拒绝，结果是"朝廷不能制，颇以为虑"。待到汉灵帝病危之际，赐玺书拜董卓为并州牧，令他将兵马交给皇甫嵩，董卓再次抗命，上书称带兵日久，恳请带去并州，之后驻军河东郡，"以观时变"。[1]

对于这段记载，过往常常是从董卓跋扈，以及观望作乱的角度解释，其实这里面最重要的信息是"玺书"。玺书是一种特殊的公文，它虽然也属于广义的诏书，但与行政系统下达的制书或诏书不同，玺书由皇帝点对点赐予，一般由皇帝自作，甚至由皇帝亲自书写；其上只盖皇帝玉玺，不加盖尚书令印或其他大臣印；由专使送达，不得中转；玺书直接赐予个人，而非机构。[2]

也就是说，这封玺书是汉灵帝为了让董卓相信调令出于他本人意志，而非出自可能被旁人控制的尚书诏令系统。但是，交接兵权，恐怕并不是出自汉灵帝的玺书，见《后汉书·皇甫嵩传》："明

---

1 《后汉书》卷七十二《董卓列传》。
2 代国玺：《汉代公文形态新探》，《中国史研究》，2015年第2期。

年，卓拜为并州牧，诏使以兵委嵩，卓不从。"[1]这里提到的就是诏书了，说明与玺书同时发出的，还有朝廷的封拜诏书，诏书里面涉及了交出兵权的内容，这才能够被皇甫嵩得知，因为诏书是公开的；而玺书则是点对点的，董卓不告诉别人，别人不可能知道。董卓真正抗拒的是朝廷行政系统下发的诏书，而非汉灵帝个人发出的玺书。

在这之后，皇甫嵩之子皇甫郦劝说其父，直接以"逆命"为名，出兵攻杀董卓，被皇甫嵩拒绝，理由是"专命虽罪，专诛亦有责也"，意思是，董卓这么干有罪，我把他杀了一样有罪，还不如直接上奏，请求朝廷裁断。上书之后，汉灵帝非但没有处置董卓，反而把皇甫嵩的奏书发给了董卓。[2]这充分说明了，董卓两次抗命而无事，都有汉灵帝的庇护。

显而易见的是，在汉灵帝健康时，朝廷的平衡仍然存在，可在他病危之际，洛阳中枢开始了站队。简言之，有以下几股势力：

其一，灵帝集团，包括汉灵帝、董侯刘协、董太后、上军校尉蹇硕、骠骑将军董重。

其二，何氏集团，包括何皇后、史侯刘辩、大将军何进、车骑将军何苗，以及何氏兄弟的掾属。

其三，宦官集团，包括张让、赵忠、郭胜等一群掌权的宦官。

其四，朝臣势力，包括四个群体：（1）以袁隗为首的，桓灵时代执政的公卿之族；（2）以许相、樊陵为首的，桓灵时代党附宦官

1《后汉书》卷七十一《皇甫嵩朱儁列传》，"皇甫嵩"条。
2《后汉书》卷七十一《皇甫嵩朱儁列传》，"皇甫嵩"条。

的公卿之族；（3）以张温、袁滂为代表的中立派；（4）与党人关系密切的豪杰之士，比如刘表、袁绍、袁术、何颙等人。

中平六年四月十一日（189年5月13日），汉灵帝在洛阳南宫嘉德殿驾崩，死前没有决定太子。长子刘辩养在史道人家中，号为史侯，少子刘协养在董太后身边，号为董侯。汉灵帝"属协于蹇硕"，蹇硕认为自己受先皇遗命，又一贯轻视和忌惮何进兄弟，就想秘不发丧，召何进进宫诛杀，再立刘协为皇帝。[1]

没想到，何进进宫途中，蹇硕的司马潘隐将谋划全盘告知何进，于是何进亲自屯兵百郡邸，称病不入宫。蹇硕的谋划失败，十七岁的史侯刘辩得以即位，尊何皇后为皇太后。何太后临朝听政，并改元为光熹，任命后将军袁隗为太傅，与大将军何进一同辅政，录尚书事。

蹇硕在有遗诏的情况下，仍无力阻止刘辩的即位，原因很简单，上述四方势力已经全数站在了何氏集团一边，包括董太后和董重。这一点，见《后汉书·皇后纪》："何太后临朝，重与太后兄大将军进权势相害，后每欲参干政事，太后辄相禁塞。"[2]在立少帝之后，董太后仍然想干预政务，且董重敢于与何进冲突，说明董太后在汉灵帝驾崩时，应该在皇帝人选上与何氏集团有过妥协、得到过承诺，这才心怀妄念，觉得可以继续保持话语权。

董氏的背叛，导致蹇硕独木难支，只能妥协。后中常侍集体决议出卖蹇硕，何进于中平六年四月廿五，派黄门令收杀蹇硕，吞

1《后汉书》卷六十九《窦何列传》，"何进"条。

2《后汉书》卷十下《皇后纪下》，"孝仁董皇后"条。

并了他的屯兵。[1]蹇硕死后，董氏在朝中再无支援。五月，何进与三公、车骑将军一同上奏，于五月初六发兵包围车骑将军府，逼董重自杀。[2]六月初七，董太后"忧怖，暴崩"。[3]值得注意的是，此次上奏者，没有太傅、录尚书事袁隗，侧面表明他不支持何进此举。

对于董氏之死，《后汉纪》中说："众以为何后杀之。"[4]《后汉书·皇后纪》中说："民间归咎何氏。"《资治通鉴》中则总结为："民间由是不附何氏。"可见，中平六年（189年）六月，是何氏家族风评逆转的关键时点。

不过，何进也自此独揽大权。于是袁绍通过何进的亲信宾客张津，劝说何进趁着专制朝政的机会，一举消灭宦官，何进完全认可这个计划。这说明袁绍等人与何进并不亲近，对他能否对宦官下手也有疑虑，这才通过亲信进言试探。确定了何进的态度之后，袁绍、袁术、逢纪、何颙、荀攸等人才加入，"与同腹心"。[5]

可是，何太后和何氏家族的其他成员都反对诛灭宦官，使得宦官集团认为仍能与自己押宝的何氏家族维持合作。

在这之后，何进一方面让袁绍招募千余人驻扎洛阳城外，派出张杨、张辽等人外出募兵加强兵力；另一方面，密招并州牧董卓屯

1《资治通鉴》卷五十九《汉纪五十一》，"中平六年四月庚午"条："庚午，进使黄门令收硕，诛之，因悉领其屯兵。"
2《资治通鉴》卷五十九《汉纪五十一》，"中平六年五月辛巳"条："辛巳，进举兵围票骑府，收董重，免官，自杀。"
3《资治通鉴》卷五十九《汉纪五十一》，"中平六年六月辛亥"条。
4《后汉纪》卷二十五《孝灵皇帝纪下》。
5《后汉书》卷六十九《窦何列传》，"何进"条。

关中上林苑[1]、东郡太守桥瑁屯成皋、王匡东发其郡强弩，指使武猛都尉丁原冒充黑山军，焚烧孟津，火照洛阳。何进以诛杀宦官的名义，三面兵逼京师，胁迫何太后同意诛杀宦官。不想，何太后还是不同意。

后人常以结果论，认为陈琳等人反对招外兵入京的建议是正确的，何进太过愚蠢。其实，何进的选择自有道理。汉灵帝即位之初，大将军窦武与宦官开战失败的前车之鉴充分说明洛阳的五营士和屯兵，以及虎贲、羽林等武装根本不可靠，在宦官的积威之下，很可能倒戈相向。

故此，必须有足够的能够与宦官可能发动的朝廷武装抗衡的私人武力，何进才敢于表明态度，对宦官宣战；或者说，他更希望能够制造声势，让宦官主动退让，不要走到兵戎相见这一步。可何太后屡屡拒绝何进的建议，何进必须进一步对太后施压，这才任命袁绍为司隶校尉，假节，"专命击断"，即先斩后奏，又任从事中郎王允为河南尹。袁绍上任之后，立刻派武吏监视、窥伺宦官，同时派人督促董卓进兵，要其挺进到洛阳城郊的平乐观。

待接到董卓在新安的上表，宣称即将领大军入京清君侧时，何太后终于害怕了，将中常侍、小黄门的职务全数免除，让他们出宫回各自的私宅，只剩下与何进关系好的宦官留守在省中。诸常侍、小黄门也都跑到何进府邸谢罪，任他处置。何进对他们说："天下扰

1《后汉书》志第十二《天文下》，"光和中"条："中平六年，宫车晏驾，大将军何进令司隶校尉袁绍私募兵千余人，阴屯洛阳城外，窃呼并州牧董卓使将兵至京都。"

攘不安，都是因为厌恨你们，如今董卓即将到来，你们何不还乡退休呢？"史书没有记录宦官们的表态，应该也是满口答应。

丁原在何进的安排下派数千士卒伪装成贼寇，号称"黑山伯"，"烧平阴、河津莫府人舍"[1]，孟津的大火，"火照城中"[2]，何太后都坚决不从，一点不害怕。为什么董卓的兵马即将进京，何太后就屈服了？

关键就在于董卓的身份，他不仅是将帅，更是董太后的族人，又受到汉灵帝的信任。如果董卓带兵进京追究董太后之死的责任，就不只是宦官要死，她这个太后也可能受到诘责，所以，她选择了抛出宦官做替罪羊，替自己抵挡董氏的火力。

何太后的这种反应，大概率就是何进、袁绍小集团密谋利用董卓的起因。董卓就是"狼来了"的那只狼，只有让何太后和宦官们相信这只狼会吃人，他们才会恐惧退让。不过，何进不可能完全信任董卓，也会担心他离洛阳太近，变生肘腋，故此，只让董卓驻军关中上林苑，没允许他跨过函谷关。

问题是，在"假节"之后，袁绍已经拥有调动诸军的权柄，怎么用这个权力就不是何进能控制的了。何进和袁绍的命令开始并行，或者说，出现了两个决策中心。

何进绝对想不到的是，袁绍不只暗中催促董卓进兵，还假传何

1《后汉书》卷七十三《刘虞公孙瓒陶谦列传》，"公孙瓒"条，李贤注引《续汉书》："何进欲诛中常侍赵忠等，进乃诈令武猛都尉丁原放兵数千人，为贼于河内，称'黑山伯'，上事以诛忠等为辞，烧平阴、河津莫府人舍，以怖动太后。"
2《后汉书》卷六十九《窦何列传》，"何进"条。

进的意思，写信给各州郡长官，要求抓捕宦官的亲属、家族。[1]这个结果，传到中常侍的耳朵里，就是何大将军不讲信用，不想放他们一条生路，那么，他们只好动员全体宦官拼死一搏。

谁坑死了大将军何进？

中常侍们意识到在劫难逃之后，就开始准备斩首行动。张让通过儿媳，疏通何太后母亲舞阳君，入宫求何太后，得到了令中常侍回宫当值的诏书，开始了紧锣密鼓的政变准备。

据《三国志·袁绍传》记载，"中常侍段珪等矫太后命，召进入议"[2]。可见，中平六年（189年）八月廿五日，何进入何太后居住的长乐宫，是被宦官们骗进来的，一头钻进了早已编织好的圈套。

东汉洛阳宫殿区总体分南北宫，以复道相连。其中，南宫又分四个长方形区域，以道路隔开，各自有宫墙，墙上开门，以通内外。

南宫中的东宫主殿为前殿，显然是大朝会宫殿，前面有端门；前殿后面有玉堂殿，殿前悬挂有一对大铜钟，也是皇帝经常坐朝的重要殿堂。南宫中门乐成门内还有乐成殿、灵台殿和云台等殿堂。其中云台是南宫中重要的台阁建筑，大致位于东宫北面靠后的位置，内有广室殿，有高阁四间。据文献记载，云台为周代建造，是收藏书籍和珍玩异宝的地方，汉明帝时在殿内绘有开国功臣二十八

1《后汉书》卷六十九《窦何列传》，"何进"条。
2《三国志》卷六《魏书·董二袁刘传》，"袁绍"条。

北

夏门

谷门

朔平门
天渊池
芳林园
步广里
朔平署

北 宫
古翟泉

濯龙园
钩盾署
濯龙池
东掖庭
永安宫
永乐宫
永巷署
崇德署
云龙门
东明门
上东门

金市 神虎门
广义门
崇贤门
金商门
社稷 高庙

上西门
西阁
德阳殿
崇德殿
东
章德殿
章台殿
宫

西宫
端门
章台门
尚书台

应门
朱雀阙门

中东门

复道

北阙
玄武阙门
北门

雍门
朔平署
东观

西掖庭
长乐宫
云台殿
南 宫

嘉德殿
九龙门
灵台殿
乐成殿
永和里

符节台
兰台
嘉德门
乐成门

广阳门
白虎阙
钩盾署
尚书台
威兴门
和欢殿
西宫
玉堂殿
东宫
苍龙阙门
东阙
司空府
百官朝会殿

冰室
长秋宫
却非门
却非殿
前殿
端门
司徒府
耗门
（宣平门）

直里
小苑
平君门
宫南阙门
太尉府

津门
小苑门
平城门
开阳门

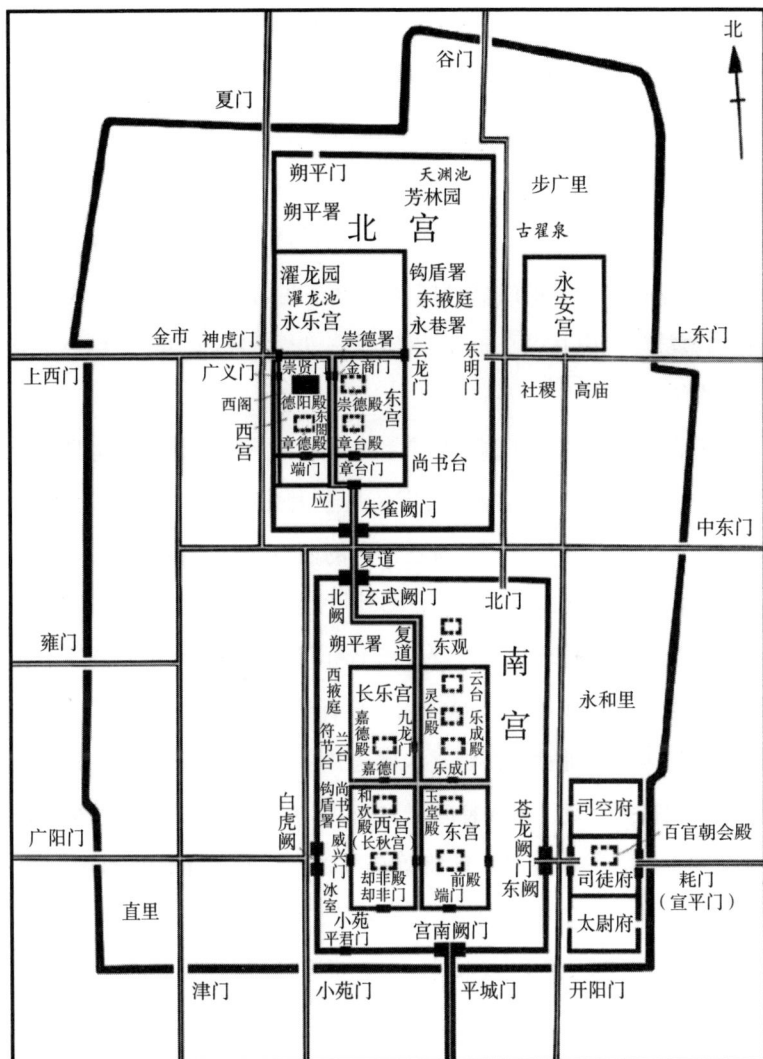

东汉洛阳南、北宫平面位置示意图

将的画像。云台殿前也悬挂有一对大铜钟，当也是皇帝阅览书籍或处理政务的殿堂。

西宫（即长秋宫）的主殿为却非殿与和欢殿，西宫作为帝后的寝殿宫院，也是内朝或皇太后居内临朝的殿堂。宫院西面临近白虎阙有威兴门，还有西掖庭、朔平署、钩盾署、尚书台、符节台和兰台等宫中官署。长乐宫是皇太后居住的寝殿宫院，即俗称的后宫，应在西宫的北面，正门嘉德门，东侧有九龙门，门内主殿为嘉德殿。[1]嘉德门向南开门，面对西宫方向，九龙门向东开门，面对乐成殿方向。

简言之，南宫的西侧是皇帝、皇后、太后的居住区，也是宦官的主要活动区域；东侧是办公区，是士大夫可以进出的活动区域。不过，尚书台等实权官署，都在西宫的西墙之外，省中的诏板也是由宦官自东向西递送的。

基于这个地理环境，挂着录尚书事职衔的何进，必须到尚书台处理公务，也就不得不涉足宫内，要保障安全，就必须做好准备。所以，何进先让虎贲中郎将袁术挑选二百名性情温厚的虎贲郎进入省中，代替持兵黄门（武装宦官）守卫门户；[2]禁省之外，有宿卫侍从的羽林郎，归属羽林中郎将桓典统领，还有袁术的虎贲郎配合；南宫外，则驻扎着他的部曲兵，由吴匡、张璋率领。

以前面宫殿门的区域来对应，虎贲郎和羽林郎原本是在南宫东

---

1 钱国祥：《东汉洛阳都城的空间格局复原研究》，《华夏考古》，2022年第3期。
2 《三国志》卷六《魏书·董二袁刘传》，"袁绍"条："又令绍弟虎贲中郎将术选温厚虎贲二百人，当入禁中，代持兵黄门陛守门户。"

侧的皇帝办公区，以及南宫西侧的长乐宫、西宫宫墙外的官署区域分散值勤。但是，何进的命令增加了虎贲郎的活动区，比如长乐宫嘉德门以内的嘉德殿就是太后的住处，本不允许健全男人出没，但嘉德门、九龙门的守门士兵，全换成了虎贲郎。这就意味着，只要省门大开，他随时可以在虎贲的保护下冲出禁省，回到虎贲、羽林的控制区。

理论上，何进的人身安全万无一失。

据《后汉书·何进传》的记载，何进孤身入长乐宫是再次请求诛杀宦官，以士人替换他们的职位，他进入了省中，见到了何太后。[1]这里说的"省中"特指嘉德殿，之前董太后曾在此居住，宫号为永乐，意味着嘉德殿区域在这个时期都被称为永乐宫。[2]后来，董太后迁居北宫崇德殿，崇德殿就变成了永乐宫。[3]汉灵帝驾崩后，何皇后尊为太后，迁居南宫嘉德殿，嘉德殿就被称为长乐宫。

先来说何进死亡之路的起点。从何进死后尚书得到省中诏板后"疑之"的态度，以及提出"请大将军出共议"的说法来看，何进奉诏入长乐宫，尚书台事先知情。那么，何进极有可能是从录尚书事的办公区——尚书台方向入宫，也就是从西向东，至长乐宫南门（嘉德门）进入，北入嘉德殿殿门，到达太后的居住区，在嘉德殿

1 《后汉书》卷六十九《窦何列传》，"何进"条："八月，进入长乐白太后，请尽诛诸常侍以下，选三署郎入守宦官庐。"

2 《后汉书》卷十下《皇后纪下》，"孝仁董皇后"条："上尊号曰孝仁皇后，居南宫嘉德殿，宫称永乐。"

3 《后汉书》志第十四《五行二》："（光和）五年五月庚申，德阳前殿西北入门内永乐太后宫署火。"

路寝，也就是太后的正厅等待接见；而何太后本人的住处，称为小寝，何进依礼不能进入，也没必要进入。理论上，在路寝和小寝之间，应该也有阁门，或称闼，分隔内外。

这一路上，各个门户应该都有虎贲郎守卫，尤其是省门（嘉德门、九龙门和嘉德殿殿门），是重中之重，中常侍、黄门令、小黄门、中黄门等不少宦官会在此值守。这才有了一群宦官议论："大将军称病不参加皇帝的葬礼，如今忽然进省中，想干什么？难道是窦武造反的事要再次发生了？"张让又派人偷听太后和何进的谈话，回来转述给宦官们听。

很明显，所谓何进请求诛杀中常侍以下所有宦官的信息，来自张让派人偷听谈话后的转述。而在省门附近值班的宦官就是中常侍言语煽动的对象，相当于自问自答，唯有让中低级宦官同仇敌忾，感到没有活路，中常侍们才能有武力把政变推动下去。

动员完毕，张让率领中常侍段珪、毕岚等数十人，带着兵器，偷偷从嘉德殿的侧闼进入，埋伏在省中，待何进从太后路寝议事出来，就开始了行动。不过，具体的行动细节，《后汉书·何进传》和《后汉纪》的记载不同。《后汉书》中说"因诈以太后诏召进，入坐省闼"[1]，意思是又骗了何进一次，进入省门之中，坐下，准备说话。《后汉纪》则没有欺骗的情节，只是说"出坐省户下"[2]，"闼""户""阁"所指都是宫内小门。太后在里面刚见完何进，一群在外面的宦官，怎么能诈称太后诏呢？所以，此处的诈，应该是

1《后汉书》卷六十九《窦何列传》，"何进"条。
2《后汉纪》卷二十五《孝灵皇帝纪下》，"中平六年八月戊辰"条。

和之前矫诏召何进入内的事搞混了。那么，很自然的，就不会是把何进请入省门，毕竟他还没出门，怎么入呢？

当时的情况应该是，何进与何太后说完话，从嘉德殿中出来，还没有出嘉德殿殿门，就被张让、段珪、毕岚等人包围，拖到省门（嘉德殿殿门）之外，当着在省门当值的宦官们，痛骂何进，主旨就是说他忘恩负义，随后，尚方监渠穆拔剑将何进斩杀。这个位置，《后汉书·何进传》说在嘉德殿前，恰好呼应"入坐省闼"，《后汉纪》未提地点，若呼应"出坐省户下"，则在嘉德门内，嘉德殿殿门之外。

当然，这个问题不大，因为两个表述都不能算错。真正的大问题是，一个理论上不可能死的人，为什么这么简单就被杀了？

负责守卫嘉德门、九龙门和嘉德殿殿门的虎贲郎全部失职，不仅没能保护何进，连报警的作用都没发挥，以至于直到宦官把何进的头颅扔到尚书台，外臣才知道何进被杀。这就意味着，宦官在斩杀何进之前，已经完全做好了军事对抗的准备，有效隔断了宫省内外的信息，不仅虎贲郎没有传递警讯，就连平时与何进、袁氏关系不错的宦官，也没能传递任何消息。

待到何进的部曲将吴匡、张璋闻讯率兵进宫时，就碰上了"宫合闭"，也作"宫门闭"。接下来的发展，《后汉书·何进传》和《后汉纪》的记载又有区别。《后汉书·何进传》中说，袁术与吴匡一起斫攻宫门，中黄门持兵守门，他们攻不进去，正好赶上天快黑了，袁术于是放火烧南宫九龙门及东西宫，希望能够逼迫张让等人出来。张让等人于是禀告太后，说大将军手下的兵反了，火烧皇宫，又攻尚书门，进而劫持了太后、少帝、陈留王和省内的官属，从复道向北宫逃亡。[1]《后汉纪》则简单得多，只说袁术火烧青琐门，想要逼迫段珪等人出来，结果人家不出来，跑去了北宫崇德殿。[2]

宫阁，是指宫内小门；而宫门，除了宫阁小门外，还可指宫城的掖门。所谓青琐门，则并不特指某一道门，而是天子宫门的一种形制，具体形制有两种说法：一种说是门框用琐纹镂空装饰，涂成青色；一种说是门楣为内外双层，涂成青色。[3]也就是说，阻挡何进部曲的宫门可以指宫掖门，也可以指嘉德门、九龙门这样的省门，史书记载的指向并不清晰。

《资治通鉴》是北宋作品，作者的取舍很有意思，认可了《后汉书·何进传》中吴匡入宫与袁术一起攻打宫门，却没有采信后续的袁术火烧九龙门和东西宫的说法，而是按照《后汉纪》的说法，只说袁术火烧青琐门。[4]

其实，《后汉书·何进传》中的记载本身就有矛盾，里面记录张让的话已经提到"大将军兵反，烧宫，攻尚书闼"，尚书闼也就是尚书门，在长乐宫的西面，而袁术焚烧的九龙门却是长乐宫的东门。袁术没有分身术，要解释这个现象，唯有理解为何进部曲已经冲入了宫掖门，进入了南宫之中，自西面攻打尚书台，而袁术则早已在宫中，在东门攻打长乐宫。

可问题是，吴匡、张璋统领的是何进的部曲私兵，根本没权力

1《后汉书》卷六十九《窦何列传》，"何进"条。

2《后汉书》卷六十九《窦何列传》，"何进"条。

3 王媛：《"青琐"及"青琐窗"的建筑史解析——从汉画像石纹饰说起》，《同济大学学报（社会科学版）》，2016年第6期。

4《资治通鉴》卷第五十九《汉纪五十一》，"中平六年八月戊辰"条。

进入南宫。毕竟让一支数千人规模的武装军队进入南宫，在皇帝举行大朝会和收藏珍宝、书籍的殿堂间驻扎，无异于公开谋反。所以，何进部曲兵事发前的驻扎地，一定在宫掖门之外。

南宫的掖门情况，史有明载，东、南、北、西各有一个高阙，对应苍龙阙门、宫南阙门、玄武阙门和白虎阙。[1]唯有白虎阙不确定是否有门，因为东、南、北三个方向都有宫掖门司马领卫士镇守，只有西面没有。不过，在白虎阙外有大路，阙内正对西宫的威兴门，附近即尚书台、钩盾署等官署，此处如果开门，应是进入尚书台最便利的路线。事实上，《后汉书·五行志》确实提及了中平二年（185年）南宫大火，"延及白虎、威兴门、尚书、符节、兰台"[2]。可见，当时应该存在白虎门，就在白虎阙内，因其直通尚书台，故而也称尚书门，之所以无宫掖门司马，应该是由宦官值守的省阁门。

确定了这一点，很多问题就说得通了。何进本由部曲兵护送至尚书台办公，留兵马在白虎门外驻扎等候，不想遭太后传召，丢了性命。尚书台得知何进被杀的消息后，立刻通知了门外的何进部曲和宫中的袁术。吴匡、张璋等人通过尚书门进宫受阻，就开始攻门。而袁术的虎贲郎人少又分散，虎贲编制有一千五百人，实际上也就一千人左右，[3]又分二百人守各省门，还要在各殿执勤，袁术仓促间能够集结的兵力，也就百八十人，就算面对斩杀何进的数十名武装

---

1 钱国祥：《东汉洛阳都城的空间格局复原研究》，《华夏考古》，2022年第3期。
2 《后汉书》志第十四《五行二》，"中平二年二月己酉"条。
3 《后汉书》志第二十五《百官二》，刘昭注引蔡质《汉仪》："主虎贲千五百人，无常员，多至千人。"

宦官也不占优势，所以，首选就是攻打尚书门，放外兵入宫，才有了与吴匡"共斫攻之"的记录。不过，很明显的是，曾与何进共谋诛杀宦官的羽林中郎将桓典并未参战，故而不见于记载。[1]

结合张让等人对何太后的回报，大将军兵反是一重信息，烧宫是一重信息，攻尚书门是一重信息，那么，大概率是袁术兵少，为了逼退宦官，点燃了威兴门与白虎门之间的建筑以逼退守门的宦官。故此，《后汉纪》才没有提到袁术与吴匡、张璋合兵，因为点火之后，内外两支部队先被白虎门隔开，后被大火隔开，根本没能合兵一处。

其实这也是很多人的成见误区。《后汉书·何进传》和《后汉纪》中，根本没有明确过吴匡、张璋曾领兵进入了南宫。火烧九龙门、东西宫，这些大事的主人公一直都是袁术，可无论是分散放火烧宫，还是独立逼退长乐宫中的武装宦官，对于千人左右的虎贲郎来说，都太过勉为其难。

反倒是，由于南宫西侧的官署众多，延烧起来，很可能席卷整个南宫，中平二年（185年）南宫失火的惨状已经预演了这种可能性。所以，恐惧之下，宦官们才挟持太后、少帝、陈留王到北宫避难。结合宦官逃亡途中，尚书卢植执戈于阁道窗下，仰头大骂段珪等人的情况来看，尚书台里的官员也已经武装起来，且迂回到了南宫的北门处，而不是自长乐宫内追赶。这恰恰说明，火势控制不住，延烧到尚书台，台中官员只好向北跑，躲避火灾。

---

1 《后汉书》卷三十七《桓荣丁鸿列传》，"桓典"条："献帝即位，三公奏典前与何进谋诛阉官，功虽不遂，忠义炳著。"

毕竟，尚书卢植身在长乐宫外，不可能知道皇帝、太后何时从此处经过，预先埋伏。以他的义勇性格，既然拿起了武器，更正常的选择是统领官属，帮助袁术攻打嘉德门、九龙门或是白虎门，而不是远离主战场。

至此，已经可以回答前面的问题了。何进之所以被宦官算计，并不是因为他无知、愚蠢，而是所托非人。

在宫省之外，他最倚重的人——司隶校尉袁绍，私下催促董卓入京和要求州郡抓捕宦官家属，直接促成了宦官们狗急跳墙。说直白点，是袁绍的咄咄逼人，催生了诛杀何进的密谋，而何进还茫然无知敌我形势的变化。

在宫省之内，何进把自己的性命托付给了虎贲中郎将袁术，这才轻信矫诏进入长乐宫。可是，当何进在嘉德殿前被杀时，嘉德门的虎贲郎、嘉德殿殿门的虎贲郎、九龙门的虎贲郎，全都没有察觉，说明袁术要么是对下属控制力有限，要么就是有意放任，给宦官们的暗杀创造了机会。

也就是说，虽然没有更多证据证明二袁主动陷害何进，可事实就是，他俩的一系列举措直接造成了何进的死亡。

至于事后的处置，袁术在宫中放火，绝不是为了迎接何进部曲入宫，甚至恰恰相反，他是为了阻止外兵入宫，才燃起大火，隔断通路。因为大火燃起之后，没人能控制火势，这才让他独担了火烧东西宫的责任。[1]当然，宦官势力盘踞最深的南宫，也被他清理得最

1《后汉书》卷八《孝灵帝纪》，"中平六年八月戊辰"条："于是虎贲中郎将袁术烧东西宫，攻诸宦者。"

干净。

不仅如此，据《后汉书·董卓列传》记载："（董）卓远见火起，引兵急进，未明到城西，闻少帝在北芒，因往奉迎。"[1]一把火引来了董卓，也引出了更大的历史谜团。

董卓进京的隐秘内应

《后汉书·种劭传》记载："大将军何进将诛宦官，召并州牧董卓，至渑池，而进意更狐疑，遣劭宣诏止之。卓不受，遂前至河南。劭迎劳之，因譬令还军。卓疑有变，使其军士以兵胁劭。"[2]派种劭阻止董卓的是何进，而董卓则是受袁绍之召，最后还军夕阳亭。

种劭亲自迎劳董卓的地方是在河南县，也就是东周王城遗址，在洛阳城西四十里。[3]而董卓驻军的夕阳亭，在东魏人杨衒之所作的《洛阳伽蓝记》中有记载，东魏时叫"张方桥"，也叫"长分桥"，在洛阳阊阖门外七里。[4]北魏洛阳城阊阖门即东汉洛阳城上西门，故此，东汉时夕阳亭在洛阳城西七里处。

夕阳亭在东汉时非常有名，出上西门西去的旅人，会在此处与亲友告别，盖因其地当洛阳外郭，离开此处即算出京。类似的外郭

1《后汉书》卷七十二《董卓列传》。

2《后汉书》卷五十六《张王种陈列传》，"种劭"条。

3《后汉书》志第十九《郡国一》，刘昭注引《地道记》："去雒城四十里。"

4《洛阳伽蓝记》卷四《城西》："延伯出师于洛阳城西张方桥，即汉之夕阳亭也……出阊阖门外七里，有长分桥……或云：晋河间王在长安，遣张方征长沙王，营军于此，因名为张方桥也。"

亭还有多个，比如万寿亭在城北的夏门外，凡阳亭、广阳亭则在城西分别正对雍门和广阳门。[1]

这么一算，董卓从洛阳城西四十里，走到了洛阳城西七里，非但没有退却，还向前推进了三十多里。前面不远处，就是商议废帝的显阳苑了。

可问题是，如果董卓大军驻扎在距洛阳只有七里的地方，何至于见到火光再引兵急进？又说直至天明才赶到洛阳城西，紧接着就去北邙山迎接天子，这个时间对得上吗？

确实对不上。

据《后汉书·何进传》《后汉书·孝灵帝纪》《后汉纪》记载：何进入宫被杀是汉少帝光熹元年（189年）八月廿五日，当天傍晚，袁术点燃了南宫建筑。八月廿八日，少帝和陈留王才在百官护送下还宫。这两个时间应该无误。

可从夕阳亭到洛阳，只有七里路，无论如何走不了三天，哪怕依李贤注中说的"夕阳亭在河南城西"[2]，也不过是四十里加十里的路程，同样走不了三天。当然，也有一些学者指夕阳亭为几阳亭，认为距离更远，其实是忽视了古籍版本差异。据《后汉书·杨震传》记载，"（杨）震行至城西几阳亭"，即饮药自尽。"[3]周天游辑注《续汉书》中已指出："书钞卷九二作'阳亭'，范书本传作'几阳亭'，而汲本、殿本范书作'夕阳亭'，袁纪作'沈亭'，东观记又作'都

1 钱国祥：《东汉洛阳都城的空间格局复原研究》，《华夏考古》，2022年第3期。
2 《后汉书》卷五十六《张王种陈列传》，"种劭"条，李贤注。
3 《后汉书》卷五十四《杨震列传》。

亭'，诸载各异，未悉孰是。"[1]可见，"几阳亭"即"夕阳亭"，因其为洛阳外郭之亭，故东汉人也称之为"都亭"。

所以，董卓还军夕阳亭应无问题，要弥合众书记载的矛盾，需要换个思路分析。

董卓最开始得到的召唤出自何进，要他屯兵关中上林苑。紧跟着，袁绍假冒何进的名义发出了召令，要他驻军平乐观，"卓得召，即时就道"[2]。到了渑池县，消息传到何进耳朵里，"而进意更狐疑"[3]，派出了种劭宣诏制止董卓。双方相向而行，碰面时，董卓已经到了河南县。

之所以派出种劭，应该是何苗劝谏何进的结果，史书中的用词都一模一样，"进意更狐疑"[4]。于是，袁绍私自派出了使者催促董卓进兵，要求他公开上书讨伐宦官，捅破了诛杀宦官的窗户纸。而董卓上书的地点是确定的，即"臣随慰抚，以至新安"[5]。

新安县在渑池县以东，可见，董卓的大军一路急行军，行进到新安就遇到了催促的使者，这也是袁绍派出的第二波使者，正符合"促董卓等使驰驿上"[6]的记载。第一波使者要求董卓进军平乐观，第二波使者要求董卓上书请诛宦官。

---

1 周天游辑注《八家后汉书辑注》，《司马彪续汉书卷四》，"四一一"条，上海古籍出版社，2020年。

2《后汉书》卷七十二《董卓列传》。

3《后汉书》卷五十六《张王种陈列传》，"种劭"条。

4《后汉书》卷六十九《窦何列传》，"何进"条。

5《三国志》卷六《魏书·董二袁刘传》，"董卓"条，裴松之注引《典略》。

6《后汉书》卷六十九《窦何列传》，"何进"条。

按董卓自己的说法，他是"昼夜三百里来"[1]。按《后汉书·郡国志》，弘农郡至洛阳里程为四百五十里。[2]渑池在弘农郡治以东百里左右，与弘农之间只隔着一个距洛阳四百里的陕县，[3]可知董卓昼夜兼程的起点只能是渑池县，而不可能是洛阳城郊的夕阳亭。

这意味着，种劭在河南县"迎劳"董卓时，董卓已经看到了洛阳火起，故而"疑有变"。一疑种劭要求与袁绍召令不符；二是火光乍起，洛阳城必有变故。董卓担心种劭是宦官派来骗自己的。可种劭手中有诏书，又是何进所派，董卓理屈词穷。没有诏书的名义，他即使私自带兵入京，三千步骑说是不少，可在京畿腹地造反，还真不够。所以，董卓妥协了，率大军屯驻夕阳亭，观望形势。

按照《资治通鉴》整理后的时间顺序，八月廿五日，在南宫抵抗无望的宦官们于当日夜间，挟持何太后和汉少帝刘辩、陈留王刘协逃往北宫，途中遭到尚书卢植的拦截，丢下了何太后。太傅袁隗和司隶校尉袁绍则矫诏收杀了宦官任命的伪司隶校尉樊陵和伪河南尹许相。袁绍和何苗屯兵朱雀阙下，抓获了赵忠等人，杀之。何进部将吴匡等人又与何苗有宿怨，认为他不与何进同心，于是发动何进部曲与奉车都尉董旻联合，攻杀车骑将军何苗，其尸体也被扔在了苑中。袁绍因之关闭了北宫门，率兵抓捕宦官两千多人，无论老幼一概杀死，甚至有因没有胡须而被误杀的。之后，袁绍从北宫端门开始一路屠杀，从南向北，攻入省中。

1《三国志》卷六《魏书·董二袁刘传》，"董卓"条，裴松之注引《英雄记》。
2《后汉书》志第十九《郡国一》。
3 白居易诗云："从陕至东京，山低路渐平。风光四百里，车马十三程。"

八月廿七日，张让、段珪等宦官见事不可为，挟持少帝和陈留王出洛阳北门，逃奔小平津，在黄河边被尚书卢植和河南中部掾闵贡追上。见逃走无望，张让等宦官向天子下跪拜别，哭着说："我们都死了，希望陛下善自保重。"说罢纷纷投黄河而死。

所谓人之将死其言也善，宦官们虽然贪赃枉法，对东汉皇帝的感情还是很深的，既没有劫持人质保命，也没有歇斯底里地玉石俱焚，更没有跪地求饶，还真有些气节。可就苦了汉少帝和陈留王了，他们夜半赶路至雒舍，第二天，公卿们陆续赶到，已经是八月廿八日了，董卓的兵马也是在这个时候迎奉的天子。[1]

相对于《后汉书》中《何进传》《孝灵帝纪》中时间记录的自相矛盾，《资治通鉴》已经尽力梳理了事件的合理性，可在缺少原始记载的情况下，仍无法区分八月廿五和廿六日的事件，甚至由于源头信息被篡改，一群重要人物被抹去了行动细节，给读史者还原真相造成了巨大的麻烦。

从常理推断，八月廿五日傍晚，袁术点火烧宫，无论是故意的还是延烧所致，则八月廿六日，张让等人应该已经从复道逃往北宫，而从宫墙外迁回过来的何进部曲、何苗部曲，都聚集在了北宫和南宫之间。这就意味着从南宫逃窜不及时的宦官，都会被他们拦截，赵忠被杀也在此时。

袁绍在与袁隗合谋矫诏斩杀了竞争者樊陵、许相之后，也和何苗合兵一处。不过他的兵马并不多，按他自己的说法是"臣独将家

1《资治通鉴》卷第五十九《汉纪五十一》，"中平六年八月"条。

兵百余人"[1]，所以在何进部曲与董旻一起攻打何苗时，袁绍没有参与。这一系列事件发生的时间，应该就在八月廿六日。

这个时候，董卓到洛阳了没有？到洛阳之后，董卓都做了什么呢？

在《后汉书·董卓列传》和《九州春秋》里都讲了一个故事，董卓初到洛阳时，因为只有不到三千步骑兵，担心兵少吓唬不住人，就派军队晚上出去，白天再大张旗鼓来到军营，如此这般四五天，以示大兵自西而来，人数众多。[2]

这个事件发生在董卓收编何进部曲之前。董卓的权势膨胀是在八月廿八日迎接皇帝之后，八月卅日他已经收拢了洛阳各军，在显阳苑初议废立。次日，也就是九月初一，董卓在崇德殿召集群臣正式讨论废帝。也就是说，董卓收编何进、何苗部曲的时间，应该在八月廿八至八月卅日之间。

可现实是，从八月卅日前溯五天即八月廿五日，前溯四天即八月廿六日，从八月廿九算起则分别为八月廿四日和八月廿五日，而董卓军在八月廿五日夜间洛阳火起时，刚到河南县、夕阳亭，绝无可能施展这一招。那么，董卓到洛阳城郊驻军使用疑兵计的起点，只能是八月廿六日。这意味着，董卓至少从八月廿六日到八月卅日，一直在洛阳城下。

那么，董卓就坐视洛阳城中动乱，无所作为？这是疑点之一。

疑点之二在丁原身上。八月廿八日，汉少帝还宫，拜武猛都尉

1《后汉书》卷七十四上《袁绍刘表列传上》，"袁绍"条。

2《后汉书》卷七十二《董卓列传》。

丁原为执金吾，由秩比二千石的都尉，一跃而至秩中二千石的九卿。而且，执金吾的职责是"掌宫外戒司非常水火之事。月三绕行宫外，及主兵器"[1]。也就是说，洛阳皇宫之外的警备归他负责，可升职的理由仅仅是"武猛都尉丁原将河内救何氏"[2]。史书中完全没记载，刚刚火烧孟津，与洛阳近在咫尺的丁原如何"救何氏"，他都做了些什么呢？

　　疑点之三则与卢植和王允有关。据《后汉书·何进传》记载，宦官挟持天子和陈留王，从洛阳北面的谷门逃亡，一路步行逃奔小平津。尚书卢植"夜驰河上"，后面又有河南尹王允派出的河南中部掾闵贡跟上，闵贡追上宦官，杀死数人，[3]宦官们见逃亡无望，只好投河。可《后汉纪》的记载出入就大了：闵贡率十余人跟随少帝和宦官，等到尚书卢植赶到时，按剑责骂段珪，"珪等涕泣谢罪，又追兵至"[4]，这才有了宦官投河之举。也就是说，闵贡一直跟着皇帝和宦官逃亡，卢植后到，身后还跟着追兵。这个过程描述、人物关系、事件因果，几乎颠覆了《后汉书·何进传》的全部记载，哪个正确呢？

　　疑点之四就涉及这次逃亡的细节了。张璠《汉纪》中说："时帝年十四，陈留王年九岁，兄弟独夜步行欲还宫，暗暝，逐萤火而行，数里，得民家以露车载送。"《英雄记》中说："河南中部掾闵贡扶帝及陈留王上至雒舍止。帝独乘一马，陈留王与贡共乘一马，

1《后汉书》志第二十七《百官四》。

2《后汉纪》卷二十五《孝灵皇帝纪下》，"中平六年八月辛未"条。

3《后汉书》卷六十九《窦何列传》，"何进"条。

4《后汉纪》卷二十五《孝灵皇帝纪下》，"中平六年八月戊辰"条。

从雒舍南行。"在宦官投河死后，少帝、陈留王一起步行，闵贡扶持，似无疑议。可之后的交通工具，两书各异，前者说是坐民家的露车，后者说是走到邙山之北的驿舍（雒舍）后，换马南行。

问题是，卢植"夜驰河上"，必然乘马，后有追兵，哪怕都是步兵，也可以背负少帝、陈留王，何至于救下皇帝后，让皇帝一路步行？观此处记载，仿佛卢植和追兵根本不存在。

疑点之五，尚书卢植、河南尹王允都知道少帝、陈留王北行，追踪其后，可洛阳城中的公卿百官在宫中血流成河之际，既没有向北寻找皇帝，也没有在三公府中守卫，而是跑到了洛阳城西广阳门外数里的平乐观，第二天，又组织齐整地到北邙山迎接皇帝还宫。可见，他们很清楚皇帝的方位，为什么会出现这种情况呢？

疑点之六，诛灭宦官的总策划袁绍，在何进被杀后，似乎迅速失去了对局面的控制。按他的说法，何进被杀后，"师徒丧沮"，是他站出来，带着家兵百余人，联合大将军掾王匡的五百强弩，攻入北宫，他本人也和王匡一起攻入端门，直入承明堂，斩杀了汉少帝刘辩的亲信中常侍高望。[1]可是，太傅、录尚书事袁隗和司隶校尉、假节袁绍，一对有权总揽洛阳军政的叔侄，不但没敢袭击董卓，就连收编何进、何苗部曲，也落在了董卓后面，原因何在呢？

疑点之七，在诛灭宦官的事件中，有三个人物很奇怪，应该出现的没出现，不该出现的却出现了，那就是羽林中郎将桓典、虎贲中郎将袁术和董卓之弟奉车都尉董旻。桓典是沛国龙亢人，辟司徒袁隗府，举高第，拜侍御史，为宦官忌惮，称其为"骢马御史"。在

1《后汉书》卷七十四上《袁绍刘表列传上》，"袁绍"条，李贤注引《山阳公载记》。

汉献帝即位后，"三公奏典前与何进谋诛阉官"，得到拜家中一人为郎，赐钱二十万的奖赏，跟随朝廷迁都长安后，拜御史中丞。[1]这个阶段的执政者一直是董卓，说明封赏都出自董氏，可桓典究竟做了什么呢？而袁术在火烧南宫后，董旻在与吴匡等联合攻杀何苗后，都在史书上消失了，为什么会如此呢？

这七个疑点串联在一起，恰恰可以拷问《资治通鉴》以《后汉书》为底本的历史叙事，历史的真相似乎并没有那么简单。

其一，董卓和丁原的外兵得到的诏令，最近也只是到城郊驻扎。尤其是平乐观，作为阅兵讲武之地，既是袁绍召董卓进军的终点，也是洛阳大乱之后公卿百官的去处，完全可以理解为，袁绍在洛阳城郊部署的募兵千余人，就驻扎在此处。鲍信在何进死后赶到洛阳，汇合的地点应该也在此处，这里也是袁绍预设的进军大本营。也就是说，董卓、丁原、袁绍、鲍信的部曲，都属于外兵，被洛阳的城门和城门校尉统领的城门兵挡在洛阳城外。

其二，何苗和袁绍联合斩杀赵忠等人表明，袁术在火烧东西宫之后，并没有退出南宫，而是率领虎贲郎继续驱逐南宫之中的残余宦官，让他们出南宫北门，自投朱雀阙下的重兵屯驻之地，再集中屠杀两千多人，以至于没有胡须的普通人也被误杀。这也解释了袁术的去向，他并没有加入吴匡等人的联军，而是在南宫中。

其三，袁绍只率领家兵百余人，与何苗联合的原因在于，政变的第一时间，他和袁隗矫诏收杀了伪司隶校尉樊陵和伪河南尹许相。樊陵是东汉著名隐士樊英的孙子，却一直党附宦官，曾买太尉

1《后汉书》卷三十七《桓荣丁鸿列传》，"桓典"条。

职务，不到一个月就被罢免，也是东汉历史上任职时间最短的三公；许相是许劭的同族，祖父许敬、父亲许训、许相本人，三世三公。这二人也是宦官诛杀何进之后，稳定朝廷的最佳人选。

其四，袁隗作为朝堂上唯一的执政上公，无论与宦官妥协还是控制朝堂，扫灭同级别的竞争对手都是重中之重。所以，他才和袁绍先杀朝臣，后屠宦官，最终导致袁绍行动迟缓，直到何进旧部与何苗对峙时，袁绍才带着百余名家兵出现，只争取到了王匡的五百兵。这说明袁隗和袁绍并不想彻底打倒何氏，在何太后仍在的情况下，汝南袁氏的原计划只是控制朝政，军事上仍想与车骑将军何苗合作。

其五，何进的部曲将吴匡等攻杀何苗，除了素有旧怨之外，对城外不断"增兵"的董卓抱有期待也是原因之一。奉车都尉董旻的出现意味着，吴匡等人在此时已经站在了董卓一边，并在事态平息后，归入了董卓麾下。而董旻手中的兵马，从他的本职"掌御乘舆车"来看，与羽林郎"掌宿卫侍从"中的侍从职责契合，则很可能是董旻把羽林中郎将桓典拉到了自己一方，这才有了桓典之后的赏功和重用。

其六，宦官出逃时，出北宫北门后，还要通过洛阳北城门，宦官应该早已丧失了城门的控制权，之所以能出去，离不开河南尹王允的帮助。简言之，治所在洛阳县的河南尹王允是眼睁睁看着宦官挟持皇帝逃走的，河南中部掾闵贡和手下的十几个人，也是王允派出的，身后的追兵，也应该是王允部下的虚张声势。在公卿百官甚至何太后都跑到平乐观，依托丁原、鲍信、袁绍等人的部曲兵避难时，王允注意到了宦官挟持皇帝北逃的可能，又因为投鼠忌器，不能直接攻杀宦官，只好在皇帝出谷门后，派自己人跟随，伺机救援。

公卿百官之所以没有向北，根本原因是有何太后在手，哪怕皇帝遇难，也可以仿效先例，立宗室入嗣为帝；反倒是宦官们，离开了皇宫，手里只有个皇帝，根本掀不起大浪。换句话说，以袁隗为首的公卿已经有牺牲汉少帝和陈留王的觉悟，宦官的筹码不值钱了。

其七，正因为朝廷已经做好了牺牲皇帝的准备，才只有卢植匹马北上追赶，就像在议论废帝的大议上，只有他一个人站出来反对一样。卢植才是真正的孤勇者，也正是他的疾言厉色，分散了宦官们的注意力，让闵贡和随从得以将少帝、陈留王抢到手中，这才有"手剑斩数人"的情景。失去了保命筹码的张让等人，在利刃的逼迫下只能投河自尽。

至于之后的南归，其实分为两段。第一段是闵贡扶少帝、陈留王逐萤光步行数里，这时卢植应该是先骑马去找交通工具了。若来路有民家露车，张让等人早已拿下。可见，卢植是走出一定距离才找到的露车，这才同乘共载找到了雒舍休息。也应该是在这里，卢植先行去通知公卿百官来迎接皇帝，而闵贡则通知了河南尹王允，由王允通知董卓，这就慢了一步，才会出现迎接皇帝时董卓后至的一幕。

汉少帝刘辩和陈留王刘协从雒舍再出发时，就是南归的第二段。舍中有马，少帝分了一匹，陈留王年幼，与闵贡共乘一匹，又走了一阵，才见到了等候在山脚下的公卿大臣们。这支迎驾队伍的规格相当高，担任前导的是故太尉崔烈。

董卓赶来时，正好迎头撞上了这支队伍。按照《后汉纪》中的记载，董卓是单骑先到北邙山下。[1]《英雄记》则说董卓率领步骑数千而来，前导官崔烈呵令董卓避道，却挨了训斥："我昼夜兼程三百里跑过来，凭啥让路？你当我不敢砍你的脑袋吗？"[2]

《典略》中又记载，天子近前的"群公"对董卓说："有诏书要你退兵。"[3]能与"群公"对话，说明崔烈非但没能逼董卓避道，反而让董卓冲到了天子近前。此时朝廷中可称"群公"且班次靠前的只有两位，一位是"上公"太傅袁隗，另一位则是"三公"司空刘弘。

刘弘且不论，袁隗于董卓是"故主"，董卓算袁隗的"故吏"，俩人有主从情分，可董卓一点没给面子，指斥他们没能匡正王室，导致了国家动荡，没资格要求自己退兵。直白地说，董卓要求袁隗和刘弘承担政治责任。董卓更直接质问汉少帝："你放任中常侍和小黄门作乱，责任不小啊！"[4]

皇帝、太傅、司空都训了一遍，董卓摆明了是来追究政治责任的。所以，天子还宫之后，董卓就"讽朝廷"（讽有司）以连月淫雨不绝的名义，将司空刘弘免职，自己来当司空。按照文书的制度，能办成这件事的，只有录尚书事袁隗，说明袁隗已经屈服，从执棋者变成了程序性的傀儡。

还原完基本的事实，就可以总结一下整个大棋局了。

1《后汉纪》卷二十五《孝灵皇帝纪下》，"中平六年八月辛未"条。

2《三国志》卷六《魏书·董二袁刘传》，"董卓"条，裴松之注引《英雄记》。

3《三国志》卷六《魏书·董二袁刘传》，"董卓"条，裴松之注引《典略》。

4《三国志》卷六《魏书·董二袁刘传》，"董卓"条，裴松之注引《英雄记》。

　　曾经的执棋者袁隗是袁绍的亲叔叔，在汉灵帝驾崩后，由后将军升任太傅，成为超越三公的"上公"，与大将军何进一同"录尚书事"，两人的关系近似于魏明帝死后的司马懿与曹爽。从逼死董重和董太后事件中他的态度看，袁隗对何进专政并不完全满意。

　　所以，袁绍和袁术在何进被杀事件中的行动，极有可能出自袁隗的授意，就连何进诛杀宦官布局中的关键人物，也几乎个个和袁隗的关系都比何进更亲。袁绍、袁术自不待言；桓典、董卓是他的故吏；王允可能是他的故吏，[1]确凿的则是，袁隗和何进都是王允的救命恩人；[2]反倒是桥瑁和丁原，与袁隗渊源不明，因此，袁绍密召进京的，不是离得近的丁原、桥瑁，而是更远的董卓。考虑到董卓特殊的外戚身份，袁隗引他入京，恐怕不只是诛除宦官那么简单。

　　可以说，无论何进之死是否有汝南袁氏的幕后推动，至少袁隗做好了与何氏分庭抗礼的准备。在何进死后，袁隗有太傅、录尚书事身份，就是唯一的执政，车骑将军何苗因为姓何，正好可以收拢何进遗留下来的部曲和附属武装，完成政变的善后。何苗本人根基浅薄，与宦官交好，在士林中没有威望，待洛阳安定之后，自然会退居何太后前朝代表的角色。

　　那么，朝堂之上，袁隗兄长袁逢的嗣子袁基任太仆；兄长袁成的嗣子袁绍任司隶校尉、假节，可以掌握洛阳诸军；袁逢的另一个

1　王允中平元年为豫州刺史，之前，三公并辟，以司徒高第为侍御史，袁隗光和五　年至中平二年为司徒，从时间看，很可能王允是他的故吏。

2　《后汉书》卷六十六《陈王列传》，"王允"条："大将军何进、太尉袁隗、司徒杨　赐共上疏请之……书奏，得以减死论。"

儿子，虎贲中郎将袁术则控制一半宫中禁卫；袁隗的故吏桓典掌握另一半宫中禁卫；老交情河南尹王允可以控制洛阳城周边；外来的董卓，作为故吏，也已经位列九卿，又有部曲兵马，可以稳定局势；加上四世三公遍布朝廷和州郡的门生故吏，这场宫变的最大赢家一定是汝南袁氏。

可是，当袁隗和袁绍清理掉宦官一方的重臣樊陵、许相后，与袁绍站在一起的何苗，也受到了何进部将吴匡等与董旻的联合攻击。何苗被杀后，袁隗的大棋局就缺了重要的两个角，原定用来恢复秩序的棋子，被人吃掉了，从外地引来的武力担当董卓，其弟也对袁氏的同盟下手，洛阳附近的兵权不再专属于袁氏。袁隗只能寄希望于袁绍的假节身份，能够收拢住豪杰。

所以，在何苗被杀后，袁绍顺势动员各军攻打北宫，搜杀宦官，算是暂时夺回了洛阳城中军队的指挥权，可皇帝却在宦官的劫持下，跑出了洛阳，成了更大的意外。这就意味着，袁隗很可能要面对只有何太后而没有汉少帝的朝堂，所以，公卿百官才一路向西，到平乐观聚兵守卫，为最坏的情况做准备。

既然董卓已经难以控制，又不断增兵，袁隗选择在丁原的封赏上入手。拜执金吾后，丁原就可以带着部曲进入洛阳城守卫宫外；而袁绍、袁术两兄弟在清理完宫省之后，则可以收编何进、何苗的部曲，镇守宫内。

没想到，董氏的功夫下得更早，何氏兄弟的部曲无所属，就归附了董卓。执金吾丁原刚刚就任，就被董卓指使的丁原部曲司马吕布杀死，并吞并了他的兵马。洛阳城中的武力格局立刻失衡，"京师兵权，惟卓为盛"[1]。迫不得已之下，袁隗只好屈从董卓，任命他为司空、假节钺虎贲。到这时，显阳苑中的董卓军营，一跃成为东汉王朝的第二政治中心，天下被袁隗送到了董卓的嘴边。螳螂捕蝉，黄雀在后，袁氏失算了。

董卓曾经想辞职归隐田园？

董卓进京的事件，一直被描述为武力的胜利，其实，他带到洛阳的兵力只有步骑三千，在河东郡留兵两千，总共只有五千部曲。[2]至于常被渲染的西园军，兵额从来没有记载。汉灵帝于平乐观阅兵时，兵士的来源、数目、去向都写得很清楚，"于是乃诏进大发四方兵……列步兵，骑士数万人……诏使进悉领兵屯于观下"，与西园军是两回事。

简单地说，平乐观阅兵是一场仪式，为的是"威厌四方"，数万兵马来自皇帝诏书的临时征发，由何进短暂统领，事后要解散归乡；而西园军归汉灵帝自领的"无上将军"统帅，编制三军，设八校尉，在朝廷的正式编制武装之外，自设军府，收编豪杰。这个军府，也称幕府，是以将军为首的一套领导班子的统称。

所以，汉灵帝是自领幕府，委托上军校尉蹇硕统领三军，大将军何进以下都归属蹇硕统领，那么很自然的，洛阳城中拥有部曲的

1《后汉纪》卷二十五《孝灵皇帝纪下》，"中平六年八月辛未"条。

2《后汉纪》卷二十五《孝灵皇帝纪下》，"中平六年春正月"条："天子以责让卓不受诏，选五千骑将自河津渡。"

骠骑将军董重、车骑将军何苗也归蹇硕统领。汉灵帝实则是通过这个手段，让天下豪杰都入他彀中，何进、董重、何苗招募的豪杰们一旦有了编制就不再是家兵、私属。

从规模上看，有记载的是骠骑将军董重领兵千余人，蹇硕有部曲、何进有部曲、何苗有部曲。在这之下，司隶校尉（佐军校尉）[1]袁绍城外私募千余人，城内仅有家兵百余，典军校尉曹操则不见有部曲。至汉灵帝死后，蹇硕被杀，部曲归属何进。何进仍在招募兵士，其中应包括鲍信自泰山带回的千余人，王匡所发五百强弩，以及未到达的张辽所率千余河北兵，以及未赶回的张杨所统千余人。[2]

也就是说，全加在一起，何进新募兵应该在四千五百人左右；合董重之千余人，何进一人的部曲就至少在五千五百人以上。加上蹇硕部曲（参照董重部），吴匡、张璋所统旧部（参照董重部），何进个人预期诛除宦官应有的武力，应该在七千五百人左右。董卓进京后收编的，只是一部分，要减去王匡、鲍信、张杨部二千五百人，加上何苗的部曲（参照董重部），总数也应该是六千人左右；合本部三千人，约有九千；再加上吞并了丁原的部曲数千人，总兵力应该在一万一千人以上。

而洛阳城中的朝廷编制武力，包括虎贲郎[3]、羽林郎[4]、羽林左右

1《后汉书》志第十三《五行一》："大将军何进与佐军校尉袁绍等共谋欲废诛中官。"

2《三国志》卷八《魏书·二公孙陶四张传》，"张杨"条："杨复为进所遣，归本州募兵，得千余人，因留上党，击山贼。"

3《后汉书》卷一下《光武帝纪下》李贤注引《汉官仪》："虎贲千五百人，戴鹖尾，属虎贲中郎将。"

4《后汉书》志第二十五《百官二》注引蔡质《汉仪》："（羽林中郎将主）羽林郎百二十八人，无常员，府次虎贲府。"

骑[1]、缇骑[2]、持戟[3]、五校士[4]、宫省卫士[5]、城门兵[6]，部署分为若干层：内圈为皇帝、皇太后居住的禁省，站岗守门的历来是持兵黄门，已被消灭；之外的宫殿区，有虎贲郎、羽林郎、羽林左右骑负责宿卫、守门；宫殿外值守及防守宫掖门的是宫省卫士；宫城墙外的洛阳城，维持治安的是缇骑、持戟；守卫洛阳各外城门的是城门兵。以上所有的兵力，虽然总数不少，却不是军队编制，而是分散部署，各自值守，比如一个城门，只有几十个卫士罢了。

洛阳城中唯一成军的编制力量是五校士，即屯骑、越骑、步兵、长水、射声五校尉所属，每校有士七百人左右，军吏一百多至二百多不等，总数约四千人左右，由北军中候统领，需皇帝诏令调动。

据《魏名臣奏》中记录的王朗奏疏说："旧时虎贲羽林五营兵，

1《后汉书》卷五《孝安帝纪》李贤注引《汉官仪》："羽林左监主羽林（左骑）八百人，右监主（羽林右骑）九百人。"

2《后汉书》志第二十七《百官四》："（执金吾）缇骑二百人。"

3《后汉书》志第二十七《百官四》注引《汉官》："执金吾缇骑二百人，持戟五百二十人。"

4《后汉书》卷五《孝安帝纪》李贤注引《汉官仪》："屯骑、越骑、步兵、射声各领士七百人。长水领士千三百六十七人。"

5《汉官》，"卫尉"条："卫士六十人。南宫卫士员吏九十五人，卫士五百三十七人。北宫卫士员吏七十二人，卫士四百七十二人。右都候员吏二十二人，卫士（此为剑戟士）四百一十六人。左都候员吏二十八人，卫士（此为剑戟士）三百八十三人。南宫南屯司马员吏九人，卫士百二人。（北）宫门苍龙司马员吏六人，卫士四十人。玄武司马员吏二人，卫士三十八人。北屯司马员吏二人，卫士三十八人。北宫朱爵司马员吏四人，卫士百二十四人。东明司马员吏十三人，卫士百八十人。朔平司马员吏五人，卫士百一十七人。"

6《后汉书》志第二十七《百官四》："城门校尉一人……司马一人……（城门）每门候一人（共十一人，平城门为宫门，设屯司马不置候）。"

及卫士并合，虽且万人，或商贾惰游子弟，或农野谨钝之人；虽有乘制之处，不讲戎陈，既不简练，又希更寇，虽名实不副，难以备急。有警而后募兵，军行而后运粮，或乃兵既久屯，而不务营佃，不脩器械，无有贮聚，一隅驰羽檄，则三面并荒扰，此亦汉氏近世之失而不可式者也。"[1]

这是亲历者对东汉军事体制最清晰的描述。首都的中央军，虎贲、羽林（含羽林郎、羽林骑）加上五校士、卫士，总数只有一万人左右，兵源是洛阳城内的市民和附近的农民，缺少军事训练和编组，并不是可用的野战部队。真正出征野战的是有警讯后的临时"募兵"，这部分军队哪怕长期驻扎，也不是常备军编制，无论是出征还是后勤、仓储，都是临时准备，故此，一处开战则天下纷扰，这是东汉制度的缺陷，不足为曹魏仿效。

也就是说，董卓是以一万一千人的私兵武力，面对洛阳城中一万人的朝廷编制武力，已经占据了微弱的优势。所以，在董卓进京夺权的过程中，朝廷的编制武力一直处于中立状态，谁控制了朝堂，他们就效忠谁。

随着显阳苑会议的定调，执政上公袁隗也"报如议"，废立大事终于进入了程序。仅仅过了一天，九月一日[2]，董卓就召开了百僚大会，提议废汉少帝，立陈留王，公卿以下没一个人接话，直到董卓号称要对后表态者军法从事的时候，尚书卢植独自反对，董卓大

1《三国志》卷十三《魏书·钟繇华歆王朗传》，"王朗"条，裴松之注引《魏名臣奏》。

2《后汉书》卷八《孝灵帝纪》，"中平六年九月甲戌"条："九月甲戌，董卓废帝为弘农王。"

怒之下，宣布休会，想要杀死卢植。经蔡邕和议郎彭伯劝说，这才只撤销了卢植的参会资格，罢免了他的职务。[1]

驱逐了唯一的反对者，次日[2]，董卓再次于北宫崇德殿大会群臣，废黜刘辩，立刘协。立天子要读策命，相当于向上天宣告，更换天子了。读策的时候，何太后痛哭流涕，群臣都钳口不言，唯有丁宫站出来支持废立，要求大臣们顺应天心，"请称万岁"。太傅袁隗亲自上前解下少帝的玺绶，立陈留王为皇帝。[3]紧随其后的是董卓以董氏族人身份控诉何太后害死了董太后，要求群臣议论处置，结果是何太后迁居永安宫，被弑而崩。[4]

在这之前，袁绍已经逃出洛阳，直奔河北。募兵晚归的骑都尉鲍信在劝说袁绍攻打董卓遭拒后，领兵回转老家，他的同乡王匡也返回了兖州泰山郡，显然，三人立场类似。在《三国志》的记载中，曹操和袁术似乎也是在这个时间点，拒绝与董卓合作，逃出京师。

实则不然。曹操逃亡的时间表述相当模糊，董卓到达洛阳是八月廿六日，定议废帝是在九月初一日，鸩杀何太后则在九月初三日。依《三国志·武帝纪》中所说，曹操逃亡在先，太后、弘农王被杀在后，则曹操逃亡当在九月初三前，这个时间却和"京都大乱"的背景对不上。[5]

---

1 《后汉书》卷六十四《吴延史卢赵列传》，"卢植"条。

2 按：《后汉书·董卓列传》为次日，《后汉纪》为当日，以何太后九月初三被弑来看，废立并确定太后迁宫当在九月初二，次日杀太后。

3 《后汉纪》卷二十五《孝灵皇帝纪下》，"中平六年九月甲戌"条。

4 《后汉书》卷七十二《董卓列传》。

5 《三国志》卷一《魏书·武帝纪》："卓到，废帝为弘农王而立献帝，京都大乱。卓表太祖为骁骑校尉，欲与计事。太祖乃变易姓名，间行东归。"

上述时间段中，京都大乱的时间只有八月廿六、廿七、廿八三天，皇帝还宫后即恢复了秩序。董卓行废立后，洛阳城再次出现大乱局面，已经是董卓放纵士兵掳掠洛中富户之时。这个时间点，应该在董卓"据有国家甲兵"之后，即由司空升太尉、领前将军事、加节传、斧钺、虎贲的九月十二日之后。

王沈《魏书》中又说，"太祖以卓终必覆败"[1]才逃跑，说明此时曹操已经对董卓失去信心，这才没有接受骁骑校尉的任命。可这与《三国志》中说，董卓表曹操为骁骑校尉，"欲与计事"的说法相抵触。很明显，曹操本已接受了任命，但是看到董卓倒行逆施，不但杀死了何太后，还把何苗开棺戮尸，扔在道边，又把太后的母亲舞阳君杀了弃尸荒野。这些残暴之举只是开始，更重要的是董卓大范围地骚扰洛阳的贵戚富户，得罪人太多，曹操感到恐惧才弃官逃亡。

也就是说，曹魏史书在给曹操贴汉室忠臣的标签，表达他不与董卓同流合污的态度。可现实是，骁骑校尉职务，应是对曹操之前跟随袁术、桓典诛杀宦官，变相帮助董氏的赏功，而曹操发现董卓的政治手段过于酷烈，认为跟着他没有前途，才只身逃亡。袁术的逃亡明显比曹操晚，因为他还跑去通知卞夫人，说曹操已死。袁术离开洛阳的原因也很清楚，就是"畏卓之祸"[2]。

整体来看，董卓弑杀何太后，只能算是一系列举动的起点。《后汉纪》中说，早在董卓进京之前，京兆尹盖勋已经调动兵马防备

1《三国志》卷一《魏书·武帝纪》，裴松之注引王沈《魏书》。

2《三国志》卷六《魏书·董二袁刘传》，"袁术"条："董卓之将废帝，以术为后将军。术亦畏卓之祸，出奔南阳。"

他。[1]据《后汉书·盖勋传》记载，在董卓杀死何太后之后，盖勋更是直接写信给董卓，把他说成"小丑"，威胁他废立权臣没有好下场。董卓也只是征拜盖勋为议郎。[2]

为什么？因为董卓的兵力实在是太少，只有五千步骑，却要盯着三倍于己的何进、何苗、丁原旧部，又要防备洛阳城内的朝廷军队，而京兆尹盖勋手里有一万兵马[3]，在盖勋身后还有皇甫嵩的三万精兵。这就让董卓的武力捉襟见肘，亲信的羌胡兵也前所未有的重要。

据《后汉书·董卓列传》记载："是时洛中贵戚室第相望，金帛财产，家家殷积。卓纵放兵士，突其庐舍，淫略妇女，剽虏资物，谓之'搜牢'。"[4]看似是有组织的行为，但在《后汉书·五行志》中也提到，"董卓多纵胡兵掳掠"[5]，两条记载都有"纵"字，说明董卓是放任不管，而不是有计划的抢劫，可他手下的胡兵不管不顾。之前，朝廷拖欠军饷，"牢直不毕，禀赐断绝"[6]，可以忍着，现在已经

1《后汉纪》卷二十五《孝灵皇帝纪下》，"中平六年十一月"条："初，卓将兵东也，京兆尹盖勋曰：'贪人败类，京师其必有变。'乃为之备。"

2《后汉书》卷五十八《虞傅盖臧列传》，"盖勋"条："及帝崩，董卓废少帝，杀何太后，勋与书曰：'昔伊尹、霍光权以立功，犹可寒心，足下小丑，何以终此？贺者在门，吊者在庐，可不慎哉！'卓得书，意甚惮之。征为议郎。"

3《后汉书》卷五十八《虞傅盖臧列传》，"盖勋"条，李贤注引《续汉书》："勋领郡兵五千人，自请满万人。"

4《后汉书》卷七十二《董卓列传》。

5《太平御览》卷九十二《皇王部十七》，"孝灵皇帝"条："《续汉书·五行志》曰：灵帝好胡服帐、胡床、胡饭、胡箜篌笛、胡舞，京都贵戚皆竞为之。其后董卓多纵胡兵掳掠，夜发掘园陵。"

6《后汉书》卷七十二《董卓列传》。

"从台阁求乞资直"[1]了，不给钱，那就自己抢。

从董卓两次上表，反复提及部属"牢直"的情况来看，他的部下被欠饷未必是假的。可他们一旦开抢，就打开了潘多拉魔盒，所谓"人情崩恐，不保朝夕"[2]，可不是大乱了吗？曹操和袁术都是豪富，也是新贵，董卓放纵部曲抢掠，明显不避"贵戚"，威胁到了他们的利益和安全，故此，他们先后逃出了洛阳。

很明显，搜牢造成了很大的政治影响，可兵马需要拉拢，怎么办呢？董卓很快就找到了一个新财源，盗墓。十月初三，何太后死了一个月，要和汉灵帝合葬。[3]东汉帝陵是帝后同穴，要合葬就得打开文陵，借这个机会，董卓就把陪葬的珍宝全卷走了。

就在几天之后，董卓上疏辞职。

此事见于蔡邕《荐太尉董卓可相国并自乞闲冗章》，文中说"今月七日，卓又上书，辞疾让位，乞就国土"[4]，董卓任太尉在九月十二日[5]，任相国在十一月初一日[6]，那么，能够以太尉职务辞任的"今月七日"只有一个，即十月初七。

董卓到底在玩什么把戏呢？

1《三国志》卷六《魏书·董二袁刘传》，"董卓"条，裴松之注引《典略》。

2《后汉书》卷七十二《董卓列传》。

3《后汉书》卷九《孝献帝纪》，"中平六年冬十月乙巳"条："葬灵思皇后。"

4《全后汉文》卷七十一《荐太尉董卓可相国并自乞闲冗章》。

5《后汉书》卷九《孝献帝纪》，"中平六年九月乙酉"条："董卓自为太尉，加铁钺、虎贲。"

6《后汉书》卷九《孝献帝纪》，"中平六年十一月癸酉"条："董卓自为相国。"

第三章　鲜为人知的真董卓

董卓，顶级的权谋家

受到《三国演义》中董卓形象的影响，读史者普遍侧重董卓的武力胁迫和他在洛阳的横恣，却很少留意他攫取中枢权柄的过程。

一个重要的细节是，董卓入京之后，先被任命为司空兼前将军，司空为三公之末。不久后，他就升为太尉，这是三公之首，授予节传、斧钺、虎贲，代表的是发兵权、专杀权和警卫仪仗队；并加封郿侯，右扶风郿县是董卓的封地，所以，他才修建了郿坞，也称"万岁坞"。

看似权势显赫，可三公只是"公"，袁隗的太傅则是"上公"，位在公上，而且，袁隗还有东汉王朝最重要的实权——录尚书事。这是一个加衔，"（光武帝）其后每帝初即位，辄置太傅录尚书事"[1]，胡广对此的注解是"犹古冢宰总己之义也"[2]。正如蔡邕在《荐太尉董

1《后汉书》志第二十四《百官一》，"太傅"条。
2《后汉书》志第二十四《百官一》，"太傅"条，刘昭注引胡广注。

卓可相国并自乞闲冗章》说的："陛下统继大业，委政冢宰。"[1]这里的冢宰所指很清楚，就是"太傅隗，以旧典入录机密事"[2]，意味着所有的奏章要经袁隗审批。在太后已死、皇帝未成年的情况下，汉王朝的一把手其实是袁隗。

那么，董卓是二把手吗？也不是，当时还有另一个位在三公之上的人物——刘虞。董卓升太尉的同时，刘虞也被尊为大司马，不过，刘虞远在幽州，大司马地位再高也无法在洛阳发挥作用。

所以，在政治中心洛阳，袁隗和董卓是合作与对峙的关系。袁隗有"百官总己以听"的名位，有四世三公的政治资源，这是他的优势；可汝南袁氏武力不足，又有桓灵二帝时代与族人袁赦等宦官合作的劣迹，根上属于桓灵政治的"余毒"，这是他的劣势。

反观董卓，他攫取权力的方法简单却有效，那就是顺应民意，让自己站在政治道义的绝对制高点上。

董卓先是胁迫袁隗等公卿一起废立皇帝，人人都交投名状，把故主袁隗捧到霍光、王莽的角色，自己却只控制天下兵权，摆出"矫桓灵之政，擢用天下名士，以收众望"[3]的开放姿态。用《后汉书·董卓列传》中的话说："卓所亲爱，并不处显职，但将校而已。"比如，他的亲弟弟董旻任左将军，侄子董璜任中军校尉，女婿牛辅为中郎将，干儿子吕布也是中郎将，就连蔡邕这个亲信文豪，在短暂执掌枢机之后，也拜为左中郎将。

---

1 《全后汉文》卷七十一《荐太尉董卓可相国并自乞闲冗章》。
2 《全后汉文》卷七十一《荐太尉董卓可相国并自乞闲冗章》。
3 《资治通鉴》卷第五十九《汉纪五十一》，"中平六年十二月"条。

董卓这个招数相当高明。袁隗和死去的兄长袁逢在宦官专权的桓灵时代长期担任公卿，固然是门生故吏遍天下，朝廷中也满是袁氏的势力。这就意味着，董卓是慷袁氏之慨，任何一个党人名士进入朝廷，位列公卿，入掌枢密，都是对袁隗执政权柄的削弱。更何况，一方是朝廷的既得利益者，起居豪奢，权势熏天数十年；另一方是被通缉、被追捕、被流放、被残杀的党人家族。两方人马在宦官犹在的时候，还能互相回护，可宦官被灭后，重建政治秩序就一定会围绕官位起冲突，董卓将亲族、爱将从争斗中撤出，责任就全压在了袁隗头上。

不过，这不意味着董卓撒手不管。在对何太后和何氏家族的惩治上，董卓就祭出了"孝"这个至高伦理准则，以顺应天下人对何氏的不满。同时，作为董太后的族人，董卓又有报家仇的名义，所以，董卓对何太后、何苗、舞阳君的报复，没有走朝廷的司法程序。

注意，东汉时为亲长、友人复仇，非但不是恶事，反而是一种伦理的美谈，正是为了抹除董卓家族复仇的合理性，史书中才对他董太后族人的身份轻描淡写，而强调他的残暴和跋扈。

在何太后死后，为了填补宦官空出的一批宫内职务，朝廷下诏，赐公卿以下至黄门侍郎，每家一人为郎官，补宦官所领的各官署。[1]经过这次内廷官位大批发，皇帝的近臣侍从官全都是现任官员的子弟。这应该出自袁隗的意志，属于对朝臣的收买，董卓当然有

1《后汉书》卷九《孝献帝纪》，"中平六年九月丙子"条："赐公卿以下至黄门侍郎家一人为郎，以补宦官所领诸署，侍于殿上。"

提出反对意见的议政权力，可与秩六百石以上的朝臣为敌，他何苦来哉？所以，袁隗的这一招是阳谋，顺利地将汉献帝的近侧官职拿到了现任官，或者说袁隗的党羽家族手中。

在朝中根基浅薄的董卓只能干看着，他自己的家族和政治盟友的家族只能分很小的一份。不过，袁隗既然出招，董卓也不甘落后，他虽然没有用人权，但在三公人选上，袁隗也必须考虑他的意见，以及他身后军队的意见。

所以，在中平六年（189年）九月，杨彪、黄琬二人，相继被任命为三公。

杨、黄二人有几个共同点[1]：

第一，杨彪、黄琬都是公族子弟。杨彪之父杨赐是汉灵帝老师，家族是弘农杨氏，与汝南袁氏一样是四世三公之家。黄琬家族是江夏黄氏，其父早亡，一直由祖父黄琼养育，而黄琼与杨赐一样，遍历三公。

第二，杨彪、黄琬的家族长辈在桓灵时代都是高官，却既不是党人门户，也不是宦官党羽，而是朝廷中清名宿著的中立派。

第三，杨彪、黄琬的政治立场接近。早在汉桓帝时，黄琬就与陈蕃合作，平心选举，却被陷害为朋党，横遭禁锢，"琬被废弃几二十年"。直到汉灵帝光和末年（184年），黄琬才在杨赐的举荐之下再次入朝为官，他虽然不是党人，却遭受了党人的罪名和禁锢的惩罚。杨彪曾在京兆尹任上揭发中常侍王甫门生贪污七千余万钱，

1《后汉书》卷五十四《杨震列传》，"杨彪"条；《后汉书》卷六十一《左周黄列传》，"黄琬"条。

并通报给司隶校尉阳球，使得王甫被杀，"天下莫不惬心"，结合他对黄琬的态度，说明他不是党人却倾向于党人。

正是这两个看似平衡的人选，甫登公位就干了一件大事："董卓率诸公上书，追理陈蕃、窦武及诸党人，悉复其爵位，遣使吊祠，擢用其子孙。"[1]这里没提袁隗，却由董卓领衔，就说明排名在他前面的袁隗态度暧昧，应该是董卓拉拢司空杨彪、司徒黄琬的联合行动。三公联合上书，时间在九月廿一（甲午）或九月廿三（丙申）。[2]

此举压倒了袁隗代表的既得利益派，董卓开始大批征召党人入朝，如荀爽、陈纪、韩融等人。这之中，荀爽上任有准确的时间，他在闰十二月廿七日任司空，荀爽被征时间应为十月廿一日或十月廿三日，也就是董卓等人上书一个月后。由这个时间差可见，董卓的提议通过得并不顺利。

那么，这一个月发生了什么？董卓靠什么最终压倒袁隗呢？

正是前面提到的"搜牢"。董卓放纵部下胡兵抢劫，绝不是胡来，恰恰相反，他的目的是用武力的大棒提醒袁隗，只有董卓才能控制这群骄兵悍将，他的条件袁隗必须满足。

在放纵抢掠的同时，董卓又把汉灵帝的皇陵搬空，两项罪名一齐犯下后，可以想象洛阳城中贵戚百官的愤怒。而董卓采取了以退为进的手段，自称有病，要让出官位，回封国居住，洛阳的事他不管了。问题是，胡兵肆虐，谁能管得住？就像《后汉书·五行志》

1《资治通鉴》卷第五十九《汉纪五十一》，"中平六年九月甲午"条。

2 前者见《后汉书》卷九《孝献帝纪》，"中平六年九月甲午"条；后者见《后汉纪》卷二十五《孝灵皇帝纪下》，"中平六年九月丙申"条。

中说的："董卓多拥胡兵，填塞街衢，虏掠宫掖，发掘园陵。"[1] 这么多胡兵作乱，袁隗控制不住，只能妥协，相当于彻底放开了党人入朝替换桓灵时代权贵旧人的最后一道关卡。

谁能想象，《三国演义》中粗蛮的董太师，刚刚掌握了天下甲兵不到一个月，就玩了这种把戏？

如果我们把董卓劫掠皇陵、放纵搜牢的手段，与征召党人的政策合在一起看，就会发现：劫掠皇陵羞辱了汉灵帝，放纵搜牢打击了洛阳的贵戚富户，本质上都是对党人的拉拢。对于上千家被禁锢、羞辱、虐待长达二十年的党人来说，汉灵帝的外戚董卓展示出了足够的、决绝的打碎旧世界的决心，就像尚书周毖、城门校尉伍琼劝谏他的，"矫桓灵之政"，人设已经牢固树立。

反观袁隗倚为干城的高官贵戚们，却陷入了人心惶惶的境地。这也是曹操、袁术相继出逃的更关键原因，他们两个人从来都不是党人一脉，说是声名狼藉也不为过，一旦朝廷的格局发生根本性逆转，他们这种脚踩袁隗和董卓两只船的人物未必会倒霉，前途未卜却是一定的。因为他们发现自己和董卓不是一路人，人家的理想中根本没有自己的位置，甚至自己家族就是即将被清算的对象。尤其是曹操，黄琬在豫州牧任上就与他有破家之仇，而今黄琬位列三公，还会给他这个宦官孙子好脸色吗？所以，曹操避董卓之祸是微不足道的考虑，董卓也没把他当回事，他真正躲避的是九月底上任的黄琬；而袁术躲避的则是袁隗大权旁落后董卓对袁氏的清算，时间应该在十一月董卓任相国之后。

1《后汉书》志第十三《五行一》。

此时，倾向党人的豪杰周毖、伍琼、郑泰、何颙等人都是董卓的铁杆支持者，荀爽、陈纪、韩融等党人名士应召入京，也是对董卓政治路线的认可。待到十一月初一日，董卓就任相国，享受"赞拜不名，入朝不趋，剑履上殿"的待遇，这种支持也没有改变。

过往提起董卓任相国和加殊礼，解释都是董卓跋扈骄横，因为史书中没记载他这么干的原因。可是，董卓晋位相国并没有增加实权，也没有加"录尚书事"，朝廷的合法权柄还是在袁隗手里。

要搞明白这个事，必须细读蔡邕推荐董卓担任相国的奏章，可非常诡异的是，文中说明为什么董卓该当相国的内容，竟然失传了！前后都有，就这一段没了。这个现象很是耐人寻味，从前文来看，蔡邕强调了董卓的功绩，以及朝廷对他赏功的吝啬，不足以褒奖功勋，而董卓在十月初七日还要称病隐退。对此，蔡邕的评价是："上违圣主宠嘉之至，下乖群心瞻仰之望。"紧随其后的是，"臣等谨案《汉书》"，注意是"臣等"，说明这个奏章绝不是蔡邕一个人的意思，而是联名上书。

之所以丢失了一大段，最大的可能就是这份名单，以及册封相国的理由，全都见不得光，如果暴露出来，很多忠臣义士的面具就戴不下去了。比如谁呢？

按照蔡邕的第一手资料，我们可以看到，当时的执政班子包括遵循惯例录尚书事的太傅袁隗、尚书令马日磾、仆射王允、尚书张熹、侍中鲁旭，蔡邕当时任侍中，与其他五人同掌枢机。这里面，袁隗自不必说，马日磾是大儒马融的族子，开国勋贵马援的后人，属于贵戚；张熹、鲁旭事迹不详，看蔡邕的描述，都是前朝担任过九卿、太守的既得利益者。只有王允是党人同情者，他担任的仆射有可能是尚书仆射，即尚书台的副手，也可能是谒者仆射，也就是谒者台的长官。无论哪一个，都不具备决策权，党人一脉的势力处于绝对劣势。

这里多说两句，王允本人没有经历党锢，但却是一个坚决的反宦官派，在十九岁任太原郡吏时，就捕杀了小黄门赵津，牵连主君太原太守刘瓆下狱身死。王允送丧至平原后，为刘瓆服丧三年才回自己家。后来，他任豫州刺史，"上除禁党"，又多次触怒宦官，靠着何进、袁隗、杨赐共同上疏求情才得以免死，出狱后，即"变易名姓，转侧河内、陈留间"。[1]可见，王允本人的政治倾向，与党人无异，非常刚硬，都对旧秩序极其反感。

待到十一月初一董卓任相国后，洛阳朝堂大洗牌，马日磾转任太常，王允升太仆、守尚书令，与王允同掌大权的，还有尚书周毖、尚书郑泰、侍中伍琼等人。袁氏故吏，曾任尚书、御史中丞的韩馥，被派出任冀州牧，此时，袁隗的权力已被架空。这是实权层面。

在名位的层面，据蔡邕《杂章》记载："相国金印绿绶，位在公上，所以殊异休烈，群臣莫得而齐。"[2]相国的官印，用黄金铸造，绶是系印的丝带，与诸侯王的绶同级，大臣不再有资格与董卓平起平坐，董卓终于凌驾于袁隗之上。

这种结果，看似是董卓对权力的主动追逐，可他仍旧没有录尚书事，也没有免除袁隗的太傅和录尚书事的权力。尚书台的执政

1《后汉书》卷六十六《陈王列传》，"王允"条。
2《太平御览》卷六百八十二《仪式部三》，"绶"条。

权力仍在，只是通过人员调整，架空了袁隗这个冢宰，手段非常高明，几乎一直在"做加法"，有效规避了"做减法"剥夺他人权力带来的阻力。

董卓顺利担任相国的结果，以及史书上没有看到任何反对的记载，也充分说明了，列名于蔡邕奏疏中的六个人，包括蔡邕自己，应该都表达了对董卓升相国的支持，三公杨彪、黄琬也未反对。为了留住董卓控制洛阳的局势，包括后来在关东举旗讨伐董卓的诸侯，此时仍在朝中的侍中刘岱、御史中丞韩馥、骑都尉张邈，以及北军中候刘表、虎贲中郎将孔融等人的整个朝廷，应该都曾拥护董卓升任相国。

这看起来是相当反常识的，但却是事实。

在董卓升任相国之后，东汉的中枢决策几乎全由党人一脉把持，为首的就是太仆、守尚书令王允。待到朝中争论西迁长安时，杨彪被免去司徒职务，王允接任，仍兼守尚书令。他和董卓的关系非常紧密，按照《后汉书·王允传》的说法就是："时董卓尚留洛阳，朝政大小，悉委之于允。允矫情屈意，每相承附，卓亦推心，不生乖疑。"[1]董卓将所有朝政都委托给王允，并对王允推心置腹，毫不怀疑，这种合作关系整整维持了三年，直到初平三年（193年）董卓在王允策划下被杀，才宣告结束。

董卓和王允的关系绝不是利益上的各取所需，或是王允拍马屁得来的，而是志同道合的同盟，他们在扭转桓灵恶政的方针上，有明确的共识。这一事实，《后汉书》等史书是用王允对董卓虚与委

1《后汉书》卷六十六《陈王列传》，"王允"条。

蛇，皇帝、朝廷内外都得到保护的理由解释的，完全是"论心不论迹"，从事实来看，尤其是在董卓升任相国的历史节点，王允的选择必然是真心支持。

类似的情况也出现在何颙的身上，作为党人豪杰中的社会活动家，何颙与袁绍的交好，对曹操的赞誉，乃至于与袁术的交往，让他成为整张关系网中的重要一环。

这张关系网也并不简单。《后汉书·党锢列传》记载，何颙在党锢解除后，曾被司空府征辟。[1]中平元年（184年）任司空的有两位，一位是曾任帝师的汝南人张济，一位是南阳人张温。

何颙老家在南阳，隐姓埋名在汝南，在两地都有大名声。不过，就在数年前，司徒陈耽和议郎曹操曾弹劾司空张济阿谀宦官、收受贿赂，从立场看，何颙肯定不会自损名声接受阿谀宦官的张济征辟，那么，他的举主只能是司空张温。

以张温的一生为线索，可以串起一群名人，包括何颙、袁绍、盖勋、刘虞、曹操、袁术、孙坚、陶谦等。何颙在洛阳的关系线里，又有周毖、伍琼、郑泰等人。可以肯定的是，在董卓任相国前，何颙是董卓的铁杆支持者，在董卓任相国之后，何颙辞任长史，改任议郎，直到朝廷西迁后，才参与刺杀董卓的密谋，说明他对董卓的态度有一个阶段性的变化。

可看一个政治人物，不能因为他几个月后反对董卓，就否认他几个月前与董卓的合作。无论是王允、何颙，还是郑泰、伍琼、周毖等人，与董卓的合作蜜月期，都从其进京开始，至于建立私人关

1《后汉书》卷六十七《党锢列传》，"何颙"条。

系，或许还要更早。比如王允，他是并州太原人，而董卓至少在光和二年（179年）至光和六年（183年）曾任并州刺史，这个时期，正是王允由一州名士到三公并辟的关键时期。之后，王允才任侍御史，中平元年（184年）被派为豫州刺史。那么，两人或许早有接触，甚至董卓可能就是王允的举荐者之一。

前文中还提到了一个人物，羽林中郎将桓典。在董卓废立皇帝之后，三公就为桓典与何进合谋诛杀宦官的事求恩赏，这时的三公，其实就是董卓等人；待朝廷西迁后，更是任命桓典为御史中丞，掌管御史台，也说明了他们之间的信任关系。

王允、何颙和桓典就是三只值得解剖的麻雀。单看史书记载，每个人好像都是铁骨铮铮、忠君爱国，与董卓不说势不两立，也形同陌路；可从事实来看，三个人都曾与董卓亲密合作，并得到重用，至少在一个时期里，董卓的大权膨胀少不了党人一脉士大夫的添砖加瓦。

董卓的小目标：逆天改命　中兴汉室

董卓在洛阳的统治，绝非倚仗着几千兵马四处屠杀就可以维持。洛阳城中的一万禁兵，关西皇甫嵩、盖勋的四万精兵，幽州公孙瓒的一万步骑，如果没有朝廷正统的压制，可以轻而易举地扫平董卓。真正支撑董卓权力的，其实是他反对宦官专权，矫正桓灵之恶的政治立场。在受压制数十年的党人眼中，他是一个代表、一面旗帜，更是斗争的拳头。

在董卓进京之后，经历和利用了"天下大义"的几次转变。

第一阶段，诛除祸国宦官，就是最大的义。自何进与袁绍等人定谋诛杀宦官，直至废汉少帝，立汉献帝，所有的政治选择，都与这个大义有关。何太后、何苗、舞阳君、樊陵、许相与宦官合作就该杀，何进对宦官立场暧昧不清就会被拉下马；袁绍、袁术主导诛杀宦官固然是正义之举，可汝南袁氏长期与宦官合作的劣迹不可原谅；汉少帝放纵宦官以致有宫变之祸，也不可原谅。那么自然，桓灵时代位列公卿的世家贵戚，必须站稳立场，表现出与过去错误决裂的态度，这才有了举朝一致的废立之议。理解了这一点就能看明白，袁术、曹操等人为什么与董卓合作，袁隗、袁绍为什么先斩杀樊陵、许相，后不分善恶老幼地屠杀宦官。

因为大义名分是一股怒潮，顺之者昌，逆之者亡。

第二阶段，扫除桓灵弊政，就是最大的大义。自董卓入朝为三公后，党人豪杰就劝谏他扫清桓灵弊政，直至董卓晋位相国，相应的政治斗争都围绕着这个名义。桓灵弊政的核心就是对党人、君子的镇压。袁绍希望董卓尊重朝廷旧制，尊重依朝廷旧典执政的太傅袁隗，本质上就是尊重桓灵以来的政治权力分配格局，所以先被豪杰们在显阳苑抛弃。

之后，王允、何颙、郑泰、周毖、伍琼、桓典等人与董卓积极合作，既得利益集团的杨彪、黄琬纷纷倒向董卓，为党人平反，任用他们的子弟，这就打开了朝廷权力的分享之门，只是门缝还不够大。董卓就加了一把火，用搜牢和盗墓逼迫袁隗就范，同意大规模征辟荀爽等名士入朝；再借用他们的士林话语权，让他们一齐发声，要求朝廷奖赏董卓的功勋；进一步出任相国，让袁隗的执政地位不废而废。

至此，前朝余孽袁术、曹操都看清楚了形势。先升官后出走，代表着桓灵遗毒之中敏感者的选择，他们意识到了董卓的目标之大，很可能覆灭他们的家族。可大义和舆论都在董卓一边，他们唯一的出路，只能是逃走。

第三阶段，大义的丧失。自荀爽、陈纪等名士相继入朝，直至党人豪杰被派往各个州郡为止，曾经的士大夫共识，随着内部的分裂而消失。荀爽、陈纪、韩融均为党人名士，受公车之征，孔融则早已在朝中任虎贲中郎将。孔融与陈纪交好，史书记载他屡屡违忤董卓，被外放为北海国相，而陈纪刚刚入京十八天，也出外为平原相，反倒是荀爽一路升为司空，韩融也被任为大鸿胪。

由朝中出外的，还有侍中刘岱任兖州刺史，北军中候刘表为荆州刺史，骑都尉张邈为陈留太守；新征辟直接为外官者，则有张咨、王匡等人。这些人几乎全部参与了讨董。

前文中提到，王允深受董卓信任，朝政大小事都由王允处分，朝中真正掌握选任官员大权的人，其实是王允。我们不能因为出外的诸侯最终起兵讨董，就先入为主地认为派他们出外是王允的预先布局，或是他们原本与董卓就不是一路人，这犯了倒果为因的错误。事实恰恰相反，出外的这部分人，其实是董卓曾经的同盟军，后来变成了被排挤的对象。

具体的冲突，史书记载有限，难以知晓，但有一个王允的小故事，很能说明问题。诛杀董卓之后，王允急不可耐地囚禁了大文豪蔡邕，他对来说情的太尉马日磾说："复使吾党蒙其讪议。"[1]通俗地

1《后汉书》卷六十下《蔡邕列传下》。

说，杀了他省得我们这群人被他骂。王允为什么担心？因为蔡邕请求留自己一条命的理由是，让他完成汉朝的国史。想一想，蔡邕推举董卓当相国奏疏上的理由和联名都被删除，真让蔡邕留下一部秉笔直书的国史，王允和董卓合作的丑态不就流传千古了？所以王允不可能容得下蔡邕。

与王允分开后，马日磾就对人说，王允这人能有好下场吗？"善人，国之纪也；制作，国之典也。灭纪废典，其能久乎！"[1]北海郑玄闻而叹曰："汉世之事，谁与正之！"[2]

显而易见的是，王允虽然号称"刚棱疾恶"，却没有大局观，或者说，私心太重，又自视过高，听不进旁人的意见，哪怕是党人同道，他也缺少团结的兴趣。董卓与他长期合作，亲密无间，可见两人组成的权力核心不但排他性极强，且简单粗暴，把自己请来的同盟者也撵到对立面去了。

与这个核心缺陷相比，史书中记载的董卓早期罪行，对于董卓事业的影响，可以说是微不足道的，但却更有传播性，或者说戏剧性。《后汉书·董卓列传》中就记载了几条：第一，奸乱公主；第二，掠取宫女为妻；第三，虐刑滥罚，睚眦必死，内外百官没有人觉得自己安全；第四，出兵阳城杀良冒功；第五，铸造小钱，导致物价飞涨，一石谷需要数万钱。[3]

这里面，屠杀阳城百姓的事发生在初平元年（190年）二月，已经是诸侯讨董战争爆发后；铸造小钱的事，更是在迁都长安之后

1《后汉书》卷六十下《蔡邕列传下》。
2《后汉书》卷六十下《蔡邕列传下》。
3《后汉书》卷七十二《董卓列传》。

的初平元年（190年）六月之后，[1]都和董卓的风评逆转关联不大，也就是说，只剩下三条。至于虐刑滥罚，例子只有侍御史扰龙宗被打死一件，造成百官恐惧，尤其是前文中提到的，让士大夫兔死狐悲，确有可能，不过说影响巨大，怕也不尽然。那么，比较确凿的，应该就剩下两条，恰巧在《三国志·董卓传》里也有写，且叙述更详细，不过却改了时间顺序，奸乱宫女、公主放在了出兵阳城之后，完全没有提及搜牢。[2]也就是说，这两处记载可以合并理解为，董卓放纵部下的军将在洛阳城中为非作歹，还将宫女随意赏给部下为妻，自己则奸乱公主。

可问题是，董卓对公主和宫女下手，于汉臣而言可谓是可忍孰不可忍，为什么在史书上只是一笔带过呢？

《三国演义》小说里，把这段信息掐头去尾，改写成了"每夜入宫，奸淫宫女，夜宿龙床"，并且放在了毒杀汉少帝之后。其实汉少帝死不死，并不妨碍董卓睡龙床，两者没有因果关系，只是在宋明话本小说的读者眼里，占有皇帝的女人，到龙床上躺一躺，是更刺激的僭越行为。所以，后世把董卓的这条罪行演绎为夜里到宫中住宿，还要宫女侍寝。

其实，这个故事和《后汉书》《三国志》中的记载大相径庭，史书中的表述应分为两段："奸乱公主"和"妻略宫人"。

从岳麓书院藏秦简和《汉书》的记载来看，秦汉时的"奸乱"不同于今天的"强奸罪"，更倾向于"通奸"。具体来说，是指身份

1《后汉书》卷九《孝献帝纪》，"初平元年六月"条："董卓坏五铢钱，更铸小钱。"

2《三国志》卷六《魏书·董二袁刘传》，"董卓"条。

不适合结合的男女发生了性关系，包括亲属乱伦、主奴通奸等情况。在"奸乱"的参与者里，如果有强迫的情节，则被强迫者可以免罪，强迫者直接判死刑，比普通的强奸犯惩罚更重，当时的法律名词叫"强与奸"，与"和奸""相与奸"相区分。

　　这就意味着，汉朝法律意义上的"奸乱"定性，首要考虑是"伦理关系"，自愿与否是次要的。董卓与公主肯定不是直系亲属，从董太后算起，也只是远房亲戚，能够定性为"奸乱"，只有一个可能，就是这位公主"已婚"。

　　据《后汉书·皇后纪》的记载，当时没有进入老年的公主只有四位，包括桓帝的三个女儿：阳安长公主刘华、颍阴长公主刘坚、阳翟长公主刘修，其中刘华嫁给了汉献帝的岳父伏完，此时距受封三十二年，另外两位公主距受封二十六年；另有灵帝的女儿万年公主，名字缺载，距受封十年。奇怪的是，只有阳安长公主记载了夫家，其他三位公主是未及嫁人即夭折，还是史书遗漏了信息，我们不得而知。[1]

　　从记载来看，有可能惨遭董卓毒手的，应该是一大一小两位。前者确定有夫家，"奸乱"之说对得上。不过，阳安长公主还是汉献帝的岳母，此时应该年近四旬，伏皇后家里有这种政治污点，恐怕很难在曹操治下渡过近二十年。

　　反观万年公主，连名字都缺载，很像东汉君臣在董卓败亡之后的遮丑手笔。他们要遮掩的，不是董卓的嚣张跋扈，而是"奸乱"未必是被迫的。士大夫既然可以卖身投靠董卓，金枝玉叶为什么不

―――――――――

1《后汉书》卷十下《皇后纪下》。

行呢？正是因为类似的丑闻太多了，王允在董卓死后才迫不及待地杀死蔡邕，不想留谤书于世，哪怕那是事实。

所以，不但万年公主的夫家、事迹被抹掉，就连名字都和董太后、宋皇后和何太后一样，只剩一个"某"字。可别忘了，万年公主的弟弟刘协之后还做了多年的皇帝，女性长辈的名字需要避讳，可自己亲姐姐的名字会忘了吗？当然不可能。故此，万年公主很可能是宗室贵戚们推出来的"貂蝉"，以色侍人讨董卓欢心，等到董卓一死，反倒成了王朝的禁忌。

当然，按照汉代的法律和伦理，如果公主是自愿与董卓"奸乱"，董卓本人只能称为枉法、悖德，算不上罪大恶极，距离天下共诛之也差得远。

类似的罪名，还有"妻略宫人"，言下之意是以宫女为妻。董卓应有正妻，明媒正娶宫女不太可能，所以，大概率是将汉灵帝留下的数以万计的宫女，选取一部分，嫁给军中将士为妻。

这个行为在汉代有一个专属罪名，叫"盗迎掖庭出女"。所谓"掖庭"，也叫"永巷"，是宫中女眷居住的地方，这里有皇帝的姬妾也有侍女。理论上，这里出去的女子都属于皇帝的女眷，汉律严禁同姓宗室娶这类女子为妻，认为属于乱伦。那么，异姓的臣子娶这类女子呢？法律上虽然允许，礼法上却要反对，理由是"无人臣礼，大不敬不道"。这也是汉少帝死前对唐姬说"你是王者之妻，肯定不能再做普通人的媳妇"[1]这句话的言下之意。

1《后汉书》卷十下《皇后纪下》："王谓姬曰：'卿王者妃，势不复为吏民妻。自爱，从此长辞！'"

　　当咱们把董卓的两桩刑事罪弄清楚，就会发现，董卓在迁都前干的坏事，肯定算不上恶贯满盈，内外群臣也犯不着跟他拼命。可他的毛病又很明显，就是藐视皇权，践踏礼法。因为这个天下诸侯就起兵讨伐他，也不太说得过去，毕竟他比梁冀之流还是强一些。

　　在东汉末年的世风背景下，很多事情其实是司空见惯的恶。比如藐视皇权，专权十八年的梁冀，因为一句"跋扈将军"，就把九岁的汉质帝毒死换个新的，满朝文武也没有谁站出来杀他的头。再比如滥杀无辜，《后汉书·襄楷传》里有一处很惊悚的记录，襄楷曾在给汉桓帝上书时提到：汉明帝时曾定下制度，天下的死刑都要上报朝廷，得到批复后再执行，这是重人命的态度。可最近几十年，州郡长官嫌这个程序烦琐，就在监狱里直接害死犯人，上报为疾病死亡。久而久之，地方官无论有罪没罪，都敢于随意杀人。[1]

　　可见，梁冀也好，桓灵二帝也罢，哪怕随便一个太守，在虐刑滥罚上，也不比董卓更仁慈。汉末的政治风气彻底崩坏，董卓不过是有样学样罢了，所谓习惯成自然，公卿大臣对董卓的特殊性，自然认识不足。

　　他们绝对想不到，董卓刚刚进入洛阳掌握了最高权柄，想要大展拳脚的入手点，竟然是"改制"。

　　历史上的董卓并没有像《三国演义》里描写的，想篡夺帝位。他营建郿坞（郿县是他的列侯封地）之后，自己曾说："事成，雄据

1《后汉书》卷三十下《郎顗襄楷列传下》，"襄楷"条："永平旧典，诸当重论皆须冬狱，先请后刑，所以重人命也。顷数十岁以来，州郡玩习，又欲避请谳之烦，辄托疾病，多死牢狱。长吏杀生自己，死者多非其罪。"

天下，不成，守此足以毕老。"[1]可见，退居封国过日子，一直是他的选项之一。

至于"事成"，也不是改朝换代，恰恰相反，从董卓对《石包谶》[2]和"百六阳九"[3]之说的迷信来看，他对掌握汉室权柄的兴趣，主要在"迁都改制"和"将兴至治"上。《石包谶》是一本预言书，里面提到汉高祖定都长安十一世，汉光武帝定都洛阳十一世，应该迁都"以应天人之意"。可为什么迁都和改制联系起来了？为什么迁都就是天意？

这个得从"百六阳九"说起。这个说法见于司马懿长兄司马朗少年时见董卓的对答。司马朗说，董卓是有大德之人，"遭阳九之会"，清理朝堂污秽，举纳贤才，天下即将大治。在《后汉书·董卓列传》的赞中，南朝人范晔也提到："百六有会，《过》《剥》成灾。"

"过"和"剥"，都是《易》六十四卦中的卦名，连在一起是指本末倒置，小人道长、君子道消。"百六""阳九"则是汉代历法的专有名词，简单解释就是周期性的灾年。从汉武帝太初元年（前104年）颁布《太初历》算起，叫作"初入元"，之后每过一百零六年，会有九年旱灾，这个一百零六年就是"百六"，九个灾年就是

1《三国志》卷六《魏书·董二袁刘传》，"董卓"条。

2《后汉书》卷五十四《杨震列传》，"杨彪"条："'高祖都关中十有一世，光武宫洛阳，于今亦十世矣。案《石包谶》，宜徙都长安，以应天人之意。'百官无敢言者。彪曰：'移都改制，天下大事……'"。

3《三国志》卷十五《魏书·刘司马梁张温贾传》，"司马朗"条："明公以高世之德，遭阳九之会，清除群秽，广举贤士，此诚虚心垂虑，将兴至治也。"

"阳九"。当然，还有"阴九"，也是灾年。王莽篡汉时，就曾利用过这个理论，所以，"百六阳九"就不再是单纯的天灾概念，而具有了改朝换代的政治寓意。

通俗地说，"百六阳九"是改朝换代的好时机。但是，除了改朝换代之外，在这种命定的灾祸年代，还可以用另一种方法来解救王朝，那就是"再受命"。比如，汉哀帝时，就曾经改元为太初，易号为陈圣刘太平皇帝，背景就是"待诏夏贺良等言赤精子之谶，汉家历运中衰，当再受命"[1]。

再次一等，就是迁都了。早在西汉元帝初元三年（前46年），汉武帝茂陵的白鹤馆着火，大儒翼奉就上书请求汉元帝因天变而迁都，"所谓与天下更始者"，和"再受命"的逻辑一样，意味着汉王朝自此进入新时代。翼奉的逻辑是，天道周而复始，到头了再绕回去，就可以延长至无穷无尽，现在汉家的天命未绝，陛下能主动绕回起点，就可以让汉王朝永世不绝，不是大好事吗？[2]

关于更始的建议，在东汉也不是第一次提出，早在汉顺帝阳嘉二年（133年），北海人郎顗给皇帝的上书中提到："《诗氾历枢》曰：'卯酉为革政，午亥为革命。'"这里革命不是今天说的革命，而是变革天命。郎顗认为，自汉文帝十三年（前167年）废肉刑至阳嘉二年正好是三百，要顺应天命的轮转，就应该删减法令、改变官名、俭省器物、化繁为简，"改元更始"。这个三百年的依据则是

---

1 《汉书》卷十一《哀帝纪》，"六月庚申"条。
2 《汉书》卷七十五《眭两夏侯京翼李传》，"翼奉"条："天道终而复始，穷则反本，故能延长而亡穷也。今汉道未终，陛下本而始之，于以永世延祚，不亦优乎！"

《春秋保乾图》中说的"汉三百载，斗历改宪"。[1]

这套理论，对于现代人来说是无稽之谈，在汉代却是高精尖科技，时人认为天道与王朝之间有着确定的对应关系。董卓当然不可能超出他的时代，成为一个唯物主义者，甚至可以说，他比汉末时的主流知识分子更加迷信。

上面提及的《石包谶》《诗氾历枢》《春秋保乾图》都是谶纬之书，杨彪作为当世大儒，指斥《石包谶》为"妖邪之书，岂可信用？"[2]之所以有这个说法，在于东汉初年，光武帝、明帝、章帝确实都非常迷信谶纬，甚至在章帝建初四年（79年）诸儒于白虎观讨论五经异同的时候，章帝亲自裁决，完成了经学与谶纬之学的合流，形成了一套官定图谶解释体系。[3]在这一体系确立后，至和帝、安帝时，许慎的著作中已经明确提及当时有针对谶纬的文网，故此，引用谶纬书籍名均改"纬"为"说"。这种事实禁毁的状态，一直维系到了郑玄生活的东汉末年。[4]董卓依据的《石包谶》，很可能是在民间流行，故此杨彪斥之为"妖邪"，与有司评价《太平清领书》的"妖妄不经"[5]差不多。

问题是，对于董卓来说，要解决汉王朝的天命危机，就必须更张改制。这既是现实政治的需要，也是信仰的需要，更重要的是有

1《后汉书》卷三十下《郎颛襄楷列传下》，"郎颛"条。

2《后汉书》卷五十四《杨震列传》。

3 高海云、臧知非：《试析光武"笃信"图谶说》，《中国社会科学院研究生院学报》，2019年第3期。

4 俞林波：《论谶纬在东汉的禁毁》，《福州大学学报（哲学社会科学版）》，2012年第1期。

5《后汉书》卷三十下《郎颛襄楷列传下》，"襄楷"条。

可行性，所以，他思量已久。

汉元帝议迁都时的年号是"初元"，汉献帝在董卓把持之下，议迁都时的年号则是"初平"，都有"初"，也就是初始的意味。这个年号并不简单，在汉灵帝驾崩后，三易年号，汉少帝有光熹、昭宁，汉献帝初登基则为永汉，到中平六年（189年）闰十二月，才"诏除光熹、昭宁、永汉三号，还复中平六年"[1]。初平元年（190年）正月初十，大赦天下，应该就是改元之赦。[2]

这恰恰说明了，董卓提议迁都不是临时起意，而是早有计划，事先考虑过汉元帝的先例。而汉元帝又是东汉光武帝所认的宗法之父，恰好对应西汉之"终"，东汉之"始"，迁都绕回长安，则为东汉之"终"，新的汉朝之"始"。

更重要的是，翼奉在上书中提到，汉元帝"虽有成王之明，然亡周、召之佐"，希望皇帝能够以周成王为榜样，迁都洛邑，建立万世的基业。而董卓在迁都之后，就晋位太师，希望能够称"尚父"，问蔡邕意见，蔡邕回复，"昔武王受命，太公为师，辅佐周室，以伐无道，是以天下尊之，称为尚父"[3]。想要比拟姜太公还是需要平定关东，还都之后才合适，董卓于是不再提。

太师之职，西汉平帝时曾由孔光担任，光武中兴后已废除，而董卓的改制，则明显是依照翼奉给汉元帝的规划一步步执行，希望在他的辅佐下，重现周武王之至治，并延续汉室的国祚，比肩周

---

1 《后汉书》卷九《孝献帝纪》，"中平六年十二月戊戌"条。

2 《后汉书》卷九《孝献帝纪》，"初平元年正月辛亥"条："辛亥，大赦天下。"

3 《三国志》卷六《魏书·董二袁刘传》，"董卓"条，裴松之注引《献帝纪》。

朝。从根上说，他真的笃信可以逆天改命。

关东诸侯起兵迫使董卓迁都？假的！

东汉末年与西汉末年类似，一边是以天人感应学说为基础的儒学思想深入人心，另一边是统治集团的骄奢淫逸导致百姓的生活日益困苦，造就了理论与现实之间的严重冲突。

按照天命归于刘氏的基本解释，刘氏天子行善政则天降祥瑞，嘉奖以风调雨顺，行恶政则天降灾异，各种天灾人祸都是用以警示人间君主。图谶则是以数字谜语的形式，提示天命的运行，其中往往包含着具体的世代、年限数字。一旦出现对应的灾异，社会舆论就会掀起对相应预言的追捧。

像"代汉者，当涂高也"，袁术就曾拿来作为僭号的依据，曹魏要求汉献帝禅让也用这个当理由。有趣的是，这句预言可信的最早出现，是在汉光武帝刘秀与割据四川的公孙述辩论谁代表天命的笔仗之中。[1]可见，早在西汉时代，已经有人给东汉王朝预测了掘墓人，后世的野心家只需要附会自己的姓氏、名字就行了。

汉光武帝刘秀对谶纬相当迷恋，毕竟他算是"蒙对了"的受益者，谶纬可以给他带来相当神秘的权力合法性，故而尊其为"内学"。不过，所谓福兮祸之所伏，这套天命加持按照图谶的说法，也只覆盖了三代，即汉光武帝、汉明帝、汉章帝。后来，汉章帝亲自

1《后汉书》卷十三《隗嚣公孙述列传》，"公孙述"条："代汉者当涂高，君岂高之身邪？"

决定五经异同，完成了谶纬之学与今文经学的结合，形成了以《白虎通》为代表的经学统一解释。谶纬不再是单独印证汉朝皇权的证据，而是以官方定调的形式，将天命、灾异、伦理、五行、阴阳与刘氏皇权相结合。可问题是，之后的汉和帝为了诛杀专权外戚窦氏，重用宦官郑众，宦官专权由此开始。此后，一直到汉献帝，十位皇帝，一个成年继位的都没有，只能由太后临朝，这就形成了宦官与外戚交替专权的局面。同时，地震、水旱、蝗灾、羌乱、妖人反叛，天灾人祸连绵不绝。

这就造成了一个非常吊诡的现象：享受高官厚禄和种种特权的上层阶级对于"刘氏种"越发丧失信心，反倒是汉末的民间社会对汉王朝的支持没有动摇。张角的太平道，黑山军，白波黄巾，青徐黄巾，乃至于后起的五斗米道等成气候的民间势力，哪怕经历过血腥的镇压，却没有一家打出过反旗，要求推翻汉朝，只是满足于脱离郡县管制，以宗族为单位，各自联结为坞堡、屯壁，打造远离权力侵扰的桃花源。

为什么会这样呢？

因为《白虎通》里展示的世界观和伦理观是一个刚性体系，在这个体系下的东汉皇帝，不只是政权的代表，还是信仰的领袖，也就是"巫王"。更巧妙的是，"巫王"牵动天地神灵的法力，并不与天子本人挂钩，而是与这个职务和王朝关联。人格化的天子只是这个拥有神力的王朝机器的重要一环，无论是为善还是作恶，都是系统化的工程。

在此环境下，上层阶级很容易去除信仰的滤镜，认识到人格化的天子只是一个不可或缺的工具，从而实现各自角色的免责。比如皇帝推卸责任给宦官和大臣，大臣归咎于天子昏庸、权归近习，宦官们认为举朝皆浊[1]，民间知识分子甚至认为"大网疏，小网数"[2]，三公宽纵而州郡苛酷。当然，大臣、宦官都很清楚皇帝的昏庸，所以，不吝于更换皇帝。

反观底层社会，他们没有更换皇帝的能力，劝进也好，废立也好，都沾不上边，那么，反抗的就是整个王朝系统。这就意味着，要么彻底否定包括经学、谶纬、五行灾异在内的已知所有对世界的解释；要么就必须保留天子的职务或是天的角色，作为效忠的对象。

在佛教大规模传播之前，前一个选择很不现实，实在没有可替换的世界观、宇宙观和生死观。后一个选择，就出现了两种情况：一种是自称"黄帝""黑帝""天子"，运用天命转移来解释自己的行为；一种是自称"天师""大贤良师"，运用代天传命来解释自己的地位。

显然，在士大夫笃信经学的时代，汉王朝无比安全。任何自称天命转移的势力，都是在争取士大夫的支持，而士大夫又需要战争来验证天命的真伪。可支持汉王朝天命的士大夫总是大多数，武装起事往往被忠汉的士大夫镇压，反过来印证了汉王朝的天命所归，头尾衔接，形成了逻辑闭环。

在此条件下，篡汉，并不是一个现实的议题。董卓杀死汉少帝，

1《后汉书》卷六十九《窦何列传》，"何进"条："卿言省内秽浊，公卿以下忠清者为谁？"

2《后汉书》卷三十下《郎顗襄楷列传下》，"郎顗"条。

也并不是为了篡逆，更不是应对诸侯起兵的仓促之举，前文中已经讨论过了，关东诸侯起兵的时间，要晚于汉少帝被杀。可董卓为什么要杀死已经被废为弘农王的汉少帝呢？

史书中对董卓弑帝这件事的解释，与时间叙事有直接关系。《三国志·董卓传》中，弑杀太后与少帝的记录，远早于诸侯起兵，从逻辑上，是弑帝导致了诸侯起兵。[1]在《后汉书·董卓列传》中，则是"及闻东方兵起，惧，乃鸩杀弘农王，欲徙都长安"[2]，逻辑变成了，因为东方诸侯起兵，董卓害怕而弑杀了少帝，并起了迁都的心思。在《后汉书·皇后纪》中，更是具体说明了因果："明年，山东义兵大起，讨董卓之乱。卓乃置弘农王于阁上，使郎中令李儒进鸩。"[3]

也就是说，《三国志》回避了弑杀汉少帝的原因，而《后汉书》将其与迁都长安合并讨论，认为都是东方诸侯起兵的后果。可前文中考证已详，曹操起兵、酸枣会盟都在汉少帝死后，时间根本对不上，说明什么？

说明在陈寿的时代，由于前人记载的缺乏和篡改，这个问题的答案已经晦暗不明；到范晔时，干脆不知其所以然了，只能想当然地沿着曹魏官史的伪造叙事，来解释一系列历史事件。

事实上，如果我们关注一下弑杀汉少帝的主人公——李儒，就会发现一些奇怪的细节。

李儒之名，最早见于汉灵帝中平二年（185年）所立的汉郎阳

1《三国志》卷六《魏书·董二袁刘传》，"董卓"条。

2《后汉书》卷七十二《董卓列传》。

3《后汉书》卷十下《皇后纪下》。

令曹全碑，碑主曹全曾任司隶左冯翊郃阳县县令，死后故吏集资为其立碑，碑文中就有"征博士李儒文优五百"，在碑文正文之中，还提及"君乃闵缙绅之徒不济，开南寺门，承望华岳，乡明而治，庶使学者李儒、栾规、程寅等，各获人爵之报"。[1]

可见，李儒，字文优，司隶左冯翊郃阳县人，立碑时已被征为博士，秩六百石。初平元年（190年）汉少帝被杀时，他已被董卓提拔为弘农王郎中令[2]，秩千石[3]。待到初平三年（192年）董卓被杀后，他又还为博士，才有了李傕进京后推荐李儒由博士升任侍中的后话。而侍中是参与中枢决策的清贵高官，李傕的提议遭到了汉献帝的拒绝，李傕解释称，杀弘农王原为董卓之命，李儒是无辜的，不应该受罚。

除此之外，王沈《魏书》还有记载："布后应王允，于门刺杀卓，卓将李儒等阻兵。"[4]看似李儒是董卓部下将领，其实是原文讹字。"阻兵"不是阻拦士兵，用的是《左传》里的典故，意思是倚仗军队，残民以逞，所指是李傕等人攻入长安，只因"傕"字和"儒"字的字形相近，所以错将"傕"字写成"儒"字。一样的错误，还见于张璠《汉纪》，"太常种拂与李儒战而死"[5]。

1《全后汉文》卷一百五《郃阳令曹全碑（中平二年十月丙辰）》。

2《后汉纪》卷二十七《孝献皇帝纪》，"初平三年冬十月"条："李傕举博士李儒为侍中，诏曰：'儒前为弘农王郎中令，迫杀我兄，诚宜加罪。'辞曰：'董卓所为，非儒本意，不可罚无辜也。'"

3《后汉书》志第二十八《百官五》："（诸侯王）郎中令一人，仆一人，皆千石。本注曰：郎中令掌王大夫、郎中宿卫，官如光禄勋。"

4《太平御览》卷四百三十四《人事部七十五》，"勇二"条。

5《太平御览》卷二百三十六《职官部三十四》，"少府监"条。

从李儒的官职变动看，由博士到诸侯王郎中令，再回到博士，都不是军职，又是一个"学者"，明显不是董卓亲信。所以，在董卓被杀后，王允不但赦免了他弑帝的罪责，还允许他留任博士官职，这种宽宏大度，与坚持杀死蔡邕形成了鲜明的对比。这就意味着，毒杀汉少帝，恐怕不只是董卓个人的意愿，秉政的王允和三公黄琬、杨彪、荀爽就算没参与，也是知情的。众人知情却不阻止，甚至在史书上都没有任何谏阻或是提及此事的记录，相当耐人寻味。

真正在史书上浓墨重彩的是"迁都之议"，但具体的信息也有很多矛盾之处。

《后汉书·董卓列传》中提到，董卓"会公卿议，太尉黄琬、司徒杨彪廷争不能得"。[1]此次公卿会议，在《后汉纪》《后汉书·杨彪传》《后汉书·黄琬传》《汉后书》《续汉书》中都有记载，可奇怪的是，同一次会议上同一个人的发言，却有完全不同的记录。

其一，《后汉书·杨彪传》中录杨彪之语："今天下无虞，百姓乐安。"[2]华峤《汉后书》中也提到杨彪说："今海内安稳。"[3]

其二，《后汉纪》中录董卓之语："关东黄巾作乱，所在贼起。"[4]《续汉书》中则写作："关东方乱，所在贼起。"[5]

其三，《后汉纪》有董卓语："百姓小人，何足与议。若有前却，

1《后汉书》卷七十二《董卓列传》。
2《后汉书》卷五十四《杨震列传》，"杨彪"条。
3《三国志》卷六《魏书·董二袁刘传》，"董卓"条，裴松之注引华峤《汉书》。
4《后汉纪》卷二十六《孝献皇帝纪》，"初平元年春正月癸丑"条。
5《三国志》卷六《魏书·董二袁刘传》，"董卓"条，裴松之注引《续汉书》。

豫州、兖州、徐州、青州刺史部

荊州刺史部

以我大兵驱之，岂得自在！"《续汉书》中也有此语。[1]《后汉书·杨彪传》记录略同："百姓何足与议！若有前却，我以大兵驱之，可令诣沧海。"[2]华峤《汉后书》中则是："今徙西京，设令关东豪强敢有动者，以我强兵踧之，可使诣沧海。"[3]

其四，华峤《汉后书》中录董卓与杨彪一句对答，为众书所无："卓意不得，便作色曰：'公欲沮我计邪？边章、韩约有书来，欲令朝廷必徙都。若大兵东下，我不能复相救，公便可与袁氏西行。'彪曰：'西方自彪道径也，顾未知天下何如耳！'"[4]

对勘上述记载可知，杨彪曾表达过"今海内安稳"的意思，董卓曾提到"关东黄巾作乱，所在贼起"，均无疑义。至于以大兵驱赶百姓西迁，也是董卓的原话。从语义来说，华峤《汉后书》中提到的关东豪强敢有异动，就出兵把他们赶到海里去，更贴合"可使诣沧海"的方位，因为迁都百姓须向西，而关东豪强在东，大海在洛阳东方。可见，此句也应该是董卓的原话，只是被他书省略。

这就意味着，众书记载确为会议发言的节选，只是各有侧重。唯一无旁证的，只有华峤《汉后书》中的董卓、杨彪对答，也是全新的信息。那就是，迁都之议的一个重要原因是边章、韩遂的来信要求，董卓顺势威胁："如果你们不听，凉州叛军东下，我救不了你们，你们正好可以和袁氏一起西行。"杨彪的回复也很有意思：

1《后汉纪》卷二十六《孝献皇帝纪》，"初平元年春正月癸丑"条；《三国志》卷六《魏书·董二袁刘传》，"董卓"条，裴松之注引《续汉书》。

2《后汉书》卷五十四《杨震列传》，"杨彪"条。

3《三国志》卷六《魏书·董二袁刘传》，"董卓"条，裴松之注引华峤《汉后书》。

4《三国志》卷六《魏书·董二袁刘传》，"董卓"条，裴松之注引华峤《汉后书》。

"我就是从西边来的，就是不知道天下会怎么样呢！"从华峤《汉后书》的其他记载均有旁证来看，这一段，应该只是被众书删除，而非作者杜撰。

确定了这一点，再看具体记载中的"与袁氏西行"，可知此"袁氏"非指袁绍、袁术，而是在朝中的袁隗、袁基等人。另外，《后汉书·杨彪传》中，录有荀爽之语："相国岂乐迁都邪？今山东兵起，非可一日禁也，而关西尚静，故当迁之，以图秦汉之势也。"《后汉纪》中也记载了这段话。对照一下同传的文字，就会发现一些问题。《后汉书·杨彪传》先说"天下无虞"，后说"山东兵起"，明显矛盾；反而是《后汉纪》先说"关东黄巾作乱"，后说"山东兵起"，则顺理成章。可见，《后汉书·杨彪传》删节过多，导致了逻辑不通。

综合以上记载，我们已经可以补全此次公卿大议的核心信息。

其一，迁都议论时，所提到的"山东兵起"，根本不是关东诸侯，所指是关东黄巾，即在并州、河东肆虐的白波黄巾。此事因果，也见于《后汉书·董卓列传》："卓遣中郎将牛辅击之（白波十余万），不能却。及闻东方兵起，惧，乃鸩杀弘农王，欲徙都长安。"可整体战略形势仍是"天下无虞"（海内安稳）的状态。

其二，公卿议论时，关东豪强应该没有起兵，或是没有大规模、大范围的起兵，"设令关东豪强敢有动者"之语已经说明了是假设。

其三，此时，朝堂上相国董卓是一个中心，太傅袁隗是另一个中心的形势已经公开化。杨彪、黄琬、荀爽等公卿，面临在两派之间择其一而从之的选边，支持迁都就意味着跟随董卓，反对迁都则意味着跟随袁氏。

其四，董卓要求迁都的最大底气，是韩遂（边章已死）的十余万叛军的武力威胁，而受命抵挡凉州叛军的关西人皇甫嵩、盖勋虽然不支持董卓，却也不反对迁都。

这四条信息，几乎颠覆了我们对这段历史的认知，可如果我们暂时忽略《后汉书》《三国志》诸多传记中强加的关东诸侯起兵的原因，就会发现，时人的直接议论之中从未提及关东诸侯，关东诸侯与迁都的因果关系是史书作者添加的。

而真正的当事人议论中，对关东诸侯一直非常轻视，这是旁证之一。

如《后汉书·郑太传》中提到，董卓听说关东反叛，有意大发兵征讨，尚书郑泰不同意，明确指出，"山东不足加大兵耳"，理由就是袁绍、张邈、孔伷等人根本没有将帅之才，内部又不团结，且关东的内郡百姓不习战阵，不像关西人哪怕是妇女也能打仗。天下人最怕的无非凉州、并州的精兵和羌胡义从，这些人都是董卓的爪牙，谁能挡得住呢？一番劝说后，"卓乃悦，以公业为将军，使统诸军讨击关东"[1]。

董卓集团对关东诸侯军事力量的轻视，也延续到了迁都之后，《山阳公载记》中记载了董卓和长史刘艾的对话。董卓说："关东诸侯屡次打败仗，都害怕我，成不了什么事。只有孙坚这个愣小子，很善于用人，应当告诉诸位将领，让大家都知道忌惮他。"刘艾说："关东诸侯裹挟百姓当兵来打我们，精锐不如我们，铠甲、兵器、弓

1《后汉书》卷七十《郑孔荀列传》，"郑太"条。

弩都不如我们，怎么能长久？"董卓说："确实如此，只要把袁绍、袁术、刘表、孙坚杀掉，天下自然都服从我了。"[1]

董卓的西迁退却，根本不是因为"畏惧"或是"躲避"，而是为了收缩战线，稳固根本，他还想着东出。

那么，回到迁都之议上，旁证之二在于时间。

前文曾提及，正月初十大赦应为改元；正月十二毒杀弘农王；之后，就是公卿议，具体时间缺载；二月初五，董卓令有司罢免反对迁都的三公杨彪、黄琬；二月初十，以联合关东诸侯出卖自己的名义，杀死了阻拦迁都的伍琼、周毖；二月十七，布告天下迁都长安。[2]

"公卿议"之后，还有一个董卓任命河南尹朱儁为副相国的事件。朱儁不但拒绝从命，还对授拜的使者明确提出了反对迁都的意见，而当时有司官员的回复是："迁都之事，不闻其计，就有未露，何所承受？"意思是，没听说过有这事，就算有，文件也没公布，你怎么知道的？朱儁答复说："相国董卓为我详细解说的。"[3]《后汉纪》则补充说："于是朝之大臣及尚书郎华歆等皆称焉，由是止不副卓。卓愈恨之，惧必为卓所陷，乃奔荆州。"

与朱儁对答的人，在《后汉书·朱儁传》中写作"使者"，《后汉纪》中写作"有司"，又专门提及了"朝之大臣"及"尚书郎华

1《三国志》卷四十六《吴书·孙破虏讨逆传》，"孙坚"条，裴松之注引《山阳公载记》。

2《后汉书》卷九《孝献帝纪》，"初平元年正月辛亥、癸酉"条、"初平元年二月乙亥、庚辰、丁亥"条。

3《后汉书》卷七十一《皇甫嵩朱儁列传》，"朱儁"条。

歆"都称赞他。可见，使者应该就是奉命封拜朱儁的尚书郎华歆，而朝之大臣则是录尚书事袁隗，他们在得知迁都议案后，终止了对朱儁的任命。

朱儁之所以恐惧被董卓陷害而逃跑，是因为杨彪、黄琬、荀爽发表意见的"公卿议"其实是到董卓府上，瞒着尚书台系统的口头议论，没有形成文书。直到朱儁面对尚书台（有司）派出的使者，才把这个瞒着袁氏一党的议题掀到了台面上，引起了巨大的反对声浪。这才有了尚书系统伍琼、周毖的"固谏"，以及一群大臣的文书驳议，比如黄琬。[1]

值得注意的是，朱儁任太仆为副相国应有误。《后汉纪》中作"光禄勋赵谦为太仆。王允为司徒，守尚书令"[2]。而在《后汉书·孝献帝纪》中则作"以光禄勋赵谦为太尉，太仆王允为司徒"。[3]之后，又有赵谦罢太尉的记载，说明朱儁所谓的"副相国"并非职务，而是任三公之首"太尉"以为相国之副。

那么，朱儁任职必在初平元年（190年）二月初五至二月初十之间，"公卿议"自然应在二月初五之前数日内，当时还没有提到关东诸侯起兵。伍琼、周毖至初十已因诸侯起兵被杀，由此可知，关东诸侯起兵消息传到洛阳，就在二月初五至二月初十之间。结合史书均记此事于初平元年正月，可知起兵具体时间应该在正月之末。

之所以伍琼、周毖被杀后，"彪、琬恐惧，诣卓谢曰：'小人恋

1《后汉书》卷六十一《左周黄列传》，"黄琬"条："卓议迁都长安，琬与司徒杨彪同谏不从。琬退而驳议之曰……"

2《后汉纪》卷二十六《孝献皇帝纪》，"初平元年二月丁亥"条。

3《后汉书》卷九《孝献帝纪》，"初平元年二月庚辰"条。

旧，非欲沮国事也，请以不及为罪。'"[1]一个重要的原因就是，杨彪、黄琬本是董卓的铁杆党徒，却没想到同为一党的伍、周二人因董卓的疑忌被杀。而关东起兵的理由就是"三公移书"，如果受到董卓猜忌，二人也可能性命不保，这才主动找董卓谢罪，说明他们是反对迁都之议，并不是反对董卓本人。董卓恰好也后悔杀死了伍琼、周珌，就抚慰了杨彪、黄琬二人，任命他们为光禄大夫。

在这个时间段之中，关东诸侯发动了足以威胁董卓的进攻吗？根本没有。朝中发生了不利于董卓的变故了吗？也没有。真正引起董卓恐惧的"东方（山东）兵起"，实则是中郎将牛辅"不能却"的十余万白波（黄巾）军与匈奴单于夫罗的联军。

尽管史书没有记载，参考白波军中杨奉、韩暹等人后来的去向，我们或许可以大胆假设，他们打出的旗号很可能是迎奉汉少帝复位，这才让满朝公卿一致同意鸩杀已经废为弘农王的刘辩。只不过，由于之后的几十年都在汉献帝治下，汉朝的官方记录也会回避这个涉及嫡庶继承权的信息，讳莫如深之下，只能修改历史叙事，将董卓真正忌惮的大敌，改成了关东的诸侯们。可时间顺序上的矛盾，无法解释，只能含糊其词，抹去了一系列有关事件的具体时间，再经过后世史家的解释，最终形成了我们今天看到的这笔糊涂账。

董卓的布局

在"公卿议"的过程中，荀爽提到了"关西尚静，故当迁之"，

---

[1]《后汉书》卷七十二《董卓列传》。

可是凉州的十余万叛军尚在，就算在皇甫嵩的镇守下，暂时不能挺进三辅，也是巨大的威胁，为什么公卿大臣们都不当回事了呢？

事实上，韩遂和马腾确实在朝廷迁都之后，受到董卓的招引，想要出兵关东。《后汉书·董卓列传》的原话是："初，卓之入关，要韩遂、马腾共谋山东。遂、腾见天下方乱，亦欲倚卓起兵。"[1] 可见，至迟于董卓入关前，韩遂、马腾叛军已经被董卓收服。

据《典略》记载，马腾先为军司马，因功迁偏将军，又迁征西将军，初平中，拜征东将军。[2] 这个"征东将军"号，应该就是董卓初平二年（191年）招引马腾出兵后所封，在此之前，他已经被任命为偏将军、征西将军。可见，至少马腾早已接受招安，而韩遂与他约为兄弟，应该也接受了招安。两人的分工是一人"征东"，一人"镇西"，维持势力不坠。直至初平三年（192年）董卓被杀后，他们才共同整顿兵马东进长安，改封为征西将军和镇西将军。

这个职务变动，也可参见"汉安都护"的设置。《后汉书·孝献帝纪》记载，中平六年（189年）省扶风都尉，改置"汉安都护"，李贤注释说："置都护，令总统西方。"[3] 另见《献帝起居注》记载："中平六年，省扶风都尉置汉安郡，镇雍、渝麋、杜阳、陈仓、汧五县也。"[4]

1《后汉书》卷七十二《董卓列传》。
2《三国志》卷三十六《蜀书·关张马黄赵传》，"马超"条，裴松之注引《典略》："讨贼有功，拜军司马，后以功迁偏将军，又迁征西将军，常屯汧、陇之间。初平中，拜征东将军。"
3《后汉书》卷九《孝献帝纪》，"中平六年十二月"条，李贤注。
4《后汉书》志第十九《郡国一》，刘昭注引《献帝起居注》。

　　马腾任征西将军时"常屯汧、陇之间"，陇为陇山，汧为汧水，汧水自北向南流经汧县、渝麋，在陈仓附近汇入渭水，可见，新设的汉安郡就是割扶风予马腾。

　　据《后汉书·盖勋传》中说："时左将军皇甫嵩精兵三万屯扶风。"[1]扶风治所在槐里，距离要保卫的茂陵等皇陵不远，而扶风都尉是西汉的右京辅都尉，原治所在郿县。董卓的封地就在郿县，恰好隔开了皇甫嵩与韩遂、马腾势力。那么，汉安都护是谁呢？

　　据《英雄记》记载，董卓死时，"旻、璜等及宗族老弱悉在郿"[2]《献帝起居注》记载，皇甫嵩之子皇甫郦劝李傕说："近董公之强，明将军目所见，内有王公以为内主，外有董旻、承、璜以为鲠毒。"[3]董卓入长安后，任命董旻为左将军，[4]接替的正是皇甫嵩的将军号。以上都说明了，董旻在洛阳参与诛杀宦官后，并没有闲着，而是担当董卓西迁之前的关西代表，通过谈判招安韩遂、马腾之后，即任汉安都护，总统西方，待皇甫嵩被征入朝后，又接管了他左将军的兵权。

　　那么，韩遂、马腾的投降在何时呢？

　　应该在中平六年（189年）十一月初一之前。简言之，董卓兵不血刃地解决了几乎要倾覆汉室江山的凉州叛军，让关中的先帝陵园转危为安，三辅、凉州数千里之地回归版图，这还算不上社稷之

1《后汉书》卷五十八《虞傅盖臧列传》，"盖勋"条。
2《三国志》卷六《魏书·董二袁刘传》，"董卓"条，裴松之注引《英雄记》。
3《三国志》卷六《魏书·董二袁刘传》，"董卓"条，裴松之注引《献帝起居注》。
4《三国志》卷六《魏书·董二袁刘传》，"董卓"条："卓弟旻为左将军，封鄠侯。"

功吗？这功劳当然值得奖励一个相国，这应该也是蔡邕举荐董卓担任相国的表章中被删去的原因部分。

正是凉州叛军的降服，让拥兵四万的皇甫嵩和盖勋无所适从。尽管"勋密相要结（皇甫嵩），将以讨卓。会嵩亦被征，勋以众弱不能独立，遂并还京师"[1]，看似是俩忠臣被忠诚捆住了手脚，"众弱"才是关键，因为他们被董卓、董旻兄弟的兵马夹在了中间，不得不就范。

搞清楚了这一背景，再来看董卓的迁都之议，就很容易理解了。一方面在信仰层面，迁都改制是振兴汉室的重要手段；一方面在现实政治层面，迁都可以彻底改善董卓的战略态势。

在信仰层面，初平二年（191年）二月，董卓被封为太师，两个月后，他进入了长安，想得到"尚父"的称呼，前文中说过，最终被蔡邕劝止，这也是他顺天改制的一部分。称"尚父"实际上是比拟西周初年，求的是西周之势，周武王有姜尚为辅弼，所以，董卓乘坐金华青盖车（一种用黄金装饰的青色车盖的马车）出入，就是要突出太师之尊。按照《后汉书·舆服志》记载，金华青盖车是皇太子、皇子的待遇，太师的礼仪待遇规定是在诸侯王之上，使用皇子的标准并不能算是僭越。[2]可蔡邕借着初平二年六月京师发生地震来劝谏董卓，说是人臣逾制导致天象示警，董卓就改乘金华皂盖车，主动降了一等。[3]

---

1 《后汉书》卷五十八《虞傅盖臧列传》，"盖勋"条。

2 《后汉书》志第二十九《舆服上》："皇太子、皇子皆安车，朱斑轮，青盖，金华蚤……皇子为王，锡以乘之，故曰王青盖车。"

3 《三国志》卷六《魏书·董二袁刘传》，"董卓"条，裴松之注引王沈《魏书》。

皂缯盖车为三公和列侯所乘，[1]他加了一个金华，稍稍区别了一下。

这两件事都说明董卓对于"僭越"还是有顾忌的，或者说，他并不以僭越本身为目的，而是以自身的礼仪享受来对应上古的圣王时代，类似于太平道的"迎气"，所以蔡邕劝谏才有用。反观以僭越本身为目的的曹操，称魏公时就不会听荀彧的劝谏。简言之，这些僭越行为，并不足以说明董卓有篡逆之心。

恰恰相反，董卓入关中后，在列侯封地郿县扩建郿坞，又名万岁坞，城墙与长安同高，蓄积了可吃三十年的存粮。可见董卓对封地相当上心，把亲族老弱都安置在这里，号称"事成，雄据天下，不成，守此足以毕老"。[2]这就不是一个篡逆者该有的心态。

当然，更重要的是，董卓根本没有成年继承人。

前文中提到，董卓的亲族有董旻、董承、董璜，却没提到他的儿子。事实上，董卓自己不是没有子孙，《英雄记》中说，董卓侍妾怀里抱着的婴儿都封列侯，可见是有庶子的。不过，嫡子早逝，以至于不满十五岁的孙女董白被封为渭阳君时，享受了超级盛大的册封仪式。先在郿城旁起坛，让董白乘坐董卓的金华青盖车，命都尉、中郎将、刺史、二千石给她担任导从，由董璜担任使者授予印绶，充分展示了董卓对孙女的疼爱，也是一种心理补偿。

董白之父应该就是董卓对司马朗说的，与他同岁的早逝之子。司马朗见董卓时二十岁，董卓与他同岁的儿子已死去，故而董卓对

1《后汉书》志第二十九《舆服上》："公、列侯安车，朱班轮，倚鹿较，伏熊轼，皂缯盖，黑轓，右骓。"

2《三国志》卷六《魏书·董二袁刘传》，"董卓"条。

司马朗感到亲切。

当然，要说董白之父是董卓其他的成年儿子，或是她是牛辅与董卓女儿所生，董卓就爱把外孙女当孙女养，也是一种解释，只是可能性稍小一些罢了。不过，在没有成年嫡子的情况下，董卓当时就有篡逆之心的可能性实在不大，他更关心的还是平定天下、长保富贵。

当然，这也是后话，在迁都之前，董卓的战略态势并不好。由于凉州叛军的降服，董卓势力形成哑铃型的布局，十多万凉州精锐盘踞在凉州、扶风交界地区，董卓本人则依靠着五千亲信部曲和不足万人的新收部曲、万人左右的朝廷禁兵，控制洛阳和河东郡安邑，中间的京兆尹、右扶风则驻扎着多达四万人的皇甫嵩、盖勋所部。

这就意味着，如果牛辅在河东郡站不住脚，丢失了黄河渡口，十余万白波军和数千匈奴骑兵就能南渡黄河隔断弘农郡，皇甫嵩、盖勋只需要坐视不理，身在洛阳的董卓就会变成瓮中之鳖。故此，董卓才会对关东黄巾感到恐惧，鸩杀汉少帝之后，立刻做迁都的准备工作。他一旦迁都关中，背靠凉州军，收编皇甫嵩、盖勋的大军，一下子多出近二十万精锐，正是秦灭六国、汉平七国的战略态势。

理解了上述信息，就能明白，在史书和《三国演义》中意义重大的诸侯讨董事件，是一种写作手法的产物。说直白点，就是通过详写次要信息，略写主要信息，来给读者造成错觉。实际上，次要信息才具有决定性的意义，毕竟汉末三国的最终胜利者在东边，不在西边。

可是，大部分关东诸侯的军事行动本就局限于起兵，或者说

"耀兵"，目的是声援朝廷内部的董卓反对派，摆出的是要文斗不要武斗的架势。因为他们起兵的合法性本就不足，所谓"自古以来，未有下土诸侯举兵向京师者"[1]，真打京师，就是造反，辖区内的忠汉士大夫也不会跟随他们。

所以，诸侯讨董期间，满打满算也只有曹操和孙坚主动兵向京师，因为他们俩分别是袁绍、袁术的部将，而袁氏兄弟又有"报家仇"的伦理合理性。初平元年（190年）三月初五，汉献帝的车驾入长安。十三天后的三月十八日，太傅袁隗、太仆袁基和他们家中尺口以上五十余人尽数被杀。所谓尺口，就是身长一尺的婴儿。一夜之间，袁家被灭门了。

国仇变成了家恨，袁绍、袁术才有了用兵的借口，打击的对象也不是汉献帝，而是董卓。毕竟汉家以孝治天下，孝与忠有同等的伦理高度，是能够得到广泛理解的政治遮羞布。

可哪怕是曹操和孙坚等人的军事行动，从规模和战果来看，也如同儿戏。

已知董卓对讨董诸侯最早的军事行动，发生在初平元年二月，他派兵至颍川郡阳城，"时适二月社，民各在其社下，悉就断其男子头，驾其车牛，载其妇女财物，以所断头系车辕轴，连轸而还洛，云攻贼大获，称万岁。入开阳城门，焚烧其头，以妇女与甲兵为婢妾"[2]。这次作战主要写的是杀良冒功，可从方位来看，豫州刺史孔伷屯兵颍川，董卓应该定向击败了距离洛阳最近的一路义军，解

1《三国志》卷六《魏书·董二袁刘传》，"袁绍"条，裴松之注引《汉末名士录》。

2《三国志》卷六《魏书·董二袁刘传》，"董卓"条。

除了最近的威胁。

至于前文已经考证过的曹操汴水之战，则发生在初平元年（190年）三月初九董卓火烧洛阳之后，甚至还要晚于三月十八。袁隗一门被夷族，曹操才在袁绍的派遣之下领兵西进，旋即被董卓派出掳掠的徐荣偏师击败。另一场浓墨重彩的战事，孟津之战，则发生在初平元年十一月十八日，河内太守王匡所部被董卓突袭，全军覆没。

再往后，就是孙坚的个人表演了，从南阳郡到颍川郡，初平二年（191年）初在阳城和梁县的多次战斗，面对的也只是董卓部下的偏师。比如孙坚进兵到河南尹梁县的阳人聚，董卓派出五千步骑迎击，统帅是东郡太守、大督护胡轸，吕布只是他部下的骑督。《英雄记》中说："其余步骑将校都督者甚众。"[1]比如被孙坚斩杀的华雄，就是胡轸部下的都督之一。

真正的主力碰撞只有一次，即孙坚进军大谷关，北距洛阳九十里，董卓亲自率军"与坚战于诸陵墓间"，败走，屯兵渑池，在陕县集结兵力。而吕布当时正在洛阳城北的邙山中挖坟掘墓，刨开了东汉历代的帝陵和北邙山的公卿以下的坟墓，收罗里面的珍宝。孙坚自洛阳南门宣阳门进入，北攻吕布，吕布败走，投奔董卓。[2]董卓在陕县、渑池受封太师，完成了对关东的防御部署后，就弃孙坚在新安、渑池之间的偏师不顾，西入关中，于初平二年四月进入长安。

1《三国志》卷四十六《吴书·孙破虏讨逆传》，"孙坚"条，裴松之注引《英雄记》。
2《后汉书》卷七十二《董卓列传》。

董卓的部署是：让自己的女婿牛辅以中郎将职务屯兵河东郡安邑，李傕、郭汜、张济、董承都被派往牛辅麾下，攻打白波军；东中郎将董越驻扎在渑池；中郎将段煨屯兵华阴；其余各个中郎将、校尉则散在各县，防御关东。

陕县地在今河南三门峡，自西周以来，就是分割关东、关西的节点，北临黄河，境内有茅津渡可通河东郡大阳县，即今山西平陆，故此，陕县是可通北、东、西三个方向的交通枢纽。渑池在陕县之东，处于崤山谷地之底，也称崤底。再往东是新安县，是汉代函谷关所在地，由此至洛阳，一马平川，无险可守。所以，渑池才是洛阳真正意义的西大门，董卓于此部署董越所部，是要经营出关东进的前进基地，不单纯为了防守。

自陕县向西，是弘农、湖县和华阴三县。段煨所在的华阴得名于华山，山北为阴，故称华阴。潼关就在华阴县之东，此时叫桃林塞，一直到建安元年（196年）才由曹操创设潼关。不过，天险一直在那里。

整体来看，董卓的军事布局是以天险为核心，贯通东、西、北三面，于陕县居中指挥，预备用武于河东郡、河南尹。很明显，孙坚的胜利对董卓军事力量的削弱相当有限，与其说董卓是战败，不如说是主动撤退，让出了洛阳这片废墟。

事实上，董卓进入长安后，并没有针对孙坚或袁绍、袁术作出任何军事部署，在他的征战时间表上，排名第一的还是白波军。

据《后汉书·赵谦传》记载，初平二年（191年）七月，赵谦因为久病不愈罢太尉，之后，转任司隶校尉。后因都官从事得罪董卓，赵谦被免，之后，复起统兵进攻白波贼，董卓甚至把之前自

己一直兼任的前将军号转授给了赵谦。赵谦也因破白波有功，封
郫侯。[1]

此次行动的时间、经过，在史书中几乎没有记载，却是董卓专
政时代的重要转折点，因为在因果上，它是后面多件大事的源头。

第一件，平定白波后，董卓调河东郡的牛辅南下驻陕县，督
李傕、郭汜、张济、贾诩等人统兵数万，东出函谷关，攻孙坚、
朱儁。

第二件，平定白波后，董卓调赵谦统兵南下益州，拉拢益州从
事贾龙，攻打刘焉。

第三件，董卓命令降服的凉州叛军韩遂和马腾领兵东进，改封
马腾为征东将军，准备东出。

那么，赵谦攻打白波是什么时候呢？

初平二年（191年）年底、三年（192年）年初，李傕、郭汜已
经东出，则赵谦攻白波的时间一定在初平二年七月至十二月间。而
在初平二年九月，"蚩尤旗见于角、亢"。蚩尤旗是一种彗星，颜色
是上黄下白，形状似旗。《后汉书·天文志》中说："孝献初平二年
九月，蚩尤旗见，长十余丈，色白，出角、亢之南。占曰：'蚩尤旗
见，则王征伐四方。'"

董卓迷信天命，令赵谦任前将军出征，以及后续一系列征伐，
可能都是为了上应天象。事实上，李傕、郭汜、张济等人出击的方
向有两个：一路向东，在河南尹中牟县击败了自称车骑将军的朱
儁，深入兖州陈留郡烧杀抢掠；一路向南，攻打了豫州颍川郡阳

1《后汉书》卷二十七《宣张二王杜郭吴承郑赵列传》，"赵谦"条。

城，与豫州刺史孙坚反复较量，大肆焚掠了颍川郡境内。

值得注意的是，陈留郡和颍川郡正与"蚩尤旗"出现的角、亢星宿分野对应。据《星经》记载，"角、亢，郑之分野，兖州"[1]，兖州即陈留郡所属；据《汉书·地理志》的记录："韩地，角、亢、氐之分野也。韩分晋得南阳郡及颍川之父城、定陵、襄城、颍阳、颍阴、长社、阳翟、郏，东接汝南，西接弘农得新安、宜阳，皆韩分也。"[2]可见，颍川郡正是韩国的旧境。

这些"巧合"恰恰说明了，董卓入关中之后，四处派兵征伐，应该是对"蚩尤旗"出现的响应，他认为这是上天要求他出兵用武的征兆。那么，赵谦平白波，或者说招安白波的时间，应该在初平二年（191年）九月后，因为杨奉、韩暹等将都归顺了李傕、郭汜，说明白波军并不是被武力摧毁，而应有很大一部分投降了朝廷，这也让牛辅麾下的东进兵团势力大振，扩充到了数万人，远远超过了董卓入关前。

奉天讨伐白波军的胜利，也振奋了董卓的精神。据《英雄记》记载，赵谦曾被太师董卓派出，以司徒职务统兵南下益州，拉拢了校尉贾龙，攻打刘焉，却被刘焉以青羌兵击破，贾龙等人被杀。[3]

由此可见，在初平二年和初平三年（192年），董卓并不是无所作为，他开始排兵布阵，希望用顺应天象的武力讨伐，实现平定天下乱局的伟业。他的兵马武装，也就分成了三个集团部署。

1《史记》卷二十七《天官书》，"二十八舍主十二州"条，《正义》引《星经》。

2《汉书》卷二十八下《地理志下》。

3《三国志》卷三十一《蜀书·刘二牧传》，"刘焉"条，裴松之注引《英雄记》。

第一个，由他的女婿中郎将牛辅统领，指挥部设在弘农郡陕县。西边华阴的中郎将段煨、东边渑池的中郎将董越都归他节制，他亲自指挥校尉李傕、郭汜、张济等人分路抄掠河南尹、陈留郡、颍川郡。贾诩此时也在牛辅军中担任讨虏校尉，部曲将董承也同在军中。

第二个，董卓亲统，在长安城东壁垒中屯驻的部曲兵。有名有姓的部曲将有樊稠、李蒙、王方，他们都是董卓的亲信私兵，并不在长安城内，而是在城外单独筑垒，董卓就住在壁垒中。

第三个，董卓的弟弟左将军董旻和侄子中军校尉董璜在郿县参与的大军。这一路非常奇怪，不但《三国演义》上没提，就连史书上也语焉不详，却是一支相当巨大的重兵集团，因为还包括前将军赵谦统帅的征蜀兵团。

前两个重兵集团广为人知，重点说说第三个集团。

诸侯讨董战争爆发后，刘焉虽然没有会盟出兵，却自保州境，隔断了驿路，形同割据，所以，董卓派出了蜀郡成都望族出身的赵谦讨伐。奇怪的是，《后汉书》和《三国志》对此事都没有详细记载，而仅见于《英雄记》和《华阳国志》，且把赵谦的职位误写为司徒。赵谦任司徒是在初平三年（192年）李傕杀王允之后，他接任王允，而贾龙反叛事在初平二年（191年），似乎只看时间就是张冠李戴，让人怀疑真实性。

可是，事件的经过应该是，犍为太守任歧和益州从事贾龙曾击败益州黄巾军，迎接刘焉入蜀，属于本地势力中忠于朝廷的人物。没想到刘焉任命张鲁为督义司马，驻扎汉中，隔断了关中入蜀的通道，截杀汉朝使者，再上表自称道路不通，又组织了四部精锐，杀死巴郡太守王咸和李权等十几个州里豪强立威，割据自雄的野心昭然若揭。

故此，犍为太守任歧与益州从事陈超率先反叛，叛军冲到了成都城下纵火。不过，刘焉的治所在绵竹，他依靠从南阳、三辅入蜀避难的数万家百姓，组成了"东州士"，反攻击破了任歧、陈超。这个时间点，确为初平二年（191年）。

随着战火延烧，董卓发现了可乘之机，于初平二年末，前将军赵谦讨伐白波军胜利后，调他领兵预备入蜀。赵谦作为蜀中出身的公族，威望至高，轻松游说了刘焉派出抵抗的校尉贾龙倒戈。贾龙举兵反攻蜀中，刘焉靠着拉拢青羌兵才得以击杀贾龙。

青羌也叫青衣羌，得名自青衣水，也就是今天四川雅安到乐山的青衣江。作为古羌人的分支，青羌早早就在青衣水流域居住繁衍，与古蜀国约略同时。他们居住的区域称青衣道，在东汉归蜀郡属国都尉管辖。汉顺帝阳嘉二年（133年），青衣王子请求内附，青衣道改名汉嘉县，青衣羌国依旧存在，在劝进刘备的上奏中还有青衣侯向举的身影。刘焉入蜀后，就任命自愿追随他的董扶为蜀郡属国都尉，掌握了青羌地方，控制了这支强兵。

不过，董卓的征蜀大军并没有因为贾龙战败而解散，按《英雄记》的说法，由于刘焉对朝廷征发置若罔闻，董卓就把刘焉留在朝廷中的三个儿子——左中郎将刘范、治书御史刘诞、奉车都尉刘璋关进了郿坞的监狱。可见，郿坞就是征蜀大军的大本营，由董卓弟弟左将军董旻和侄子中军校尉董璜坐镇后勤，前将军赵谦则统领大军攻打益州。这也恰恰解释了，为什么郿坞会存有可支三十年的粮食，毕竟要存这么多粮食不是一年之功。

真正的原因是，郿坞根本不是《三国演义》里描写的，董卓为美人貂蝉打造的逍遥洞府，而是一个重要的国防设施。右扶风郿县隙陇、蜀之间，是凉州入关中、汉中入关中的枢纽要地，更是征益州、平凉州、镇关中的后勤总基地，所以，董卓才让亲弟弟和亲侄子镇守。

兵、粮分开，以粮为索控制大军，是一个重要的统军手段。不止统兵向蜀的前将军赵谦要依赖郿坞的粮食，据《三国志·董卓传》的记载："是岁（初平三年），韩遂、马腾等降，率众诣长安。"预备东进的马腾所部，粮食也需要取自郿坞。

很明显，董卓已经蓄力完毕，即将发兵扫平天下了。

刺董，谁是最大的受益人？

在董卓布局天下的同时，就在他的眼皮底下，有一群人正在谋划着要他的命。

具体来说，包括几个密谋圈子。

第一个密谋圈子：司空荀爽、司徒王允和董卓长史何颙。

据《后汉书·荀爽传》记载，迁都长安之后，"爽见董卓忍暴滋甚，必危社稷，其所辟举皆取才略之士，将共图之，亦与司徒王允及卓长史何颙等为内谋"[1]。可见，上述三人只是核心圈，荀爽还辟举了一群才俊，密谋诛杀董卓。不过，荀爽在初平元年（190年）五

1《后汉书》卷六十二《荀韩钟陈列传》，"荀爽"条。

月即病逝，可知，在初平元年（190年）三月迁都至五月间，荀爽已经在谋划反董，只是没来得及行动。

第二个密谋圈子：司徒王允、司隶校尉黄琬、尚书郑泰、护羌校尉杨瓒、执金吾士孙瑞。

据《后汉书·王允传》记载，王允与司隶校尉黄琬、尚书郑泰合谋，派护羌校尉杨瓒行左将军事，执金吾士孙瑞为南阳太守，想要以征讨袁术为名，发兵出武关道分路讨董卓，"而后拔天子还洛阳"。结果受到董卓猜疑，没干成，王允于是任命士孙瑞为尚书仆射，杨瓒为尚书，留在自己身边为臂膀。[1]

此事应该发生在董卓被孙坚击败，退往弘农郡陕县聚兵前后，以援救董卓，分袁术兵势的借口，分路出兵，具体分两路：一路堵住华阴方向的入关之路；一路则打通武关道与南阳郡的联系，趁董卓被堵在崤函古道中间的机会，护送朝廷东归。至于兵马，其实杨瓒的"行左将军事"已经说明了，就是接替已经入朝的城门校尉皇甫嵩，用他留下的三万兵收拾董卓。结合背景可知，这个时间应在初平二年（191年）三四月间，比荀爽参与的密谋要晚了整整一年。

第三个密谋圈子：司徒王允、卫尉张温。

据《后汉书·董卓列传》记载，张温曾与王允一起密谋诛杀董卓，还没有发动，张温就被董卓杀害了。[2]张温死于初平二年十月初一，被董卓以内通袁术的罪名笞杀于长安市中。[3]可见其密谋要早于

---

1 《后汉书》卷六十六《陈王列传》，"王允"条。
2 《后汉书》卷七十二《董卓列传》："温字伯慎，少有名誉，累登公卿，亦阴与司徒王允共谋诛卓，事未及发而见害。"
3 《资治通鉴》卷第六十《汉纪五十二》，"初平二年冬十月壬戌"条。

此时。

第四个密谋圈子：黄门侍郎荀攸、议郎郑泰、议郎何颙、侍中种辑和越骑校尉伍孚。

据《三国志·荀攸传》记载，荀攸等人合谋提出要刺杀董卓。此事只能发生在董卓西入长安之后，不然见不到人怎么刺杀？时间必然在初平二年（191年）四月后，这比王允等人的密谋更晚，方法也更直接，亲自执行刺杀的就是越骑校尉伍孚。

结果还是失败了，密谋集团也受到了打击。《后汉书·党锢列传》里说，何颙因为他事被逮捕。这个"他事"，在《三国志·荀攸传》《后汉书·郑泰传》都有补充，就是他们密谋刺杀董卓，没成功却泄露了，郑泰脱身走武关道投奔袁术，"事垂就而觉，收颙、攸系狱，颙忧惧自杀"[1]，荀攸却活了下来，等到董卓被杀，恢复了自由。

伍孚刺杀失败后当场死亡，郑泰跑了，何颙、荀攸被抓，剩下一个种辑却安然无恙，一直到几年后汉献帝东归时，还在联络与王允不和的凉州大豪杨定保护皇帝，之后更参与了建安四年（199年）的衣带诏密谋。种辑的遭遇说明，伍孚刺杀牵连了众人，却没有坐实合谋，也没有抄出名单让董卓挨个报复。哪怕是荀攸，也有王沈《魏书》的记载说，"攸使人说卓得免"[2]，说明董卓并没有他们合谋刺杀的铁证，才和他们讲道理。可是，何颙的遭遇与荀攸形成鲜明对比，甚至说，他的死因到底是病死还是自杀，史书都莫衷一是，却都提到了他是"忧惧而死"，这就让人相当疑惑了。

1《三国志》卷十《魏书·荀彧荀攸传》，"荀攸"条。
2《三国志》卷十《魏书·荀彧荀攸传》，"荀攸"条，裴松之注引王沈《魏书》。

何颙曾经为朋友杀人，又遭到朝廷通缉，亡命天涯多年，不是没经过事的书生。蹲监狱，没被杀死，自己吓死了，合理吗？

回顾"伍孚刺董"案件的细节，可谓疑点重重：其一，参与密谋的人，或死，或囚，或逃，却有个安然无恙的种辑；其二，蹲监狱的荀攸一点没受罪，也没有拉去砍头的意思；其三，见过大世面的何颙，竟然在狱中吓死了。

至于这个事件发生的时间，《后汉书·董卓列传》中的"伍孚刺董"事件记在张温被杀之后，王允、吕布刺杀董卓之前，即初平二年（191年）十月到初平三年（192年）四月之间。

这就得说到第五个密谋圈子：司徒王允、仆射士孙瑞、尚书杨瓒、中郎将吕布、骑都尉李肃。

据《后汉书·王允传》，在初平三年春天，因为自前一年年末开始，连续下雨六十多天（这种灾害称"淫雨"，是要记入《五行志》的灾异，可惜这次没有记录），在登坛祈求停雨的仪式上，王允与士孙瑞、杨瓒"复结前谋"[1]。这个表述意味着，王允在派杨瓒、士孙瑞领兵夹击董卓失败后，就搁置了与二人一道诛杀董卓的计划，这时才重新捡起来。若从十二月算起，这个密谋时间应在初平三年二月、三月之间。

值得注意的是，杀死董卓之后，士孙瑞推辞了朝廷的封侯之赏，理由是"允自专讨董卓之劳"[2]。可见，王允与吕布是单线联络，士孙瑞和杨瓒可能都不知道是吕布出手，就别说打配合的骑都尉李

1《后汉书》卷六十六《陈王列传》，"王允"条。
2《后汉书》卷六十六《陈王列传》，"士孙瑞"条。

肃了。当然，此次刺杀，终于成功了。

不过，如果我们把之前的五次反董密谋的信息放在一起，就可以发现，王允参与了其中的多次：（1）初平元年（190年）三月，西迁长安之后，与荀爽、何颙的密谋，因荀爽去世作罢；（2）初平二年（191年）三四月份与黄琬、郑泰、士孙瑞、杨瓒合谋出兵偷袭董卓，当时即作罢；（3）初平二年十月前，王允与张温密谋，因张温被杀作罢；（4）初平三年（192年）二三月份与士孙瑞、杨瓒再次定谋，直到四月份，吕布出手，刺杀董卓成功。

似乎王允在三年间无时无刻不在想着杀董卓，可同时，王允和董卓的合作又相当默契。《后汉书·王允传》中说，"允矫情屈意，每相承附，卓亦推心，不生乖疑"[1]，把无法证实的心理描写去掉，两人的关系实际是四个字——推心置腹。这是不是很矛盾呢？

更进一步说，吕布刺董之前的所有密谋，结果都是"没干"或"没干成"，参与密谋的合作者却纷纷失去实权，退出政治舞台。其中最惨的，或死或逃，如何颙、郑泰、张温。那么，他们最大的共同点是什么呢？

他们都曾与袁术、袁绍集团关系亲密。何颙在党锢期间一直救助党人家族，活动区域在颍川、汝南和南阳一带，又往来洛阳与袁绍结交，袁术甚至因为何颙厚此薄彼而想杀死对方。可以说，何颙是汉末政坛一个重要的人际关系节点。郑泰则是仗义疏财，名动关东，在长安更是大开门户，周济豪杰。郑泰逃出长安后，去投奔袁术，被表为扬州刺史，可见俩人关系之亲密。张温自不必说了，朱

1《后汉书》卷六十六《陈王列传》，"王允"条。

傻受过他恩惠照顾，孙坚是他的旧部，张温本人又是南阳人，董卓说他与驻军南阳的袁术内通，怕也并非虚言。

其实，这群人已经算是出局晚的。

早在他们之前，荀爽刚刚去世不久，初平元年（190年）六月，董卓就派出了大鸿胪韩融、少府阴修、执金吾胡母班、将作大匠吴循、越骑校尉王瑰出关譬解各军，劝联军解散。[1] 要知道，大鸿胪和少府是九卿之二，执金吾、将作大匠也是列卿的级别，算是名列十二卿。胡母班是党人八厨之一，兖州泰山郡人；韩融是与荀爽、陈纪齐名的党人，豫州颍川郡人；阴修是荆州南阳郡人，曾任颍川太守，提拔过钟繇、荀彧、荀攸、郭图等人，应该也是倾向党人的。尤其是胡母班，他是袁绍铁杆支持者王匡的妹夫。吴循、王瑰信息很少，想来情况类似。

朝廷十二列卿，推出四个去关东，北军五校尉，推出一个，送给有灭族之恨的袁绍、袁术杀？

从胡母班的表现来看，他是真心希望拉亲戚王匡迷途知返，其他几个人应该也是心向朝廷，或至少不反对董卓的人物。结果，除了韩融被袁术留一条命，其他人全部被杀。

这个事件，在《后汉书·袁绍传》里加了因果，说董卓因为杀了袁氏一门，所以派了一群重臣，这个在时间上其实说不通。袁氏一门被杀在初平元年三月，派出这群人是在初平元年六月，差了整整三个月。而且，当时董卓不在长安，而在洛阳坐镇，把五名列卿重臣，从长安叫过来，直接扔到袁绍驻扎的河内、袁术驻扎

1《资治通鉴》卷第五十九《汉纪五十一》，"初平元年六月辛丑"条。

的南阳，而不是诸侯最多的酸枣，说目的是分化瓦解，地方不对，说目的是施加压力，人物不对。可以说，董卓的这个操作很让人迷惑。

可如果把王允控制的朝堂人事考虑进去，这事就不难理解了。

这群人不反董卓是不假，可也没有一个在蔡邕拥戴董卓为相国的表文中被提到名字。直白点说，本无实权，偏又占了列卿的位子，旧人不去，新人怎么上来？对董卓来说，这些人死不死，事成不成，根本无关紧要，把人抛出去，换自己人才最重要。

比如王瑰的越骑校尉被董卓拍过后背的伍孚接了，太仆被鲁馗接了。鲁馗应该就是推荐董卓表文中出现的鲁旭，只是字形相近，传抄讹误。这个时间段，关西公族杨彪也当过少府、太常，而杨彪虽然与袁术是姻亲，却完全没有参与反董活动的记载，也没有被董卓打击。

也就是说，董卓和王允的共识是，重用凉州、三辅、益州、并州的名士组成关西执政同盟，正如《后汉书·王允传》中所说的，"董卓将校及在位者多凉州人"[1]。这个"在位者"与将校并列，其实就是朝廷大臣，至少包括皇甫嵩、胡轸、杨定、盖勋等。

就此细看史料，就会发现，王允身边真正信任的人，只有杨瓒和士孙瑞。杨瓒的经历、籍贯都没有记载；士孙瑞却不同，他是右扶风平陵人，曾在盖勋麾下任鹰鹞都尉，曾掌握京兆尹的郡兵。不过，在诛杀董卓之后，士孙瑞的态度是：全是王允自己安排的。这充分说明了王允的风格：谈，可以多方面地谈；干，却是自顾自

1《后汉书》卷六十六《陈王列传》，"王允"条。

地干。

在用人上，王允的风格也是如此。见于史书记载的有王允同郡人宋翼为左冯翊，王宏为右扶风。王宏之前为弘农太守，曾经积极地清算贿赂宦官买爵位的本地人，哪怕官职达到二千石，也抓捕起来刑讯，杀死了几十人。[1]弘农人杨彪也在这个时期担任了京兆尹，左冯翊、右扶风和京兆尹合称三辅，再加上弘农郡，就是狭义的关西区域，都归司隶校尉管辖。广义的关西区域，还要包括并州、凉州和益州。并州刺史在董卓入朝后不见于记载，凉州刺史先为汉中人张则，后为河南人种劭，益州牧则一直由刘焉担任。初平二年（191年），董卓曾派益州蜀郡人赵谦攻打刘焉，没能成功。

可见，诛杀董卓后，关西朝廷能控制的区域，地方官几乎全是广义的关西人，例外的，无非司隶校尉黄琬和凉州刺史种劭。

黄琬出身相当显赫，曾祖父是尚书令黄香，祖父是太尉黄琼，老丈人是司空来艳，姑姑是益州牧刘焉的母亲，举主又是太尉杨赐，在关西人中照样有影响力。种劭祖父是司徒种暠，董卓的故举主，父亲则是种拂，在董卓专权期间任司空。种辑虽无籍贯记录，大概率也与种劭是同族，故而在李傕、郭汜等人作乱后，仍与凉州大豪杨定等人交好。其实，这也可以解释，为什么伍孚刺杀董卓失败后，偏偏种辑平安无事。

当然，此前还有宣璠、赵谦和刘嚣任司隶校尉。赵谦就不必说了，他是益州公族出身，在董卓专权期间曾任三公。宣璠在卸任司

1《后汉书》卷六十六《陈王列传》，"王宏"条。

隶校尉后，又任光禄勋和廷尉，也是卿位。只有刘嚣信息较少，他是荆州长沙郡人，在汉灵帝初年曾任司空，《风俗通》中说他"以党诸常侍，致位公辅"[1]。不过，董卓也是拿他当枪使，王沈《魏书》中记载："卓使司隶校尉刘嚣籍吏民有为子不孝，为臣不忠，为吏不清，为弟不顺，有应此者皆身诛，财物没官。"[2]目的明显是用他劫掠民财，之后他就不见于记载。

迁都长安后，朝廷的三公除太原人王允一直担任司徒外，蜀郡人赵谦曾任太尉、河南人种拂曾任司空、济南人淳于嘉曾任司空、扶风人马日磾曾任太尉。直至董卓死后，关西朝廷的人事都表现出相当大的区域偏好，一直以关西人为主。

能够在尚书台和公卿中分庭抗礼的关东名臣，如何颙、郑泰、荀爽、张温等人，或死或逃。此时，董卓提拔幽滞而起的关东名士，从伍琼到何颙、郑泰、荀爽全部出局，剩下的要么是说话不算的累世公卿，如马日磾、杨彪；要么是王允的党羽、同乡，如士孙瑞、杨瓒、宋翼、王宏等。

这个隐情，荀攸这样的智谋之士，恐怕早已看穿，所以，在刺董失败后，他在狱中饮食自若，出狱后，直接弃官归乡，如果他视王允为同党，恐怕绝不会做此选择。所以，一个相当隐秘的事实就是，一次次的诛杀董卓密谋中，王允的角色一定相当微妙。尽管史书中对王允没有一个字的贬损，可在董卓专政的三年中，王允一直是一个"两面人"，且收获相当丰硕：既稳居三公之尊，又是朝廷

1《三国志》卷六《魏书·董二袁刘传》，"董卓"条，裴松之注引《风俗通》。
2《三国志》卷六《魏书·董二袁刘传》，"董卓"条，裴松之注引王沈《魏书》。

的事实执政者，还是历次反董密谋失败的最终受益者。

作为现代人，我们没必要在史料不足的情况下，臆断王允本人的操守，比如张温、何颙等人下狱身死是否出自他的出卖。只说结果，在董卓死前，王允已经是长安朝廷的第二人，与他不同派系的朝臣或死，或逃，或囚，等到董卓被他联合吕布暗杀之后，他自然而然地成了朝中第一人。

董卓之死，权臣也有软肋

杀死董卓的人是吕布。董卓对吕布"甚爱信之，誓为父子"[1]，让他贴身保护自己的安全。《三国志·吕布传》中说，董卓知道自己待人不讲礼数，怕被别人暗杀，出入行动总是带着吕布在身边当保镖。不仅如此，董卓还经常让吕布守着"中阁"，吕布得以和董卓的婢女私通。[2]

"中阁"所指为连接董卓内寝和办公区的小门，吕布此时已经是中郎将职务，爵位都亭侯，用这个级别的高官当保镖，给自己看门，董卓确实是无礼了。更无礼的是，董卓性情急躁，有一天心里不爽，史书也没说什么正经理由，就是不高兴，拔出手戟砸向吕布，要不是吕布身手敏捷躲开，当场就死了。吕布躲过了飞过来的杀招，第一反应不是生气，而是主动给董卓谢罪，给他顺气，心里却偷偷怨恨。

1《三国志》卷七《魏书·吕布张邈臧洪传》，"吕布"条。
2《三国志》卷七《魏书·吕布张邈臧洪传》，"吕布"条。

这么没轻没重的，看着也不像父子。那么，董卓怎么看吕布呢？

在吕布暗杀董卓时，董卓破口大骂："庸狗敢如是邪！"[1]不只是狗，还是平庸的狗，还敢干这大事？就冲这话，大体可以知道，董卓平时没少贬低吕布，把他当作看门狗。

董卓拿吕布当狗看，吕布真不知道吗？很明显是知道的，不过，他的反应是"怕"，而不是"怒"。什么"君使臣以礼，臣事君以忠"之类的信条，在董卓这里是一点没有。吕布更怕的是，如果董卓知道他和婢女私通，要他的脑袋怎么办？所以，他才跑到司徒王允的府上诉苦。

他主动联络王允，当然不是因为貂蝉——历史上就没这么个人。吕布之所以找王允，是因为王允早就对吕布这个同乡猛将下功夫结交。吕布吓得六神无主时，就找好朋友倾诉，求他帮忙说好话，王允看他害怕，反倒劝他干脆诛杀董卓。

吕布说："我们是父子关系啊！"王允说："你姓吕，又不是他亲生儿子，现在担心自己性命还来不及，说什么父子？"[2]

注意，吕布对王允要杀董卓这事毫不惊讶，只是提到了自己的伦理羁绊。潜台词是：杀董卓不难，就是儿子弑父，名声不好听。王允既不劝他天下大义，也没说帮他澄清，只说了一条：你不杀董卓，就得死，你干不干？

吕布立刻就决定动手，可见，伦理羁绊不是没有，只是不多。

1《后汉书》卷七十二《董卓列传》。
2《三国志》卷七《魏书·吕布张邈臧洪传》，"吕布"条："布曰：'奈如父子何！'允曰：'君自姓吕，本非骨肉。今忧死不暇，何谓父子？'"

所以，对吕布这样的人，董卓已经算是知人善用了，要么让他主持挖坟掘墓，要么让他在身边干保镖队长，坚决不让他独当一面。

要知道，公开盗掘皇陵和公卿大臣的坟墓，绝不是一件简单的事情，刨人祖坟有多招人恨！吕布为了向上爬，真是什么脏活都干。反过来说，董卓让吕布干这个也有深意，毕竟他自己下手，或是董氏亲族、凉州部曲下手，都要承担仇恨，可让吕布这个并州人去干，等于是逼迫他当孤臣，再拉到身边当保镖队长，自己反倒能够睡几天踏实觉。毕竟除了董卓，谁也保不住吕布，两人是拴在一根绳上的蚂蚱。

问题是，吕布还是对董卓下手了。除了现实的死亡威胁，还有两个客观条件的变化。

其一，就是王允态度的转变。前文提到了，王允和士孙瑞、杨瓒重申密谋是在初平三年（192年）二三月。此前王允参与的反董谋划，都没有明确提到暗杀，他对吕布的拉拢表明，作为朝中并州势力的首领，王允终于意识到，政治、军事手段都奈何不了董卓，只能走暗杀这条路。参与者也不止吕布一人，还有吕布的同县老乡、骑都尉李肃，可见王允早有计划，吕布和李肃都是棋子，甚至士孙瑞、杨瓒也是棋子。作为朝中第二人、事实上的执政者，王允的召唤，给了吕布改换门庭的希望。

其二，董卓的部曲和亲族兵马都不在长安城内。想要讨平天下的军事布局，让董卓把大批的亲信兵将都派到了外郡，东征大军、征蜀大军基本抽空了长安城的兵力，让王允、吕布对后续控制都城有了底气。

要知道，与《三国演义》中的叙述不一样，董卓平时不住郿坞，那地方距离长安二百多里地，去一趟叫"行坞"。董卓日常居住的地方在长安城东的军营，有部曲兵马的堡垒保护。致使他走向死亡的事件，也不是汉献帝禅让，而是汉献帝得了一场大病。汉献帝痊愈之后，公卿大臣照例要入宫朝贺，董卓作为太师不能缺席，这才从长安城东的营垒中出来，到未央宫去参加朝会。

董卓也没有得意忘形，从堡垒直至未央宫门，沿路做足了警戒安排，《后汉书·董卓列传》中说："陈兵夹道，自垒及宫，左步右骑，屯卫周市，令吕布等捍卫前后。"[1]沿路士兵像列阵一样，里三层外三层地部署，又让吕布等人在身边护卫，从居住的堡垒到未央宫宫门都是他的卫兵，进入宫门内，则是宫中卫士的布防范围。

这也是东汉旧制，宫门内由卫尉统帅的卫士防卫，宫门之外，由北军五校防卫。董卓此时是专政权臣，宫门内外的兵权都掌握在他手里，出入皇宫并不危险。整个行程的薄弱环节只有一处。

那就是宫门。未央宫的门禁分宫门和掖门，就是正门和小门。正门是皇帝出入专用的门，董卓虽然擅权，还是臣子，他入宫走的就是未央宫东面的北掖门，这里有个小门洞，正好约束了随从兵马的数量。

吕布的伏击，就选定在这里，和他一起行动的，有骑都尉李肃，以及吕布同心勇士十余人。注意，李肃虽然是吕布的同县人，官职比吕布低，却不是吕布下属，而是王允的党羽。

这十几个人，留下名字的还有秦谊、陈卫、李黑等。他们穿着卫士的服饰，等在董卓马车要经过的北掖门，等董卓一到，由李

1《后汉书》卷七十二《董卓列传》。

肃动手戳了董卓一戟，没想到董卓在朝服里面穿着甲胄，没能刺进去。董卓被砍伤了手臂，掉到车下。

董卓向吕布呼救，吕布说，"有诏讨贼臣"。董卓如梦初醒，大骂吕布为庸狗，吕布应声持矛刺董卓。此时，董卓的护卫军还没反应，听到喧哗声后，董卓主簿田仪（田景）及董卓身边服侍的苍头，都跑到董卓尸体边查看，先后被吕布杀死。

紧跟着，吕布骑马手持皇帝的诏书，以皇帝的名义宣布诛杀董卓并赦免胁从的军队。未央宫内外的官兵在得知董卓死讯之后，全都口称万岁，百姓则在道上唱歌跳舞庆祝。

这道诏书哪来的？《后汉书·董卓列传》写得很清楚，是王允让尚书士孙瑞私下写的，根本没有经过汉献帝，直接给了吕布。这就是矫诏，可王允就干了。听说董卓死后，长安城中的百姓纷纷摘下首饰、脱下衣服跑到市场上卖掉，换成酒肉庆贺董卓伏法，街道上都挤满了人。

董卓于初平三年四月廿三（辛巳，192年5月22日）被杀。据《后汉书·孝献帝纪》记载，同日，夷董卓三族，董卓全家老小被杀，执行者是征西将军皇甫嵩。[1]

可郿坞距离长安二百六十里，以当时的交通工具，一昼夜很难到达。这意味着，皇甫嵩只是带着诏书和董卓的死讯，就迅速接管了郿坞内外的大军，反过来占领了郿坞，这座坚城也根本没有防御的迹象。《英雄记》中说，董旻、董璜及董氏宗族老弱都在郿坞，"皆还"，即押送回长安，"为其群下所斫射"。斫就是刀砍，射就是

1《后汉书》卷九《孝献帝纪》，"初平三年四月辛巳"条。

用箭射死，也就是说，董卓宗族并不是押送刑场斩杀的，在路上就被军队杀了，可见这些人为了划清界限有多么残忍。[1]

董卓九十岁的老母走到郿坞门前求饶说，"乞脱我死"，仍然不免于难，当即遭到了斩首。《礼记》有云"悼与耄，虽有罪不加刑焉"，所谓悼是七岁，耄就是八九十岁，意思是婴幼儿和高寿老人，按照礼法不该受刑。当然，更不该在押赴刑场前，直接在门前诛杀。

当然，先破坏礼法规矩的是董卓，在杀戮袁氏一门时，就连襁褓中的孩童都没放过，突破了政治斗争的底线。轮到董卓自家人时，老弱妇孺算是遭了池鱼之殃。可施加这一暴行的，并不是袁氏故吏，而是董氏军中的"群下"，就不得不说是他做人的失败了。

至于领兵的皇甫嵩在其中发挥的作用，究竟是约束不住，还是借机泄愤，我们不得而知。不过，在董卓权倾朝野之时，先将皇甫嵩投入监狱，又当面折辱。[2]此时有机会报复，未必不是出于皇甫嵩的授意，只是其间细节，史书并未记载，我们只能望而兴叹了。

显而易见的是，董卓部署的三个重兵集团，对他宗族反噬最疯狂的，就是自郿坞南下征蜀这一支，也是向王允献媚最彻底的一支，因为里面至少有三万人本就是左将军皇甫嵩的旧部，当皇甫嵩以征西将军的身份来接管部队时，董旻和董璜毫无抵抗之力。

不过，对长安威胁最大的，却不是这一支，而是驻扎在陕县的牛辅所部。牛辅是董卓的女婿，按律不在夷三族之列，可他在董卓死后一直惶惶不可终日，兵符不离手，刀斧在身旁，想给自己壮

1《三国志》卷六《魏书·董二袁刘传》，"董卓"条，裴松之注引《英雄记》。
2《后汉书》卷七十一《皇甫嵩朱儁列传》，"皇甫嵩"条。

胆。见客之前，他总会让相面的人在旁边观察，看来客脸上有没有"反气"，还要占卜吉凶，才敢见人。碰巧驻扎在渑池的中郎将董越也不知道怎么办，来投奔牛辅，占卜的人因为曾经被董越鞭打过，怀恨在心，就对牛辅表示董越是来害他的，牛辅就把董越杀了。[1]

渑池在陕县东面，李傕、郭汜、张济还没回来，董越投奔牛辅，其实是支持董氏来的，却被杀了。而华阴的中郎将段煨，则很明显投降了王允。吕布派出讨伐牛辅的李肃，战败后即逃奔弘农，说明弘农县以西（含华阴）已被王允、吕布控制，弘农算是双方的分界线。李肃战败，逃亡弘农，被吕布斩杀，[2]说明吕布的指挥部应该就设在弘农，所以，段煨必在他的节制之下。

可没等吕布出兵，牛辅军中就开始有士兵逃亡，晚上竟然发生了营啸。牛辅听着嘈杂，以为部下都反了，就带着黄金和珠宝逃跑了。牛辅逃跑就带了五六个人，平时牛辅待手下不好，逃命时还让手下背负财物。牛辅自己随身带了二十多饼黄金和大白珠缨（白珠缨应该是珍珠串成的珠串），让手下人用绳子将他放下城墙。结果，牛辅离地还有一丈多高，上面的人就松手了，摔坏了牛辅的腰，走不了了。牛辅手下的人也不客气，分了他的金子，还把他脑袋割了，送往长安。[3]

说起来，董卓家族这群人全部死在了自己人手里。大难临头时，一击即溃。

1《三国志》卷六《魏书·董二袁刘传》，"董卓"条，裴松之注引《魏书》《献帝纪》。

2《后汉书》卷七十二《董卓列传》："吕布乃使李肃以诏命至陕讨辅等，辅等逆与肃战，肃败走弘农，布诛杀之。"

3《后汉书》卷七十二《董卓列传》，李贤注引《献帝纪》。

那么，问题来了，煊赫一时的董氏，为什么会如此脆弱呢？

因为董卓从来没想过篡逆。作为董太后的亲族，汉灵帝、汉献帝的外戚，董卓虽然带兵多年，终究还是一个东汉的读书人，他打心眼里相信"天人感应"理论，也尊重刘氏王朝所受的天命，只不过这天命属于刘氏王朝，而不是某个皇帝。所以，废立皇帝的行为并不是对王朝合法性的质疑和颠覆，恰恰相反，是一种极端的拨乱反正。从汉献帝在董卓死后的正统性毫不动摇来看，这一废立的合法性受到了广泛的理解。

至于董卓本人，九卿州牧，官至三公，掌握天下甲兵，任相国、太师，既没有封公，也没有裂土封王，更没有加九锡，整体待遇都还在臣子的圈内。反观曹操，自为丞相，废除三公，裂土建魏国，先魏公，后魏王，嫁女为皇后，加九锡，与王莽篡汉的流程只差了最后一步，留给了儿子曹丕完成。

正是由于董卓和曹操的区别，才有了王允、吕布等人一击翻盘的可能性。正因为董卓的目标是有限的，总想着顺天应人，重建秩序，才给了对手可乘之机，让人抓住了他的软肋。

封建社会权力系统的本质是分配机制。任何想要做事的人，都必须拥有更多的权力，调度更多的资源，那就必须突破现有的分配体系，从既得利益者手中分权力、分资源。可分配机制是有"棱角"的，拿多少就得还多少，除非砸碎整个分配机制，另起炉灶。

可董卓想的却是，平定天下的同时，修补这个旧的权力机制，并持续地付出代价。比如他为了控制政权，放纵士兵在洛阳城内劫掠富户、妻略宫女，洛阳城里的贵戚富户就是一笔代价；当他要改善战略态势，求秦汉之势，驱赶数以百万计的洛阳百姓西入关中，道路上死者枕藉，这些百姓就是一笔代价；为了筹集军费，平定天下，他让酷吏刘嚣动辄没收民财，让吕布盗掘皇陵、公卿陵墓，这又是一笔代价。

　　在董卓看来，这些代价都是为了汉室中兴大业应该付出的牺牲。可被牺牲的人们愿意吗？当然不愿意。民怨沸腾之下，董卓继续维持他的权力，成本越来越高，代价越来越大，他的亲信王允、吕布不愿意成为代价，自然就会出卖他，让他的生命，乃至董氏全族的性命，成为最终的代价。

本篇小结

董卓和王允，在政治上，其实是一体的。王允在董卓专权的三年中，一直屹立不倒，并不是恐惧董卓的残暴，而是因为这种残暴与王允的政治理念同频。

前文中提到，王允的亲信王宏任弘农太守时，大肆刑讯了曾经谄事宦官、买卖官爵的郡中冠盖，杀死了数十人，哪怕官至二千石者也不能幸免。在汉灵帝时代，卖官鬻爵已经形成制度，按照王宏的标准，所有官吏都拉出去杀了，肯定有冤枉的，隔一个杀一个，必定有漏网的。王宏不以法律定罪，而以身份划线，却能受到王允的赏识，升任右扶风，可想而知，他的行事风格很对王允的胃口。

要知道，诛杀宦官是在中平六年（189年），当时各州郡已经对宦官子弟收治打击过一轮，王允、王宏的秋后算账，打击面已经扩展到桓灵政治的受益者身上。这种行为从伦理纯洁性上看，当然合理。诛杀宦官、惩治党附宦官的高官世家，乃至于打击因攀附宦官而获利的豪族，谁也说不出一个"不"字。

可自汉和帝依靠郑众诛杀外戚窦氏之后，东汉王朝宦官专权的局面形成，依赖察举制入仕的官员们，又有几个人能说完全不沾宦官的边呢？普遍打击和清洗九十多年来的既得利益者，在"理"上当然说得通，在"情"上却会有人质疑，攻击点就只能放在"扩大化"和"选择性"上。比如，买羽林郎入仕，北征并州被宦官重赏的董卓，有人敢抓起来杀吗？自然不敢。那么，这种惩治只能是选择性的。

说得直白点，都不干净，为什么不抓他？就像宦官杀何进前的质问："卿言省内秽浊，公卿以下忠清者为谁？"[1] 言下之意是，朝臣们自三公九卿往下数，哪个人算得上忠诚、清廉、正直？

庙堂之高没有，江湖之远却有，而且是两种人：一种是党人，一种是边州士人。

作为桓灵时代打击禁锢的对象，党人家族四十年间与朝中势力的关联很小。党人得势之后，挥舞清算桓灵政治的大棒，就成为他们最大的政治资本和政治立场。而边州士人长期被边缘化，出头的主要是朝廷用完即弃的武将，和朝中权贵的关联也非常小。

董卓和王允合作的基础就在此处。作为凉州士人，董卓通过朝廷授予的权力，收罗了一支强大的雇佣兵，为钱而来、慕强效忠；他自己又是汉灵帝的母族，自然不需要和皇帝的家奴讨价还价，就能取得超然的权力生态位。可以说，汉末与他角色类似的只有何进，两人的政治路线也惊人相似，那就是"改变现状"。这一点，自然与王允等党人立场的士大夫一拍即合。

可董、何二人面对的问题也一样，宫省一体，宦官是寄生于皇权的触手，消灭宦官，就等于打垮皇权的神圣性。宦官、权贵、豪族，都是东汉皇权统治不可或缺的一部分，被称清明的汉章帝时代

1《后汉书》卷六十九《窦何列传》，"何进"条。

是如此，被称污浊的桓灵时代也是如此。

按照最朴素的想法，取其精华，去其糟粕，留下的不就是好东西了吗？党人豪杰、边地士人确实这么想，所以，自从汉灵帝死后，何进、袁绍、董卓一直在通过政治斗争的手段，割去汉帝国身上的腐肉。他们先觉得汉灵帝是腐肉，驾崩了；又觉得西园卖官的董太后是腐肉，死了；常侍宦官是腐肉，杀了；桓灵遗毒是腐肉，清算了；袁氏权贵是腐肉，族灭了；不同心的党人是腐肉，撵跑了……

刚割完一块腐肉，伤口又腐烂了，只能继续割，窟窿越来越大。为什么？

因为东汉帝国的政治体制，就是一个皇家家族联合小部分官僚士大夫家族构成的皇权，对更多的豪强士大夫家族进行武力压制，再吸纳豪强士大夫家族进入官僚组织中，对一个个格子里的百姓进行镇压——自上而下地层层镇压，自下而上地层层供养、分利。

腐烂，只是皇权多吃多占，掠夺更多豪强士大夫家族的结果。这种腐烂伴随着镇压能力的增强而扩张，当扩张结束，自上而下的压力骤然消失，更多豪强士大夫家族的反弹力量所要摧毁的，当然不止一个汉灵帝。

这正是董卓进京后，政治斗争无法停歇的根本原因。宦官、灵帝、公族、官僚，清算总是正义的，倒下的人却各不相同，最后，反对之剑指向了皇权本身。董卓代表皇权，王允也代表皇权，无论他们怎样顺应天象、符合谶纬之说，再是温言抚慰、虚怀若谷，总有人想要清算皇权。此时的皇权小集团可以依靠的只剩下武力，打赢了，苟延残喘，打输了，群雄逐鹿，仅此而已。

　　何进在诛杀宦官时正是因为意识到了这个问题，才会瞻前顾后，两头糊弄，希望能够不流血地解决宦官专权，同时稳住边地将帅，并在幕府之中收拢关东、关西大批的人才。可惜，他终究不会让任何一方满意，这才被宦官砍下了脑袋，又在士大夫中间留下优柔寡断的名声。

　　那么，屠灭宦官、铲除桓灵政治遗毒的任务，自然就落在了董卓和王允的头上，他们倒是刚毅果决，可结局呢？一样是掉脑袋。而且，掉脑袋之前，他们还都沦为孤家寡人，站在身边的只剩下少量的同乡、部曲，绝大部分的同盟者早已弃他们而去。

　　他们从一呼百应到众叛亲离，只有一线之隔。当他们是秩序破坏者时，有无数的同盟、战友，当他们变身为秩序的修补者时，就沦落为孤家寡人。因为自他们代表皇权开始，就已经在伤害同盟者的利益，直到对方忍无可忍，或是肉体被消灭为止。对方当然不想死，那么，自然会竭尽全力地反抗。

　　显而易见，董卓和王允自有的那点力量，根本无力抗衡对抗者的联盟。这从董卓死后家族无人援手，以及长安城被围困后益州的叟兵主动开城门，都可见一斑。

　　毕竟，想换个活法的人，太多了。

东汉纪元表

帝号/庙号	姓名	年号	干支起始	公元起始
光武帝	刘秀	建武	乙酉_六	25
		建武中元	丙辰_四	56
明帝	刘庄	永平	戊午	58
章帝	刘炟	建初	丙子	76
		元和	甲申_八	84
		章和	丁亥_七	87
和帝	刘肇	永元	己丑	89
		元兴	乙巳_四	105
殇帝	刘隆	延平	丙午	106
安帝	刘祜	永初	丁未	107
		元初	甲寅	114
		永宁	庚申_四	120
		建光	辛酉_七	121
		延光	壬戌_三	122
顺帝	刘保	永建	丙寅	126
		阳嘉	壬申_三	132
		永和	丙子	136
		汉安	壬午	142
		建康	甲申_四	144

帝号/庙号	姓名	年号	干支起始	公元起始
冲帝	刘炳	永憙（嘉）	乙酉	145
质帝	刘缵	本初	丙戌	146
桓帝	刘志	建和	丁亥	147
		和平	庚寅	150
		元嘉	辛卯	151
		永兴	癸巳五	153
		永寿	乙未	155
		延熹	戊戌六	158
		永康	丁未六	167
灵帝	刘宏	建宁	戊申	168
		熹平	壬子五	172
		光和	戊午三	178
		中平	甲子十二	184
少帝	刘辩	光熹	己巳四	189
		昭宁	己巳八	189
献帝	刘协	永汉	己巳九	189
		中平	己巳十二	189
		初平	庚午	190
		兴平	甲戌	194
		建安	丙子	196
		延康	庚子三	220

参考文献

古籍

［南朝宋］范晔撰，［唐］李贤等注《后汉书》，中华书局，1965年。

［晋］陈寿撰，［南朝宋］裴松之注《三国志》，中华书局，1971年。

［宋］司马光编著，［元］胡三省音注《资治通鉴》，"标点资治通鉴小组"校点，中华书局，1956年。

［东汉］荀悦、［东晋］袁宏：《两汉纪》，张烈点校，中华书局，2017年。

［宋］李昉等：《太平御览》，中华书局，1960年。

［汉］班固著，［唐］颜师古注《汉书》，中华书局，1962年。

［南朝宋］刘义庆撰，［南朝梁］刘孝标注，龚斌校释《世说新语校释》，上海古籍出版社，2011年。

［清］孙星衍等辑《汉官六种》，周天游点校，中华书局，1990年。

［唐］杜佑：《通典》，王文锦等点校，中华书局，1988年。

［清］顾炎武撰，［清］黄汝成集释《日知录集释》，栾保群校点，中华书局，2020年。

［汉］桓宽撰，王利器校注《盐铁论校注（定本）》，中华书局，1992年。

［汉］贾谊撰，阎振益、钟夏校注《新书校注》，中华书局，2000年。

王利器：《颜氏家训集解》，中华书局，1993年。

［清］倪涛：《六艺之一录》，钱伟强点校，浙江人民美术出版社，2015年。

［北魏］郦道元著，陈桥驿校证《水经注校证》，中华书局，2007。

［清］陈立：《白虎通疏证》，吴则虞点校，中华书局，1994年。

［北魏］贾思勰：《齐民要术》，江苏古籍出版社，2001年。

［汉］司马迁：《史记》，中华书局，1959年。

［唐］房玄龄等：《晋书》，中华书局，1996年。

《蔡中郎集》，中华书局，1936年。

［汉］许慎撰，［宋］徐铉校定《说文解字》，中华书局，1963年。

王明编《太平经合校》，中华书局，2014年。

周天游辑注《八家后汉书辑注（修订本）》，上海古籍出版社，2020年。

［汉］桓谭撰，朱谦之校辑《新辑本桓谭新论》，中华书局，2009年。

［晋］干宝：《搜神记》，汪绍楹校注，中华书局，1979年。

［东晋］王嘉撰，孟庆祥、商媺姝译注《拾遗记译注》，黑龙江人民出版社，1989年。

［唐］徐坚等：《初学记》，中华书局，2004年。

［魏］杨衒之撰，周祖谟校释《洛阳伽蓝记校释》，中华书局，2010年。

［西晋］陈寿撰，卢弼集解《三国志集解》，艺文印书馆，2011年。

［清］严可均辑《全后汉文》，许振生审订，商务印书馆，1999年。

［宋］洪适：《隶释·隶续》，上海古籍出版社，2021年。

《曹操集》，中华书局，1959年。

［宋］郭茂倩编《乐府诗集》，中华书局，1979年。

［汉］崔寔撰，石声汉校注《四民月令校注》，中华书局，2013年。

专著

冯渝杰：《神器有命：汉帝国的神圣性格及其崩解》，社会科学文献出版社，2024年。

严耕望：《秦汉地方行政制度：中国地方行政制度史（甲部）》，北京联合出版公司，2020年。

严耕望：《两汉太守刺史表》，北京联合出版公司，2020年。

钱穆：《国史大纲》，商务印书馆，2013年。

方诗铭：《曹操·袁绍·黄巾（增订本）》，上海辞书出版社，2021年。

陈苏镇：《〈春秋〉与"汉道"：两汉政治与政治文化研究》，中华书局，2011年。

安作璋、熊铁基：《秦汉官制史稿》，齐鲁书社，1984年。

林剑鸣：《秦汉史》，上海人民出版社，2019年。

孙闻博：《秦汉军制演变史稿》，中国社会科学出版社，2016年。

孙闻博：《初并天下：秦君主集权研究》，西北大学出版社，2021年。

王明珂：《游牧者的抉择：面对汉帝国的北亚游牧部族》，上海人民出版社，2018年。

秦涛：《律令时代的"议事以制"：汉代集议制研究》，中国法制出版社，2018年。

河南省计量局主编《中国古代度量衡论文集》，中州古籍出版社，1990年。

丘光明、邱隆、杨平：《中国科学技术史·度量衡卷》，科学出版社，

2016年。

王子今：《秦汉社会史论考》，商务印书馆，2006年。

罗三洋：《袁本初密码》，台海出版社，2017年。

赵长征：《春秋车战》，文汇出版社，2023年。

冯渝杰：《大小传统理论的典范与失范：以汉末政治、宗教运动研究为中心》，《中国中古史研究》第6卷，中西书局，2018年。

论文

凌文超：《秦代傅籍标准新考——兼论自占年与年龄计算》，《文史》，2019年第3期。

潘伟斌、朱树奎：《河南安阳市西高穴曹操高陵》，《考古》，2010年第8期。

宋杰：《汉代宫禁的黄门官署与员吏考论》，《南都学坛》，2022年第2期。

王尔春：《汉代外戚与"异姓""肺附""骨肉"关系辨正》，《南都学坛》，2023年第5期。

鲁力：《曹魏爵级及授与情况探讨》，《武汉大学学报（人文科学版）》，2012年第4期。

大通上孙家寨汉简整理小组：《大通上孙家寨汉简释文》，《文物》，1981年第2期。

徐畅：《东汉三国长沙临湘县的辖乡与分部——兼论县下分部的治理方式与县廷属吏构成》，《中国史研究》，2022年第4期。

李恩琪：《汉朝时幸存的一条缣价资料浅释》，《价格月刊》，1988年第8期。

　　刘金华：《汉代西北边地物价考——以汉简为中心》，《中国社会经济史研究》，2008年第4期。

　　郭伟涛：《简牍所见东汉中后期长沙地区物价初探》，《出土文献研究》，2021年（年刊）。

　　李迎春：《汉代的"故吏"》，《历史教学（高校版）》，2008年第9期。

　　冯渝杰：《"致太平"思潮与黄巾初起动机考：兼及原始道教的辅汉情结与终末论说》，《学术月刊》，2018年第5期。

　　张承宗：《魏晋南北朝时期的宗教服饰》，《淮阴师范学院学报（哲学社会科学版）》，2005年第1期。

　　姜生：《原始道教之兴起与两汉社会秩序》，《中国社会科学》，2000年第6期。

　　卫丛姗：《二十世纪下半叶学界关于黄巾起义部分问题的考释综述》，《西部学刊》，2020年第11期。

　　刘九生：《黄巾口号之谜》，《陕西师大学报（哲学社会科学版）》，1985年第2期。

　　侯旭东：《丞相、皇帝与郡国计吏：两汉上计制度变迁探微》，《中国史研究》，2014年第4期。

　　袁延胜：《东汉人口问题研究》，郑州大学博士学位论文，2003年。

　　代国玺：《汉代公文形态新探》，《中国史研究》，2015年第2期。

　　钱国祥：《东汉洛阳都城的空间格局复原研究》，《华夏考古》，2022年第3期。

　　王媛：《"青琐"及"青琐窗"的建筑史解析——从汉画像石纹饰说起》，《同济大学学报（社会科学版）》，2016年第6期。

高海云、臧知非：《试析光武"笃信"图谶说》，《中国社会科学院研究生院学报》，2019年第3期。

俞林波：《论谶纬在东汉的禁毁》，《福州大学学报（哲学社会科学版）》，2012年第1期。

从声音到文字·分享人类情感

天壹文化